제3판

환경과 사회

정준금 · 신연재 · 한상진

DY 도서출판 대영문화사

제3판 머리말

이상고온, 폭우, 갑작스러운 한파 등 예상하기 어려운 기상이변이 속출하고 있다. 여러 원인이 있겠지만 대부분 지구 온난화로 인한 기후 변화 때문에 발생하는 자연현상이다. 이에 따라 환경 문제를 다루는 국제적 · 국내적 노력이 과거와는 비교할 수 없을 정도로 확대되었다. 논의 대상이 되는 환경 문제의 범위가 양적으로 팽창되었고, 논의 내용 또한 질적으로 심화되어 왔다.

이와 같은 환경 분야의 변화를 감안하면 하루빨리 『환경과 사회』의 개정판을 출간해야 했으나, 저자들의 사정이 허락지 않아 차일피일 미뤄져 오늘에 이르렀다. 하지만 더 이상 개정 작업을 늦추기는 곤란하다고 판단하여 그동안 진행된 변화 내용을 충실히 반영한 개정판을 출간하기로 하였다.

제3판에서는 우선 기본 골격에 다소 변화를 주었다. 제1편에서 환경 문제의 원인과 유형을 개괄적으로 살펴보고, 제2편에서 국제 환경정치를 설명하는 점은 개정판과 동일하다. 그런데 개정판 제3편의 '환경 문제와 국제 무역'을 이번 제3판에서는 삭제하였다. 이는 최근 국제적인 환경 보전 노력이 보편화되면서 경제에 미치는 영향을 굳이 따로 떼어서 독립적으로 논의할 필요성이 감소하였기 때문이다. 그래서 이번 제3판에서는 제3편과 제4편에서 국내적 차원의 환경 문제를 살펴보았다.

개정 작업은 그동안 새롭게 등장한 환경 정책 · 제도와 이슈들을 추가하고 변화된 부분들을 반영하는 방식으로 진행했다. 특히 환경 관련 데이터를 최근 자료로 업데이트하였다. 이번 개정 작업에서 중점을 둔 주요 내용을 각 편별로 소개하면 다음과 같다.

첫째, 제1편에서 지구적 · 지역적 환경 문제의 현재 상태를 정확히 반영하는 최신의 데이터로 대체했다. 특히 제1장 2절 '환경 문제의 원인'에서 최근의 변화 추세에 유의하여 최신 통계와 도표를 제시하고 설명을 추가하였다. 또 제3장 3절 '지구 차원의 환경 문제'에서 '기후 변화' 부분을 대폭 수정하였다. 즉 포스트 교토체제의 구축을 중심으로 2007년 이후의 변화를 충실히 반영하였다. 예컨대 2015년 파리협정, 2021년 메탄서약 등에 관한 내용을 추가하였다.

둘째, 제2편 제6장에서는 '지속가능한 개발'의 내용을 대폭 수정했으며, 특히 '밀레니엄 개발 목표(Millenium Development Goals: MDGs)'와 '지속가능한 개발 목표(Sustainable Development Goals: SDGs)'에 관한 설명을 추가했다.

셋째, 제3편에서는 다양한 환경규제 수단의 최근 경향을 반영하였으며, 우리나라의 환경규제 수단도 최신 내용을 반영하여 수정하였다. 한편 지방자치의 경험이 축적되면서, 지방자치가 환경정책에 미치는 영향을 특별히 논의할 필요성이 감소하여 이를 삭제하였다. 그리고 환경 관련 갈등이 빈번하고 이로 인한 사회적 혼란이 가중됨에 따라 환경 관련 갈등 이슈에 대한 논의를 추가하였다.

넷째, 제4편은 환경 문제와 한국 사회의 관련성을 다루고 있다. 우선 제11장에서는 환경사회이론과 환경 의식의 발생을 살피면서, 인간과 사회, 환경의 관계를 둘러싼 다양한 이론과 환경 의식 및 환경운동의 발생 원인을 보완 · 설명했다. 그리고 제12장에서는 환경정의의 유형을 분배적, 절차적, 승인적 측면으로 구분하여 설명하고, 관련된 한국 사례로 먹거리 정의와 삼척 핵발전소 유치 과정에서의 환경정의운동을 새롭게 추가했다.

다섯째, 제13장에서는 개정판의 '과학기술, 원자력발전과 환경문제'를 삭제하고, '지속가능 발전, 회복력의 개념과 사례'를 새롭게 소개하였다. 여기에서는 제6장에서 논의한 지속가능 발전 범주를 바탕으로 환경 · 사회 · 경제를 둘러싼 세 개의 기둥, 중첩된 원, 내포된 영역 등의 모델 간 차이를 인식하도록 했다. 그리고 회복력의 심리적 · 경제적 · 생태적 측면을 알아본 다음, 숲 가꾸기 사례를 분석하였다. 끝으로 제14장은 지역사회의 환경 문제에 관한 내용으로, 울산 환경 문제의 직접적 · 구조적 원인을 밝히고 최근 울산 주민의 환경 의식 변화가 어떻게 관찰되는지도 검토하고 있다.

이번 제3판은 '환경문제와 국제무역' 파트를 제외하였고 저자도 기존의 4인에서 3인 공저로 바뀌었다. 하지만 환경 문제를 국제적 차원과 국내적 차원으로 구분하여 학제적인 접근을 시도하고 있다는 점에서, 크게 보면 초판의 골격을 유지하고 있다. 이번 개정에서 가장 중점을 둔 것은 최신 자료를 반영하는 것이었다. 개정이 너무 오랫동안 미뤄져서 우선 그동안의 변화를 충실히 담으려고 한 것이다. 특히 많은 변화를 겪고 있는 국제 환경 협력 분야의 최신 동향과 내용을 반영하려고 노력하였다.

그럼에도 불구하고 여전히 여러 가지 면에서 부족한 점이 보인다. 미진한 부분들에 대해서는 추후 개정 작업을 통해 계속 수정・보완해 나가고자 한다. 아무쪼록 이 책이 다양한 전공의 학부 학생들이 환경 문제에 대한 이해의 폭을 넓히는 데 도움이 되었으면 한다.

어려운 여건에도 불구하고 개정판 출간에 많은 도움을 주신 대영문화사 임춘환 사장님을 비롯한 임직원 여러분들께도 각별한 감사를 드린다.

2024년 8월
저자들 씀

개정판 머리말

『환경과 사회』 초판이 출판된 이후 많은 시간이 흘렀다. 다른 분야도 마찬가지이겠지만 환경 분야에도 국제적 · 국내적으로 많은 변화가 있었다. 국제환경협약과 무역규제의 내용과 수단도 많이 달라졌고, 국내의 환경정책에도 다양한 변화가 있었다. 따라서 그 동안 저자들은 초판을 개정해야 할 필요성을 누구보다 잘 알고 있었다. 그럼에도 불구하고 개정 작업을 진행하기가 쉽지 않은 상황이 지속되었다. 변명 같지만, 4인의 저자들이 각자 안식년으로 외국 대학을 방문해 연구하거나 학교에서 보직을 맡는 등 개정 작업을 공동으로 수행할 수 있는 시간적 여건을 만들기가 어려웠던 것이다. 하지만 이제 개정 작업을 더 이상 미루는 것은 그 동안 성원해 준 독자들에 대한 예의가 아닌 것 같아서 개정에 나서게 되었다.

이 책의 기본 골격은 초판의 체계를 그대로 유지했다. 즉 제1부에서 환경 문제의 원인과 유형을 개괄적으로 설명하고 있으며, 제2부와 제3부에서는 환경 문제를 국제적 시각에서 다루고 있고, 제4부와 제5부에서는 국내적 차원의 환경 문제들을 살펴보고 있다. 이 기본 체계를 유지하면서 그 동안 새롭게 등장한 환경 제도와 쟁점들을 추가하고 변화된 부분들을 반영하는 방식으로 개정 작업을 진행했다. 개정판에서 중점을 둔 주요 내용을 각 편별로 소개하면 다음과 같다.

첫째, 제1편에서 환경 문제의 현 상태에 대한 기존의 데이터를 최신 자료로 대체했다. 또한 지구 차원의 환경 문제에, 최근 국제적으로뿐만 아니라 우리 나라에서도 중요한 쟁점이 되고 있는 물 부족 문제를 추가했다.

둘째, 최근 들어 국제정치 차원에서 논의되는 환경 문제는 그 범위도 넓어지고 실효성을 확보할 수 있는 구체적인 실천 단계로 접어들고 있다. 제2편에서는 이러한 변화를 반영해 2000년 이후 전개되어 온 환경 문제에 대한 국제정치적 차원의 논의를 추가했다. 그리고 절 단위 이하의 논의에 소제목을 달아 독자들의 편의를 도모했다.

셋째, 국제적인 환경 논의가 우리 경제에 미치는 영향은 이전에 비해 더욱 커지고 강력해지고 있다. 제3편에서는 환경과 경제의 관계를 더욱 심도 있게 분석하기 위해 환경경제 통합 계정, 환경규제와 산업경쟁력 간의 관계, 환경산업 등에 대한 설명을 추가했다. 또한 환경과 국제무역과의 관계를 설명하기 위해 도하 개발 어젠다에서의 논의와 자유무역협정이 환경 문제에 미치는 영향을 추가했다. 국제환경협약은 오존층 파괴, 지구 온난화와 기후 변화, 생물종 · 생태계, 유해물질 · 폐기물 분야 등 네 가지로 구분해 최신의 협약 내용을 설명했으며, 각각이 국내 경제에 미치는 영향을 포함했다. 선진국 환경규제가 미치는 영향과 대책도 가장 최근의 내용으로 대체했다.

넷째, 국내적인 차원에서도 환경정책의 우선순위는 더욱 높아지고 있으며, 많은 정책이 환경적 측면을 중요한 요소의 하나로 고려하게 되었다. 제4편에서는 환경정책 체제의 구성 요소를 상황적 요인, 정책결정자, 정부 부처, 비공식 참여자 등으로 재분류해 설명했다. 또한 다양한 환경규제 수단을 각각 의의, 유형, 장 · 단점으로 구분하여 좀더 체계적으로 설명했으며, 우리 나라의 환경규제 수단도 최신 내용을 반영해 수정했다. 지방자치와 환경정책 분야에서는 우리 나라에서 중요한 쟁점이 되고 있는 환경규제 집행권의 배분 문제와 시민 참여 문제를 추가했다.

다섯째, 그 동안 우리 나라 산업수도로서의 역할을 수행해 온 울산시가 2000년대 초반 이후 생태도시를 지향하면서 지역의 환경 문제는 더욱더 많은 시민들의 관심 대상이 되고 있다. 그래서 제5편에서는 환경 행동의 중요한 사회적 기반으로서 시민들의 환경의식에 대한 논의를 추가했다. 또한 환경 문제를 분배적 측면에서 접근하는 환경 정의에 대한 논의를 추가했으며, 울산 · 여수 등 공업도시의 환경운동을 중점적으로 논의했다. 그리고 과학 기술과 환경 문제에 대한 논의 중 원자력이 미치는 영향을 강조했다.

이러한 개정에도 불구하고 저자들이 몇 년을 벌러서 개정 작업을 시도한 것에 비추어 보면 여전히 여러 가지 면에서 보완해야 할 점이 많은 것으로 생각된다. 이러한 미진한 부분들에 대해서는 추후의 개정 작업을 통해 계속 수정해 나갈 것을 약속하면서 독자들의 양해를 구하고자 한다. 아무쪼록 환경 문제에 대한 다양한 사회과학적인 견해들이 포함된 이 책을 통해 독자들이 '환경'에 대한 이해를 넓히는 데 조금이나마 도움이 되었으면 한다. 이것은 저자들이 초판을 출간하면서 처음부터 가졌던 바람이다.

끝으로 그 동안 '환경과 사회'를 수강한, 어림잡아 3,000여명의 울산대 학생들에게 각별한 감사를 표하고자 한다. 이들 수강생들의 성원이 이 책이 처음 출판되고 개정판까지 나오게 된 가장 큰 원동력이 되었다. 또한 개정판 출간에 많은 도움을 주신 대영문화사 임춘환 사장님을 비롯한 임직원 여러분들께도 감사드린다.

2007년 1월

저자들 씀

초판 머리말

탈냉전과 더불어 '환경'은 국내외적으로 중요한 관심사가 되었다. 도로, 주택, 건설, 산업 단지의 개발 등 정부의 주요 정책 결정과 집행이 '환경'에 대한 고려 없이는 성공을 거두기 어렵게 되었다. 국제적으로도 '환경'은 냉전 체제의 종식 이후 국제 정치의 새로운 화두가 되고 있다. 국제 경제 분야에서도 '환경'은 이른바 그린 라운드가 점차 가시화되는 과정에서 무역 장벽의 보호막이 될 가능성이 있다. 이와같이 '환경' 문제는 국내적으로나 국제적으로 피할래야 피할 수 없는 이 시대의 중요한 과제인 것이다.

이에 따라 환경 문제에 대한 사회 과학 분야의 연구도 최근 매우 활발히 전개되고 있으며, 이와 관련된 논문과 서적의 출판도 급격히 증가하고 있다. 환경법, 환경경제학, 환경사회학, 환경행정론, 국제환경정치 등이 1990년대 초반부터 해당 학과의 중요한 교과목의 하나로 개설될 만큼 환경 문제에 대한 사회과학 분야의 관심은 이미 폭넓고 깊게 자리잡고 있다. 저자들도 해당 학문 분야에서 나름대로 환경 문제에 관심을 가지고 연구를 진행해 왔으며, 각자 소속한 학과에서 환경 관련 교과목을 개설하여 수년간 강의를 계속해 왔다.

그런데 강의와 연구가 거듭될수록, 환경 문제의 속성상 특정한 하나의 학문 분야에 한정된 '환경 연구'로는, 환경 문제가 가지고 있는 다양한 측면을 모두 파악하는 데 한계가 있음을 인식하게 되었다. 복합적이고 포괄적인 속성을 가지고 있는 환경 문제를 제대로 다루기 위해서는 학제적 접근(interdisciplinary approach)이 필요한 것을 깨닫게 된 것이다. 저자들은 이러한 문제 의식에서 몇 차례의 공동 연구 수행과 세미나를 통해 일종의 '환경 연구 그룹'을 형성하게 되었다. 그리하여 1997년부터는 울산대학교에 '환경과 사회'라는 팀티칭(team teaching) 교과목을 개설하여 공동 강의를 시작했다. 이 책은 저자들의 이와 같은 공동 노력의 산물이라고 할 수 있다.

이 책은 정치학, 경제학, 행정학, 사회학 등을 전공한 저자들이 각 학문 분야에서 환경과 관련하여 주요 이슈로 제기되고 있는 것들을 정리한 것으로서, 사회과학 전반에서 환경 문제가 어떻게 다루어지고 있는가를 파악할 수 있게 해 준다. 따라서 이 책은 환경 관련 전공자뿐만 아니라 환경 문제에 관심을 가지고 있는 일반 독자들이 환경 문제에 대한 이해를 높이는 데 도움이 될 것으로 믿는다. 바라건대 일반 시민이나 학생들이, 환경 문제에 대한 정확한 이해를 바탕으로 나름대로의 식견을 형성하는 데 기여했으면 한다. 또한 이 책은 환경 관련 사회과학 교과목의 강의용 교재로 사용되는 것도 염두에 두고 집필되었다. 총 18장으로 구성되어 있는 이 책은 저자들의 경험에 비추어 볼 때, 전체 16주의 강의 일정을 소화하는 데 큰 무리가 없을 것으로 보인다.

이 책은 모두 5편 18장으로 구성되어 있다.

제1편 '환경 문제의 개념과 유형'은 이 책의 서론에 해당하는 것으로서 환경 문제는 무엇이며, 왜 발생하는가, 그리고 환경 문제는 어떠한 속성을 가지고 있는가를 설명하고 있다. 그리고 환경 문제의 유형을 국내, 지역, 세계 차원으로 구분하여 각 차원의 중요한 환경 문제들을 정리했다. 이를 통해 독자들은 우리가 당면하고 있는 환경 문제를 개괄적으로 파악할 수 있을 것이다.

제2편 '환경 문제와 국제 정치'에서는 환경 문제가 국제 정치에서 어떻게 취급되고 있는가를 분석하고 있다. 이를 위해 우선 국제 환경 이론을 정리했으며, 이러한 이론적 시각을 통해 환경 문제가 국제 정치 질서에 어떠한 영향을 미치고 있는가를 분석했다. 또한 국제 환경 정치의 중요한 이슈 중의 하나인 '지속 가능한 개발'이라는 개념이 국제 정치 경제 상황에서 어떻게 형성되어 왔고, 그 내용과 한계는 무엇인가를 정리했다.

제3편 '환경 문제와 국제 무역'에서는 환경 문제에 대한 국제적인 관심이 무역에 어떠한 영향을 미치고 있는가를 분석했다. 이를 위해 WTO를 비롯한 주요 국제 기구에서 환경과 무역에 대한 논의가 어떻게 전개되고 있는가를 살펴보았

다. 또한 비엔나협약, 기후변화협약 등 주요 국네 환경 협약의 배경과 내용 및 이것이 국제 무역에 미치는 영향과 이에 대한 대책을 정리했다. 마지막으로 미국, 독일, 일본 등 선진국의 환경 규제와 이것이 국제무역에 미치는 영향을 살펴보았다.

제4편 '환경 문제와 환경 정책'에서는 환경 문제가 국내 환경 정책을 통해 어떻게 다루어지고 있는가를 분석했다. 그래서 우선 환경 정책의 개념과 특징을 정리했으며, 국내 환경 정책 과정에 영향을 미치는 요인들을 살펴보았다. 그리고 환경 문제 해결을 위한 구체적인 환경 정책 수단을 환경 규제 수단을 중심으로 제시했으며, 마지막으로 1990년대 이후 우리 나라 환경 정책의 성패를 좌우하는 중요한 요인이 되고 있는 지방 자치가 환경 정책에 미친 영향을 분석했다.

제5편 '환경 문제와 한국 사회'에서는 환경 운동이 환경 문제에 미치는 영향을 파악하기 위해 환경 운동의 이론과 유형을 정리했으며, 환경 운동이 환경 정책에 미친 영향을 분석했다. 또한 과학 기술이 환경 문제에 미친 영향을 정리했고, 마지막으로 울산 지역의 환경 문제와 원자력발전소 주변 지역의 환경 문제를 살펴보았다.

이와 같이 이 책은 전체적으로 5개 부분으로 구성되어 있다. 그런데 1편을 제외하면 2~3편은 국제적 차원의 환경 문제를 다루고 있고, 4~5편은 국내적 차원의 환경 문제를 다루고 있다는 점에서 크게 두 부분으로 구성되어 있다고도 할 수 있다. 따라서 이 책의 일반적인 독자들은 물론이고 강의용으로 사용되는 경우에도 1편을 먼저 읽고, 편의에 따라 2~3편 또는 4~5편 중 어느 부분을 먼저 읽거나 강의해도 무관할 것이다.

끝으로 이 책이 완성되기까지 함께 공동 연구를 수행해 온 울산대 사회과학대학 동료 교수와 '환경과 사회'를 수강한 학생들에게 감사한다. 또한 이 책의 출간을 흔쾌히 맡아 주신 대영문화사 임춘환 사장님께 감사드린다.

1999년 8월

저자들 씀

차례

제2편 환경 문제와 국제정치

제4편 환경 문제와 한국 사회

제 1 편

환경 문제의 개념과 유형

CHAPTER 01

환경 문제의 개념과 원인

건강한 환경은 경제 번영, 인간 복지, 국제 평화의 전제 조건이자 기반이다. 그런데도 세계는 얼마 전까지 자본주의와 사회주의를 가릴 것 없이 온통 물질적 욕구의 충족을 위한 경제 성장에 압도적 우선권을 부여했다. 국제사회가 불평등을 전제로 한 시장 중심적인 자본주의와 권위주의적인 사회주의에 큰 폭의 수정을 가하지 않는 한, 환경 문제의 해결을 기대하기는 어렵다. 그럼에도 국제사회가 환경 문제의 심각성을 충분히 인지하지 못했기 때문에 적절한 수준의 관심과 대응을 기울이지 못한 것은 사실이다. 1970년대까지만 해도 일부 전문가들만이 환경 문제의 심각성을 인지하고 관심을 기울일 뿐이었다.[1] 그러나 최근에 이르러 환경 문제는 지방과 국가를 초월한 지구 차원의 관심사로 확대되고 있다.

오늘날 환경 문제가 적게는 인간의 생존에, 크게는 국가와 지구의 생존에 심각한 도전 요인이 되고 있다는 사실에는 의문의 여지가 없다. 물 문제는 인간의 생존을, 산성비는 생물종의 다양성을, 기후 변화는 지구 전체의 생존을 위태롭게 한다. 환경 문제는 그 어두운 그림자를 현재 세대는 물론 미래 세대의 생존과 복지에까지 드리우면서, 인류의 미래에 관한 비관적 전망마저 자아내고 있다. 우리는 이와 같은 현실로부터 환경 문제의 해결이 21세기의 중심 의제로 자리 잡은 이유를 어렵지 않게 이해할 수 있다(UNEP, 2021).

선진국은 물론 개도국들도 나름대로의 활동을 통하여 지구환경 문제에 영향을 미

1) 예를 들면 Rachel Carson(1962) 참조.

치기 때문에 환경 문제는 본래 국내 문제 또는 지방 문제에서 출발한다. 그러나 대부분의 경우 어떤 국가도 다른 국가의 환경 문제의 영향으로부터 벗어나기 어렵기 때문에, 환경 문제의 원인 제공국은 물론 다른 국가들까지도 그 영향권 아래 놓이기 마련이다. 한 국가가 배출한 온실가스는 배출국은 물론 타국의 기후 변화에도 영향을 미치는 것이다.

환경이 인류의 보편적 부양 체계이고 환경 문제에 초국가성이 내포되어 있음을 수긍할 수밖에 없다면, 환경 문제 해결을 위한 국제 협력의 필요성은 절실하다. 실제로 우리는 각 국가와 지방이 대기오염 규제의 연계를 통하여, 초공간적이고 초시간적인 환경 문제의 해결에 나서고 있음을 흔히 볼 수 있다(Maslin, 2014). 그러나 동시에 이해관계와 발전 단계의 차이 때문에, 그리고 환경 문제의 정도와 영향의 차이 때문에, 환경 문제에의 대응이 국가별 · 지방별로 고립적으로 행해지고 있음도 자주 보아왔다.

제 1 절 환경 문제의 개념

환경 문제는 "인간의 제반 활동이 환경의 구성 요소에 직간접적으로 부정적 영향 또는 피해를 미치기 때문에 발생하는 문제"라고 할 수 있다(최석영, 1990). 이를 더 구체적으로 살펴보면 다음과 같다.

첫째, 환경 문제의 원인이 되는 인간의 활동은 주로 경제 활동이라고 할 수 있지만, 그렇다고 경제 활동에만 국한되는 것은 아니다(Fritsch, 1995). 생활하수와 폐기물을 대량으로 쏟아내는 도시의 생활양식, 도시화의 진전과 더불어 대규모로 배출되어 대기오염을 야기하는 자동차 배기가스, 자연을 개발과 착취의 손쉬운 대상으로 삼는 문화도 결코 무시할 수 없는 환경 문제의 원인이기 때문이다. 단, 인간의 활동이 환경에 긍정적 영향을 주거나 피해를 입히지 않을 경우, 우리는 그것을 환경 문제로 간주하지 않는다.

둘째, 인간이 가장 크게 영향을 받기 때문에 시급히 해결해야 하는 환경 문제는, 대부분 인간과 자연 사이의 관계에서 발생한다. 인간의 활동이 산업혁명 이후 급증해 환경 문제를 확산시켜 온 반면, 자연 활동이 원인이 되는 환경 문제(화산 폭발, 지진, 태풍, 해일 등)는 추세와 강도에 거의 변화가 없는 편이다. 설령 변화가 있다고 해도 대부분 인간의 활동이 주요 원인으로 작용하며, 그 원인과 발생 시기를 예측할 수 있다고 하더라도 통제가 불가능하므로, 우리가 다룰 환경 문제는 주로 인간에게서 기인한 환경 문제를 의미한다.

셋째, 환경은 물리적 환경과 사회 환경으로, 그리고 물리적 환경은 자연 환경과 인공 환경으로 구성된다. 물리적 환경은 자연법칙에 의거해 만들어진 환경이고, 사회 환경은 인간 사회의 질서와 효율을 확보할 목적으로 인간이 구축한 환경이다. 인공 환경은 인간의 편의를 위해서 인간의 의지와 노력으로 이루어진 환경을 의미한다. 자연 환경은 지구 또는 우주의 형성 과정에서 생성되고 존속되어 온 동식물, 대기, 물, 광물, 해양 등을 의미한다. 그러므로 자연 환경은 적게는 지구, 크게는 우주를 구성하는 요소들의 총체라고 할 수 있다. 사회 환경과 인공 환경이 환경 문제의 발생과 관계가 없는 것은 아니지만, 빠른 속도로 파괴되면서 인간 생활에 크게 영향을 미치는 것은 자연 환경이다. 따라서 우리가 환경 문제라고 할 때, 환경은 주로 자연 환경을 의미한다.

우리가 환경을 중시해야 하는 이유는, 그것이 인간을 포함한 모든 생명체의 보편적 · 기본적 부양 체계이기 때문이다. 환경이 파괴되어 존속 가능성이 없어지면, 인간을 비롯한 동식물 일체가 생존할 수 없기 때문에, 환경 보전을 중요한 사회 의제로 다루지 않을 수 없다. 그러나 인간의 활동과 관련되지 않은 환경은 사실상 존재하지 않는다. 인류의 역사는 한편으로는 인간사회가 환경에 의존하면서, 다른 한편으로는 환경을 착취하고 파괴하는 과정이었다고 해도 지나치지 않다. 따라서 순수한 의미의 사회 문제나 환경 문제는 사실상 존재하지 않는다고 해야 맞다(Dovers & Handmer, 1992). 환경 문제의 해결책은 환경만을 대상으로 할 경우 적실성을 가질 수 없으므로, 넓게는 환경과 인간사회의 관계에서 좁게는 환경 문제의 발생에 큰 영향을 미치는 인간 활동의 통제에서 찾아야 한다.

제 2 절 환경 문제의 원인

지구환경의 능력은 유한하다. 그런데도 증가하는 인구의 부양과 생활수준의 향상을 위하여 성장 위주의 개발 전략을 고수할 경우, 환경에 회복 불가능한 타격을 입힌다는 것이 이미 밝혀졌다. 특히 산업혁명 이후 세계적으로 확산된 공업화·도시화 중심의 경제 성장은 환경의 무절제한 이용을 초래하여 환경 문제를 악화시켰다. 나아가 과학 기술의 불확실성은 환경 문제의 원인과 해결책의 규명을 어렵게 만드는 탓에, 문제의 해결을 지연시키면서 환경의 급속한 파괴를 방조했다. 환경 문제의 주요 원인은 인구 증가, 공업화 중심의 경제 성장, 도시화, 과학 기술의 불확실성으로 요약된다.

1 인구 증가

지구의 부양 능력을 넘어서는 인구 증가가 마침내 절망적인 상황을 초래하리라는 맬더스(Malthus)의 우울한 예측이 어두운 그림자를 국제사회에 드리우고 있다. 세계 인구가 20억이 되는 데 400만 년이 걸렸지만, 다시 20억이 증가하는 데는 46만 년이 걸렸고, 또 다시 20억이 늘어나는 데는 20여 년밖에 걸리지 않았다. 세계 인구는 1900년에 16억, 1950년에 25억, 1960년에 30억이 되었다. 20세기에는 인구가 4배 증가하여 세계 인구는 이미 지구의 부양 능력의 한계에 접근했거나 초과한 상태로 평가된다. 산업혁명 이후 인간의 수와 활동이 급증한 결과, 환경 문제와 자연자원의 고갈이 빠른 속도로 진행되어 왔기 때문이다(맥닐, 2008; Spangenberg, 2001; van der Zwaan & Petersen, 2003). [그림 1-1]에서 보듯이, 세계 인구는 2011년에 70억을 넘어선 후 2022년에 80억이 되어 20세기 중엽보다 3배 이상 증가했다. 2037년에는 90억, 2080년대 중엽에는 104억에 되어 거의 정점에 도달할 것으로 UN은 예측한다.[2)]

다른 한편으로 20세기 말엽부터 출산율이 꾸준히 하락하면서 세계 인구의 증가율도 하락하는 변화가 나타났다([그림 1-2, 1-3] 참조). 세계 국가의 2/3에서는 여성 1인당 출산율이 인구가 단순 재생산되는 2.1명 이하로 떨어졌다. 61개 국가에서는 2022년과 2050년 사이에 출산율이 1% 이하로 떨어져 인구가 감소할 것이라는 전망이 나오기도 한다. 그러나 UN은 아프리카, 서남아시아, 중앙아시아 등 개도권에서는 여전히 여성 1인당 출산율이 2.1명을 상회하고, 인구 증가율이 하락할 뿐 인구 증가 자체는 멈춘 것이 아니기 때문에, 세계 인구가 2080년대에 정점 – 104억 명 – 을 찍을 때

2) UN은 가임 인구와 기대수명의 증가, 사망률 감소, 도시화 증가 등을 세계 인구 증가의 주요 요인으로 지적한다. Population Division, UN(2015), p.2. www.un.org/development/desa/pd/sites/www.un.org.development.desa.pd/files/undesa_pd_2022_wpp_key-messages.pdf(검색일: 2024.5.15).

[그림 1-1] 세계 인구 증가 추세

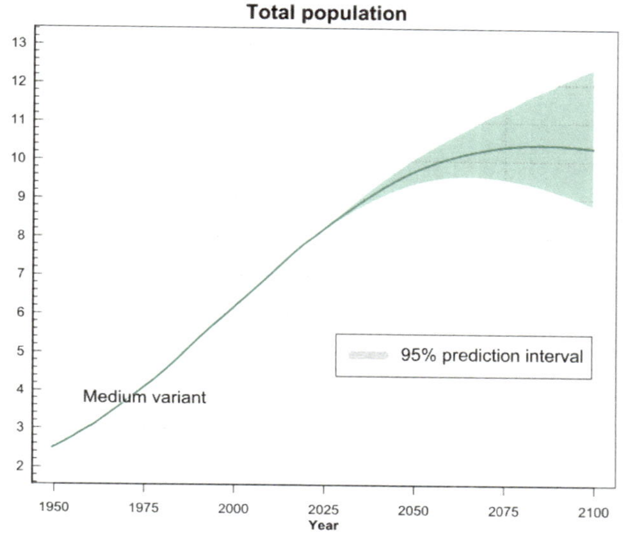

출처: https://population.un.org/wpp/Graphs/DemographicProfiles/Line/900(검색일: 2024.5.15).

까지 증가할 것으로 추산한다.3)

국제사회는 집약농업(集約農業, intensive agriculture) - 농약과 화학비료의 과다 사용, 농작물의 과밀 경작 - 과 관개농업(灌漑農業, irrigation cultivation) - 인위적 물 공급에 의존하는 농업 - 에의 의존도를 높여왔다. 이에 힘입어 단기적으로는 식량 생산을 늘려 증가하는 인구를 부양할 수 있었지만, 장기적으로는 토양 오염과 부식, 사막화 그리고 수질 오염과 수량 부족이라는 환경 문제를 심화시켰다. 그 영향으로 1990년대 이후로는 오히려 식량 증산마저 정체 상태에 빠지는 위기를 맞게 되었다.

3) 2022년 UN은 세계 인구가 70억 명에서 80억 명으로 증가하는 데 12년이 걸렸지만, 80억에서 90억 명에 도달하는 데는 약 15년이 걸릴 것으로 예측했다. 이런 변화는 세계 인구의 증가율이 둔화되고 있다는 신호로 해석된다. 그러나 최빈국들의 출산율은 여전히 높다. 미래의 세계 인구 증가를 주도할 최빈국들은 대부분 사하라 이남 아프리카에 위치한다. 2080년부터 21세기 말까지는 세계 인구가 현상을 유지하다가 22세기부터 감소할 것으로 전망한다. Population Division, UN(2022), pp. i-iii.

[그림 1-2] 세계 총 출산율 추세

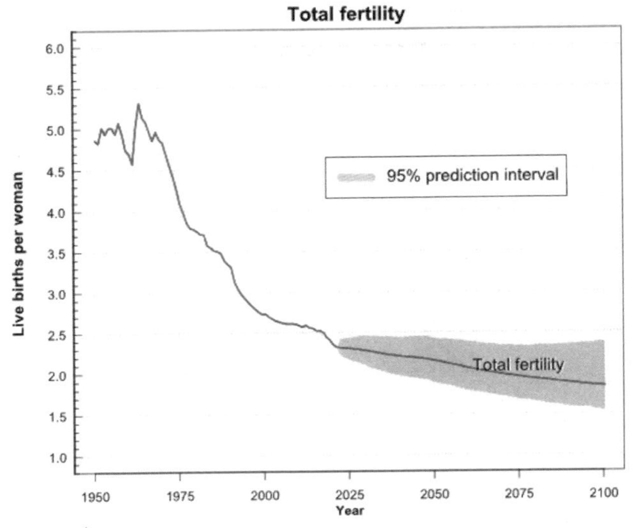

출처: population.un.org/wpp/Graphs/DemographicProfiles/Line/900(검색일: 2024.5.15).

[그림 1-3] 세계 인구 증가율 변화 추세

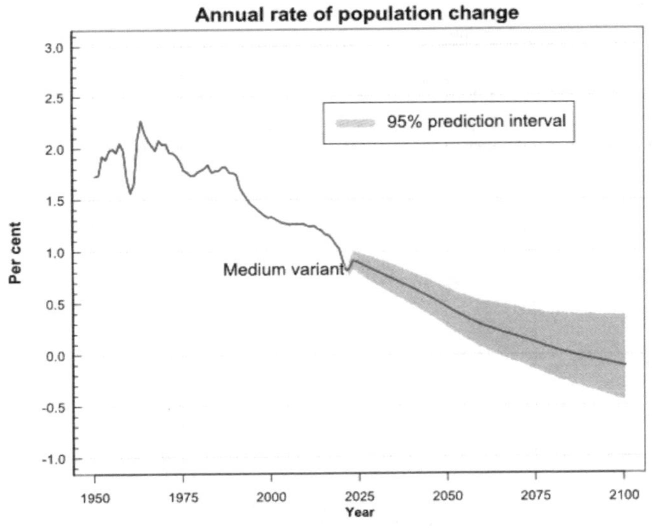

출처: population.un.org/wpp/Graphs/DemographicProfiles/Line/900(검색일: 2024.5.15).

저개발 상태에서 급증하는 인구와 그들의 다양한 욕구를 충족시켜야 하는 개도권에서는 이 문제가 더 심각하다. 최근에는 아시아, 아프리카, 중남아메리카의 인구가 급속히 증가하여 1950년 이후 인구 증가분의 85%를 차지했다. 2050년까지 증가할 30여억 명의 대부분은 개발도상국에서 나타날 가능성이 크다고 점쳐진다(브라운, 2003).

개도국들의 과도한 인구 증가는 도시의 과밀화와 더불어 빈곤의 중요한 원인이 되어, 희귀자원을 둘러싼 경쟁을 치열하게 만들고 환경을 급격히 파괴한다. 인구 증가로 인한 토지와 물 부족이 기아와 사망을 대폭 증가시킬 수 있다. 과거에 누구나 자유롭게 이용할 수 있어서 공공재로 간주되던 물조차도, 이제 일부 개도국들에서는 쟁탈전의 표적이 될 정도로 점차 희귀자원이 되어가고 있다. 인구 증가 → 수량 부족, 수질 오염 → 식량 부족 → 인구 증가 → 수량 부족, 수질 오염 … 으로 이어지는 악순환이 진행되고 있다.

중국의 발전과정은 이런 악순환이 확대 재생산되는 전형적인 사례이다. 중국의 인구는 현재 약 14.5억 명 정도이며, 매년 1% 정도 증가한다. 미국의 '월드워치연구소(World Watch Institute)'에 의하면, 중국 식량의 40%를 생산하는 북부 평야 지대의 경우, 지하수면이 매년 평균 1.5m씩 하강한다. 부족한 물을 보충하기 위하여 지하수를 마구 뽑아 쓰는 바람에 수자원이 고갈되고 식량의 자급이 불가능해지는 상황이 나타나고 있다.

다수의 전문가들은, 중국의 경우에서 보듯이 21세기에는 경제 개발과 함께 인구 증가가 물 부족 사태를 초래하여, 각국 국내외에서 갈등을 고조시킬 가능성이 매우 크다고 분석한다. 그러나 인구 증가 자체가 환경 문제의 직접적 또는 자동적 원인이 되는 것은 아니다. 엄밀히 말하자면 인구 증가는 각국의 자원 이용 방식과 과학 기술의 적용 형태에 따라 환경에 미치는 영향이 달라진다. 인구 증가가 환경에 미치는 영향은 사회제도의 매개 방식에 따라 달라질 수 있다.

예를 들어 인구가 증가하더라도 중수도제도를 드입하거나 수돗물 가격을 높은 수준으로 유지하면, 물의 사용량이 감소하여 수량 부족 문제를 완화할 수 있다. 인구 증가가 늘 환경 문제의 원인이 되는 것도 아니다. 환경이 감당할 수 있는 수준 이상으로 인구가 증가하면서부터, 즉 잉여 인구를 부양하도록 자원 기반에 과도한 압박을 가할 때부터 환경 문제의 원인이 된다(Harrison, 1992). 인구가 환경이 감당할 수 있는 수준 이내에서 증가한다면, 인구 증가는 환경 문제의 원인이 되지 않는다.

2 경제 성장과 공업화

경제 성장은 국가 발전의 핵심 수단인가? 경제 성장은 소득 증대를 통하여 환경 문제의 원천인 빈곤 문제를 해결할 수 있는가? 흔히 경제 성장을 생활수준 향상의 지름길이자 환경 보전의 전제 조건으로 간주하는 반면, 그것이 환경에 미치는 부정적 영향은 경시하는 경향이 있다. 전통적으로 경제 성장은 물질 생산과 소비가 증가하는 것이라고, 그리고 자연은 물질을 공급하고 그 폐기물을 흡수하는 곳이라고 간주하는 사고가 뿌리 깊게 남아 있기 때문이다(Korten, 1991/1992). 그러나 역사적으로 보면, 경제 성장은 체제 – 자본주의, 사회주의 – 를 불문하고 환경을 마치 식민지처럼 착취하고 수탈했기 때문에 가능했다. 그 결과로 자연자원이 고갈 위기에 처하는가 하면, 환경 문제가 위험 수위에 접근하게 되었다. 경제 성장은 환경 문제를 어떻게 일으키는가?

첫째, 인구 증가는 경제 성장을 요구했고, 국제사회는 산업혁명 이후 공업화 전략을 중심으로 경제 성장을 일구어 왔다. 경제 성장 과정에서 인구 증가는 자원 소비 증가를 동반했는데, 1인당 자원 소비 증가 속도는 인구 증가 속도보다 더 빠르게 진행되었다. 세계의 중산층이 최근의 20억 명에서 2030년에는 49억 명에 도달할 것이라는 UN의 예측이 현실화된다면, 자원 소비 또한 크게 증가할 수밖에 없다(Chasek et al., 2017). 공업화 위주의 경제 성장은 자원을 과다하게 사용하기 때문에 결국 자원 기반이 붕괴되는 위기를 초래할 수 있다. 열대우림, 특히 동남아시아의 열대우림이 빠르게 파괴되는 이유는 경제 성장으로 인한 목재 수요의 급증에서 찾을 수 있다. 급속한 경제 성장으로 시베리아산 목재 수요가 급증하여, 시베리아 삼림 파괴에 일역을 담당하고 있는 중국의 경우는, 경제 성장이 환경 문제의 중요한 원인임을 알려 준다.

둘째, 급속한 공업화와 이에 따르는 에너지 소비의 증가는 각국에서 환경 문제를 야기한다. 20세기에는 에너지 소비량이 13배 증가했는데(맥닐, 2008), 특히 개도국의 에너지 소비는 공업화 중심의 경제 성장에 박차를 가하고 있는 중국과 인도의 사례가 보여주는 것처럼 빠른 속도로 증가하고 있다. 각종 공장과 발전소 등지에서 대량으로 배출된 유독성 기체, 예컨대 이산화탄소(CO_2)는 기후 변화의, 이산화황(SO_2)은 산성비의 주요 원인이 된다. 수은, 카드뮴 등을 내포한 유독성 산업 폐기물은 세계 각지의 강과 바다, 그리고 토양을 오염시킨다. 공업화 중심의 경제 성장과 지속 불가능한 자원 소비 때문에 에너지 수요는 지속적으로 증가할 것이다. 이런 추세에 맞서 기후 붕괴와 자원 고갈을 피하려면, 감당할 수 있고 지속가능한 에너지 소비 체제로의 전환이 필요하다(UNEP, 2019: 40).

셋째, 경제 성장에 우선권을 부여하면 환경에 돌려져야 할 정당한 고려가 뒷전으로 밀려난다. 특히 개도국들은 공업화로 인한 환경 문제의 대가를 과소평가한 채 경제 성장 일변도의 정책을 강행하고 있다. 개도국들에서는 대중과 정부가 모두 경제 성장에 가장 높은 우선순위를 두기 때문에, 환경 문제는 공공 의제에서 후순위로 밀려나기 일쑤이다. 개도권에서는 환경 문제의 발생이 방치되고 해결이 경시되어 환경 문제가 더욱 악화되는 경향이 일반화되어 있다. 아시아 태평양 지역은 공업화 중심의 경제 성장과 환경 문제의 관계를 가장 잘 보여 주는 사례로 꼽힌다. 이 지역 국가들의 경제는 세계에서 가장 빨리 성장하고 있다는 평가를 받는다. 문제는 급속한 경제 성장의 효과로 빈곤 인구가 감소하기는 했지만, 그 대가로 기후 변화, 산성비, 해양 오염 등의 환경 문제가 다른 지역보다 더 빠르게 진행되고 있다는 것이다.

급속한 경제 성장은 에너지 수요의 급증을 초래하며, 한국의 경우도 예외는 아니다. 다만 최근 저유황유와 LNG를 비롯한 청정 연료의 공급 확대, 배출 규제 강화 등 정부의 대기 질 개선 대책 추진으로 이산화황(SO_2), 미세먼지(PM_{10}), 납(Pb)의 농도가 꾸준히 감소하고 있기는 하다. 그러나 기후 변화로 인한 기온 상승, 자동차 등록 대수 증가 등으로 말미암아 이산화질소(NO_2), 오존(O_3) 농도의 개선은 더딘 추세를 보인다. 미세먼지 오염도는 수도권 지역을 중심으로 지속적으로 감소하고 있기는 하나, 여전히 다른 선진국에 비해서는 높은 수준을 유지하고 있다. 미세먼지 오염도는 2013년부터 기상 및 국외 - 특히 중국 - 로부터의 영향 등으로 인해 다시 정체하는 추세를 보인다([그림 1-4] 참조). 중국 등 인접국의 오염물질 배출량을 단시간 내에 줄이기 어렵고 대기 정체가 자주 나타나고 있어서, 고농도 미세먼지는 앞으로도 자주 발생할 것으로 예상된다(환경부, 2023).

한국을 비롯한 아시아 태평양 지역에서는 향후 에너지 소비가 지속적으로 증가함에 따라 대기오염 물질의 배출량도 계속 증가할 것으로 전망된다. 그렇다면 경제 성장 전략의 수정과 에너지 다소비형 산업 구조의 재조정이 이루어지지 않는 한, 앞으로도 에너지 소비가 증가해 대기오염은 확대될 것으로 보아야 한다. 아시아개발은행(Asian Development Bank: ADB)은 향후 아시아에서 자동차 증가로 인하여 이산화탄소 배출량이 3배 증가할 것이라고 예상하기도 했다. 특히 급속한 경제 성장이 국민의 소득 수준을 높이고 도시화를 촉진한 결과로 자동차와 오토바이 구입이 증가하고 있

[그림 1-4] 대기오염 물질 농도 변화 추세

초미세먼지($PM_{2.5}$) 농도(연평균)

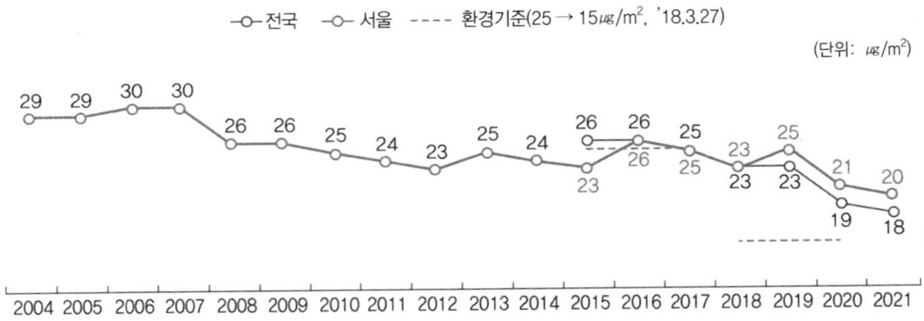

※ '15년부터 국가 환경기준 신설 및 전국 평균농도 측정

미세먼지(PM_{10}) 농도(연평균)

이산화질소(NO_2) 농도(연평균)

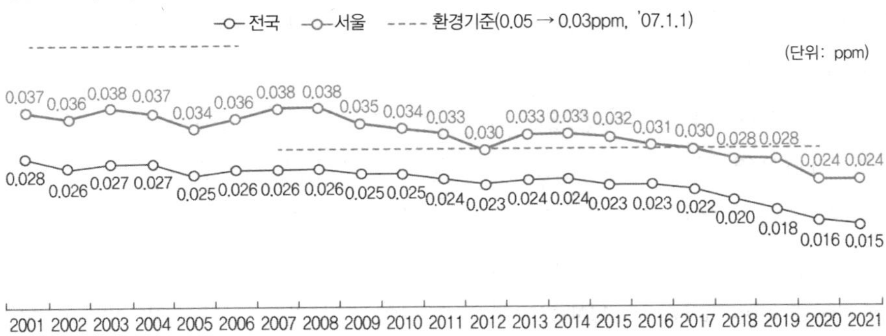

출처: 환경부(2023a), 『환경백서』, p.538.

기 때문에 중국, 인도, 동남아 지역에서는 이산화탄소 배출량이 급격히 증가할 것으로 전망된다.

급속한 공업화와 증가하는 에너지 소비는 세계적으로 환경 문제의 원인이 되고 있다. 아시아 태평양 지역의 경우, 산업 에너지를 주로 화석연료에 의존하게 되면서 대기오염이 증가한 점에서는 다른 지역과 큰 차이가 없다. 공장과 발전소들이 화석연료 중에서도 주로 석탄을 연료로 사용하는 중국과 북한이 그 대표적 예이다. 이들이 석탄을 연소시키는 과정에서 다량의 이산화황을 대기에 배출한 결과, 산성비가 자주 내린다. 산성비의 영향으로 삼림이 파괴되어 이산화탄소 흡수 능력은 저하되는 반면 이산화탄소의 배출은 증가하고 있어서, 양국은 물론 인접국 – 한국, 일본 – 의 대기오염도 악화시킨다. 그뿐만 아니라 하천과 바다의 오염은 어획량의 감소를, 토양오염은 농업 생산성의 감소를 초래한다.

공업화 중심의 경제 성장은 에너지 소비를 증가시켜, 환경과 자원 기반을 잠식하고 지속적 경제 성장의 잠재력을 훼손한다. 경제의 활력을 유지하고 성장의 혜택을 계속 누리려면 환경 문제에 적절히 대처해야 한다(KOICA ODA 교육원, 2017). 경제 성장과 환경 문제 사이에 밀접한 연계가 존재하지만, 환경 문제로부터 가장 피해를 보는 것은 빈민층이다. 그렇다고 경제 성장을 중지하면 환경 문제 해결이나 빈민층에 대한 지원이 불가능하다. 오히려 경제 성장을 통한 소득 증대가 환경 및 빈곤 문제를 개선할 수 있는 수단을 제공하기도 한다(Gills & Vincent, 2000). 그런 의미에서 경제 성장은 '지속가능한 개발(sustainable development)'의 필수적 동반자로 인정될 필요가 있다.

지속가능한 개발이 요구하는 것은, 선진 공업국들의 경험과는 달리 환경이 희생물이 아닌 동반자인 성장이다. 그것이 요구하는 것은 에너지와 물자를 효율적으로 사용하고 정책 결정 과정의 모든 수준에서 환경 요인을 필수적으로 고려하여, 환경 보전과 경제 성장이 조화를 이루는 것이다(Brundtland, 1987).

3 도시화

도시는 높은 수준의 소득과 소비, 정치권력에의 수월한 접근, 고도의 경제 성장, 자연자원의 대량 소비가 이루어지는 공간이다. 도시는 경제 성장의 엔진이어서 급격한 도시화를 경유하지 않고, 빈국에서 중소득 국가로 상승한 예는 찾아볼 수 없다. 도시화는 관리가 잘 된다면, '지속가능한 개발 목표(SDGs)'의 달성을 지원할 수 있고 출산율을 낮출 수도 있다. 도시가 지닌 이런 이점은 인구와 자원이 대량 유입되는 유인으로 작용했다. 이에 힘입어 인간과 인간 활동이 도시에 집중되는 현상을 의미하는 도시화가 20세기 이후 빠른 속도로 진행되었다.

1900년 이전까지만 해도 세계 인구의 약 2.5%만이 도시에 거주했으나, 19세기 이후 공업화의 영향으로 대도시권이 형성되면서 1900년에는 세계 인구의 약 10%가, 1950년에는 30%가 도시에 거주하게 되었다. 20세기 내내 도시의 규모와 수 그리고 역할이 확대된 결과, 현재 세계 인구의 55%가 도시에 거주한다. UN에 의하면, 이 수치는 2030년에는 60%, 2050년에는 66~68% 가량으로 증가하여, 도시 주민의 수가 30억 명 정도 증가할 것이라고 한다.4)

[그림 1-5]에서 드러나듯이, 지난 30년간 세계 인구 분포의 변화를 보면, 도시 인구는 급증한 반면, 농촌 인구는 감소했다. 1972년에는 세계 인구의 1/3만이 도시에 거주했으나, 현재는 55%가 도시에 거주한다. 1950년에는 농촌 인구가 세계 인구의 65%를 차지했으나, 2008년에는 도시 인구가 농촌 인구를 추월했다. 2000년부터 2015년 사이에 도시 인구가 매년 약 2% 정도 증가함에 따라 2050년에는 도시 인구가 세계

[그림 1-5] 도시와 농촌 인구의 변화 추세

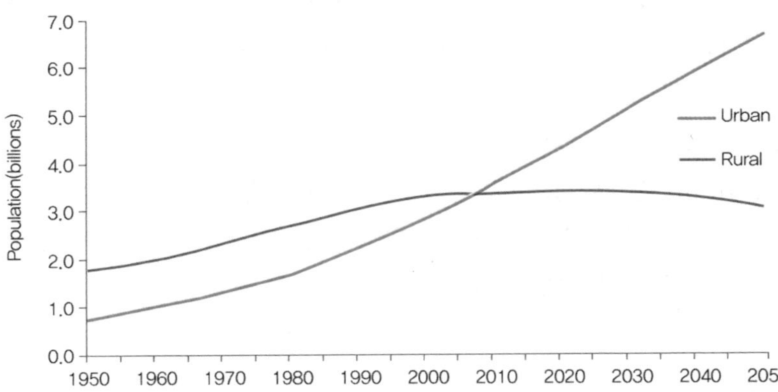

출처: population.un.org/wup/Publications/Files/WUP2018-Highlights.pdf(검색일: 2024.5.15).

4) UNEP(2019), p.31; Population Division, UN(2019); www.un.org/en/chronicle/article/cop21-new-urban-agenda(검색일: 2024.5.1).

인구의 2/3를 차지하는 급격한 변화가 일어날 것으로 예상된다.

도시 생활은 가장 극단적인 인공 환경 속에서 유지되고 있어서 다양한 환경 문제를 야기한다. 인구의 집중, 대량 소비, 빈번한 이동, 경제 활동 과정에서의 자원 소비, 폐기물 배출 등으로 말미암아 도시화는 환경에 심각한 부정적 영향을 미친다. 도시는 세계 에너지의 75% 이상을 소비하며, 세계 온실가스(GHGs) 배출량의 70%를 차지한다. 도시 주민들은 이미 기후 변화의 부정적인 영향에 노출되어 있고, 그 영향에 가장 취약한 인구 다수가 도시에 거주한다.[5]

인간과 인공 환경이 밀집되어 있는 도시는 각종 오염물질을 배출하여 환경 문제를 발생시키는 대량 오염원이자 파괴원이다. 예를 들면 공업용수와 생활용수의 사용량이 증가하면서 지하수층의 하강과 지하수의 고갈이 빠르게 진행되고 있으며, 해안 도시에서는 지하수가 고갈된 지층에 해수가 침투하여 지하수가 염화되는 현상이 나타난다. 폐수와 생활하수의 대규모 배출로 하천 오염도 일상화되고 있다. 연료 및 자동차 사용이 급증하면서 막대한 유독성 배기가스가 배출되어 대기오염 - 광화학 스모그, 산성비 등 - 이 갈수록 증가한다. 주거지와 공업용지를 확충한 대가로 삼림 파괴가 발생하기도 한다.

도시는 각종 환경 문제의 핵심적 발생처이자 피해처이므로 해결 과정에서 중심 역할을 수행해야 한다. 도시화가 환경의 지속가능성을 해치지 않도록 대처하는 것은 국제사회의 주요 당면 과제 중 하나이다. 현재 세계 도시 인구의 약 70% 가량이 아프리카, 아시아, 중남아메리카 지역에 살고 있지만, 이 지역들은 세계에서 도시화가 가장 덜 이루어진 지역이다. [그림 1-6]을 보면 가장 도시화가 진전된 북아메리카에서는 82%, 유럽에서는 74% 정도의 인구가 도시에 거주하지만, 그 증가 추세는 매우 완만하다.

개도권의 경우 상대적으로 도시화율은 낮아서, 아시아는 50%, 아프리카는 43% 가량이 도시에 거주하지만 증가세가 매우 가파른 대조를 보인다.[6] 라틴 아메리카의 경우 1950년대에만 매년 5% 이상 증가했고, 개도권 전체는 1950년대 이후 2배 이상 급증했다. 개도권 전체의 도시화율이 1975년의 27%에서 2000년에는 40%로 급증함에 따라 도시 인구는 12억 명 이상 증가했다(UN, 2001). 20세기의 특징 중의 하나는 선

5) www.un.org/en/chronicle/article/cop21-new-urban-agenda(검색일: 2024.5.1).
6) Population Division, UN(2019), p.1. 아프리카는 도시화가 가장 급속하게, 유럽은 가장 느리게 진행되고 있다(UNEP, 2019: 31).

[그림 1-6] 대륙별 도시 및 농촌 인구 변화 추세

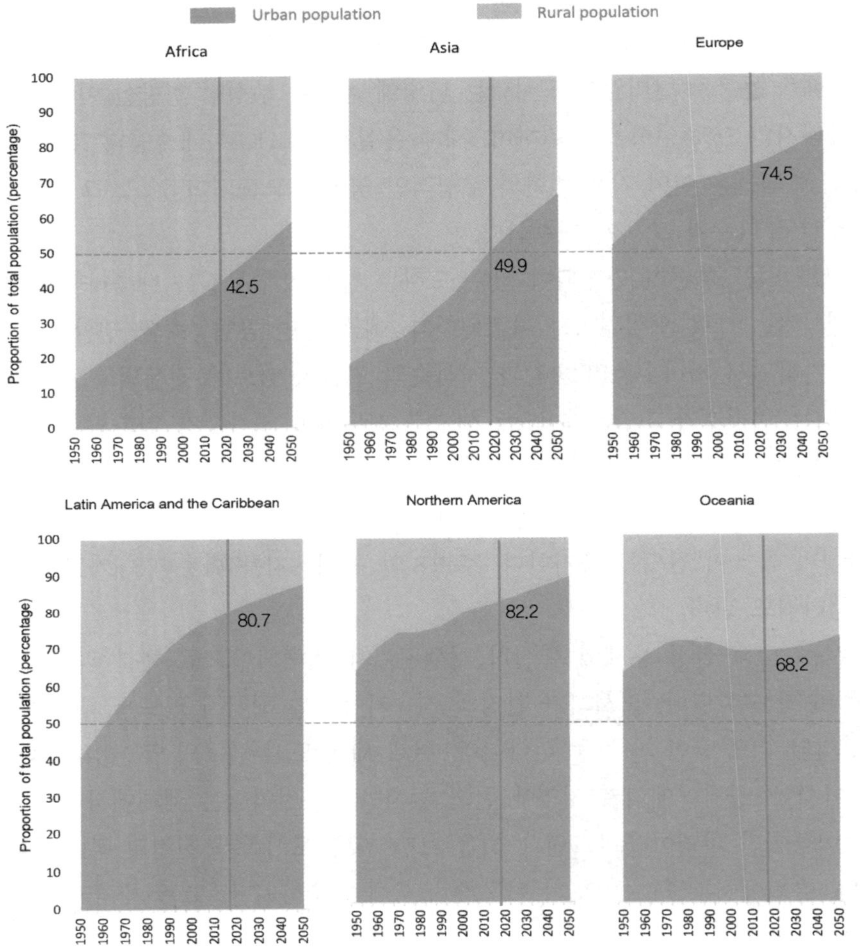

출처: United Nations, Department of Economic and Social Affairs(2019), *World Urbanization Prospects 2018: Highlights*, New York: United Nations, p.6.

진국보다 개도권에서 도시화가 급속히 진행되어, 개도권 도시의 환경 문제가 상대적으로 더 심각하게 나타난다는 것이다.

개도권은 향후 20년간 세계 도시 인구 증가분의 95%를 차지하고, 2030년까지는 개도권의 도시 거주자가 전 세계 도시 거주자의 80%에 달할 것으로 예상된다. 문제는 개도권에서 증가하는 도시 인구의 대부분이 빈민촌으로 유입된다는 것이다. 소득 수준이 낮은 빈민층은 생계를 환경에 크게 의존한다는 점에서 환경 문제 발생의 주요 원천이다. 동시에 그들은 한정된 자원을 차지하려는 경쟁에서 낙오되거나, 파괴된 환경으로부터 자신을 보호하는 데 취약하기 때문에 환경 문제로부터 가장 큰 영향을 받는다. 세계 도시 인구의 약 1/4 가량이 빈곤선(poverty line)보다 낮은 수준에서 생활을 하고 있으며, 여성이 가장인 가정은 사정이 더 심각하다.[7)]

도시의 대기오염과 수질 오염 그리고 자원의 과다 소비는 이미 심각한 수준에 도달해서, 대기오염으로 인하여 백만 명 이상의 도시 주민이 매년 사망한다(UNEP, 2012). 아시아와 아프리카의 사정은 더 심각해서, 도시의 팽창 과정에서 수천만 명이 청정수, 전기, 위생 시설을 지속적으로 이용할 수 없는 빈곤 상태에 놓여 있다. 특히 개도권에서의 도시화는 빈민촌과 무허가 주택촌의 확산으로 이어져, 다양한 환경 문제 발생의 온상이 되는가 하면 환경 문제에 대한 주민의 취약성을 증가시킨다.

도시는 고용과 주거 및 용역의 제공처로서, 환경 친화적인 과학 기술과 규모의 경제의 중심지로서, 다른 세계로의 출구이자 입구로서, 농산물 가공과 제조업의 기지로서, 그리고 소득의 창출원으로서 긍정적 역할을 수행한다. 그러나 도시의 급속한 팽창은 실업의 증가와 더불어 환경 문제를 유발한다. 도시는 인근 지역의 환경에까지 이른바 대규모의 '생태계 발자국(ecological footprints)'을, 즉 부정적 영향을 남긴다.[8)] 도시화에서 비롯된 환경 문제를 해결하는 것은 현재와 미래의 국제사회에 부여된 주요 과제라고 해도 지나치지 않다.

4 과학 기술의 불확실성

과학 기술이 환경 문제에 미치는 영향은 양면적이다. 과학 기술의 혁신은 지구환경의 지속가능성을 뒷받침하는 점에서 긍정적이지만, 동시에 의도하지 않은 결과-예컨대 화석연료의 기후 변화에의 영향-를 초래하기도 하는 점에서는 부정적이다(Segars, 2018). 과학 기술은 두 측면에서 환경 문제의 원인이 된다. 하나는 과학 기술이 얼마 전까지 인류의 무한한 욕구를 충족시키는 데 주력하느라, 환경에 미치는 부

7) population.un.org/wup/Publications/Files/WUP2018-Highlights.pdf(검색일: 2024.5.15); www.unep.or.kr/bbs/bbs/board.php?bo_table=hq_01&wr_id=21(검색일: 2006.12.1)
8) 중국의 사례가 대변하는 것처럼 도시화는 도시의 산업화, 도시로의 인구 집중, 자동차 수요 증가와 함께 도시의 광역화를 초래하여, 도시 인근 지역의 환경 문제 발생에도 영향을 미친다(Kahn & Zheng, 2016; UNEP, 2002).

정적 영향을 소홀히 한 것이다. 다른 하나는 인간의 활동이 환경에 미친 부정적 영향을 과학 기술이 정확히 파악하지 못해 환경 문제에의 효율적 대처를 어렵게 만든 것이다. 이런 불확실성 때문에 과학 기술은 환경 문제의 악화를 방조한 요인으로도 지목된다.

첫째, 과학 기술의 반환경성은 적지 않은 환경 문제를 불러일으켰다. 현대 과학기술 진보의 상징인 자동차는 문명의 이기(利器)로만 여겨졌으나, 그 배기가스가 도시의 대기오염을 초래한 것이 대표적 예이다. 마찬가지로 과학 기술의 산물인 농약과 화학비료는 일정 기간 동안 농업의 생산성을 높였으나, 그 이후로는 오히려 토양을 오염시켜 생산성을 떨어뜨리는가 하면 생물종의 다양성을 감소시켰다. 과학 기술이 환경 친화적인 방향으로 재정립되지 않으면 여전히 환경 문제의 발생 원인으로 남게 될 것이다.

둘째, 현재까지의 과학 기술로는 환경 문제의 원인과 실태를 정확히 파악하기가 어렵다. 과학 기술의 이런 한계 때문에, 각국은 자신의 영역에서 발생하는 환경 문제의 원인을 과소평가하는 경향이 있다. 따라서 과학적 분석을 바탕으로 그 인과관계를 규명해야만, 환경 문제의 심각성을 환기시키면서 해결책을 구할 수 있다. 환경 문제의 원인, 영향, 책임에 관한 객관적 지식을 제공할 경우, 과학 기술은 문제 해결에 기여할 수 있다. 과학 기술이 이처럼 환경 문제 해결에 중요한 역할을 할 수 있다는 점에서 환경 문제와 과학 기술은 불가분의 관계를 가진다. 그러나 과학 기술은 소기의 역할을 다하지 못한 것으로 보인다(백진현, 1998).

프랑스의 푸리에(Fourier)와 스웨덴의 아레니우스(Arrhenius)는 이미 19세기에 그리고 캐나다의 캘린더(Callender)는 20세기 초에, 화석연료의 연소 과정에서 배출되는 이산화탄소로 말미암아 지구의 기온이 상승할 것이라고 예측했다. 환경 NGOs도 1960년대부터 기후 변화의 위험성을 경고했지만, 과학자들이 그들의 경고를 외면하다가 비로소 인정하기 시작한 것은 1980년대 이후의 일이었다(폰팅 II, 1996). 만일 과학 기술계가 19세기 말이나 20세기 초에 기후 변화의 가능성을 인정하고 대책을 세우도록 촉구했더라면, 오늘처럼 문제가 심각한 지경에 이르지 않았을 수도 있다. 환경 문제 자체가 복합적 · 포괄적 · 초국가적 성격을 지니기 때문에, 현재까지의 과학 기술로는 이를 완전히 파악하기는 불가능하다. 따라서 환경 문제의 원인, 영향, 해결 방향 등에 관한 과학 기술의 대응은 어쩔 수 없이 상당한 불확실성을 동반하곤 한다.

가령 최근 가장 큰 현안이 되고 있는 기후 변화의 경우, 문제의 심각성에 관한 과학적 분석 결과는 아직도 통일성을 확보하지 못하고 있다. 이러한 과학적 불확실성은 문제에 대한 효율적 대응을 저해하여 기후 변화의 심화를 방조하게 한다. 2014년, 기후변화에 관한 정부 간 협의체(Intergovernmental Panel on Climate Change: IPCC)의 5차 보고서는, 2015년의 지구 평균 기온이 산업화 이전인 1850~1900년의 평균보다 1.02℃ 높아질 것이라고 밝혔다. 또한 온실가스 배출량을 감축하지 않으면 향후 100년간 지구의 평균 기온은 3.7~4.8℃ 상승할 것이라는 과학적 예측을 제시했다(IPCC, 2014). 이 보고서는 이러한 기후 변화가 전 세계에 심각한 영향을 미칠 것이라고 예측하여 교토의정서의 타결에 기여했다.

그러나 과학 기술의 이런 성공 사례에도 불구하고, 인간의 활동이 기후 변화를 어느 정도 야기했는지는 아직 과학 기술의 숙제로 남아 있다. 환경 문제 해결 과정에서 과학 기술이 결정적 역할을 한 경우는 그리 많지 않다. 성공적 사례로 꼽을 수 있는 것은 오존층 파괴 규제, 유럽의 산성비 규제 등 소수에 불과하다.

IPCC

IPCC는 1988년 11월 '유엔환경계획(UNEP)'과 '세계기후기구(WMO)'의 주도 아래 설립된 정부 간 협의체이다. 2,000여 명에 달하는 세계 각국의 학자, 전문가, 관료들이 참여하고 있다. 기후 체계와 기후 변화에 관한 현재 지식의 타당성을 평가하고, 기후 변화의 사회 · 경제 · 생태적인 영향을 분석하며, 실천 가능한 대응 전략을 제시하는 것이 이 패널에 부여된 역할이다. IPCC는 1990년 8월 제1차 보고서를 제출했다. 이 보고서는 각국의 정책결정자 및 시민들에게 기후 변화에 대한 경각심을 크게 불러일으켜 기후변화협약 체결에 기여했다. 2차 보고서는 1995년, 3차 보고서는 2001년, 4차 보고서는 2007년, 5차 보고서는 2014년, 6차 보고서는 2022년에 발표되었다. IPCC는 3개 분과로 구성된다. 제1 분과는 기후 변화에 관한 과학적 이해, 온실가스의 배출 및 흡수 방법 개발 등 과학적 분석을 담당한다. 제2 분과는 기후 변화의 영향, 온실가스의 저감 및 적응 수단에 관해 연구한다. 제3 분과는 기후 변화 및 대응 수단의 사회경제적 비용과 편익 분석, 배출 시나리오의 평가 및 개발을 담당한다.

CHAPTER 02

환경 문제의 속성

환경 영역에서는 원인과 결과가 다중적으로 교직되고 있어서 복합성, 포괄성, 지체성과 불가역성이, 그리고 원인의 국가성과 결과의 초국가성이 환경 문제의 기본적 속성으로 자리 잡고 있다. 환경 문제의 해결책을 구하려면 축적된 요인들과 이들 간의 다양한 상호 관계를 먼저 파악해야 한다. 환경 문제가 단선적 해석을 불허하는 이유는, 이처럼 요인과 문제들이 복잡하게 연계되어 있기 때문이다. 더구나 환경 문제는 국제 무기 거래, 폭력의 보급, 핵 확산 등 다른 영역의 문제들과도 상호 작용하기 때문에 단순한 이론적 접근은 타당성을 가지기 어렵다.

제 1 절 복합성

환경 문제는 다른 환경 문제들과 연계된다는 점에서 복합성을 내포한다. 온실가스 배출량의 증가는 기후 변화를 가속화시켜 사막화를 촉진한다. 사막화가 촉진되면 황사의 발생이 증가하는 것을 중국과 몽골 사례에서 확인할 수 있다. 이러한 과정이 말해 주는 것은 기후 변화의 영향으로 사막화, 사막화의 영향으로 황사의 발생이 강화된다는 것이다. 대부분의 환경 문제는 거의 예외 없이 이러한 연쇄 과정을 밟는다.

산성비는 삼림 파괴, 토양과 호수의 산성화 등 또 다른 환경 문제들의 발생에 영향을 미친다. 산성비로 인한 피해는 삼림 파괴에 그치지 않는다. 산성비로 인하여 삼림이 파괴되면, 산소 공급과 이산화탄소의 흡수가 감소되어 대기오염이 심해진다. 이산화탄소의 배출은 증가하는 반면 증산 작용이 억지되어 기후 변화를 촉진하게 되며, 생물 서식지가 줄어들어 생물종의 다양성이 감소한다. 산성비 → 삼림 파괴 → 대기오염, 기후 변화의 촉진, 생물종의 다양성 감소로 연계되는 사슬에서, 우리는 환경 문제에 내포된 복합성과 그 연쇄적 영향을 쉽게 짐작할 수 있다.

우리가 이러한 과정들에서 확인할 수 있는 것은 환경 영역에는 하나가 아닌 다수의 문제가 자리 잡고 있으되, 어떤 환경 문제는 다른 환경 문제들의 발생 원인이자 결과가 되는 방식으로 밀접한 상호 관계를 맺고 있다는 것이다. 환경 문제에 내포된 이런 복합성으로부터, 우리는 어떤 환경 문제가 진행 중인 경우 그 원인이 되는 다른 환경 문제가 과거에 발생했음을, 또는 현재 존재하는 환경 문제의 영향으로 미래에 다른 환경 문제가 유발될 가능성이 있다는 것을 유추할 수 있다. 이러한 복합성은 각각의 환경 문제를 별개로 처리하는 문제별 접근 체제보다는, 관계되는 모든 환경 문제를 유기적으로 연계하여 처리하는 종합적 접근 체제가 더욱 유용한 해결 방식임을 말해 준다.

제 2 절 포괄성

환경 문제는 환경이 아닌 다른 영역의 문제들－안보, 정치, 경제 등－과, 그리고 인간 생활의 핵심적인 가치들－복지, 자유, 참여 등－과 다양하고 폭넓은 관계를 맺고 있다는 점에서 포괄성을 지닌다. 인류는 환경 보전 없이는 개발이 불가능하고 개발 없이는 환경 보전이 불가능한 딜레마에 빠져 있다. 대부분의 개도국은 공업화를 통한 경제 성장, 경제 성장을 통한 국민 소득 증대 전략을 추구해 왔다. 이 결과 환경 문제가 급속히 확산되는 부작용이 일어나고 있어도, 더욱더 경제 성장에 매진해야 하는 모순에서 빠져 나오지 못하고 있다. 환경 보전과 경제 개발은 이처럼 긍·부정의 양면에서 깊은 상관 관계가 있다.

과거에 안보 문제와 필수적으로 연계되는 영역은 주로 군사와 정치였다. 그러나 탈냉전 시대의 세계질서는 안보 개념의 확대를 요구하는바, 거기에는 환경 문제의 포괄성도 영향을 미친다. 예컨대 기후 변화는 지구 대기의 균형을 교란하는 데 그치지 않고 각국의 생존마저 위협한다. 기후 변화로 인한 해수면 상승은 이미 태평양과 인도양의 군소도서국가 국민의 안전을 위협하고 있으며, 식량 및 산업 생산의 감소도 국가안보를 위협한다. 환경 문제의 안보 의제화는 탈냉전기 국제관계에서 '환경안보'를 안보의 새로운 범주로 추가함으로써 국가안보 범주의 확대를 촉진한다.

제2차 세계대전 이후 만연된 개발 정책은 대중의 빈곤 문제를 해결하려는 것이었다. 그러나 그 결과는 빈곤 퇴치의 실패와 환경 파괴의 가속화로 나타났다. 빈곤 및 환경 문제를 동시에 해결할 수 있는 해법으로 제시된 것이 지역 주민의 참여 확대이다. 대다수의 개도국에서 환경 문제의 주요 원인인 빈곤 문제를 해결하는 데 참여의 가치를 인정하고 지역 주민의 참여 필요성을 제기함으로써, 환경 문제는 참여민주주의, 지방자치, 정치적 분권화와도 깊은 관계를 맺는다. 환경 문제는 지구 차원에서 개발, 남북 관계, 안보, 참여 등의 다른 여러 영역들과 떼려야 뗄 수 없는 관계를 맺고 있다. 이 같은 포괄성에 비추어 보면, 환경 문제를 정치, 경제, 사회, 문화 등을 포괄한 전 사회적 문제로 인식하고 대처하는 것이 바람직하다.

제 3 절 지체성과 불가역성

환경 문제의 복합성과 포괄성은 또 하나의 속성, 즉 지체성과 불가역성을 낳는다. 여러 속성이 상호 작용한 결과, 환경 문제는 점진적으로 오랜 시간에 걸쳐 진행되어 대규모로 축적된 다음에야 인간의 시야에 포착될 수 있다. 그런데 인간이 환경 문제를 인지하고 정책의제로 설정했다 하더라도, 이미 환경 문제는 대규모로 광범위하게 진행되었기 때문에, 해결이 어려운 단계로 접어드는 속성을 갖는다. 환경 문제 영역에서는 이런 '문지방 효과(threshold effect)'가 작용하여 지체성과 불가역성이라는 또 다른 속성을 낳는다.

환경 문제의 지체성은 과학 기술의 불확실성 때문에도 강화된다. 즉 과학 기술의 불확실성은 환경 문제의 원인 규명과 대책 마련을 지체시킨다. 오존층 고갈에 관한 한 과학 기술에 기대되는 역할은 우선 '오존층 구멍(ozone hole)'의 크기와 위험을 모든 당사자에게 객관적으로 알리고, 그 영향에서 비롯되는 손익을 정확히 계산하는 것이었다. 그러나 수십 년 후에 발생할 오존층 고갈의 영향을 현재의 과학 기술로는 정확히 파악할 수 없다. 과학 기술의 이런 불확실성 때문에도 환경 문제의 실상이 은폐되어 환경 문제는 계속 축적되고 해결이 어려워진다는 점에서 환경 문제에 깃들어 있는 지체성과 불가역성을 확인할 수 있다(Brenton, 1994).

환경 문제는 발생 이후에도 그 부정적 영향이 현실화되는 데, 그리고 이를 인간이 파악하는 데 상당한 시간이 걸린다. 그 예로 미국의 러브 커낼(Love Canal) 사건은 유해 폐기물을 매립하고 30여 년이 지난 후에야 그 피해를 발견할 수 있었다. 일본의 미나마타병과 이타이이타이병도 진행 과정을 인지하지 못한 상태에서, 수은과 카드뮴이 인체 내에 오랫동안 축적되어 발생한 것이었다. 환경 문제는 이처럼 일단 발생한 이후 인식을 하는 데도, 그 부정적 영향을 해소하는 데도 매우 긴 시간이 걸리거나 심지어 회복이 불가능한 경우가 있다. 따라서 현실화된 환경 문제를 인지하고 해결을 시도하더라도 그때는 이미 문제가 심각해진 상태여서 해결하기 어려운 한계에 부딪히기 마련이며, 해결이 되더라도 그 영향을 제거하는 데 상당한 시간이 걸린다.

미나마타병

1950년대 초 일본 규슈(九州)의 미나마타(水俣)라는 어촌에서 하늘을 날던 새가 갑자기 땅에 떨어지고, 집에서 기르던 고양이들이 미친 듯이 돌며 입에서 거품을 내뿜는 일이 발생했다. 주민들에게서는 수족 마비, 통증, 오한, 두통, 시각 장애, 언어 장애 등이 나타났으며, 심한 경우 격렬한 고통과 마비 증상이 나타나 죽음으로 이어졌다. 신생아들은 사산되거나 기형으로 태어났다. 1965년에는 니가타현(新潟縣)의 아가노강(阿賀野川) 유역의 주민들에게서도 시야가 좁아지거나 걷기 힘든 증상이 나타났고, 언어 장애와 신체 경련이 발생했으며, 심한 경우에는 사망에 이르렀다. 조사 결과 미나마타시의 경우, 미나마타만의 해수와 해저 퇴적물 그리고 그 부근에서 잡히는 물고기에 다량의 '수은'이 함유되어 있음이 밝혀졌다. 그 원인은 미나마타만에 인접한 신일본질소비료 회사의 공장에서 배출된 폐수였다. 공장에서 배출된 폐수에 함유된 수은이 바다에서는 희석되었지만, 미생물에 의해 더욱 유독한 물질로 변형되어 이곳에 서식하는 생물의 체내에 농축되었고, 그 농도는 먹이사슬을 따라 가며 높아졌다. 수은이 고농도로 농축된 물고기를 오랫동안 섭취한 물새, 고양이, 사람들에게서 독성이 크게 발현된 것이 미나마타병이다.

이타이이타이병

일본 도야마현(富士縣) 진쓰강(神通川) 유역에 거주하는 주민들은 1910년경부터 팔, 늑골, 골반, 대퇴골 등에 골절 현상이 나타나기 시작했으며, 기침만 해도 골절이 될 정도로 뼈가 약해지고, 뼈의 위축으로 키가 줄어들어 심한 사람은 20cm 이상이 작아지는 현상이 발생했다. 특히 강 근처에 사는 농부나 그 가족들에게서 이러한 증상이 많이 나타났으며, 노동을 하거나 20년 이상 이곳에 거주한 사람, 출산 경험이 있는 사람들에게서 증상이 심하게 나타났다. 이 병에 걸린 사람들이 심한 통증을 호소했기 때문에 '이타이이타이(아프다 아프다)'병으로 불리게 되었다. 제2차 세계대전이 끝난 직후 이 병의 원인 규명이 시도되었으나, 비타민 C가 부족하여 나타나는 증상으로 잘못 파악되었고, 1955년 10월에는 일본 학계에 원인 불명의 괴질로 보고되기도 했다. 1968년 5월, 일본 후생성에 의하여, 진쓰강 상류에 자리잡은 미쓰이(三井) 금속광업이 아연의 제련 과정에서 배출한 폐광석이 이 병의 원인인 것으로 밝혀졌다. 폐광석에 들어 있던 '카드뮴'이 진쓰강을 오염시키고, 강물이 주민들의 농업용수와 식수로 사용됨으로써 카드뮴이 사람 몸에 오랫동안 축적된 것이 병의 원인이었다.

인류를 자외선으로부터 보호해 주는 오존층은 염화불화탄소(CFCs, 일명 프레온가스)에 의해서 파괴되고 있다. 지표면에서 배출된 CFCs가 성층권에 도달하는 데는 15년 가량 걸린다. 더구나 CFCs는 매우 안정된 것이어서 100년 정도는 분해되지 않고 충분히 대기 중에 머무를 수 있다(폰팅 Ⅱ, 1996). 그러므로 요즈음 문제가 되고 있는 오존층 파괴는 현재 우리가 사용하고 있는 CFCs의 영향으로 발생한 것이 아니라 인류가 15여 년 전에 사용한 CFCs의 영향으로 발생한 것이다. 비록 1980년대 후엽부터 그 사용량이 줄어들기는 했지만, 오늘 우리가 사용한 CFCs가 성층권으로 올라가 오존층을 파괴하는 데는 15년 정도가 소요된다. 따라서 15년 뒤에야 대기 중의 CFCs 농도가 떨어지면서 오존층 파괴 속도도 감속된다.

15여 년 이전의 CFCs 사용이 오늘의 오존층 파괴를 초래했고, 오늘의 CFCs 사용이 15여 년 이후의 오존층 파괴를 불러일으킬 것이라는 점에서 우리는 환경 문제에 담긴 지체성과 불가역성을 확인할 수 있다. 환경 문제의 이 같은 지체성과 불가역성은 문제의 해결을 추구한다면 예방이 최선책이고, 조기 대응이 차선책임을 역설한다.

제 4 절 초국가성

지구환경 영역에서도 주요 행위주체는 국가이고, 그들의 행위를 지배하는 것은 주로 자리적(self-interest) 국가이익이다. 국가의 자리적(自利的) 행위가 종종 환경 문제를 불러일으킨다는 점에서 행위 동기의 국가성이 문제가 된다. 선진국은 물론 개도국들도 각각의 활동을 통하여 환경 문제의 발생에 영향을 미치기 때문에, 환경 문제는 본래 국내 문제이거나 지방 문제라고 해도 무방하다. 그러나 어떤 국가에서 발생한 환경 문제는 다른 국가들에도 영향을 미치기 때문에, 어떤 국가도 환경 문제의 영향으로부터 자유로울 수 없다. 말하자면 환경 문제의 원인 제공국은 물론 여타 국가들까지도 그 영향권 아래 놓이기 때문에 결과의 초국가성 또한 중요하다.

예컨대 중국의 환경 문제는 그로 인한 각종 폐해가 중국 내부로 국한되지 않고 한반도와 일본으로까지 확산되고, 역으로 한국과 일븐의 환경 문제는 중국과 북한에 영향을 미친다는 점에서 동북아 국가들의 공동 문제가 된다. 중국에서 발생한 산성비, 양자강 오염수 배출 등은 한국, 북한, 일본에도 영향을 미친다(문흥호, 1998: 2). '군소도서국가들(small islands developing states)'은 자국의 온실가스 배출량이 미미한 데 반하여, 타국의 온실가스 배출로 가속화된 기후 변화로부터 가장 크게 생존을 위협받는다.

이와 같은 행위 결과의 초국가성은 국제환경협력을 요구하나, 행위 동기의 국가성이 이를 방해하는 것이 국제환경정치가 당면한 문제이다. 기후 변화로부터 가장 큰 위협을 받는 군소도서국가들은 국제사회에 적극적인 대응을 역설하지만, 경제 성장을 포기하지 못하는 타국의 대응은 이들의 요구 수준에 미치지 못한다. 국제환경정치에는 이처럼 행위 동기의 국가성과 결과의 초국가성이 충돌하여 문제의 해결을 어렵게 만든다는 또 하나의 특수성이 도사리고 있지만, 동시에 문제 해결을 위한 국제환경협력의 필요성을 일깨우기도 한다.

'하딘(Hardin)'의 테제 '공유지의 비극(tragedy of the commons)'은 초국가적 환경 문제에 이런 난관이 잠재되어 있음을, 그리하여 대응책으로 국제환경협력이 절실함을 역설하는 것이다. 지구환경 문제와 관련하여 '공유지의 비극'이 시사하는 바는 모든 국가가 지구 차원에서 공동선의 확보보다는 국가 차원에서 국가이익의 극대화를 우선적으로 추구한다는 것이다. 그리하여 지구환경 문제의 발생이 불가피한 반면 해결은 매우 어렵다는 것이다.

모든 국가가 지구 공동재(global commons)를 이용하면서도 어느 국가도 적극적으로 관리하지 않기 때문에, 초국가적 환경 문제는 해결되기보다는 인류의 생존을 위협하는 수준으로 심화되는 경향이 있다. 하딘의 테제는 지구환경 문제를 해결하려면 국제 협력이 필수적으로 수반되어야 함을 시사한다. 해양이나 대기 영역에서 발생한 월경성 오염 문제는 해결의 전제로 원인 제공국과 피해국 모두의 공동 노력을 요구한다.

환경 문제의 초국가성에 비추어 보면, 어느 한 국가의 정책이나 노력만으로는 환경 문제를 해결할 수 없다는 것이 분명하다. 패권국가라고 할지라도 환경 문제의 원인, 책임, 영향을 단독으로 통제할 수는 없다. 환경 문제의 초국가성은 문제 해결의 전제로 국제 협력을 기반으로 한 국제사회의 공동 대응을 요구한다. 지구환경 영역에서는 행위 동기의 국가성과 결과의 초국가성이 상충될 뿐만 아니라 체제와 여건이 달라서 시각과 정책도 다른 국가들이 공존한다. 당사국들이 공동 대응하는 국제 협력이 환경 문제 해결책으로 요구되는 것은 이런 이유에서 비롯된다. 이에 따라 국가이익을 초월하여 활동하는 국제기구와 NGOs에 국제환경협력의 촉매 역할이 부여되고 있어서(Hale, 2020), 비국가 행위주체들의 활동 공간이 다른 영역에서보다 상대적으로 크다.

하딘의 테제: 공유지의 비극

하딘에 의하면 공유지의 비극은, 가축에 비하여 풀이 풍부할 때는 발생하지 않으며, 목장의 수용 능력이 한계에 도달했을 때부터 발생한다. 즉 목동 각자는 자신의 가축을 더 방목해서 돌아오는 이익은 전부 자신의 것이 되지만, 그로 인한 목장 파괴와 복구 비용은 목동 전체가 공동으로 부담하게 된다는 것을 계산에 넣는다. 이런 인식에 따라 각 목동은 가능한 최대한까지 가축을 추가 방목하면 자신의 이익이 극대화된다고 생각한다. 그리하여 목동 각자가 목장 보호의 필요성을 인식하더라도 타인의 추가 방목이 공동 비용으로 분담될 것이라고 가정하기 때문에, 자신의 과도한 방목을 자제하지 못한다. 그 결과로 공유지가 파멸에 이르고, 가축은 굶어죽게 된다는 것이다. 하딘의 테제는 환경 문제의 초국가성과 이로 인한 국제 협력의 필요성을 제시한 것으로 널리 인용된다.

출처: Hardin(1968).

CHAPTER 03 환경 문제의 유형

제 1 절 국내 환경 문제

1 대기오염

1) 개관

세계보건기구(WHO)에 의하면, 대기오염은 “대기 중에 인위적으로 배출된 오염물질이 한 가지 또는 그 이상 존재하여 오염물질의 양, 농도 및 지속 시간이 어떤 지역의 불특정 다수인에게 불쾌감을 일으키거나 해당 지역에 공중보건상 위해(危害)를 끼치고, 인간이나 동식물의 활동에 해를 주어 생활과 재산을 향유할 정당한 권리를 방해받는 상태”로 규정된다.

이러한 대기오염을 유발하는 물질은 매연, 먼지, 가스 및 악취 등으로 사람의 건강상 또는 재산상 해를 끼치거나 동식물의 생육 환경 등 자연 환경에 악영향을 미치는 것들이다. 이는 다시 가스상 물질과 입자상 물질로 크게 나눌 수 있는데, 가스상 물질은 연소, 합성, 분해 시 발생하거나 물리적 성질에 의해서 발생되는 기체상의 물질로서 황산화물, 질소산화물, 일산화탄소 및 오존 등을 말한다. 또한 입자상 물질이란 물질의 파쇄, 선별 등 기계적 처리 또는 연소, 합성, 분해 시에 발생하는 고체상 또는 액체상의 미세한 물질이다.

산업화가 진전될수록 대기오염을 유발하는 대기오염 물질의 종류는 더욱 증가한다. 또한 어떠한 물질을 정부의 관리 대상으로 지정할 것인가는 정책적인 판단의 문제로, 한 나라의 오염 저감 기술・측정 기술 수준 그리고 오염물질의 위해성 평가 결과 등 다양한 요소에 의해 결정된다. 우리나라의 경우 「대기환경보전법」에서 대기오염 물질을 "대기오염의 원인이 되는 가스・입자상 물질 또는 악취물질로서 환경부령이 정하는 것"으로 규정하고 있다.

대기오염 물질의 발생 원인은 매우 다양하다. 황사와 같이 바람에 의해 토양의 흙먼지가 날려 대기오염을 유발할 수도 있고, 산불이나 화산에 의해 먼지나 매연이 발생할 수도 있다. 이렇게 인간의 활동과 관계 없이 대기오염 물질을 발생시키는 배출원을 자연적 발생원(natural source)이라 한다. 그러나 오늘날 크게 문제가 되는 것은 이러한 자연적 발생원보다는 대부분 인간의 활동에서 비롯되는 인위적 배출원(anthropogenic source)이라고 할 수 있다.

우리나라는 그동안 수도권 대기 질 개선 추진, 저황유와 LNG 등 청정연료의 공급 확대, 배출규제 강화 등 정부의 대기 질 개선 대책 추진으로 이산화황(SO_2), 미세먼지(PM_{10}), 납(Pb) 등의 농도는 지속적으로 감소하는 추세이나, 기후 변화에 따른 기온 상승, 자동차 등록대수 증가 등으로 인해 이산화질소(NO_2), 오존(O_3) 농도는 상대적으로 개선이 느린 실정이다. 또한 미세먼지(PM_{10}) 오염도는 수도권 지역을 중심으로 지속적으로 감소하고 있으나 여전히 선진국에 비해 높은 수준이며, 특히 2013년부터 기상 및 국외 영향 등으로 다시 정체하는 추세를 보이고 있다(환경부, 2023a).

2) 현황

정부의 청정연료와 저황유 공급 확대 보급 등 대기오염 저감정책에 힘입어 아황산가스와 먼지 등 개도국형 대기오염 상태는 개선되는 추세이다. 그러나 자동차 증가에 따른 이산화질소 및 오존의 오염도는 비슷하거나 완만하게 증가하고 있어 대기오염 형태가 선진국형으로 전환되고 있다. 그러면 「환경정책기본법」 제10조에 규정된 대기환경기준물질 중 아황산가스, 미세먼지, 이산화질소 등 오염물질별로 대기오염의 현황을 살펴보자.

(1) 아황산가스

아황산가스는 연료 중 함유된 황 성분이 연소 과정에서 산소와 결합해 발생한다.

세계적으로 유명한 대기오염 사고였던 런던 스모그의 경우에는 아황산가스의 농도가 1ppm을 넘을 정도로 심각해 많은 피해를 유발한 바 있다. 우리나라 주요 도시의 연도별 아황산가스 오염도는 〈표 3-1〉과 같다.

〈표 3-1〉 주요 도시의 아황산가스 오염도

아황산가스(SO_2)

[단위: ppm]

	2013	2014	2015	2016	2017	2018	2019	2020	2021	2022
서울	0.006	0.006	0.005	0.005	0.005	0.004	0.004	0.003	0.003	0.003
부산	0.007	0.007	0.006	0.005	0.005	0.005	0.005	0.004	0.003	0.003
대구	0.004	0.004	0.003	0.003	0.003	0.003	0.003	0.002	0.002	0.002
인천	0.007	0.007	0.006	0.006	0.006	0.005	0.005	0.004	0.003	0.003
광주	0.005	0.004	0.003	0.003	0.003	0.003	0.003	0.003	0.003	0.003
대전	0.004	0.004	0.004	0.003	0.003	0.002	0.002	0.002	0.003	0.003
울산	0.008	0.008	0.007	0.007	0.006	0.006	0.005	0.004	0.003	0.003
세종	–	–	–	0.004	0.003	0.003	0.003	0.003	0.003	0.003

출처: 환경부, 「대기환경연보」.

아황산가스의 오염도는 지속적으로 감소하고 있는 추세이다. 이는 이미 1980년대부터 다양한 정책이 시행되고 있기 때문이다. 즉 정부는 1981년 황함유 기준제도, 1985년 고체연료사용 금지제도, 1988년 청정연료사용 의무화제도 등 아황산가스 저감을 위해 여러 정책을 시행해 오고 있다. 국립환경과학원에서 발간한 대기오염 물질 배출량 자료에서도 아황산가스 배출량은 매년 감소하는 경향을 보이는 것으로 분석되었다. 대규모 배출업소가 밀집되어 있어서 과거 상대적으로 오염도가 높았던 울산도 최근에는 다른 지역과 비슷하게 안정적인 오염도 수치를 보여주고 있다. 전국적으로 보아도 환경기준인 0.02ppm을 초과하는 지역은 없는 것으로 나타나고 있다.

(2) 미세먼지

먼지는 대기 중에 떠다니거나 흩날려 내려오는 입자상 물질을 말한다. 주로 석탄・석유 등의 화석연료를 태울 때나 공장・자동차 등의 배출가스에서 많이 발생한다. 먼지는 입자의 크기에 따라 50μm 이하인 총먼지(Total Suspended Particles: TSP)와 입자 크기가 매우 작은 미세먼지(Particulate Matter: PM)로 구분한다. 미세먼지는 다시 지름이 10μm보다 작은 미세먼지(PM_{10})와 지름이 2.5μm보다 작은 초미세먼지($PM_{2.5}$)로 나뉜다. 특히 미세먼지는 호흡기나 심혈관 질환에 치명적인 영향을 미치며, 농작물과 생태계, 그리고 반도체 등 먼지에 민감한 산업에도 큰 영향을 미칠 수 있다.

미세먼지 오염도는 1995년 측정을 시작한 후로 조금씩 감소하다가 1999년을 기점으로 2002년까지 증가하였다. 최근 들어 전체적으로는 감소를 보이지만 획기적인 감소는 이루어지지 못하고 있다. 다만 모든 도시에서 환경기준인 50㎍/m^3 이하를 유지하고 있어서 미세먼지는 어느 정도 관리가 되고 있음을 알 수 있다.

〈표 3-2〉 주요 도시의 미세먼지 오염도

미세먼지(PM-10)

[단위: ㎍/m^3]

	2013	2014	2015	2016	2017	2018	2019	2020	2021	2022
서울	45	46	45	48	44	40	42	35	38	33
부산	49	48	46	44	44	41	36	30	32	27
대구	45	45	46	43	42	39	39	34	35	30
인천	49	49	53	49	46	40	43	34	39	33
광주	42	41	43	40	40	41	42	30	34	28
대전	42	41	46	44	45	44	42	33	36	31
울산	47	46	46	43	43	40	37	30	30	29
세종	–	–	–	46	47	40	44	36	39	34

출처: 환경부, 「대기환경연보」.

미세먼지(PM-2.5)

[단위: ㎍/m^3]

	2015	2016	2017	2018	2019	2020	2021	2022
서울	23	26	25	23	25	21	20	18
부산	26	27	26	23	21	17	15	15
대구	26	24	23	22	22	20	17	16
인천	29	26	25	22	23	19	20	19
광주	26	23	24	24	23	18	18	17
대전	28	21	21	22	22	18	16	17
울산	25	23	25	23	20	17	15	16
세종	–	23	23	21	26	20	18	18

출처: 환경부, 「대기환경연보」.

초미세먼지 오염도는 2015년부터 측정을 시작하였으며 점진적으로는 감소세를 보이고 있으나 만족할 만한 수준은 아니다. 즉 초미세먼지는 환경기준인 15㎍/m^3를 충족시키는 도시가 거의 없을 정도로 오염도가 감소하지 않고 있다. 미세먼지는 앞으로 해결해야 할 우리나라 대기오염의 주요 문제 중의 하나가 되고 있다.

서울과 세계 주요 도시의 미세먼지를 비교해 보면 서울의 미세먼지가 상대적으로 높은 수준임을 알 수 있다. 즉 2022년도 서울의 미세먼지는 33㎍/m^3로 런던, 파리보다 높은 수준이고 초미세먼지도 18㎍/m^3로 런던, 파리, LA 등 주요 도시보다 높은 수준이다.

〈표 3-3〉 서울과 주요 도시 미세먼지 비교

구분	런던	파리	LA	서울
미세먼지PM_{10}(㎍/m^3)	17	20	35	33
초미세먼지$PM_{2.5}$(㎍/m^3)	8*	12	12.3	18
이산화질소(ppm)	0.014	0.012	0.025	0.021

"농도값*"의 값은 자료 획득률이 50% 이상 75% 미만인 값임.

제1장 제2절에서 살펴본 바와 같이 주요 대기오염 물질이 점진적으로 감소하고 있으나, 초미세먼지는 여전히 기준치를 초과하고 있다. 특히 전국 평균에 비해 서울을 비롯한 수도권의 대기오염도가 상대적으로 높게 나타나고 있다. 정부도 수도권 대기환경을 개선하기 위해 수도권 대기환경청을 설치하는 등 각별한 노력을 기울이고 있다. 하지만 고농도 미세먼지 발생은 대기 정체하에서 오염물질이 축적되고 국외 유입이 더해지면서 농도가 상승하는 경우가 다수인 점을 고려하면, 단기간에 해결하기는 쉽지 않을 것으로 예상된다.

(3) 이산화질소

이산화질소(NO_2)는 자동차 배기가스에 포함되어 있기도 하고 연료의 고온 연소시 공기 중 질소와 산소가 결합해 생성되기도 하는데, 코와 목을 자극하며 호흡기에 나쁜 영향을 미치는 한편, 탄화수소와 함께 광화학 스모그를 발생시키는 원인이 되기도 한다.

〈표 3-4〉 주요 도시의 이산화질소 오염도

이산화질소(NO_2)

[단위: ppm]

	2013	2014	2015	2016	2017	2018	2019	2020	2021	2022
서울	0.033	0.033	0.032	0.031	0.030	0.028	0.028	0.024	0.024	0.021
부산	0.021	0.020	0.020	0.021	0.030	0.019	0.019	0.016	0.015	0.015
대구	0.023	0.024	0.021	0.020	0.020	0.019	0.019	0.017	0.016	0.015
인천	0.028	0.028	0.026	0.025	0.024	0.025	0.024	0.020	0.021	0.019
광주	0.020	0.019	0.019	0.018	0.019	0.017	0.018	0.014	0.014	0.014
대전	0.021	0.020	0.019	0.019	0.018	0.019	0.019	0.018	0.017	0.017
울산	0.024	0.023	0.022	0.022	0.022	0.020	0.020	0.018	0.017	0.016
세종	–	–	–	0.022	0.020	0.018	0.019	0.017	0.016	0.016

출처: 환경부, 「대기환경연보」.

이산화질소의 연간 오염도 변화를 살펴보면, 1990년대 초반에는 농도가 증가하였으나 이후 증가와 감소를 반복하는 양상을 나타내고 있다. 2017년부터는 꾸준히 감소를 보이고 있어 대부분의 지역에서 환경기준인 0.03ppm을 충족하고 있다. 하지만 세계의 주요 도시와 비교하면 여전히 높은 수준이다. 즉 〈표 3-3〉에 나타난 바와 같이 서울의 오염도는 런던과 파리에 비해 매우 높아, 추후 이를 더욱 저감시키기 위한 추가적인 노력이 필요하다.

2 수질 오염

1) 개관

4대강 본류의 수질 오염도를 보면, 공공수역의 생화학적 산소요구량(BOD) 농도는 낮은 분포를 유지하고 있으며, 총인 오염도는 전반적으로 감소하는 추세를 보이고 있다. 또한 주요 상수원 및 호소에서 사람의 건강보호기준 항목(20개)을 초과하지 않는 것으로 나타났다. 그동안 정부가 추진한 '4대강 물관리 종합대책'(1998~2005), '물환경관리 기본계획'(1차 2006~2015, 2차 2016~2025) 등이 어느 정도 효과를 거두고 있는 것으로 추정된다. 하지만 화학물질 사용 증가, 비점오염원 등 난분해성 오염물질의 유입에 따라 언제든지 수질 오염 악화의 리스크를 안고 있다. 따라서 사람의 건강보호기준 항목을 확대하고 추가적인 수질 개선 투자를 확대하는 등 지속적인 노력이 필요하다(환경부, 2023a).

2) 현황

(1) 오염 수준

수질 오염의 수준을 한강, 낙동강, 금강, 영산강 등 4대 수계별로 파악해 보자.

[그림 3-1] 4대강 주요 지점의 수질 변화

(단위: ㎍/L, 년)

출처: 환경부(2023a), 『환경백서』.

[그림 3-1]과 같이 생화학적 산소요구량(BOD), 총인(T-P) 등 두 가지 오염물질의 측정 결과를 보면 한강, 낙동강은 상대적으로 수질 개선의 폭이 크게 나타나고 있다. 즉 부영양화의 원인이 되는 총인의 규모가 팔당과 물금 두 곳에서는 현저하게 감소하고 있다. 하지만 금강 수계인 대청은 완만하게 감소하고 있으며, 낙동강 수계인 주암은 오히려 증가하고 있다. 4대강 중 영산강의 총인 오염도가 높음을 알 수 있다. 한편 생화학적 산소요구량은 4대강 모두에서 안정적인 수치를 나타내고 있다.

(2) 수질 목표기준 달성률

제2차 물환경관리 기본계획(2016~2025)에서는 2025년까지 전국 주요 상수원 수질의 Ⅰ등급 달성을 목표로 제시하였다. 이에 따라 2015년 12월, 전체 115개 중권역 대상으로 예측 수질에 기반하여 수질 및 수생태계 목표기준을 설정하였다. 〈표 3-5〉에 나타난 바와 같이 하천의 경우 전체 115개 중권역 중 104개 이상을 좋은물(BOD 3㎎/L 이하)로 개선하는 것을 목표로 하였다. 이는 단순히 수질을 유지하는 데 그치는 것이 아니라 BOD 3㎎/L 이하의 '좋은물'로 만드는 것을 목표로 설정하고 이를 달성하기 위하여 다양한 수질 개선 대책을 수립·시행하려는 정부의 의지가 반영된 것이라 할 수 있다.

〈표 3-5〉 하천의 목표기준 설정범위

구분	하천			
설정범위	115개 중권역			
목표기준	권역명	목표기준	중권역수	비율(%)
	전국	계	115	100
		매우 좋음	38	33
		좋음	51	44
		약간 좋음	15	13
		보통	10	9
		약간 나쁨	1	1
		나쁨	0	0
		매우 나쁨	0	0

출처: 환경부(2023a). 『환경백서』.

그러면 이러한 수질 개선의 목표가 어느 정도 달성되었는지를 살펴보자. 2023년도의 수질평가 결과, 〈표 3-6〉에 나타난 바와 같이 전국 하천 115개 중권역의 BOD 기준 좋은물 달성률은 86.1%로 나타났으며, 총인 기준 달성률은 81.7%로 나타났다. 수계별로 보면 BOD의 경우 한강 93.1%, 낙동강 100.0%로서 매우 양호한 실적을 보였으나, 금강은 76.2%, 영산강은 72.7%로서 저조한 것으로 나타났다. 또한 총인의 경우도 한강과 낙동강은 각각 86.2%, 96.9%를 기록하였으나, 금강은 81.0%에 그치고 특히 영산강은 달성률이 63.6%에 머물러서 특별한 대책이 필요할 것으로 보인다. 좋은물 목표달성 시점이 2025년도인 점을 고려하면, 추후 더욱 더 과감하고 적극적인 수

〈표 3-6〉 좋은물 달성 현황

(단위: 개, %)

대권역	중권역수	좋은물 달성도(BOD)		좋은물 달성도(T-P)	
		달성 중권역수 (2022년)	비율 (2022년)	달성 중권역수 (2022년)	비율 (2022년)
총계	115	99 (99)	86.1 (86.1)	94 (91)	81.7 (79.1)
한강	29	27 (29)	93.1 (100.0)	25 (23)	86.2 (79.3)
낙동강	32	32 (32)	100.0 (100.0)	31 (31)	96.9 (96.9)
금강	21	16 (16)	76.2 (76.2)	17 (17)	81.0 (81.0)
영산강	33	24 (22)	72.7 (66.7)	21 (20)	63.6 (60.6)

출처: 환경부(2023a). 『환경백서』.

질 개선 대책이 시행되어야 할 것이다.

(3) 건강보호기준 목표기준 달성률

우리나라 하천의 수질기준에는 사람의 건강보호기준과 생활환경기준이 있다. 정부는 각각에 대해 목표기준을 정해놓고 이를 달성하기 위하여 노력하고 있다. 따라서 목표기준이 달성될수록 하천의 수질이 개선되고 있음을 의미한다.

우선 하천의 수질기준 중 사람의 건강보호기준 항목은 카드뮴과 비소, 시안, 수은 등 유해 유・무기물 17개 항목으로 설정되어 있다. 이전에는 하천에 대한 건강보호항목의 목표기준 달성 여부는 연간 산술평균값이 한 개 항목이라도 초과 시 목표 미달성으로 평가하고 있었으나, 2007년 건강보호항목에 대한 목표기준이 설정되었다. 예를 들면, 카드뮴(Cd) 0.005㎎/L 이하, 비소(As) 0.05㎎/L 이하 등이다. 이 목표기준의 달성 여부를 평가한 결과, 2023년 현재까지 115개 중권역 및 49개 주요 호소에서 모든 항목이 목표기준을 달성하고 있는 것으로 나타나 건강보호기준을 충족하고 있다.

(4) 생활환경기준 목표기준 달성률

하천 수질기준 중 생활환경기준에는 수소이온 농도(pH), 생화학적 산소요구량(BOD), 화학적 산소요구량(COD), 총유기탄소량(TOC), 부유물질량(SS), 용존산소량(DO), 총인(T-P), 대장균군 등의 항목에 대한 기준이 있다. 그리고 이에 대한 등급은

〈표 3-7〉 생활환경기준 목표기준 달성 현황(BOD 기준)

구분	총계	목표기준 및 달성 현황(달성/목표, 달성률)			
		한강	낙동강	금강	영산강
총계	92/115(80.0%)	28/29(96.6%)	27/32(84.4%)	15/21(71.4%)	22/33(66.7%)
매우 좋음(Ia)	31/38(81.6%)	13/14(92.9%)	7/10(70.0%)	5/7(71.4%)	6/7(85.7%)
좋음(Ib)	41/51(80.4%)	9/9(100.0%)	15/17(88.2%)	4/5(80.0%)	13/20(65.0%)
약간 좋음(Ⅱ)	9/15(60.0%)	2/2(100.0%)	4/4(100.0%)	3/6(50.0%)	0/3(0.0%)
보통(Ⅲ)	10/10(100.0%)	3/3(100.0%)	1/1(100.0%)	3/3(100.0%)	3/3(100.0%)
약간 나쁨(Ⅳ)	1/1(100.0%)	1/1(100.0%)	–(–)	–(–)	–(–)

출처: 환경부(2023a). 『환경백서』.

매우 좋음(Ⅰa), 좋음(Ⅰb), 약간 좋음(Ⅱ), 보통(Ⅲ), 약간 나쁨(Ⅳ), 나쁨(Ⅴ), 매우 나쁨(Ⅵ)의 7개로 나누고 있다.

〈표 3-7〉과 같이 제2차 물환경관리 기본계획(2016~2025)에서는 주요 상수원 수질을 좋음(Ⅰb) 등급 이상으로 달성하도록 목표를 제시하였고, 이에 따라 하천의 수질 현황, 상수원 여부 등을 감안하여 중권역별로 2025년까지 달성하여야 할 각각의 목표 수질이 설정되었다. 목표수질 달성 여부를 평가한 결과, 2023년에 조사가 이루어진 115개 중권역 중 92개 중권역이 개별 목표기준을 충족함으로써 목표의 80.0%를 달성한 것으로 나타났다.

한강권역은 29개 중권역 중 28개(96.6%), 낙동강권역은 32개 중권역 중 27개(84.4%)가 목표기준을 달성하였다. 하지만 금강권역은 21개 중권역 중 15개(71.4%), 영산강권역은 33개 중권역 중 22개(66.7%)의 중권역이 목표기준을 달성하였다. 역시 금강과 연산강의 달성률이 상대적으로 낮은 것으로 나타났다.

목표기준 수질등급별 달성 현황을 살펴보면 목표기준이 '매우 좋음(Ⅰa)'으로 설정된 중권역의 달성률은 81.6%, '좋음(Ⅰb)'은 80.4%, '약간 좋음(Ⅱ)'은 60.0%, '보통(Ⅲ)'은 100.0%, '약간 나쁨(Ⅳ)'은 100.0%로 나타났다. 목표기준이 높은 Ⅰ, Ⅱ급수 목표기준의 달성률이 낮은 것을 알 수 있다.

3 폐기물 오염

1) 개관

「폐기물관리법」 제2조에서는 폐기물을 "쓰레기·연소재·오니(汚泥)·폐유·폐산·폐알칼리·동물의 사체(死體) 등으로서 사람의 생활이나 사업 활동에 필요하지 아니하게 된 물질"로 정의하고 있다. 이처럼 폐기물은 자연으로부터 원료를 채취하여 제품을 생산·유통·소비하는 경제 활동 과정에서 불가피하게 발생되고 있다. 인구가 적은 과거의 농경 중심 사회에서는 폐기물이 발생되어도 자연적으로 소화되어 문제가 없었으나, 사회 구조가 대량생산·대량소비 형태로 변화되면서 폐기물이 사회 문제로 대두되어 국가의 정책적 개입이 불가피하게 되었다.

폐기물은 1차적으로 발생원과 폐기물 발생량에 따라 생활폐기물과 사업장폐기물로 구분되며, 2차적으로는 사업장폐기물을 유해성에 따라 사업장일반폐기물, 지정폐기물로 구분한다. 3차적으로는 발생 특성에 따라 사업장비배출시설계폐기물, 사업장

〈표 3-8〉 폐기물 분류

<table>
<tr><td rowspan="5">폐기물
쓰레기·연소재·오니·폐유·폐산·폐알카리·동물의 사체 등으로서 사람의 생활이나 사업 활동에 필요하지 아니하게 된 물질</td><td colspan="3">생활폐기물
'생활폐기물'이란 사업장폐기물 외의 폐기물</td></tr>
<tr><td rowspan="4">사업장폐기물
「대기환경보전법」, 「물환경보전법」 또는 「소음·진동관리법」에 따라 배출시설을 설치·운영하는 사업장이나 그 밖에 대통령령으로 정하는 사업장에서 발생하는 폐기물</td><td rowspan="2">사업장일반폐기물
사업장폐기물로서 지정폐기물과 건설폐기물을 제외한 폐기물</td><td>사업장비배출시설계폐기물
폐기물을 1일 평균 300kg 이상 배출하는 사업장, 일련의 공사(건설공사는 제외) 또는 작업으로 폐기물을 5톤(공사를 착공하거나 작업을 시작할 때부터 마칠 때까지 발생하는 폐기물의 양을 말한다) 이상 배출하는 사업장에서 발생하는 폐기물</td></tr>
<tr><td>사업장배출시설계폐기물
「대기환경보전법」, 「물환경보전법」 또는 「소음·진동관리법」에 따라 배출시설을 설치·운영하는 사업장이나 그 밖에 대통령령으로 정하는 사업장에서 발생하는 폐기물</td></tr>
<tr><td>지정폐기물
사업장폐기물 중 폐유·폐산 등 주변 환경을 오염시킬 수 있거나 의료폐기물 등 인체에 위해를 줄 수 있는 유해한 물질로서 대통령령으로 정하는 폐기물</td><td>특정 시설에서 발생되는 폐기물, 부식성 폐기물, 유해물질 함유 폐기물, 폐유기용제, 폐페인트 및 폐래커, 폐유, 폐석면, 폴리클로리네이티비 피닐 함유 폐기물, 폐유독물, 의료폐기물

의료폐기물
보건·의료기관, 동물병원, 시험·검사기관 등에서 배출되는 폐기물 중 인체에 감염 등 위해를 줄 우려가 있는 폐기물과 인체조직 등 적출물, 실험동물의 사체 등 보건·환경보호상 특별한 관리가 필요하다고 인정되는 폐기물로서 대통령령으로 정하는 폐기물</td></tr>
<tr><td colspan="2">건설폐기물
「건설산업기본법」 제2조 제4호에 해당하는 건설공사로 인하여 건설현장에서 발생하는 5톤 이상의 폐기물(공사를 시작할 때부터 완료할 때까지 발생하는 것만 해당한다)로서 대통령령으로 정하는 것</td></tr>
</table>

배출시설계폐기물, 건설폐기물, 의료폐기물 등으로 분류된다.

폐기물 중 자연계가 소화할 수 없는 폐기물은 매립이나 소각 등 인위적으로 처리할 수밖에 없으며 이러한 과정에서 님비(NIMBY) 문제, 엄청난 시설 투자 등 사회경제적 문제가 수반되기 때문에 좀 더 효과적이고 적극적인 정책적 관리가 필요하다. 따라서 폐기물 문제를 효과적으로 극복하기 위해서는 대량생산, 대량소비 체제를 지속가능한 자원순환형 사회경제 체제로 전환해 나가고 기술 개발을 통해서 저렴한 비용으로 폐기물을 안전하게 처리하는 등의 종합적이고 근본적인 접근이 이루어질 필요가 있다.

그래서 정부도 폐기물 관리의 패러다임을 바꾸는 노력을 기울여 왔다. 즉 2000년 말부터는 자원 및 에너지 가격의 급등, 지구 온난화 등으로 온실가스 감축이 요구되었으며, 특히 폐기물로부터 자원 및 에너지 회수의 필요성이 제기되었다. 그래서 2008년 폐자원 및 바이오매스 에너지 대책을 수립하여 지역별 폐자원 에너지타운 조성사업을 추진하고 있으며, 2009년에는 폐금속자원 재활용 대책을 수립하여 폐금속자원에 대한 재활용 정책을 강화하였다.

또한 경제 성장에 따라 자원 소비 및 폐기물 발생은 지속적으로 증가하여 폐기물 처리 중심의 정책만으로는 한계가 있었다. 2018년에 자원의 효율적 이용과 발생된 폐기물의 순환 이용을 촉진하는 자원순환정책을 추진하기 위해 「자원순환기본법」을 시행하였다. 또한 2020년 9월에는 폐기물의 발생부터 처리까지 자원순환 전 과정의 패러다임을 개선하기 위한 '자원순환정책 대전환 계획'을 수립하였다.

한편, 코로나19 이후 늘어난 플라스틱 폐기물 문제 해결을 위해 2020년 12월 '생활폐기물 탈플라스틱 대책'을 수립하였으며, 2021년 12월에는 국제적인 순환경제사회로의 패러다임 전환과 EU의 신순환경제 행동계획 발표 등에 맞춰 '한국형 순환경제 이행계획'을 수립하였으며 생산·유통단계 자원순환성을 강화하고 친환경 소비를 촉진하는 등 생산·유통·소비·재활용 전 과정에서 폐기물 감량 및 순환성 강화 기반을 마련하였다.

2022년 12월에는 「자원순환기본법」을 전면 개정한 「순환경제사회 전환 촉진법」이 제정되어 생산-소비-유통-재활용 전 주기의 순환 체계 구축을 위한 제도적 기반을 마련했다.

2) 현황

(1) 폐기물의 발생 현황

폐기물의 종류별 발생량 변화 추이를 살펴보면 생활계폐기물 발생량은 종량제를 시행하기 전인 1994년에 1.3kg/일 · 인이었으나, 종량제의 시행으로 감소하여 1997년 이후부터는 0.94~1.05kg/일 · 인 사이에서 소폭 증감을 반복하고 있다. 2022년 발생량은 1.20kg/일 · 인으로, 2021년 1.18kg/일 · 인 대비 약 1.7% 증가하였다. 이 수치는 OECD 국가의 평균 발생량(2016년 기준, 1.19kg/일 · 인)과 유사한 수준을 유지하고 있는 것이다. 이는 종량제의 시행, 재활용품 및 음식물류폐기물 분리배출 정책 등이 긍정적인 영향을 미친 결과로 보인다.

〈표 3-9〉 폐기물 발생 현황

(단위: 톤/일)

구분		2012	2013	2014	2015	2016	2017	2018	2019	2020	2021	2022
생활계폐기물*		48,990	48,728	49,915	51,247	53,772	53,490	56,035	57,961	61,597	62,178	63,119
사업장 폐기물	계	345,506	344,388	351,743	366,967	375,356	376,041	390,067	439,277	472,458	478,602	447,723
	배출 시설계	146,390	148,443	153,189	155,305	162,129	164,874	167,727	202,619	220,951	232,603	222,086
	지정	12,487	12,407	13,172	13,402	13,783	14,905	15,389	15,556	15,324	16,381	16,915
	건설	186,629	183,538	185,382	198,260	199,444	196,262	206,951	221,102	236,183	229,618	208,721

* 생활계폐기물은 생활폐기물, 사업장비배출시설계폐기물, 공사장생활폐기물을 포함한 수치임
출처: 환경부(2023b), 2022 전국 폐기물 발생 및 처리 현황.

1인당 생활폐기물 발생량의 수준은 다른 통계에서도 나타난다(〈표 3-10〉). 이 자료에 의하면, 한국의 1인당 생활폐기물 발생량은 일평균 350~450kg 사이에서 증감을 반복하고 있는 것으로 나타난다. OECD 주요 국가들의 1인당 생활폐기물 발생량을 살펴보면, 2022년 기준으로 한국(446kg)은 일본(326kg, 2021년)보다는 높지만, 독일(593kg)뿐만 아니라 프랑스(539kg), 네덜란드(473kg) 등에 비해서 적은 것으로 나타났다.

하지만 〈표 3-9〉에 나타난 바와 같이 사업장폐기물, 특히 건설폐기물은 지속적으로 증가 추세를 보이고 있다. 비록 2022년에는 감소하였으나 이는 팬데믹의 영향으로 경제가 침제된 것에 기인하는 바가 크므로, 이러한 감소세가 유지될지는 지속적인 모니터링이 필요할 것이다.

〈표 3-10〉 1인당 연간 생활폐기물 발생량

1인당 생활폐기물 발생량

(단위: kg)

	2010	2011	2012	2013	2014	2015	2016	2017	2018	2019	2020	2021	2022
1인당 생활폐기물 발생량	362	358	356	353	359	367	383	380	396	409	435	438	446

출처: 환경부(2023b). 전국 폐기물 발생 및 처리현황.

(2) 폐기물의 처리 현황

발생된 폐기물은 생활폐기물의 경우 시장・군수・구청장, 사업장폐기물은 사업자 책임하에 처리되고 있다. 2021년 기준으로 생활 및 사업장에서 발생한 전체 폐기물의 5.3%가 매립, 5.0%가 소각, 86.9%가 재활용, 2.8%가 기타의 방법으로 처리되었다. 재활용 및 폐자원에너지화 노력에 힘입어 꾸준히 높은 재활용 비율을 유지하고 있으며,

〈표 3-11〉 생활계폐기물 처리 현황

(단위: 톤/일)

구분	2012	2013	2014	2015	2016	2017	2018	2019	2020	2021	2022
계	48,990	48,728	49,915	51,247	53,772	53,490	56,035	57,961	61,597	62,178	63,119
매립	7,778	7,613	7,813	7,719	7,909	7,240	7,525	7,336	7,247	7,995	6,456
소각	12,261	12,331	12,648	13,176	13,610	13,318	13,763	14,919	15,721	15,453	15,151
재활용	28,951	28,784	29,454	30,352	32,253	32,932	34,747	34,613	36,663	35,247	37,771
기타*	–	–	–	–	–	–	–	1,093	1,966	3,483	3,742

* 기타: 2018년도까지 재활용에 포함되었던 소각을 제외한 중간처분량(압축, 파쇄, 고형화 등)을 2019년도부터 기타 항목으로 분리

출처: 환경부(2023b). 2022 전국 폐기물 발생 및 처리현황.

〈표 3-12〉 사업장폐기물 처리 현황

(단위: 톤/일)

구분	2012	2013	2014	2015	2016	2017	2018	2019	2020	2021	2022
계	345,506	344,388	351,743	366,967	375,356	376,041	390,067	439,277	472,458	478,602	447,723
매립	28,794	30,361	30,093	30,081	30,033	28,284	27,123	23,178	20,136	20,656	19,412
소각	12,624	12,709	11,876	12,909	12,840	12,972	12,641	11,065	12,006	11,367	11,603
재활용	300,256	298,126	307,360	322,472	331,547	333,718	349,490	395,732	429,903	434,928	405,741
기타*	3,832	3,192	2,414	1,505	937	1,067	813	9,302	10,413	11,652	10,967

출처: 환경부(2023b). 2022 전국 폐기물 발생 및 처리현황.

소각과 매립은 낮은 비율을 유지하고 있다. 2022년 사업장폐기물의 종류별 처리 현황은 다음과 같다.

첫째, 건설폐기물의 99.7%가 재활용, 0.2%가 소각, 0.1%가 매립되었다. 건설폐기물은 발생량은 많지만 재활용률이 높은 것이 특징이다.

둘째, 사업장배출시설계폐기물은 재활용 84.1%, 매립 7.4%, 소각 4.0%, 기타 4.4%로 나타났다. 역시 재활용률이 가장 높다.

셋째, 지정폐기물은 재활용 65.0%, 소각 13.1%, 매립 15.4%, 기타(보관) 6.5%로 처리되었다. 사업장폐기물 중 지정폐기물의 재활용률이 가장 낮다.

각각의 구체적인 처리 실적은 〈표 3-13〉, 〈표 3-14〉, 〈표 3-15〉에 요약되어 있다.

〈표 3-13〉 건설폐기물 처리 현황

(단위: 톤/일)

구분	2016	%	2017	%	2018	%	2019	%	2020	%	2021	%	2022	%
계	199,444	100	196,262	100	206,951	100	221,102	100	236,183	100	229,618	100	208,721	100
매립	3,058	1.5	2,937	1.5	2,948	1.4	1,767	0.8	1,985	0.8	1,349	0.6	293	0.1
소각	738	0.4	861	0.4	654	0.3	621	0.3	419	0.2	372	0.2	400	0.2
재활용	195,648	98.1	192,464	98.1	203,349	98.3	218,714	98.9	233,779	99.0	227,897	99.3	208,028	99.7

〈표 3-14〉 사업장배출시설계폐기물 처리 현황

(단위: 톤/일)

구분	2016	%	2017	%	2018	%	2019	%	2020	%	2021	%	2022	%
계	162,129	100	164,874	100	167,727	100	202,619	100	220,951	100	232,603	100	222,086	100
매립	24,065	14.8	22,092	13.4	21,060	12.6	18,576	9.2	15,458	7.0	16,891	7.3	16,516	7.4
소각	9,787	6.0	9,859	6.0	9,715	5.8	8,183	4.0	9,510	4.3	8,789	3.8	8,981	4.0
재활용	128,185	79.1	132,875	80.6	136,910	81.6	167,299	82.6	186,359	84.3	196,337	84.4	186,717	84.1
기타*	92	0.1	48	0	42	0	8,561	4.2	9,624	4.4	10,587	4.6	9,872	4.4

* 기타: 2018년도까지 재활용에 포함되었던 소각을 제외한 중간처분량(압축, 파쇄, 고형화 등)을 해역 배출을 포함하여 2019년도부터 기타 항목으로 공표

〈표 3-15〉 지정폐기물 처리 현황

(단위: 톤/일)

구분	2016	%	2017	%	2018	%	2019	%	2020	%	2021	%	2022	%
계	13,783	100	14,905	100	15,389	100	15,556	100	15,324	100	16,381	100	16,915	100
매립	2,910	21.1	3,255	21.8	3,115	20.2	2,835	18.2	2,692	17.6	2,416	14.7	2,602	15.4
소각	2,315	16.8	2,252	15.1	2,272	14.8	2,261	14.5	2,077	13.6	2,206	13.5	2,222	13.1
재활용	7,714	56	8,379	56.2	9,231	60.0	9,719	62.5	9,766	63.7	10,695	65.3	10,996	65.0
기타*	845	6.1	1,019	6.9	771	5.0	741	4.8	789	5.1	1,065	6.5	1,095	6.5

* 기타는 파쇄, 분쇄 등 물리적 처리(2002년부터 해양 배출 없음)

제 2 절 지역 차원의 환경 문제 – 동북아 환경 문제

1 개관

동북아시아 국가들은 시베리아, 중국 대륙, 만주, 한반도, 일본 열도로 이어지는 지리적 분포를 나타내면서 국경이 접해 있거나 만 또는 해협을 사이에 두고 인접해 있다. 이 동북아 지역에서 최근 전개되고 있는 경제 성장 전략에 기초한 산업화와 이에 병행된 도시화 과정은 급속한 성장과 사회적 부(富)의 축적을 가능하게 했지만, 다른 한편으로 원료와 에너지의 소비량을 급등시키면서 유한한 자원을 고갈시키고 엄청난 양의 환경오염 물질들을 배출하고 있다. 이에 따라 동북아시아 국가들은 자국 내에 심각한 환경오염 문제를 안게 되었을 뿐만 아니라, 오염물질들이 국경을 넘어 이동함에 따라 인접 국가들의 환경오염 문제와 이로 인한 피해를 더욱 가중시키고, 나아가 국가 간의 갈등도 유발하고 있는 실정이다.

특히 동북아 지역의 국가들은 국경을 직접 접하고 있거나 또는 상대적으로 좁은 해협이나 만으로 경계를 이루고 있고, 또한 지형적으로도 오염물질들이 광역적으로 확산될 가능성이 매우 높기 때문에 환경오염의 광역화로 인한 국제적 갈등이 심화될 수 있는 소지가 그 어느 지역보다 높다고 할 수 있다. 동북아 지역이 당면하고 있는 주요 환경 문제는 대기오염, 해양오염 문제 등이라고 할 수 있다.

2 월경성 대기오염

1) 개념

석탄, 석유, 천연가스 등의 화석연료를 연소시켜 에너지원으로 이용할 경우에는 아황산가스와 질소산화물 등이 방출되며, 이들 오염물질이 기류를 타고 주변 지역으로 장거리 이동해 인접 지역에 심각한 영향을 미친다. 이를 월경성 대기오염(trans-frontier air pollution) 또는 국경을 넘는 대기오염, 대기오염 물질의 장거리 이동(long-range transboundary air pollution), 장거리 이동 대기오염 등으로 부른다. 동북아 지역의 월경성 대기오염 중 가장 심각한 것은 중국의 급속한 산업화 과정에서 발생하는 대기오염 물질의 장거리 이동으로 중국뿐만 아니라 한반도, 일본 등 광범위한 지역에 걸쳐 대기오염을 확산시킨다. 또한 이 대기오염 물질들이 대기 중에 분포함으로써 산성비의 원인이 되고 있는 것도 중요한 문제이다.

2) 원인

(1) 에너지 소비

에너지 소비는 경제 성장과 불가분의 관계가 있는바, 동북아 지역의 에너지 소비량은 급속한 경제 성장과 함께 꾸준히 증가 추세를 보이고 있어, 2000~2020년 사이 세계 평균이 1.8%인 데 비해 2.2%로 더 높게 나타나고 있다. 뿐만 아니라 동북아 지역의 에너지원 대부분이 화석연료에 의존하고 있는 점도 대기오염 문제를 심각하게 하는 주요 요인이 되고 있다.

(2) 지리적 · 기후적 조건

동북아시아는 일본 열도에 의해 남쪽으로 태평양과 분리되고, 히말라야산맥과 파미르고원에 의해 서쪽으로 서아시아와 구분되며, 우랄산맥과 알타이산맥에 의해 유럽과 분리되는 지역으로서, 지역 내 국가들은 지리적으로 매우 인접해 있다. 중국의 산둥(山東)반도에서 한국의 서울까지는 약 400km이며, 중국의 주요 오염 지역 중 하나인 랴오닝성(遼寧省)은 압록강을 국경선으로 하여 북한과 접해 있다. 한국의 울산, 온산 공업지역으로부터 일본은 약 200~250km 내외의 거리이고, 중국 산둥반도에서 일본은 약 800km 정도 떨어져 있다. 산성비의 원인 물질이 1,000km까지 비상할 수 있음을 감안하면 중국으로부터의 대기오염 물질이 충분히 이동할 수 있는 매우 가까운

거리라고 할 수 있다.

이러한 지리적 인접성 외에도 이 지역의 기상학적인 특성으로 인해 월경성 대기오염 문제가 발생하게 된다. 즉 이 지역은 고유한 대기순환 패턴으로 인해 뚜렷한 대기분수계(airshed)를 형성해 한 나라의 대기오염 물질이 다른 지역으로 쉽게 이동된다. 예컨대 황허(黃河) 상류의 알라샨사막과 고비사막 혹은 타클라마칸사막에서 발생한 황사가 중국과 몽골뿐만 아니라 한국, 일본, 러시아, 대만 등 동북아시아의 거의 모든 지역에서 관측되는 것도 바로 이러한 대기순환 패턴의 영향이라고 할 수 있다. 이 지역의 대기순환은 중국의 황사나 대기오염 물질을 3~4일 만에 한국과 일본까지 이동시키는 것으로 조사되고 있다.

3) 영향(피해)

국가 간 국경을 넘어 이동하는 대기오염 물질로는 주로 아황산가스, 질소산화물, 먼지 등을 들 수 있는데, 아황산가스와 질소산화물은 인근 국가의 대기를 오염시킬 뿐만 아니라 산성비의 원인이 된다. 또한 황사의 경우도 중국의 동북부 지역에서 배출되는 중금속이 미세먼지와 함께 실려옴으로써 호흡기 질환과 눈병 등을 유발한다.

매년 봄철에 찾아오는 황사(黃砂)는 그 진원지가 중국 내륙의 고비사막과 타클라마칸사막 일대로서 이 지역에 회오리바람이 불면 황사가 발생해 3~6km 상공까지 솟았다가 계절풍을 타고 이동해 2~3일 후면 한반도와 일본 열도까지 도착한다. 이 황사 바람이 중국의 공업화와 함께 대기 중에 배출된 다량의 납, 카드뮴 등 중금속의 미세한 입자를 흡착, 운반하면서 인체 및 생태계에 더욱 큰 피해를 주고 있다. 황사는 햇빛을 차단하는가 하면 감기, 기관지 등 호흡기 질병과 결막염, 피부병을 유발한다.

〈표 3-16〉 대기오염 물질이 인체에 미치는 영향

대기오염 물질	발생원	인체에 미치는 영향
아황산가스	석탄, 석유, 차량	• 1ppm: 기도 위축 • 10~20ppm: 기침, 인두 자극, 흉부 압박, 눈 자극 • 30~50ppm: 호흡 곤란, 의식 혼란, 생명 위협
질소산화물	휘발유, 디젤엔진, 비료, 가스터빈	• 13ppm: 눈, 코 자극 • 50ppm 이상: 흉부 압박, 시정장애, 급성 호흡기 질환
먼지	연료 사용 난방, 차량 배기가스, 타이어 마모	• 시정장애, 폐질환 악화, 금속 부식, 호흡기 질환

최근에는 황사가 산업 활동에도 영향을 미치고 있는데, 특히 첨단산업 분야에서 황사 현상 발생 시에는 제품의 불량률이 올라가는 등의 피해를 주고 있다. 위성사진 분석에 의하면, 황사 현상이 한 차례 일어날 경우 약 100만 톤의 흙먼지가 날아오르며, 직경 0.05mm 이하의 황사 흙먼지 속에는 미량의 구리, 납 등 중금속이 포함되어 있어서 눈병과 호흡기 질환을 일으키고, 생태계와 농작물의 성장에도 나쁜 영향을 미친다.

황사와 함께 동북아 지역에 피해를 주는 현상은 산성비이다. 산성비는 지표수의 산성도를 높이는데 지표수의 산성도가 높을수록 많은 양의 알루미늄(Al), 망간(Mn)과 같은 유해 중금속이 지표로부터 용출된다. 산성비로 인해 용출된 유해 중금속 물질들이 인체와 생태계에 나쁜 영향을 미치는 것은 말할 필요조차 없다. 특히 겨울 동안 쌓였던 산성눈은 이른 봄에 녹아 호소로 흘러들어 가므로 이 시기에 가장 높은 산도를 보인다. 산성비의 농도 수준에 따라 발생하는 피해는 〈표 3-17〉에 정리되어 있다.

산성비의 피해 상황을 나라별로 살펴보면 그 심각성을 쉽게 알 수 있다. 우선 중국은 중국환경보호국의 발표에 의하면, 1996년 장시(江西), 저장(浙江) 등 7개 성의 농지 약 10만km^2에서 산성비로 인해 약 3,870억 원의 손실이 발생했다. 또한 삼림 12,800km^2에 산성비가 내려 목재 손실이 621억 원, 생태계 파괴로 인한 손실이 4,680억 원에 이른 것으로 추계되었다.

월경성 대기오염으로 인해 한국이 부담하는 경제적 피해 추정치에 대한 연구는 아직 활발하게 이루어지지 않고 있다. 1993년의 국립환경연구원 연구(박준우 외, 1993)에 의하면 산성비 농도가 pH 1 감소할 때마다 총 266,099백만 원의 피해가 발

〈표 3-17〉 산성비의 농도 수준과 피해

항목	피해
pH 5.0 이하	• 산성 토양에서는 유해 중금속이 용출되며, 인산염과 같은 영양소가 유실되므로 식물 성장이 억제된다. • 장기적인 산성화는 수확량을 감소시킨다.
pH 4.0 이하	• 호소에서는 산성을 좋아하는 이끼류가 번성하여 호소 바닥에 0.5m 이상 되는 매트를 형성한다. 이 매트는 물과 호소 바닥 사이의 영양분 교환을 막고 호소 바닥의 산성화를 더욱 가속화한다.
pH 3.0 이하	• 산성 강수에 접촉되면 잎의 영양분이 유실되고 반점이 생기며, pH 2.5 이하에서는 감수성이 강한 식물은 고사한다. • 특히 산성 안개는 삼림을 장시간 감싸는 효과가 있으므로 이에 의한 삼림 피해가 크게 나타난다.

출처: 김용준(1995), 산성 강수 피해 현황과 저감 대책.

생하는 것으로 나타났다. 이것은 월경성 대기오염 물질에 의한 피해를 추정한 것이 아니라 그 원인과 상관 없이 한국에 내리는 산성비의 피해를 추정한 것이다.

한편 오래된 자료이지만 민병승(1996)의 연구에서는 중국의 대기오염에 의한 산성비가 한국에 미치는 경제적 피해를 계산하였다. 그는 유럽에서 산정된 산성비의 피해지수와 산성비 원인 물질의 단위 비용, 오염물질 배출량, 황의 국내 침적률 등을 이용해 계산한 결과 1993년 현재 한국의 경제적 피해는 적어도 1조 5천억 원에 이르는 것으로 주장하였다.

3 황해 오염

황해는 남쪽으로는 전라남도 진도(珍島) 서단과 양쯔강(揚子江)을 잇는 선, 북쪽으로는 산둥반도와 랴오둥(遼東)반도를 잇는 선을 경계로 하는 해역으로서, 넓이는 404,000km^{2}이고 평균 수심은 44m이다. 이 황해는 『World Watch』 1995년호에 의해 세계 7대 오염수역의 하나로 지적되었으며, 세계에서 흑해 다음으로 오염이 심한 '죽은 바다'로 불리고 있다.

한반도와 중국은 황해를 가운데 두고 양쪽으로 위치해 있으므로 황해의 오염은 양국에 직접적인 영향을 미친다. 더구나 양국의 어업 활동이 활발한 황해가 양국의 연안 공업단지 조성, 해양 폐기물 투하 및 하천을 통한 육지 오염물질의 유입 등으로 심하게 오염되고 있어서 양국 간의 환경 협력을 통한 대책 마련이 시급한 실정이다. 특히 중국의 급속한 공업화에 따라 중국 쪽의 황해 연안의 오염도가 높아지고 이러한 해양 환경오염이 우리나라로 이동하는 경향이 있어 우리가 주의 깊게 관심을 기울이고 또 적절하게 대응해야 할 것이다.

1) 원인

(1) 황해의 지형적 특성

황해는 평균 깊이가 44m에 불과하고 최대 깊이도 100m 정도로 수심이 얕은 대륙붕 구조를 하고 있어 오염에 취약하다. 더욱이 이러한 특성을 지닌 황해로 중국의 모든 주요 하천과 한반도의 주요 하천들 대부분이 유입되고 있다. 즉 중국의 황허와 양쯔강은 황해의 서북쪽 보하이(渤海)만과 서남쪽 해류의 흐름과 성질에 많은 영향을 주며, 그 중간에 있는 한반도의 압록강과 한강 및 그 외 여러 하천들은 황해로 유입되어 그 물리적 특성에 부분적인 영향을 주고 있다. 이러한 점에서 한국과 중국의 심각하게 오염된 하천은 결국 황해를 오염시키게 된다. 한반도 연안의 황해는 해류의 역동성으로 인해 해저수와 표층수의 교환이 매년 일어나기 때문에 자정 작용이 강하지만 수심이 얕을 뿐만 아니라 많은 섬들이 있어서 오염물질을 흡수하기 어려운 지형이다. 또한 하천에서 유입되는 담수와 해수가 완만하게 교차되어 있어서 쉽게 오염되고 적조 현상이 빈번하게 발생한다.

(2) 하천 및 연안지역 오염

해양오염의 원인 물질은 육상과 해상, 그리고 대기오염 물질의 강하 등 세 가지로 구분된다. 해양을 오염시키는 육상오염 물질에는 ① 일상 생활에서 발생하는 오수, 분뇨, ② 산업 활동에서 발생하는 산업 폐수, 각종 생활 및 산업폐기물, ③ 영농 활동에 사용되는 비료, 농약 등 각종 화학물질과 축산 폐수, ④ 대규모 간척 등 개발 사업에서 발생되는 부유 토사 등이 있으며 이들이 하천, 강을 통해 해양에 유입됨으로써 해양이 오염된다. 해상에서 기인하는 원인 물질로는 선박, 해양시설에서 발생하는 오폐수 및 기름 등의 유출, 해저자원의 개발, 해난 사고에 의한 기름 유출, 폐기물의 해역 배출 등을 들 수 있다. 그리고 방사능 물질, 화학물질, 산성비, 비산 먼지 등과 같은 대기오염 물질이 해상에 강하함으로써 해양오염이 야기된다.

(3) 유류 유출 사고

황해 및 동지나해는 유조선의 항로일 뿐만 아니라 각종 상선과 어선들의 항해가 빈번한 곳이다. 이로 인해 이곳에서 빈번하게 발생하는 선박들의 유류 유출(oil spill) 사고도 황해 오염의 한 요인이 되고 있다.

한국 연안에서는 매년 300여 건의 해양 유류오염 사고가 발생하며, 유조선의 대형화로 대규모 오염 사고가 빈발하고 있다 (〈표 3-18〉 참조).

(4) 폐기물의 해양 투기

폐기물의 해양 투기도 황해 오염의 원인이 되고 있다. 중국은 1986년 말에 공식적으로 세 곳의 폐기물 해양 투기장을 선정했는데 그중의 하나가 황해 수역이었다. 그리하여 생물학적 폐기물은 양쯔강 하구 부근에 투기되고 있으며, 각종 준설물은 산둥반도의 남측 및 북측 연안에 투기되고 있다. 한국도 동해와 서해에 세 곳의 해역을 지정해 1988년부터 폐기물해양배출제도를 운영하고 있다.

〈표 3-18〉 한국 연안의 선박 종류별 유류 사고 발생 현황(1997~2023)

(단위: 건, kℓ)

	1997		2000		2003		2006		2009	
	발생건수	유출량	발생건수	유출량	발생건수	유출량	발생건수	유출량	발생건수	유출량
	1,720.1	379	386.9	483	409.9	297	410.3	285	435.9	287
선박소계	340	3,425.7	417	575.2	250	1,444.6	237	153.0	249	104.9
- 화물선	65	814.0	61	187.7	41	103.9	33	58.4	36	9.8
- 유조선	35	2,465.9	28	3.7	29	1,185.3	26	11.4	18	7.9
- 어선	197	117.0	272	131.8	134	107.3	112	20.6	125	18.4
- 기타선	43	28.8	56	252.0	46	48.1	66	62.6	70	68.8
육상(해양시설)	31	14.0	42	7.2	40	12.4	41	211.5	31	5.2
기타	8	1.3	24	0.6	7	0.7	7	0.2	7	0.7

	2012		2015		2018		2021		2023	
	발생건수	유출량	발생건수	유출량	발생건수	유출량	발생건수	유출량	발생건수	유출량
	369.1	253	2,001.4	250	229.9	288	770.3	247	314.5	135.1285
선박소계	222	383.3	214	433.8	253	211.7	208	265.6	253	133.8
- 화물선	48	221.9	21	96.8	30	46.0	28	121.7	23	14.3
- 유조선	32	1.0	25	9.8	31	7.5	35	29.7	23	2.6
- 어선	66	5.6	91	21.8	126	73.7	91	88.9	135	51.7
- 기타선	76	154.8	77	305.4	66	84.5	54	25.3	72	65.2
육상(해양시설)	26	34.6	19	4.7	33	39.1	30	47.0	23	1.1
기타	5	0.8	17	1.0	2	0.1	9	0.2	9	0.2

출처: 해양경찰청(2023).

한국과 중국에서 시행하고 있는 이 제도는 폐기물의 특성상 비교적 무해하고 육지에서 처리 곤란하며 처리 비용이 과다하게 소요되는 폐기물을 적정 처리 방법에 따라 지정된 해역에 배출하도록 허용함으로써 매립지 부족을 일부 해소하고 연안 오염의 부하를 경감하는 데 목적이 있다. 그러나 투기되는 폐기물이 지속적으로 증가하고 있을 뿐만 아니라 각종 유해 폐기물들이 해양에 불법 투기됨으로써 해양오염의 큰 원인이 되고 있다. 이에 따라 최근에는 폐기물의 해양 투기에 대한 국제적인 관심이 고조되고 있다.

〈표 3-19〉 폐기물 해양 투기 현황(1997~2023)

	1997		2000		2003		2006		2009	
	발생건수	유출량	발생건수	유출량	발생건수	유출량	발생건수	유출량	발생건수	유출량
	1,720.1	379	386.9	483	409.9	297	410.3	285	435.9	287
선박소계	340	3,425.7	417	575.2	250	1,444.6	237	153.0	249	104.9
– 화물선	65	814.0	61	187.7	41	103.9	33	58.4	36	9.8
– 유조선	35	2,465.9	28	3.7	29	1,185.3	26	11.4	18	7.9
– 어선	197	117.0	272	131.8	134	107.3	112	20.6	125	18.4
– 기타선	43	28.8	56	252.0	46	48.1	66	62.6	70	68.8
육상(해양시설)	31	14.0	42	7.2	40	12.4	41	211.5	31	5.2
기타	8	1.3	24	0.6	7	0.7	7	0.2	7	0.7

	2012		2015		2018		2021		2023	
	발생건수	유출량	발생건수	유출량	발생건수	유출량	발생건수	유출량	발생건수	유출량
	369.1	253	2,001.4	250	229.9	283	770.3	247	314.5	135.1285
선박소계	222	383.3	214	433.8	253	211.7	208	265.6	253	133.8
– 화물선	48	221.9	21	96.8	30	46.0	28	121.7	23	14.3
– 유조선	32	1.0	25	9.8	31	7.5	35	29.7	23	2.6
– 어선	66	5.6	91	21.8	126	73.7	91	88.9	135	51.7
– 기타선	76	154.8	77	305.4	66	84.5	54	25.3	72	65.2
육상(해양시설)	26	34.6	19	4.7	33	39.1	30	47.0	23	1.1
기타	5	0.8	17	1.0	2	0.[illegible]	9	0.2	9	0.2

2) 피해

해양오염으로 인한 피해는 직접적으로는 수산자원의 파괴로 인한 양식과 수산업의 피해로 나타나지만 그 밖에 각종 중금속 오염물질이 인체에 미치는 영향, 관광자원의 파괴로 인한 손실, 생태계 파괴로 인한 손실 등도 중요한 의미를 가진다. 여기에서는 주로 수산자원의 파괴에 따른 피해를 중심으로 살펴보기로 한다.

중국 연안에서의 환경오염 피해는 매우 심각한 것으로 보고되고 있다. 전술한 바와 같이 연안으로 유입되는 오염물질은 주로 강의 출구와 직접적으로 공장들의 배출구를 통해 유입되는데, 이로 인해 해안의 황폐화가 심해지고 있으며 갑각류 양식장과 연안자원의 피해가 커지고 있다. 예컨대 1964년에서 1974년 사이에 일부 연안 지역에 123종의 생물종들이 사라졌으며, 여러 만에서 주요 연안자원이 크게 퇴화한 것으로 나타났다.

유류 유출 사고에 의한 오염도 중국의 수산업에 큰 피해를 주고 있는데, 예를 들면 하베이(河北) 지방의 창저우(常州) 외해에서 발생한 유류 유출 사고로 320,000kg 이상의 고기와 새우를 손해 보았다. 한국에서도 해양경찰청에서 해양오염 관리 업무를 시작한 1978년 9월부터 1994년까지 1년 평균 200여 건의 사고로 약 300여 억 원의 피해가 발생하고 있음을 말해 준다.

적조로 인해 양국에서 입고 있는 피해도 상당하다. 예를 들면 중국 하베이 지방의 황후아시 연안에서 발생한 적조는 1,635곳의 새우 양식장에 피해를 주었으며, 푸젠성(福建省)에서는 1989년에 동산의 서쪽에 적조가 발생해 각종 양식물들이 폐사하는 손실이 발생했다. 한국에서도 매년 적조 발생 건수가 증가해 그 피해액이 커지고 있다.

제 3 절 지구 차원의 환경 문제

1 기후 변화

기후 변화는 지구 차원에서 보편적으로 발생하고 영향을 미치는 문제여서, 현재는 물론 미래에도 국제사회의 대부분 국면과 깊은 관계를 가진다. 그것은 다른 환경 문제들과는 물론 기타 영역의 문제들과도 폭넓은 관계를 맺고 있어서, 부정적 영향의 범위는 넓되 대응책의 마련은 매우 어렵다. 기후 변화는 이런 점에서 국제사회가 직면한 가장 복합적이고 심각한 위협원이라고 해도 과언이 아니다. 어떤 국가도, 심지어는 패권국가조차도 그것을 완벽히 통제할 수 없는 반면, 그 원인과 영향은 국경의 제약을 손쉽게 무력화시킨다. 기후 변화에 내포된 이러한 초국가성은 기후 변화의 해결은 지구 공공재이고 국제사회의 공동 대응은 필수재임을 시사한다(Zedillo, 2008).

1) 개념

'기후 변화(climate change)' 또는 '지구 온난화(global warming)'는 대기권의 이산화탄소(CO_2), 메탄(CH_4), 아산화질소(N_2O), 염화불화탄소(CFCs), 오존(O_3), 수증기 등

의 '온실가스(greenhouse gases)'가[1] 온실과 같은 작용－온실 효과－을 함으로써, 지구의 기온이 높아지는 현상을 말한다. 구체적으로 온실가스가 태양으로부터 지구로 유입되는 단파장의 복사에너지는 통과시키는 반면, 지표면으로부터 방출되는 장파장의 복사에너지는 흡수하여 대기권 외부로 방출되는 것을 차단함으로써, 지구의 기온을 상승시키는 현상이다.[2]

기후 변화는 온실가스에 의한 '온실 효과(greenhouse effect)'의 결과이다. 엄밀히 말하자면 적정 수준 이상의 온실가스가 기후 변화의 원인이 된다. 만일 대기 중에 온실가스가 전혀 포함되어 있지 않다면, 지표면의 평균 기온은 영하 18℃까지 내려가기 때문에 생물이 전혀 살 수 없게 된다. 태양광이 도달하는 달 표면의 기온이 100℃가 넘고, 반대 면은 영하 200℃가 되는 이유는, 대기가 없는 탓에 온실 효과가 발생하지 않기 때문이다. 온실가스가 대기 중에 적정 수준으로 존재해야 인간과 생물의 생존이 가능하다.

2) 원인과 실태

기후 변화는 대기 구성 성분 중에서 이른바 온실가스의 증가로 인하여 초래되며, 이는 산업화 과정에서 급속히 증가된 석유나 석탄 등 '화석연료(fossil fuel)'의 소비에 주로 기인한다. 대기에 존재하는 온실가스의 농도가 높아지면, 이들이 흡수하는 장파장의 복사에너지의 작용에 의하여 지구의 기온이 상승한다.[3] 이러한 온실 효과의 영

1) 논바닥, 동물의 되새김, 쓰레기 등이 발효하면서 나오는 메탄은 인구가 증가함에 따라 기하급수적으로 증가했다. 아산화질소도 화학비료를 대량으로 사용하면서 점점 대기 중에 쌓이고 있다. 오존은 연소 과정에서 부산물로 생겨나 대기 하층에 쌓인다(사두르니, 2006: 16).

2) 태양으로부터 지구로 유입되는 에너지 중에서 약 34%는 구름이나 먼지 등에 의해 반사되고, 약 44%만이 지표면에 도달한다. 지구는 다시 이 에너지를 장파장의 적외선으로 방출하는데, 온실가스가 이 복사에너지의 일부를 흡수한다. 복사에너지의 적외선을 흡수하면 이산화탄소의 탄소 분자가 불안정해져, 안정 상태를 유지할 목적으로 에너지를 방출한다. 이렇게 방출된 에너지로 인하여 지구의 기온이 상승하는 현상을 기후 변화 또는 지구 온난화라고 한다(이산화탄소 저감 및 처리 기술 개발사업단, 2004: 1). 지구가 태양으로부터 직접 흡수하는 열이 1㎡당 평균 175와트인 데 비하여, 대기의 온실 효과를 통하여 되받는 열은 330와트이다. 이는, 온실 효과가 지표면 온도 상승에 지극히 중요한 영향을 끼친다는 것을 말해준다(사두르니, 2006: 12-13).

3) weekly.chosun.com/client/news/viw.asp?nNewsNumb=002602100023&ctcd=C08(검색일: 2020. 8.5). 자연적인 온실 효과의 67% 정도는 수증기 때문에 생긴다. 구름도 수증기처럼 적외선을 흡수하고 방출한다. 수증기와 구름의 온실 효과는 특히 밤에 뚜렷이 나타난다. 공기가 건조하고 구름이 없으면 열이 대기권 밖으로 더 쉽게 빠져 나간다. 그래서 구름 한 점 없이 맑은 사막 지대의 밤이 더 추운 것이다(사두르니, 2006: 13-14).

향으로 기후 변화가 발생한다.

온실가스 중에서 이산화탄소 분자 한 개의 기후 변화에 대한 기여도는 낮지만, 전체 온실가스 배출량 가운데 압도적 비중을 차지하기 때문에 이산화탄소의 기후 변화에 대한 영향이 가장 크다. 그러나 염화불화탄소를 비롯한 다른 온실가스들의 영향도 결코 무시할 수 없다. IPCC는 온실가스가 기후 변화에 기여하는 정도를 '지구 온난화 지수(Global Warming Potential: GWP)'로 규정한다. 이산화탄소 한 분자의 지구 온난화 지수를 1로 하면 메탄은 21, 아산화질소는 310, 염화불화탄소는 1,300~23,900가 되어, 기후 변화에 미치는 한 분자당 영향은 이들 온실가스가 이산화탄소보다 훨씬 더 크다.

또한 체류 시간이 긴 기체일수록 더 큰 온실 효과를 초래한다. 이산화탄소의 체류기간은 100년, 메탄가스는 10년, 아산화질소는 100~200년, 염화불화탄소는 50~100년 정도로 알려져 있다. 온실가스 가운데 기후 변화에 가장 큰 영향을 미치는 이산화탄소의 농도는 산업혁명(280ppm) 이후 꾸준히 증가하여 2020년 현재 413ppm에 도달했고, 우리나라의 경우 세계 평균보다 30ppm 가량 높은 440ppm을 기록했다.[4)]

이것은 한국의 기후 변화 대응이 상대적으로 미진하다는 것을 의미한다. 국가 차원의 이산화탄소 배출량이 세계 10위, 1인당 배출량은 세계 4위, 배출 증가율은 OECD 회원국 중 1위인 우리나라의 기후 대응 성과는 온실가스 배출 상위 60개국 중 57위로 말석을 차지하는 저조한 결과로 나타났다.[5)] 그 탓에 20세기 100년간 세계 평균 기온은 0.74℃ 상승했으나, 한국은 1.5℃ 가량 상승했다. 나아가 1880~2012년 기간의 세계 평균 기온은 0.85℃ 상승하지만, 한국은 1912~2017년 기간에 약 1.8℃ 상승할 것이라는 예측도 제기된 바 있다.

이산화탄소는 다른 온실가스와 마찬가지로, 지표면으로부터 복사되는 에너지를 차단하고 그것을 다시 지표로 되돌려 보내는 이른바 '역복사(counterradiation)' 작용을 통해서 기후 변화에 큰 영향을 미친다. 세계는 에너지 소비의 70% 정도를 석유, 석탄 등 화석연료에 의존한다. 화석연료는 연소 과정에서 이산화탄소를 배출하기 때문에 이산화탄소의 증가와 화석연료의 소비량은 비례 관계를 갖는다. 다만 최근 신재생 에너지 의존도가 증가하면서, 화석연료 의존도는 점진적으로 감소하는 추세가 나타나기는 한다.

---

4) weekly.chosun.com/client/news/viw.asp?nNewsNumb=002602100023&ctcd=C08(검색일: 2020.8.5).
5) www.joongang.co.kr/article/25254536(검색일: 2024.6.15).

IPCC는 2023년의 6차 보고서에서 첫째, 의심의 여지없이 인간 활동 - 주로 온실가스의 배출 - 이 2011~2020년 사이에 산업화(1850~1900년) 이전 대비 지표면 기온을 1.1℃ 상승시켰다고 밝혔다. 둘째, 2040년 이전에 산업화 이전 대비 지구 평균 온도가 1.5℃ 상승할 것으로 예측했다. 셋째, 2030년 초반 또는 2030년 이전에 1.5℃ 상승에 도달할 확률도 50%에 달한다고 했다. 넷째, IPCC의 분석이 타당하다면 기온이 1.5℃ 상승하는 시점이 10년 이상 앞당겨진 것으로서, 가까운 미래에 1.5℃ 상승을 회피하기 어려워, 해수면 상승은 52~91cm에 달할 것이라고 예측되었다(IPCC, 2023).

세계기상기구(WMO)의 보고서 또한 2024~2028년 사이에 적어도 1년 동안 일시적으로 기온 상승이 1.5°C를 초과할 가능성이 80%라고 밝혔다.[6] 이 일련의 분석은 기온 상승 속도가 현저히 빨라지고 있음을 말해준다. 2015년만 해도 0에 가깝던 '1.5℃ 초과 가능성'이 2017년에는 20%로 높아졌고, 2023년에는 66%에 이르렀다. 2024년에는 80%까지 치솟아서 적극적인 대책으로 대응하지 않으면 위험선을 넘는 것은 시간문제로 여겨진다. IPCC는 파리협정 - 기온 상승을 2~1.5℃ 이내로 제한 - 의 목표를 달성하기 위해서는, 2030년까지 세계 온실가스의 순 배출량을 2019년 대비 43% 감축해야 한다고 주장한다. 그런데도 국가들이 저마다 자국의 국가이익을 앞세우느라 온실가스 감축은 요구 수준만큼 이루어지지 않고 있다.[7]

3) 영향

기후 변화는 물안보, 식량안보, 인간안보, 인간의 건강과 생계, 그리고 사회기반시설, 경제 성장을 위협하는 요인으로 작용한다. 그것이 가하는 위협은 생계를 자연자원에 의존하는 농민, 어민, 산촌 주민들에게서 두드러지게 나타나는데, 특히 사회관계에서 불평등한 처지에 놓여 있는 빈민층과 한계화된 인간군에서 가장 크게 나타난다.

---

6) wmo.int/news/media-centre/global-temperature-likely-exceed-15degc-above-pre-industrial-level-temporarily-next-5-years(검색일: 2024.6.5). WMO는 2024~2028년 전체 기간에 지구 평균 기온이 산업화 이전보다 1.5℃ 이상 상승할 가능성은 47%로 제시했다. 기온 상승 폭을 1.5℃로 제한하려는 이유는, 그것이 기후 변화로 인한 손실(loss)과 피해(damage)를 감당할 수 있는 마지노선으로 간주되기 때문이다. 만일 1.5℃ 상승한다면, 10만 5000개의 육지 생물종 가운데 곤충의 6%, 식물의 8%, 척추동물의 4%가 서식 공간의 절반 이상을 잃고 멸종 위기에 직면하게 된다. 2℃ 상승하면 플랑크톤 감소로 수산자원의 17%가 줄어들고, 산호초의 99%가 사라질 수 있다. 3℃ 오르면 생물의 54%까지 멸종할 가능성이 있다(IPCC, 2023). www.joongang.co.kr/article/25254536(검색일: 2024.6.15).

7) www.joongang.co.kr/article/25254536(검색일: 2024.6.15).

기후 변화의 위협은 국제관계의 불평등성을 반영하기 때문에 개도국들－특히 군소도서국가들－에 가장 크게 작용한다(UNEP, 2019).

기후 변화의 가속화 추세 때문에 지구의 최고 기온 기록이 자주 경신되고 있다. 2015년부터 2022년까지의 기간은 역대 가장 따뜻했던 8년으로 평가된다. 2023년의 경우, 한랭한 기후를 수반하는 라니냐(La Niña)의 영향이 지속되었음에도 불구하고, 세계의 연 평균 기온이 산업화 이전(1850~1900년) 대비 약 1.45℃ 높았다.[8] 상대적으로 공업화가 더 진전된 북반구 지역의 지표면 온도는 세계의 연 평균보다 그리고 남반구 지역의 온도보다 더 높았다. 이산화탄소가 이제까지와 같은 추세로 배출된다면, 10년에 약 8.6%씩 녹고 있는 북극의 빙산이, 2040년에는 거의 사라질 것이라는 예측마저 나왔다(한겨레신문, 2006.12.15). 기후 변화가 환경에 미치는 영향은 다양하다.

첫째, 기후 변화는 해수의 팽창과 극지방 빙하의 해빙을 일으켜 해수면 상승을 초래한다. 예컨대 남극의 빙하가 전부 녹을 경우 해수면은 지금보다 57m 상승할 것이며(IPCC, 2007), 이산화탄소 농도가 2배 증가할 경우 산악 지역 빙하의 25% 이상이 감소할 것으로 추정된다. 해수면 상승의 영향으로 국토의 침수, 농경지와 주거지의 감소, 해안 습지대의 소멸, 지반 침하, 식량 생산 감소, 삼림 파괴, 생물종의 다양성 감소 등의 환경 문제가 야기된다.[9]

둘째, 1980년대 이후 기후 변화의 영향으로 여겨지는 자연재해가 세계 각지에서 속출하고 있다. 2020년 6,000만 명의 이재민이 발생한 중국의 홍수, 2021년 월 강수량의 6배가 넘는 브라질의 폭우, 2018년 사상 최악의 화재로 일컬어지는 미국 캘리포니아주 산불, 2019년 6개월 이상 지속된 오스트레일리아 남동부의 산불 등의 재해는 세계 평균 기온이 크게 상승한 결과로 분석된다.

그런가 하면 기후 변화로 말미암아 고위도 지역에서는 겨울 기온과 여름 기온이

8) https://wmo.int/news/media-centre/global-temperature-likely-exceed-15degc-above-pre-industrial-level-temporarily-next-5-years(검색일: 2024.6.5).

9) 그린란드의 빙하가 전부 녹으면 해수면이 7m 상승할 것으로 예측된다. 뉴욕, 도쿄, 뭄바이, 상하이, 자카르타, 다카 등 세계 대도시 가운데 2/3가 해수면 상승으로 일부 혹은 전체가 바닷물에 잠길 수 있다. 남태평양의 투발루는 이미 바닷물에 잠길 위험에 처해 있고, 인도의 순데르반스의 섬 두 곳은 이미 바닷물 속으로 사라져 1만여 명이 주거를 상실했으며, 방글라데시는 2030년에 1,700만 명이 생활 터전을 잃게 될 것으로 예상된다(중앙일보, 2007.5.31). 특히 벼를 재배하는 아시아의 범람원과 삼각주 지역들이 큰 피해를 입을 가능성이 농후하다. 예컨대 방글라데시는 벼 생산량이 절반으로 감소하고 중국, 인도, 인도네시아, 필리핀, 베트남 등지에서 수백만 명의 난민이 발생할 가능성이 크다(브라운, 2003: 59).

동시에 올라가며, 중위도 지역의 기후대가 남 · 북극을 향하여 150~550km 확대되고 있다. 강수량은 기후 변화와 함께 증가할 것으로 보이지만, 건조한 지역에서는 토양의 수분이 증발되어 사막화가 가속화되고, 고온 다습 지대는 더욱 고온 다습해질 것이다. 게다가 빈번한 기후 이변으로 인하여 모기, 파리 등 해충이 늘어나 국제사회의 질병 발생률이 증가 추세를 보인다(오진규, 1997). 고온으로 인한 스트레스와 질병이 2배 정도 증가하고, 전염성 병원균의 이동으로 전염병 발병 분포 지역이 확대될 것이다. 뎅기열, 웨스트나일열, 말라리아 등의 열대성 질병이 고위도 지역으로 확산되어 우리나라에서도 매년 말라리아의 발병이 확인되는 실정이다.

셋째, 기후 변화로 말미암아 해수면이 상승하면서, 저지대 국가들 – 네덜란드, 방글라데시, 이집트 – 과 군소도서국가들 – 인도양의 몰디브, 태평양의 투발루 등 – 의 국토 침수가 점차 현실화되고 있다. 이로 말미암아 담수(淡水: 민물)가 염수(鹽水)로 변하게 되면 농업용수가 부족하여 식량 생산이 감소하고 식수 부족을 피할 수 없게 된다. 기후 변화의 영향으로 결국 인간의 생존도 위협받을 수밖에 없는 것이다.

넷째, 기후 변화는 식량 생산에 이중 효과를 초래한다. 단기적으로 광합성 작용을 촉진하고 강우량을 증가시켜 식량 생산에 긍정적 결과를 가져오지만, 장기적으로는 해수면 상승을 야기하여 농경지를 감소시키고 농업용수를 오염시켜 식량 생산을 감소시킨다. 우리나라의 경우 온난화에 힘입어 다모작 농사가 가능하겠지만, 병충해가 늘어나고 토양이나 수질 오염이 심각해질 것으로 예상된다. 2060년까지 지구 전체의 식량 생산량이 매년 5%씩 감소할 것으로 예상되는 가운데, 아시아 지역에서는 최악의 경우 쌀과 옥수수의 생산량이 각각 78%, 19% 감소할 것으로 전망된다. 지표면 부근 – 1.2~2m 높이 – 의 기온이 2℃ 상승하면 플랑크톤의 감소로 수산자원의 17%가 줄어들고 산호초의 99%가 사라질 수 있다. 3℃ 오르면 생물의 54%까지 멸종할 가능성도 무시할 수 없다(IPCC, 2023).

기후 변화는 예외 없이 우리나라에도 심각한 변화를 초래한다. 지난 106년간(1912~2017년) 우리나라 연 평균 기온은 약 1.8℃ 상승하여, 세계 평균보다 높은 것으로 나타났다. 과거 30년(1912~1941년)보다 최근 30년(1988~2017년) 동안 여름은 약 19일 길어지고, 겨울은 약 18일 짧아졌으며, 8월의 열대야 일수는 약 1.8일에서 약 6.2일로 길어진 것으로 조사되었다. 우리나라 해역의 표층 수온은 최근 50여 년간(1968~2021년) 약 1.35℃ 상승하여 세계 평균보다 약 3.4배 높게 상승했으며, 최근 30년(1991~2020년) 동안 해수면은 연평균 약 3.03㎜ 상승한 것으로 관측되었다(환경부, 2023).

최근 조사에 의하면 우리나라의 대기 중 이산화탄소 농도는 세계 평균보다 30ppm 가량 높은 440ppm을 기록했다.[10] 전체 온실가스 배출량은 1990년대 8년간 연 평균 8%씩 증가했다. 이산화탄소가 2배 증가할 경우 한반도의 기온은 2.0~2.5℃ 상승하고, 여름철 강우량은 −25%에서 +30%로까지 변화 폭이 커져 극심한 가뭄과 홍수가 빈번하게 일어날 가능성이 높다. 기후 변화의 영향으로 남부 해안 지대 그리고 동해 남부 지대는 겨울이 거의 없는 아열대성 기후권에 속하게 되며, 중부 지방은 현재의 남해안 도서 지역과 유사한 기후가 될 것으로 예상된다. 이 같은 기후 변화는 자연 생태계의 교란이 일어나 육지와 해양에서 생물종이 감소하고 식량자원이 부족해지며 가뭄과 홍수, 이상 고온 등 기후 재난이 빈번히 일어날 것이라는 전망을 외면할 수 없게 만든다.

4) 국제사회의 대응

기후 변화는 정도의 차이는 있을지언정 모든 국가가 원인을 발생시키고 영향을 받는다는 면에서 지구 차원의 문제이다. 기후 변화는 개별 국가의 이익 문제가 아니라 지구 전체의 생존 문제이다. 이런 이유 때문에 기후 변화는 국제사회에 국가이익을 수호하기 위한 개별적 활동보다는, 세계 공동의 대응을 요구하면서 국제환경정치의 핵심 의제로 등장했다.

국제사회는 1972년 스톡홀름 회의 이후 수립된 다수의 국제환경레짐을 바탕으로 초국가적 환경 문제에 공동 대응한 것에 준거를 두고, '기후 레짐(climate regime)'의 구축에 착수했다. 국제사회는 1992년에 '기후변화협약'을 채택하여 기후 레짐의 기반을 마련하기는 했지만, 협약의 비구속성이 레짐의 실효성을 잠식하는 문제에 직면했다. 1997년 구속성 조약인 '교토의정서'를 체결함으로써 마침내 교토 체제−기후 레짐−가 구축되었다. 그러나 교토 체제도 저수준의 온실가스 감축 목표, 국가들의 의무 감축 참여 저조, 준수 기제 미비 등으로 말미암아 실효성에 한계가 있었다. 교토 체제를 보완해서 진화시켜야 할 필요와 더불어 그 만료 시한이 2012년 말로 다가왔기 때문에, 국제사회는 후속 감축 체제−포스트 교토 체제−의 구축을 서둘렀다.

각국의 이해관계가 상충하여 포스트 교토 체제의 구축을 자주 가로막기는 했지만, 국제사회는 결국 '더반 플랫폼(Durban Platform)'과 '도하 기후 게이트웨이(Doha

---

10) weekly.chosun.com/client/news/viw.asp?nNewsNumb=002602100023&ctcd=C08(검색일: 2020. 8.5). 2019년의 세계 평균 이산화탄소 농도는 410.5ppm이다(환경부, 2023: 17).

Climate Gateway)'에서 포스트 교토 체제의 구축을 위한 로드맵에 합의했다. 국제사회는 이 성과를 바탕으로 포스트 교토 체제의 근간을 이루는 파리협정을 채택했다. 파리협정은 포스트 교토 체제 구축의 핵심적 골격을 마련했다는 데 의미가 있지만, 적지 않은 문제가 잠재하고 있어서 포스트 교토 체제 구축은 성과와 아울러 한계를 내포하게 된다.

(1) 교토 체제의 구축

– 기후변화협약(1992)

1992년 6월 'UN 환경개발회의(UNCED)' – 일명 리우 회의 – 에서는 기후 변화에 대처할 목적으로, 기후 레짐의 기본 조약에 해당하는 '기후변화협약(United Nations Framework Convention on Climate Change: UNFCCC)'을 채택했다.[11] 이 협약의 주요 내용은 다음과 같다.

첫째, 기후 변화에 역사적 책임이 있는 '부속서 I 국가' – 온실가스 감축 책임 부담국, 즉 선진국 – 들에 대하여 온실가스 배출량을 2000년까지 1990년 수준으로 감축할 것을 '권고'했다. 반면, 비부속서 I 국가들에게는 배출을 감시하고 보고할 책임만을 부여했다.

둘째, 협약이 온실가스 배출량의 감축을 '의무'가 아닌 '권고' 사항으로 규정한 것에 그쳤지만, 온실가스 배출 및 흡수 현황과 배출량 감축 전략에는 공개 의무를 부과했다. 국제환경조약의 준수를 저해하는 요인 중 하나가 이른바 '무임승차(free-riding)'이다. 국가들의 조약 준수 약속은 다른 국가들도 그렇게 한다는 보장을 전제로 한다. 따라서 보고 및 감시 장치와 정보의 투명한 공유는 기후 레짐이 실효성을 확보하는 데 필수적으로 충족되어야 할 조건이다. 기후변화협약은 선진권과 개도권 모두에게 온실가스의 배출 및 흡수 현황을 보고하고, 온실가스 배출량의 감축을 위한 국가 전략의 수립과 시행을 공개할 의무를 부담하도록 했다.

셋째, 협약은 2조에서 기후 레짐이 '사전 예방의 원칙'에 입각한 것임을 분명히 했다. 협약은 또한 기후 변화 문제가 역사적으로 선진권에서 발원되었으나, 개도권의 온실가스 배출이 증가하고 있다는 인식을 반영하여 '책임의 공유와 차별화(common but differentiated responsibilities)'도 주요 원칙으로 도입했다. 이 원칙을 적용하여 협

---

11) 기후변화협약의 전문은 유엔환경계획 한국위원회(2002a); unfccc.int/files/essential_background/background_publications_htmlpdf/application/pdf/conveng.pdf(검색일: 2024.5.15) 참조.

약의 당사국들을 '부속서 I 국가(Annex I)'와 '비부속서 I 국가(non-Annex I)'로 양분하고 적용되는 규범과 원칙을 차별화했다. 즉 기후 변화에 역사적 책임이 있는 선진국들을 부속서 I 국가 - 당시의 OECD 24개 회원국과 구동구 공산권 11개국, 총 35개국 - 로 분류하고, 이들에게 우선 온실가스 배출을 감축하도록 권고했다(4조 2항). 비부속서 I 국가에 대한 재정 지원과 기술 이전(4조 3항, 5항), 그리고 기후 변화의 부정적 영향에 대처하는 데 가장 취약한 국가들에 대해서 특별원조를 제공하는 것도 이들의 의무로 부과되었다(4조 4항).

넷째, 국제레짐은 활동 불능이나 의무 불이행 사태에 대처할 목적으로 '의사 결정 절차'를 구체적으로 규정함으로써 자신의 실효성을 확보하려 한다. 협약은 '당사국총회(Conference of the Parties: COP)'를 기후 레짐의 최고 의사 결정 기구로 규정하였다.12)

협약은 이처럼 기후 레짐의 원칙 규범, 절차를 마련하는 데는 상당한 성공을 거두었지만 구속력이 있는 규칙의 도입에는 실패해서, 실효성 있는 기후 변화 대책을 마련하기는 어려웠다. 구속력으로 지지되는 규칙의 결여가 국제환경레짐의 실효성을 약화시키는 것이라면, 기후변화협약은 약한 레짐의 구축에 시동을 건 것으로서, 기후 레짐의 주춧돌을 놓는 데 역할의 중심을 두었다.

- 교토의정서(1997)

기후변화협약은 협상 과정에서 국가들의 다양한 이해관계와, 이에 따른 다양한 연합들 간 - 예컨대 OPEC와 AOSIS, EU와 미국을 비롯한 엄브렐러 그룹(Umbrella Group) - 의 대립 때문에 정치적 합의의 수준을 넘어서지 못한 것이 사실이다. 1995년 3월, 베를린에서 개최된 '1차 당사국총회(COP 1)'에서는 첫째, 기후변화협약을 보완할 목적으로, 법적 구속력이 있는 '의정서'를 1997년 3차 당사국총회(COP 3)에서 체결하기로 합의한 '베를린 위임 사항(Berlin Mandate)'을 채택했다. 둘째, 의정서의 초안을 작성하기 위한 실무 기구 - 양적 감축 목표 설정, 감축 이행 정책과 조치 수립 - 로서 '특별 그룹(AGBM)'을 설치하기로 합의했다. 교토의정서는 베를린 회의의 이러한 결정에 기초를 둔 것이었다.

12) 당사국총회는 기후변화협약의 최고 의사 결정 기구로서 협약과 다른 법적 문서의 이행 상황을 점검하고, 협약의 효율적 이행을 촉진하는 데 필요한 결정을 한다. unfccc.int/process/bodies/supreme-bodies/conference-of-the-parties-cop(검색일: 2024.6.19).

UN 환경개발회의(UNCED)

1989년 UN 총회는 유엔환경개발회의의 개최 기간과 장소 선정, 그리고 토의 분야에 관한 상세한 결의안을 통과시켰다(결의안44/228). 1990년의 총회에서는 1992년 6월 리우데자네이루에서 환경개발회의를 열기로 하고, 각국 수뇌의 참석을 촉구했다. 특히 환경과 개발에 관한 종합적 고려가 강조되었고, 환경 문제와 국제무역 간의 관계를 검토해 보고하도록 요청했다(결의안 45/210, 211). 1992년 6월 1일부터 14일까지 178개국의 정부 대표, 다수의 국제기구 대표, 6,000여 비정부기구 대표가 참석한 가운데 회의가 열렸다. 이 회의에서는 지구환경 보전과 지속가능한 개발의 추진 과정에서 지침서 역할을 할 '리우 선언'과, 이 선언의 구체적 실천 강령에 해당하는 '의제 21'을 채택했다. 또한 '기후변화협약'과 '생물다양성협약'에 서명했고, '삼림 원칙 성명'을 채택했다. 이 회의는 '리우 선언'과 '의제 21'을 바탕으로, 지구환경 문제에 대한 세계적 대응 전략을 설정하고, 이 문제를 국제사회의 최대 현안으로 부각시켰다. 그리고 UNCED의 결정 이행 상황을 검토하고 감시할 '지속가능개발위원회(CSD)'를 설치하기로 했다. UNCED의 결정이 실효성 있게 이행되기 위해서는 선진권의 개도권에 대한 재정 지원과 기술 이전이 확대되어야 한다.

1997년 12월 교토에서 개최된 3차 당사국총회 - 교토 회의 - 에서는, 2000년 이후의 온실가스 감축 목표 및 그 이행 방안을 규정한 교토의정서(Kyoto Protocol to the United Nations Framework Convention on Climate Change, 이하 의정서)를 채택했다.[13] 의정서의 주요 골자를 살펴보면 다음과 같다.

첫째, 책임의 공유와 차별화 원칙을 적용하여 우선 '부속서 I 국가'에게만 온실가스의 감축 의무를 부과하는 감축 체제를 구축했다. 의정서는 개도권도 온실가스 감축 의무를 분담해야 한다는 미국의 주장과 세계 평균 15%를 감축하자는 EU의 주장을[14] 절충하여, 1990년의 배출량을 기준으로 2018~2022년에 부속서 I 국가 평균 5.2%를 감축하도록 했다. 단, 책임의 공유와 차별화의 원칙을 적용하여 국가별로 -8%에서 +10%까지 차등 부과했고 EU에게는 EU Bubble을 인정하기로 했다.[15] 선진국들이야

13) 교토의정서의 전문은 unfccc.int/sites/default/files/resource/docs/cop3/l07a01.pdf(검색일: 2024.5.16) 참조.

14) 1990년을 기준으로 2010년까지 일본은 5%, 미국은 5% 이상을 감축하자고 제안했다(Vogler, 2000: 141).

15) EU Bubble은 EU 전체로는 평균 8%의 온실가스 감축 목표를 설정하되, 회원국들에게는 여건에 따

말로 산업혁명 이후 화석연료 사용으로 가장 큰 혜택을 보았고, 현재는 기후 변화에 가장 큰 영향을 미칠 뿐만 아니라, 감축을 먼저 수행할 능력과 잠재력을 보유한다는 것이 그런 결정의 근거로 작용했다(Christoff, 2006).

둘째, 의정서는 2008~2012년을 1차 공약 기간으로 설정했다. 5년 동안 온실가스를 감축하도록 함으로써 미국과 EU 간의 갈등을 해소하고 감축 기간에 유연성을 부여했다.[16)]

셋째, 의정서의 채택 과정에서 규제 대상 온실가스의 범위를 놓고도 논란이 있었으나, 결국 규제 대상 온실가스로 6개 기체를 지정했다. 6개 기체 전체를 규제 대상에 포함시켜야 한다는 미국의 주장에 맞서, EU와 일본은 3개 기체 - CO_2, CH_4, N_2O - 만을 포함시키자고 대립해서 협상은 교착 상태에 빠졌다. 결국 EU와 일본이 미국의 주장 - 6 gases in one basket - 을 받아들여 나머지 3개 기체도 규제 대상 목록에 포함시켰다.[17)]

넷째, 미국과 엄브렐러 그룹의[18)] 주장을 EU가 수용하여 삼림, 호수, 바다 등 흡수원(sinks)에 의한 온실가스의 흡수를 제한적으로 인정하기로 했다. 그러나 흡수원의 온실가스 흡수량은 1990년 이후 토지 이용의 변화 및 조림 사업분을 국가별 배출량 산정 과정에서 보정하기로 하고, 구체적인 산정 규칙과 지침은 향후 당사국총의에서 결정하기로 했다(신연재, 2005).

다섯째, 교토 회의에서 논란을 빚었던 또 다른 문제는 감축 목표의 달성을 촉진하는 '신축성 기제(flexibility mechanism)'의 허용 범위였다. 국제사회는 그동안 탄소세, 시장 의존적 거래 허가제 등 다양한 온실가스 감축 방안을 모색했다. 의정서 17조는 이런 시도들을 최초로 제도화한 것으로서, 부속서 I 국가들이 감축 목표를 보다 쉽게

라 상이한 수준에서 온실가스의 감축 또는 증가 목표를 설정하여 달성하도록 한 것이다(신연재, 2005: 36).

16) 교토의정서의 협상 과정에서 미국은 법적으로 구속력 있는 '단기적' 감축 목표 - 2010년 이전까지 감축 - 는 수용할 수 없으나 '중 · 장기적' 감축 목표는 수용할 수 있다는 자세를 견지했다. 반면 EU는 기후 변화의 실효적 억제를 위해서는 단기 감축만이 해결책이라고 맞섰다. 결국 EU가 6개 온실가스 통합, 1년이 아닌 다년간 감축, 흡수원과 신축성 기제를 조건부로 수용하고, 미국을 포함한 엄브렐러 그룹 - 비EU 선진국 - 은 그 대가로 EU Bubble과 5년 감축 일정을 수용했다.

17) 단, HFCs, PFCs, SF6의 경우 1990년까지는 생산되지 않은 점을 고려하여 1995년을 기준 연도로 설정했다(박원화, 1998).

18) 미국, 캐나다, 오스트레일리아, 뉴질랜드, 일본, 아이슬랜드, 노르웨이, 러시아, 우크라이나 등 광대한 영해나 삼림을 보유한 비EU 국가들로서 흡수원에 의한 온실가스 흡수를 폭넓게 인정하자고 주장하면서 EU와 대립한 국가들이다.

달성할 수 있도록 하기 위하여, 시장 의존적인 '신축성 기제'－배출권거래제도, 공동 이행제도, 청정 개발 체제－를 도입하기로 한 것이다.[19)]

여섯째, '부속서 Ⅱ(Annex Ⅱ)' 국가들－OECD 24개 회원국－은 개도국들이 의정서상의 합의를 이행할 수 있도록 재정·기술 지원을 제공하기로 합의했다.

일곱째, 개도국의 자발적 참여 조항은 77그룹과 중국 등 개도국들의 강력한 반대로 삭제되어, 우리나라도 의정서상의 감축 의무를 지지 않게 되었다(유엔환경계획 한국위원회, 2002b).

의정서는 의무 감축 체제 수립, 감축 보조 수단으로 신축성 기제 도입과 흡수원의 제한적 인정을 기조로 온실가스의 실질적 감축을 추구했다. 그러나 부속서 I 국가의 온실가스 감축에 구속성을 부여했지만 선진국만 감축에 참여하도록 함으로써 감축의 실효성에 의문이 제기될 수밖에 없었다. 더구나 거대 배출 개도국인 중국과 인도가 불참한 가운데, 미국(2001년)에 이어 캐나다(2011년)가 탈퇴를 선언하고 러시아, 일

교토 회의와 교토의정서

교토 회의는 '기후변화협약'의 3차 당사국총회였다. 1997년 12월 1일부터 10일까지 열린 교토 회의에는 160여 개국의 대표단이 참석해, 1992년에 채택된 기후변화협약을 구체적으로 이행할 목적으로, 법적 구속력이 있는 교토의정서를 채택했다. 그러나 회의 진행 과정은 쟁점 사항들에 대한 각국의 첨예한 대립으로 말미암아 난항의 연속이었다. 이 때문에 회의의 최종 문서인 교토의정서는 우여곡절 끝에 12월 11일 새벽에야 채택될 수 있었다. 이 의정서는 선진국들의 온실가스 감축 목표를 규정한 것 이외에도, 감축 대상 온실가스를 CO_2, CH_4, N_2O, HFCs, PFCs, SF6로 정했으며, 흡수원(sink)에 의한 온실가스 흡수량을 감축 의무량에서 삭감해 주기로 했다. 우리나라와 멕시코는 당시 경제위기를 겪고 있었기 때문에, OECD 회원국이었음에도 온실가스 감축 의무를 부과받지 않았다.

19) 신축성 기제는 선진국의 감축 의무 준수를 보다 용이하게 할 목적으로 시장제도를 이용하는 제도이다. 온실가스 감축 목표를 초과 달성한 국가에는 초과분만큼 시장에서 배출권을 판매하여 경제적 이익을 취하게 하고, 목표 미달 국가에는 미달분만큼 배출권을 구입하도록 해서 경제적 불이익을 안기는 제도이다. 신축성 기제는 시장에서의 경제적 이익과 불이익을 수단으로 온실가스 감축 의무의 이행을 지원하고 촉진하는 제도로서 교토 체제의 준수 기제 복합화에 기여했다(신연성, 2011: 34; 유엔환경계획 한국위원회, 2002a: 11-18).

본, 뉴질랜드가 2차 공약 기간(2013~2020년)의 감축에 불참한다고 선언했다. 이에 잔류 부속서 I 국가 – EU 27개국, 오스트레일리아, 카자흐스탄 등 – 의 배출 총량이 세계의 13%에 불과해서, 교토 체제는 예정했던 감축 효과를 거둘 수 없는 한계에 직면했다.

(2) 포스트 교토 체제의 구축

1988년 이후의 기후 레짐 구축 협상은 국가들의 참여를 확대하기 위하여 감축 목표를 완화하고 방법을 다원화하는 방향으로 진행되었다. 그 일환으로 교토의정서를 체결했으나, 그 이후에도 온실가스의 배출량은 지속적으로 증가했다(Falkner, 2016: Haas, 2008). 교토 체제는 이 같은 여건 속에서 구축되었기 때문에 '약한 레짐(weak regime)'이라는 비판에 시달렸고, 포스트 교토 체제의 구축이 국제사회의 주요 관심사로 부상했다. 교토의정서 3조 9항은 '1차 공약 기간이 끝나기 적어도 7년 전에 후속 공약 기간에 관한 논의를 시작해야 한다'고 못박았다(유엔환경계획 한국위원회, 2002b).

UN이 주도하는 포스트 교토 체제 구축 협상은 2005년의 '몬트리올 회의(COP 11)'에서부터 막을 올렸다. 협상은 발리 회의(COP 13, 2007)에서부터 본격화되었으나 코펜하겐 회의(COP 15, 2009)에서 추진 동력을 상실할 위기에 처하자, 기후 레짐의 붕괴에 대한 국제사회의 우려가 고조되면서 칸쿤 회의(COP 16, 2010)에서부터 진전이 이루어졌다. 이후 포스트 교토 체제의 구축을 위한 로드맵을 더반 회의(COP 17, 2011)와 도하 회의(COP 18, 2012)에서 채택했고, 2015년에 파리협정을 체결하여 포스트 교토 체제가 출범하게 되었다.

파리 회의(COP 21, 2015)의 협상 과정을 지배한 것은 두 가지 인식이었다. 하나는, 기후 변화가 초래하는 위협은 긴박하고 그 영향이 지구 전체에 미치므로 모든 당사국들의 참여와 협력이 시급하다는 것이다. 둘은, 국제사회가 이미 합의한 2020년 이후의 감축 목표는 산업화 시대 이전 대비 2.0℃ 내지 1.5℃ 이하로 지구의 기온 상승을 억제하는 데 역부족이라는 것이다(오진규, 2018). 이에 따라 포스트 교토 체제에서는 교토 체제의 의무 감축 방식을 포기하고, 기후 변화 대응에서 각국의 국내정치가 차지하는 중요성을 인정하여, 당사국들이 자율적으로 감축 수준을 결정하도록 했다. 협상 접근 방법의 이 같은 전환은 협상 과정 내내 괴롭혔던 국가 간 갈등을 회피하고 국제 협력을 이끌어내는 데 기여했다(Falkner, 2016).

– 파리협정

파리협정은 4년에 걸친 협상의 결과로 2015년 12월 파리 회의에서 체결되었다.[20] 주요 사항은 다음과 같다.

첫째, 지구의 기온 상승 목표를 산업혁명 이전 대비 2℃ 내지 1.5℃로 규정한 것에 맞추어, CO_2를 2050년까지 40~70%, 21세기 말까지 100% 감축하기로 해서 야심적(ambitious)이라는 평가를 받았다. 당사국들은 이를 위하여 기후 변화의 부정적 영향에 대한 적응 능력 강화, 기후 탄력성 육성, 온실가스 저감형 개발을 추진하기로 합의했다.[21]

둘째, 당사국들의 온실가스 감축 목표 등록과 이행 상태 점검을 정기적으로 하되, '진전 원칙'을 적용하여 등록할 때마다 감축 목표를 상향 조정해야 한다고 합의함으로써 '구속적(binding)' 성격을 확보했다.[22] 당사국들이 이미 2015년에 제출한 감축 목표의 이행 상태를 2023년에 점검하는 것이 첫 번째 점검이며, 이후 5년을 주기로 감축 목표를 등록하고 그 이행 상태를 점검받기로 했다.

셋째, '보편적(universal)' 감축 체제를 도입하기로 했다. 개도국들이 이전까지 거부했던 감축 체제에의 참여를 약속함으로써, 교토 체제가 선진국들만 감축을 이행하는 제한적 감축 체제에 그친 것과는 달리, 포스트 교토 체제는 사실상 당사국 전체 – 195개국 – 가 참여하는 전 지구적 감축 체제로 성립되었다.

넷째, 감축의 범위 면에서 보편적이되 방식 면에서는 자발적인 감축을 도입하기로 했다. 4조 2항에 규정된 '국가별 감축 목표(Nationally Determined Contribution: NDC)'는 파리협정의 핵심이자 성과로 평가된다.[23] NDC는 각 당사국이 온실가스 감축 목표와 방식을 자발적으로 설정하는 것이어서, 그동안 온실가스 감축을 거부하거

20) 파리협정은 2016년 11월 133개국이 비준함으로써 발효되었다. Orr(2017). 파리협정의 전문은 unfccc.int/sites/default/files/english_paris_agreement.pdf(검색일: 2024.6.20) 참조.

21) unfccc.int/process-and-meetings/the-paris-agreement/the-paris-agreement/nationally-determined-contributions-ndcs(검색일: 2020.9.11)

22) 국제사회는 Durban Platform에서 의정서, 여타 법적 문서, 합의문 중 하나를 2015년의 파리 회의에서 채택하기로 합의했다. 파리협정은 여타 법적 문서의 형식을 취한 것이어서 그 자체로는 구속력이 없으나, 회의에 참가한 당사국들의 합의로 구속력을 부여했다.

23) NDC는 파리협정의 장기 목표 – 지구의 기온 상승을 2℃ 내지 1.5℃ 이내로 억제 – 를 달성하는 데, 그리고 세계의 온실가스 배출이 절정을 지나 감소세로 돌아서게 하는 데, 그리하여 21세기 후반에는 배출원(sources)에서의 배출과 흡수원(sinks)에서의 흡수가 균형을 이루도록 하는 데 결정적 수단으로 작용한다. unfccc.int/process-and-meetings/the-paris-agreement/the-paris-agreement/nationally-determined-contributions-ndcs(검색일: 2020.9.11)

나 감축에 소극적이었던 개도국들과 미국의 참여를 유인했고, 그리하여 보편적 감축 체제의 성립을 지원했다.[24]

다섯째, 감축(mitigation), 적응(adaptation), 재정 지원, 개도권 당사국에 대한 기술 원조 및 역량 강화 원조(capacity-building support), 투명성 확보 노력을 기울이기로 했다. 주로 온실가스 감축에 역점을 둔 교토 체제와는 달리, 포스트 교토 체제는 기후 변화 문제를 포괄적 대응으로 해결하려 했다는 것을 확인할 수 있다(UNFCCC, 2015).

발리 회의로부터 파리 회의까지 이르는 시기는 교토 체제의 완성기이자 포스트 교토 체제의 준비기였다. 이 시기는 교토 체제의 실효성을 다면적으로 보강하면서 포스트 교토 체제의 기반을 구축하는 시기였고, 두 체제를 잇는 가교 역할을 했기 때문에 여러 회의에서 논의된 문제들과 논의를 통해 내려진 결정들에서는 일련의 연속성이 발견된다. 일련의 결정들은 회의를 거듭할수록 진화의 과정을 밟아 포스트 교토 체제 - 특히 파리협정 - 의 초석이 되었다.[25] 코펜하겐 회의에서 교착 상태에 빠졌던 포스트 교토 체제의 구축 협상은, 칸쿤 회의 이후 진전을 이루어 2015년 파리협정의 체결을 가능하게 했다. 파리협정은 국제사회의 폭넓은 합의의 기반 위에서 보편성, 구속성, 포괄성, 야심성을 수용한 것이어서 포스트 교토 체제의 구축과 기후 변화 대응에 의미 있는 진전을 가져왔다. 포스트 교토 체제의 구축 과정에서는 일련의 문제

〈표 3-20〉 교토의정서와 파리협정 비교

교토의정서		파리협정
1997. 12/교토(COP 3)	일시/장소	2015. 12/파리(COP 21)
2008~2012년	감축 기간	2021년 이후
부속서 I 국가 34개국 ±α	감축 국가	당사국 195개국 ±α
부속서 I 국가 평균 5.2% 감축	감축 목표	지구 기온 2~1.5℃ 이내 상승
하향식/의무적	목표 설정 방식	상향식/자발적
6개 온실가스	감축 대상	6개 온실가스

24) 그러나 NDC의 도입은, 파리협정의 지구 기온 상승 목표 - 2~1.5℃ 이내 - 의 달성 과정에서 허용되는 세계 전체의 배출량보다 NDC를 통한 배출량이 더 큰, 이른바 '배출갭'을 초래할 수 있다는 데 문제가 있다. 이에 관해서는 오진규(2018), pp.78-79 참조.

25) 교토 회의(3차 당사국회의, 1997)로부터 두바이 회의(28차 당사국총회, 2023)까지의 결정 사항에 관해서는 unfccc.int/process/bodies/supreme-bodies/conference-of-the-parties-co(검색일: 2024. 6.18).

들을 연속적으로 다루어 합의의 완성도를 높여갔다.

첫째, 1차 공약 기간의 종료 시점 - 2012년 - 이 다가오는데도 포스트 교토 체제의 구축 협상이 진척되지 않자, 국제사회는 교토 체제의 2차 공약 기간을 연장하는 협상에 착수했다. 개도권은 감축의 효과를 높이기 위하여 2018년까지 5년으로 설정하자고 주장한 반면, 선진권은 2020년까지 8년으로 하자고 주장했다. 감축 기간의 단축을 주장하던 개도권이 반대 의사를 포기하여, 2012년의 도하 회의에서 8년(2013~2020년)을 2차 공약 기간으로 설정하기로 합의했다. 2차 공약 기간의 설정에서는 개도권이 양보했지만, 대신 선진권은 교토의정서를 개정하여 구체적이고 의무적인 온실가스 감축에 동의했다. 선진권과 개도권의 이런 이익 교환은 2020년까지 교토 체제의 연장을 가능하게 하여 온실가스 감축 과정에서의 공백기를 피할 수 있게 해 주었다.

둘째, 교토 체제는 부속서 I 국가들 - 선진국 - 만 감축에 참여하는 제한적 감축 체제였다. 2007년의 발리 회의와 2010년의 칸쿤 회의에서는 개도권이 선진권으로부터의 '재정 및 기술 지원'을 전제로 자발적 감축(Nationally Appropriate Mitigate Action: NAMA)을 실시하기로 하되, 선진권은 교토 체제의 의무 감축을 계속 수행하기로 하는 이원적 감축 체제(two track approach)를 도입하기로 합의했다. 그러나 2011년의 더반 회의에서는 2차 공약 기간이 종료되는 2020년 이후, 선·후진국을 막론하고 모든 당사국이 일원적 감축 체제에 참여한다는 합의 - Durban Platform - 가 이루어졌다. 합의는 그동안 감축 체제 참여를 거부하던 미국과 거대 개도국(중국, 인도) 그리고 개도권 국가들의 요구를 충족시킨 결과로 가능했던바, 파리협정에 반영되어 국가별 감축(NDC)에 입각한 일원적 보편적 감축 체제가 발족된다.[26]

셋째, 강제적 의무 감축에서 자발적 감축으로의 전환이 이 시기에 합의되었다. 교토의정서는 부속서 I 국가들에게 감축 의무를 부과했다. 그러나 발리 회의에서 도입

26) Bodansky(2010). 미국의 일관된 입장을 가장 잘 압축한 것은 1997년 7월, 상원에서 채택한 '버드-헤이글 결의안(Byrd-Hagel Resolution)'이다. 그것은 "미국은 개도권 국가들이 참여하지 않고, 미국 경제에 심각한 타격을 초래하는 어떤 의정서에도 서명국이 될 수 없다"고 못 박았다(Underdal et al., 2012: 485). 미국이 이토록 개도권의 감축 책임 면제에 반대한 이유는 미국의 일자리 상실, 무역상의 불이익, 에너지 및 소비자 물가 상승, 그리고 이 요인들 간의 복합 작용으로 인한 미국 경제에의 심각한 타격에 대한 우려 때문이었다(Lewis, 2007~2008: 162). 중국과 인도는 지속적 성장으로 국제관계에서 경제적 영향력이 커졌지만, 여전히 1인당 소득 수준은 낮고 막대한 온실가스를 배출하는 거대 개도국이다. 이들은 기후 레짐 구축 과정에서 온실가스 감축 체제 참여 여부를 놓고 선진국과 대립했다. 그런데 EU가 기후 레짐 구축의 선도 국가였던 시기에 주장한 국제 기후 규범을, 중국은 일부라도 수용한 반면 인도는 완강히 배척한 점에서 차이를 보인다(Torney, 2015).

하기로 합의한 자발적 감축(NAMA)은 코펜하겐 회의(COP 15, 2009)와 칸쿤 회의를 거쳐 더반 회의에서도 그 유효성이 유지되었다. 파리협정은 국가별 감축(NDC)의 형태로 자발적 감축을 수용하여 보편적 감축 체제의 기반으로 삼았다. 기후 변화가 초래한 위협의 긴박성과 영향의 지구성에 비추어 보면, 모든 당사국들의 참여와 협력이 긴요하다. 이에 따라 포스트 교토 체제는 교토 체제의 의무 감축 방식을 포기하고, 당사국들이 자율적으로 감축 목표와 방식을 결정하도록 했다.

넷째, 선진권은 개도권의 기후 변화 대응을 위한 재정 및 기술 지원을 강화하기로 했다. 발리 회의에서 시작된 손실과 피해 기금 설립 그리고 온난화 방지용 기술 이전에 관한 논의는(중앙일보, 2007.12.15)[27] 이후의 회의로도 이어졌다. 코펜하겐 회의에서 약속했던 개도권에 대한 선진권의 대규모 재정 지원 의사 - 2010~2012년 300억 달러 긴급 지원, 2020년까지 매년 1,000억 달러 지원 - 는 칸쿤 회의에서도 재확인되었다. 파리협정 또한 2020년 이후에도 매년 1,000억 달러를 조성하기로 하여 개도권의 포스트 교토 감축 체제 참여를 촉진했다. 2010년 칸쿤 회의에서는 개도국의 온실가스 감축(mitigation)과 기후 변화에의 적응(adaptation)을 지원할 목적으로 '녹색기후기금(Green Climate Fund: GCF)' 설립에 합의했다. 더반 회의에서는 그 기금의 구체적 조성 방식을 결정했다. 2010~2012년 기간에는 300억 달러, 2020년까지는 매년 100억 달러를 조성하기로 하여 개도권의 기후 변화 대응에 대한 지원을 강화했다.

다섯째, 포스트 교토 체제의 협상 과정은 국가들의 참여를 확대할 목적으로 감축의 강제성을 완화하고 수단과 방법을 다원화하는 방향으로 진행되었다. 교토의정서는 그 일환으로 부속서 I 국가들의 감축 의무 이행을 지원하기 위하여 신축성 기제를 도입했다. 그 시행 세칙은 이후의 회의들에서 논의되었으나, 국가들 사이의 이해관계의 충돌로 말미암아 교착 상태를 거듭하다가, 2021년의 글래스고 회의(COP 26, 2021)에서 확립되었다. 이 합의로 UN이 공인하는 국제 배출권 거래 시장이 1~2년 이후 운영을 개시하면, 기업들은 배출권 거래로 수익을 창출할 수 있다. 당연히 기업들은 온실가스 배출을 감축하여 배출권을 획득하려 노력할 것이고, 국제사회는 또 하나의 감축 수단을 확보하여 감축 활동을 가속화할 수 있다.

감축 수단의 다양화는 개도국이 삼림 훼손이나 전용을 억제하는 정도에 비례하여 선진권이 기술과 재원을 지원하기로 합의한 REDD의 도입에서도 찾아볼 수 있다. 코

27) 글래스고 회의(COP 26, 2021)에서 '손실 및 피해 기금'의 설립은 미국, EU 등 선진국의 반대로 무산되었으나, 개도국에 대한 지원은 확대하기로 하였다.

펜하겐 회의에서 본격적 논의가 시작된 REDD는 칸쿤 회의에서부터 REDD-plus로 발전하기 시작했다.[28] REDD-plus로의 발전은 소극적 삼림 파괴 방지 활동－삼림 파괴와 황폐화로 인한 온실가스 배출 억제－을 적극적 삼림 육성 활동－삼림 보호 및 지속적 삼림 경영을 통한 이산화탄소 흡수 확대－으로 확대하여 기후 변화를 규제하려는 정책 진보의 산물이다.[29] 그것은 기존의 배출원(sources) 규제 일변도의 기후 변화 대책에 흡수원(sinks) 확대를 추가한 것이다. 말하자면 기존의 온실가스 배출 감소 수단에 온실가스 흡수 확대 수단을 추가함으로써 온실가스 감축 수단을 다양화하고, 이를 바탕으로 기후 변화 억제 효과를 고양하려 한 것이다.

2021년 글래스고 회의에서는 기온 상승을 억제하기 위하여, 메탄(CH_4)을 2020년 배출량을 기준으로 2030년까지 30% 감축하기로 한 '글로벌메탄서약(Global Methane Pledge)'을 채택했다. 이산화탄소의 배출 감축에 주력하던 국제사회가 메탄도 주요 감축 대상에 포함시킴으로써, 이산화탄소 일변도에서 벗어나 감축이 촉진되는 효과를 기대할 수 있게 되었다.

여섯째, 이 시기에 열린 일련의 회의는 지구의 기온 상승을 2℃ 이내로 억제하기로 한 합의를 유지했다. 파리협정과 '글래스고 기후 합의(Glasgow Climate Pact)'에서는 이러한 기조를 이어 받아 상승 폭을 2~1.5℃ 이내로 억제하기로 했다. 발리 회의 이후 추구된 일원적・보편적・자발적 감축 체제의 도입, 개도권에 대한 재정 지원 강화, 온실가스 감축 수단의 다양화, 교토 체제의 연장은 이 목표를 달성하기 위한 것이다.

발리 회의에서 파리 회의에 이르는 기후 레짐 구축 과정은 타협의 연속이었고, 파리협정은 타협의 산물이었다. 남과 북은 이익의 교환을 매개로 타협했고, 타협을 통하여 교토 체제를 정비하고 포스트 교토 체제를 준비했다. 예컨대 남의 2차 공약 기간 연장 동의와 북의 감축 의무 연장 동의, 남의 감축 체제 참여와 북의 재정 지원 강화는 구축 과정에서 기후 레짐의 강화와 확대에 기여했다. 이 시기에 일어난 변화는, 남－개도권－과 북－선진권－이 기왕의 대립을 유지하면서도, 협력을 회피하지 않았기 때문에 가능한 일이었다. 남과 북이 이익 교환을 매개로 진척시킨 협력의 결실이

---

28) REDD(Reducing Emission from Deforestation and Forest Degradation in Developing Countries)에 관해서는 www.un-redd.org(검색일: 2024.6.19).

29) 코펜하겐 합의에서는 REDD-plus를 도입하기로 했고, 칸쿤 합의에서는 한 걸음 더 나아가 삼림 보호 활동을 삼림 파괴 축소, 삼림 훼손 축소, 삼림의 지속가능한 경영 등으로 구체화했다. 이 제도의 활성화를 위하여 선진권은 재원 조달과 인센티브 제공을, 개도국은 국가 행동 전략・삼림 관련 배출 기준・삼림 감시 체제의 개발을 요청받았다.

파리협정에 반영되어 포스트 교토 체제의 근간이 되었다.

〈표 3-21〉 기후변화협약 당사국총회

장소	회차/연도	결정 사항
베를린(Berlin)/독일	COP 1/1995	베를린 위임 사항
제네바(Geneve)/스위스	COP 2/1996	COP 1 결정 재확인
교토(Kyoto)/일본	COP 3/1997	교토의정서 채택
부에노스 아이레스(Buenos Aires)/아르헨티나	COP 4/1998	향후 작업 계획 수립
본(Bonn)/독일	COP 5/1999	COP 6 준비
헤이그(Hague)/네덜란드	COP 6/2000	교토의정서 이행 방안 협의
마라케시(Marrakech)/모로코	COP 7/2001	교토의정서 이행 규칙
뉴델리(New Delhi)/인도	COP 8/2002	델리 각료 선언문
밀라노(Milan)/이탈리아	COP 9/2003	신규 조림/재조림 정의 방법
부에노스 아이레스(Buenos Aires)/아르헨티나	COP 10/2004	감축 및 적응 논의
몬트리올(Montreal)/캐나다	COP 11/2005	교토 체제의 감축 연장/온실가스 감축 강화
나이로비(Nairobi)/케냐	COP 12/2006	CDM 논의/적응 부문 활동 계획(5년)
발리(Bali)/인도네시아	COP 13/2007	발리 행동 계획
포즈난(Poznan)/폴란드	COP 14/2008	post-2012 협상문 초안
코펜하겐(Copenhagen)/덴마크	COP 15/2009	코펜하겐협정 채택 불발
칸쿤(Cancun)/멕시코	COP 16/2010	칸쿤 합의문
더반(Durban)/남아프리카공화국	COP 17/2011	Durban Platform
도하(Doha)/카타르	COP 18/2012	Doha Gateway
바르샤바(Warsaw)/폴란드	COP 19/2013	손실 및 피해 보상 논의
리마(Lima)/페루	COP 20/2014	준비 완료 국가들 2015년까지 NDCs 제출
파리(Paris)/프랑스	COP 21/2015	파리협정
마라케시(Marrakech)/모로코	COP 22/2016	파리협정 이행 상황과 다자협력 점검
본(Bonn)/독일	COP 23/2017	파리협정 이행 계획 협의
카토비체(Katowice)/폴란드	COP 24/2018	파리협정 세부 이행 규칙
마드리드(Madrid)/스페인	COP 25/2019	파리협정 세부 이행 규칙
글래스고(Glasgow)/영국	COP 26/2021	파리협정 세부 이행 규칙, 글로벌메탄서약
샤름 엘 쉐이크(Sharm el-Sheikh)/이집트	COP 27/2022	손실과 피해 보상 문제 논의
두바이(Dubai)/아랍에미리트	COP 28/2023	화석연료 감축/손실과 피해 보상 기금

그러나 현실은 파리협정에도 한계가 있다고 말한다. 최근까지 협정 사무국에 등록된 국가별 감축 목표(NDC)의 집계 결과에 의하면, 지표면 기온 상승을 1.5℃ 이내로 억제하는 것은 불가능하다. 기온이 1.5℃ 상승하는 시점이 예상보다 10년 이상 앞당겨져 2040년 이전에 산업화 이전 대비 지구 평균 기온이 1.5℃ 상승할 것으로 예측한 IPCC의 6차 보고서와 2024~2028년 지구의 평균 기온이 일시적으로 산업화 이전보다 1.5℃를 상회할 가능성이 80%나 된다고 밝힌 세계기상기구(WMO)의 분석은 이러한 판단이 비현실적인 것이 아님을 뒷받침한다.

2 물 문제

1) 개념

물은 국제사회의 공공재이자 생명의 필수재이다. 물은 공공재로서의 속성을 유지하는 한 국제 협력과 평화에 기여할 수 있다. 국가들이 통합적 물관리제도에 기반을 두고 상호 협력하면 국가 간 형평성, 경제적 효율성, 지속가능성을 확보할 수 있기 때문이다. 그러나 일부 지역에서는 물이 희귀재가 되어, 한 국가의 물 소비가 다른 국가의 소비를 제한하는 상황이 발생하면서 공공재로서의 속성을 위협받는다. 상황이 이렇게 되면 물은 국제 분쟁을 유발하는 요인이 될 수 있다. 유프라테스강의 사례를 보더라도, 특정 유역국이 자국 내부를 통과하는 국제하천을 일방적으로 개발하면 다른 유역국들의 반발을 야기하여 분쟁의 발생을 자극할 가능성이 커진다(Yetim, 2023).

물은 '염수(鹽水)' – 짠물(salt water), 해수(sea water) – 와 '담수(淡水)' – 민물(freshwater) – 로 구분되며, 여기서 물은 담수를 의미한다. 물은 사회경제 발전은 물론 인간의 욕구 충족과 건강 보호, 식량 생산, 에너지 개발 등에 필수적인 자원이다. 최근 물은 질과 양의 양면에서 심각성을 드러내고 있는바, 수량 부족과 수질 오염이 물 문제의 핵심이라고 해도 과언이 아니다. 이런 점들에 비추어 보면 UNEP가 물 문제를 21세기의 가장 심각한 2대 환경 문제 중 하나로 평가한 것이나(UNEP, 1999), 2002년의 '지속가능한 개발에 관한 세계 정상회의'가 물 문제를 5대 의제 중 하나로 설정한 것, 그리고 UN이 2003년을 '세계 물의 해'로 지정한 데에는 충분한 타당성이 있다.

물은 식량 생산, 공산품 제조, 건강 보호 등 인간 생활의 모든 분야에서 필수적인 자원이다. 재생 가능하지만 무한하지 않은 자원이어서 인구 증가, 난민 유입, 소비 확대, 수량 부족과 수질 오염 등의 영향으로 점차 희귀자원이 되어 가고 있다(UNEP,

2019). 게다가 원유를 비롯한 여타 전략자원과는 달리 물은 대체재가 없다는 점에서 문제의 심각성이 가중될 수밖에 없다. 문제는 1950년 이래 세계 인구가 25억에서 80억으로 증가하면서 물 수요도 지속적으로 증가한 반면, 공급은 과거와 거의 같아서 1인당 재생 가능한 공급량이 절반 이하로 감소했다는 것이다. 물 문제를 둘러싼 상황이 매우 절박한 이유를 여기서 찾아볼 수 있다.

물은 오랫동안 전략적 공격 목표이자 위협 도구로 작용하며 국제분쟁을 부추기곤 했다. 역사적으로 수량 부족과 수질 오염, 공급 감소, 수요 증대, 기후 변화로 인한 강우의 변동성 증가와 가뭄 및 홍수의 빈번한 발생 때문에, 물 이용과 관리를 둘러싼 갈등이 분쟁을 수시로 자극했다. 지역에 따라서는 물 문제가 미래 분쟁의 주요 원인이 되리라는 예측마저 제기된다. 유례없는 물 위기가 세계 여러 지역의 긴장을 고조시키면서 물 문제는 국제관계의 새로운 변수로 떠오르고 있다.

2) 원인

지구 표면의 71%가 물로 덮여 있고 지하수층, 빙하, 빙산, 대기 등에도 물이 존재한다. 지구의 총 수량 14.5억km^3 가운데 담수는 2.5%에 불과하고(3,500만km^3), 97.5%는 해수이다. 그러나 담수의 대부분은 얼음, 만년설, 심층 지하수에 갇혀 있어서 거의 접근이 불가능하다. 따라서 인류가 이용할 수 있는 담수–하천, 호수, 얕은 지하수층 등–는 전체 수자원의 0.01%, 세계 담수의 1%에 불과할 뿐이다. 세계 전체 가용 담수 가운데 70%는 농업용, 20%는 공업용, 10%는 가정용으로 사용된다(UNEP, 2019). 그런 가운데 다음의 원인들이 물 문제의 발생을 자극해 왔다.

첫째, 농업용, 공업용, 가정용 세 부문에서의 물 사용량은 물론 인구 또한 꾸준히 증가해 왔기 때문에, 증가하는 물 수요에 대응하려면 공급을 확대해야 한다. 그러나 수요가 3배 가까이 증가한 반면, 공급은 이미 한계에 도달한 결과, 많은 국가에서 물 수요가 지속가능한 공급 수준을 이미 넘어선 것이, 즉 인구 증가와 수급의 불균형이 물 문제의 중요한 원인으로 지적된다.[30] 세계가 점차 심각한 물 위기의 수렁에 빠져

30) 인구 증가는 경제·사회·정치·기술·문화 등과 함께 물 문제의 발생에 심각한 영향을 미친다. 지난 70년간 인구는 3배 증가하면서 농촌 우위형에서 도·농 균형형으로 변화하여 물 이용 방식과 소비량에 영향을 미쳤다. 1980년대 후반부터 물 소비의 증가 속도가 인구의 증가 속도를 능가하면서 1인당 물과 청정 음용수의 이용 가능성이 세계적으로 감소하자 물 문제에 관한 우려가 제기되기 시작했다. 물 문제는 인구 증가뿐만 아니라 일련의 요인들–기후 변화, 물의 절도와 남용 그리고 오염, 빈약한 거버넌스 등–과의 상호 작용을 통해 발생한다(Asaka et al., 2024: 359-360;

들고 있음을 보여주는 여러 징후가 있다. 내수면 면적 축소와 지하수층 하강은 그 전형적 증거이다. 지하수의 경우, 대부분의 국가들이 취수량을 제한하지 않은 채 재충전 속도보다 더 빠르게 취수하기 때문에 지하 대수층이 미국, 중국, 인도, 예멘 등지에서 빠르게 하강하고 있다(브라운, 2004).

하천의 건천화－강이 바닥을 드러내 강물이 항상 또는 일정 기간 바다에 도달하지 못하는 현상－는 내수면의 축소를 대변하는 것으로서 지하수 고갈보다 훨씬 더 심각한 문제이다. 미국 남서부의 콜로라도강, 중국의 황허(黃河), 중앙아시아 아랄해 유역의 아무다리야(Amu Darya)강과 시르다리야(Syr Darya)강이 대표적 예이고 나일강, 인더스강, 갠지스강 또한 간신히 바다로 흘러갈 뿐이다.

물은 더 이상 과거처럼 값싸고 풍부한 자원이 아니며, 오히려 빠른 속도로 희귀자원이 되어 가고 있다. 현재 전 세계 인구의 40%가, 특히 빈곤한 후진국 국민의 다수가 물 부족 상태에서 생활한다. 물이 인간 생활과 산업의 모든 분야에서 필수자원이라는 사실을 부인할 수 없다면, 물 문제－수량 부족, 수질 오염, 분배의 불공평성－가 조만간 석유 부족만큼이나 국가의 생존에 위기를 초래할 것이라는 전망도 부정할 수 없을 것이다.

둘째, 물 문제의 또 다른 발생 요인은 물 공급의 제한성과 분배의 불평등성에서 찾아볼 수 있다. 즉 물은 모든 토지에 균등하게 분배되지 않을 뿐더러, 그 대부분은 인구 밀집 지역으로부터 멀리 떨어져 있어서 다수 지역의 주민들은 쉽게 접근할 수 없다(UNEP, 2019). 게다가 매년 지구 전체 강수량의 3/4은 세계 인구의 1/3 미만이 거주하는 지역에 집중되고, 강우는 시간적으로도 불균등하게 분배된다. 지구 기온의 상승을 초래하는 기후 변화도 물 증발의 증가, 강설 및 강우 형태의 변화, 태풍의 강도와 발생 시기의 변화를 통해 담수의 공급과 분배에 영향을 미친다. 수량 부족과 수질 오염은 이런 요인들의 영향 때문에 발생한다(Boberg, 2005).

마지막으로, 지속 불가능한 환경 이용 관행 때문에도 물 공급은 감소 추세를 보인다. 특히 개도권에서는 남벌과 삼림 파괴로 지하수층이 하강하고 토지와 담수의 염화가 진행되는가 하면, 농약과 화학비료의 남용으로 음용수와 관개수 오염이 가속화되고 있다. 주요 하천 유역이나 해안 지역에 위치한 도시의 확산도 물 공급 감소를 부채질한다. 물 문제는 이렇듯 분배 문제이자 환경 문제이다.

Bernstein, 2002).

지표수의 경우 하천 상류에 댐을 건설하면, 하류 사용자에게는 수량이 감소되는 사태가 초래될 뿐만 아니라, 염분 제거에 필요한 유량을 확보할 수 없게 되어 토지와 물의 오염을 피할 수 없다. 더구나 댐의 물이 관개용수로 이용된 후 방류되면, 하류 사용자들은 오염된 물을 사용할 수밖에 없다. 지하수의 경우도 마찬가지여서, 동일 지하 대수층 중 어느 층에서의 과다 양수(揚水)는 인근 지역의 지하수층 하강과 염화를 초래할 가능성이 크다(Lowi & Shaw, 2000).

3) 영향

물 문제는 경제 성장, 농업, 인구 증가, 도시화, 공업화, 삼림 파괴, 기후 변화에 영향을 미치는 포괄적 문제이다. 물 문제는 이처럼 양과 질 양면에서 인간사회에 다양하고 심대한 충격을 주기 때문에, 전문가들은 물 문제를 21세기의 가장 심각한 환경 문제 중 하나로 지적하는 데 이견이 없다. 물 문제가 인간의 생존과 경제 성장은 물론이고 국제관계를 자주 교란했던 흔적을 근현대사에서 찾아보기는 어렵지 않다. 물 문제의 영향이 세계적으로 확산되면서, 물 위기에 직면한 국가와 인간의 수가 시간이 갈수록 더 증가할 것이라는 비관적 전망이 점차 세를 얻고 있다.

(1) 국내분쟁의 발발

물 문제는 국가안보에 대한 위협인가? 수자원의 고갈, 오염, 불공평한 분배는 분쟁의 원인이 될 수 있는가? 물 수요의 증가와 공급의 감소는 인간의 생존을 위협하는 요인으로 작용하기 때문에, 물 문제는 사회와 정치의 긴장을 고조시켜 도시와 농촌 간 그리고 지방과 지방 간의 국내 분쟁을 촉발할 수 있다(Dupont, 1998). 물 문제로 인해 국가 내부의 정치 주체들이 주민의 생존과 복지를 보장할 수 없는 경우에도 그들의 대응 능력, 인식, 판단의 정도에 따라 국내 물분쟁의 발생 여부가 결정된다. 특히 인구 증가율이 높거나 불모지를 내포하고 있는 지역에서는, 물의 부족과 오염이 국내 분쟁의 발발 가능성을 높인다는 사실을 다수 사례에서 확인할 수 있다.

한 국가 내에서의 물분쟁은 과도하게 개발된 하천 유역의 하류에서 주로 발생한다. 그 예로 중국 황허 유역 주민들은, 도시와 공업 부문에 저수지 물을 우선적으로 공급할 목적으로 저수지 수로를 변경한 정부의 조치에 항의하는 과정에서 경찰과 물리적으로 충돌했다. 태국에서는 방콕에 물을 공급하는 차오프라야(Chao Phraya)강이 점차 건천화(乾川化)되면서 북부 지역과 남부 지역 간의 갈등이 고조되었다. 파키스탄에서는 인더스강 하류의 펀잡(Punjab) 지역과 신드(Sindh) 지역 간의 갈등이 심화되었다. 파키스탄의 경우 관개용수 접근 기회의 감소로 말미암아 생계에 위협을 받게 된 농민들이 폭력 저항을 하는가 하면, 도시로 대거 이주하면서 종족분쟁이 재연되었다(Postel, 2001). 우리나라의 경우 대구 위천공단 건설 과정에서 낙동강 물 이용 문제로 대구와 경남 · 북 지방이 대립하기도 했다.

(2) 국제분쟁의 발발

증가하는 담수 수요에 대응하려면 공급을 확대해야 하지만, 일부 국가에서는 공급이 이미 한계에 도달했다. 그중 상당수의 국가들은 국제하천의 이용 확대에서 해결책을 찾고 있어서,31) 유역국들 사이의 관계에서 기존 분쟁의 강도가 강화되거나 새로운 분쟁이 발생하는 경향이 가속화되고 있다. 물 문제는 환경 문제이자 자원 문제로서 국제분쟁과의 상호 작용이 증가하면서 탈냉전기 세계질서에서 새로운 국제안보 의제로 점차 주목받고 있다.

현존하는 270여 개의 국제하천은 물 공급의 주요 원천으로서, 세계 인구 40% 정도의 생존에 영향을 미친다. 그것은 정치적 국경에 구애받지 않고 흐르며, 질과 양이 시공(時空)에 따라 변화하기도 하고, 이용하는 국가들의 이해관계가 다양하고 상충적이기도 하다. 사정이 그렇기 때문에 국제하천의 관리는 매우 복잡하고 까다로운 문제여서, 한편으로 국제 협력을 요구하면서도, 다른 한편으로는 국제분쟁을 불러오곤 했다.

최근 물 문제가 더 악화되면서 국제하천이 폭력분쟁의 역사적 원인으로, 나아가서 21세기 국제분쟁의 주요 요인으로 작용하는 추세에 가속도가 붙고 있다(Bulloch & Darwish, 1993; Cooley, 1984; Star, 1991; World Press Review, 1995). 물은 필수적이지만 대체 불가능한 자원인 데다가 점차 희귀자원이 되어 가는 과정에서 국제하천에 대한 각국의 수요가 경쟁적으로 증가하기 때문에, 근자에 이르러 과거의 협력이 미래로 연장될 가능성은 상대적으로 적어지고 있다. 그러나 여타 희귀자원과 마찬가지로 이용 가능한 수량이 감소한다고 해서 반드시 분쟁이 발생하는 것은 아니다. 국

31) 국제하천(international river, international waterway, international watercourse)은 일반적으로 둘 이상의 국가 영역을 통과하거나 또는 둘 이상의 국경과 접촉하며 흐르는 강을 의미한다. Garretson et al.(1967), pp.16-17 참조. 국제하천과 연결되는 지류도 국제하천에 속한다. 그리고 세계 대부분의 지역에서 지하수는 아직 획득 경쟁의 대상은 아니지만, 점차 고갈되면서 국제분쟁의 요인으로 작용할 가능성이 커지고 있다(CSIS & Sandis National Laboratories, 2005: 63).

제하천의 수자원을 공유하는 국가 간 관계의 형태가 분쟁의 발생 여부를 결정하는 데 중요한 변수로 작용한다. 협력 관계를 유지하는 국가들은 대립 관계에 있는 국가들보다 물 분쟁에 이르지 않을 가능성이 더 크다.

그러나 물이 국제분쟁의 요인으로서 차지하는 중요성은 날이 갈수록 커지고 있다. 정치와 경제의 상호 의존성이 증대되면서 한 국가의 물 문제가 여타 국가의 문제로 비화되는 경향이 강화되고 있다. 국제하천 유역국 중 개도국 대부분은 수자원 분배에 관한 타협의 결여와 상호 불신의 심화로 말미암아, 수자원의 이용을 둘러싸고 분쟁 상태를 지속해 왔다.[32] 특히 여타 유역국들의 이익을 보호해 주는 조약이나 제도적 장치가 없는 상태에서, 어느 한 유역국이 다른 유역국들과의 사전 협의를 무시한 채, 국제하천에 대규모 댐을 건설하거나 유로를 변경하는 일방적 구조 변경 행위가, 해묵은 적대를 자극하면서 유역국들 사이의 긴장을 고조시켜 분쟁에 이르게 할 가능성이 크다(Tilmant & Kinzelbach, 2012).[33] 제2차 세계대전 이후 국제하천의 물 분배 문제는 유역국 간의 관계에서 협력과 함께 적대를 자극했다. 적대 행위의 대부분은 '설전(舌戰, disputes)'의 형태로 전개되었으나 포격전, 댐 파괴, 그리고 여타 형태의 군사작전이 수행되기도 했다(Postel, 2000).

국제하천분쟁은 이렇게 유역국들 사이에서 관계 악화, 적대 강화, 군사 활동, 그리고 폭력분쟁을 초래하는 요인으로 작용하곤 했다. 예컨대 동남아의 메콩강, 북아프리카의 나일강, 중동의 티그리스강과 유프라테스강, 그리고 요르단강, 인도의 갠지스강에서는 수자원의 이용을 둘러싼 경쟁의 격화가, 유역국 간 대립의 촉매로 작용하여

32) 개도권 국제하천을 둘러싼 분쟁과 협력 그리고 그 사례에 관해서는, Mirumachi(2015) 참조. 물 문제와 관련하여 '북'의 시각에 따라 안보와 평화를 중시하는 이익 기반 패러다임(interest-based paradigm)을, '남'의 시각에 따라 형평성과 정체성을 중시하는 패러다임으로 전환해야 한다는 비판은 Nagheeby & Amezagab(2023), pp.835-850 참조.

33) 그러나 국제하천조약이 분쟁 해결의 충분조건은 아니며, 오히려 규정의 미비와 모호성 때문에 분쟁을 용인하거나 자극하는 역작용이 있다는 점에도 주목할 필요가 있다. 히르만드(Hirmand)강 조약을 예로 들 수 있다. 이란이 당면한 환경 문제의 핵심은 인구 8,500만 가운데 2,500만이 물 스트레스(water stress) 지역에 거주하고 있다는 것이며, 물 풍요 지역도 물 분배의 불공평성 때문에 물 문제에 직면해 있다는 것이다. 이런 상황에서 1973년, 아프가니스탄과 이란은 이 국제하천을 공동 관리하기 위하여 히르만드강 조약을 체결했으나, 이후 이란의 하문(Hamoun)호수가 말라붙은 원인을 둘러싸고 공방을 벌였다. 이란은 아프가니스탄이 조약이 규정한 것보다 훨씬 더 적은 수량을 흘려보낸 탓이라고 비난했다. 반면 아프가니스탄은 이란이 조약을 강제하려 한다고 반박하면서 최근 몇 년 동안의 심각한 강수량 감소가 유량 감소의 원인이라고 주장했다(Hassaniyan, 2024: 420-421; Mianabadi et al., 2020: 3446).

분쟁의 도화선이 될 가능성이 커지고 있다.

(3) 국가안보의 위협

물 문제가 국제분쟁의 원인이 될 수 있는가? 그리하여 물 문제가 국가안보 문제가 될 수 있는가? 일정한 상황에서 수량 부족과 수질 오염은 국가안보 문제로 비화될 가능성을 다분히 내포하지만, 그 여부와 정도는 당사국의 인식, 판단, 여건에 의존한다. 물 수요와 공급이 균형을 유지하면 물 문제가 안보 의제화될 가능성은 적지만, 인구 증가율이 높은 불모지 국가의 경우 수자원의 부족과 오염이 안보 의제화의 일상적 기반이 될 가능성이 크다는 것을 현대 국제관계는 말해 준다(Lowi & Shaw, 2000). 초국가적인 국제하천에서의 수자원 획득 경쟁이 가열될 수밖에 없기 때문이다.

일반적으로 국제하천 유역국들이 물 문제를 안보 문제로 인식하는 정도는 공유 수자원에의 의존 수준, 지리적 위치, 유역 내부의 국제관계로부터 영향을 받는다. 이 중에서 지리적 위치가 가장 중요한 변수로 작용하는바, 특히 국제하천의 수자원을 가장 자유롭게 이용할 수 있는 상류국이 가장 유리한 위치에 서게 되는 반면, 하류국들은 수량 감소와 수질 오염이라는 문제에 봉착하여 생존에 위협을 받게 된다. 하류국들이 군사적으로 더 미약하거나 유역 내의 수리권(水利權, water rights)을 규율하는 국제조약이 없으면, 하류국들이 그러한 고통을 회피할 수 없음은 갠지스강 하류에 위치한 방글라데시 사례를 보면 알 수 있다.

유역 내의 국제관계도 안보의 변수로 작용한다. 국제하천의 수자원 이용을 규정한 국제조약이 부재하는 상태에서 적대 관계가 존재하면 물 문제는 안보 문제로 인식될 가능성이 커진다. 요르단강의 하류국인 이스라엘이 강의 흐름을 변경할 경우 시리아를 공격할 것이라고 공개적으로 경고한 것이 대표적인 사례이다. 이집트는 수량 부족과 수질 오염이 국가안보 문제가 될 수 있음을 보여 주는 전형적인 사례이다. 국토의 불모성, 높은 수준의 인구 증가, 나일강에의 절대적 의존, 하류국으로서의 위치, 상류국의 물 이용 증가 등 이집트가 처한 상황을 보면 이집트에게 물 문제는 안보 문제에 다름 아니다(Lowi & Shaw, 2000). 국제하천인 나일강 수자원의 분배가 자국에게 불리한 방향으로 변경될 경우, 국가의 생존과 번영에 가해지는 타격을 피할 방법이 없으므로, 이집트는 국가안보 차원에서 대응할 수밖에 없다. 이집트가 나일강에 대한 어떠한 위협도 전쟁의 원인이 될 것이라고 에티오피아에 경고한 것은 물 문제가 곧 국가안보 문제임을 시사한다.

(4) 사막화

수량 부족과 수질 오염은 사막화(desertification)의 핵심 요인이다. 수량 부족이 심화되면 이미 과잉 경작과 방목, 삼림 파괴로 인해 타격을 받고 있던 건조한 토지는, 표토(topsoil)[34]를 상실하면서 식물 부양 능력을 박탈당한 불모지가 된다. 불모지는 이용 가능한 물의 흡수가 불가능하여 수량 부족 사태가 더욱 심화된다. 물을 유익하게 이용한다고 해서 사막화가 초래되지 않는 것도 아니다. 비효율적인 관개농업으로 물을 낭비하면 물 부족으로 인하여 사막화가 초래될 뿐만 아니라, 과잉 관개(over-irrigation)는 침수 또는 잔류 염분의 증가를 야기하여 토지의 비옥성을 박탈하고 사막화를 초래한다.

2005년의 조사에 의하면, 지난 수십 년간 중앙아시아 지역 아랄해의 면적은 75%, 수량은 90% 감소했다. 아랄해의 축소는 구소련 시절 아랄해에 물을 공급하는 아무다리야강과 시르다리야강의 물을, 수백만 에이커에 달하는 우즈베키스탄 사막 지대에 면화 재배용 관개용수로 돌렸기 때문이다. 이 결과 과거 세계 제4위의 규모를 자랑하던 아랄해가 사막화의 과정을 밟고 있다. 과잉 관개가 아랄해에 가하는 가장 큰 위협은 물의 증발과 잔류 염분의 증가이다. 이로 말미암아 잔여 호수면에서의 염분 집적 농도가 10%에서 23% 이상으로 증가해서, 한때 번성했던 내수면 어업이 몰락했고 소금이 호수 바닥을 덮었다. 게다가 바람이 소금 분자와 잔류 농약을 멀리 히말라야까지 운반함으로써, 그 영향권에 든 지역들에서 식량 생산 감소, 주민의 건강 악화 등의 문제를 일으키고 있다.

수량 부족과 이로 인한 토지의 염화는 사막화의 가장 중요한 요인이다. 염분은 토지의 비옥도를 떨어뜨리고, 최종 단계에서는 어떤 식물도 생장할 수 없을 정도로 사막화를 진행시킨다. 오늘날 관개농지의 20%가 염화의 영향을 받고 있어서, 일부 인구대국들－중국, 인도, 이집트 등－은 경작지가 감소하는 사태에 직면하고 있다. 수량부족 → 토지의 염화 → 사막화의 연쇄로 인한 사회경제적 영향은 매우 크다. 우즈베키스탄의 경우 경작지의 90%가 관개농지이고, 관개농지의 60%가 염화로 인해 큰 타격을 받고 있다. 그런데 관개농업이 우즈베키스탄 GDP의 35%를, 외화 수입의 60%를, 고용의 40%를 차지한다. 따라서 수량 부족에 기원을 둔 토지의 사막화가 우즈베

34) 표토는 두께가 6~8인치에 달하고, 유기물질과 미생물을 최고로 집적한 토양의 최상층이다. 생물학적 토양 활동의 대부분이 표토에서 발생하고, 식물은 여기에 집중적으로 뿌리를 내려 영양분의 대부분을 흡수한다.

키스탄의 경제 성장 능력뿐만 아니라, 실업과 인구 문제에도 심각한 영향을 미친다는 점에서 물 문제의 심각성을 간파할 수 있다.

(5) 식량 수입

국제사회가 더 이상 국제하천으로부터 물 공급의 확대를 기대하기 어려운 탓에 물 문제의 심각성이 가중되고 있다. 세계 곡물 생산의 1/3 이상을 담당하는 관개농지가 갈수와 염화 때문에 점차 불모지로 전락하고 있다. 그리고 물 문제가 심각해질수록 국제하천 수자원의 분배를 둘러싼 분쟁도 발생 가능성이 커지고 있다. 중동과 북부 아프리카 지역에서 드러나는 것처럼, 다수의 국가들은 물 공급이 한계에 도달하자, 농업 생산을 의도적으로 감소시켰다. 그 대가로 확보한 관개용수를 도시와 산업 부문에 공급하기 위하여 식량 수입을 확대하고 있다.

물 부족 국가들은 쌀과 밀 등 주요 식량을 수입함으로써 확보하게 된 희귀한 물을 도시와 공업 부문에 공급하여, 농업 부문에서 생산하는 것보다 훨씬 더 큰 경제적 가치를 생산할 수 있다. 식량 수입의 확대로 경제 성장의 고도화 기반을 마련하면서, 동시에 물 부족 문제에 적절히 대처할 능력을 상당 부분 확보하는 것이다. 식량 수입 → 수량 부족 완화 → 국제하천에의 의존도 감소 → 분쟁 발발 가능성의 축소로 이어지는 연쇄 효과는 식량 수입이 가져다주는 혜택 중의 하나이다.

이스라엘은 이런 혜택을 가장 잘 이용하고 있는 국가로 평가된다. 세계 식량 수입의 1/4가량을 차지하는 아시아, 아프리카, 중동의 물 부족 국가들 - 알제리, 이집트, 이란, 중국 등 - 도 식량 수입 대열에 동참하여 물 부족과 국제하천 유역국 간의 갈등 문제를 일부나마 해결할 수 있다(브라운, 2004; Postel, 2001). 앞으로도 물 부족 국가의 인구는 증가할 것이고, 이에 따라 식량 수요가 증가하여 국제사회의 식량 수입도 증가할 수밖에 없다. 중국을 비롯한 식량 수입국들은 수입 의존도가 커질수록 식량 수출 금지 등의 조치가 발동될 때마다 엄청난 충격을 받기 때문에, 식량의 안정적 공급을 보장받기 위해서 수출국과 강력한 동맹 관계를 새롭게 구축하지 않을 수 없다.

물 문제로 인한 식량의 수입은 이렇듯 국제 동맹 관계의 변화를 초래하는가 하면, 수입국의 식량안보를 위협하기도 한다. 장기적으로 기후 변화와 가뭄 등으로 인해서 세계적으로 물 문제가 더 심각해지면, 식량 가격이 상승하는 부정적 영향이 발생하여 식량 수입국에 타격을 입힐 가능성이 있다(중앙일보, 2006.3.22). 그런데 식량 수입에 필요한 외화가 충분하지 못한 국가들은 필요한 식량을 충분히 확보하지 못함으로써,

국가의 생존이 위기에 직면한다는 것에서 식량 수입이 물 문제와 국제하천분쟁의 해결에 기여할 수 있지만, 동시에 수입국의 식량안보에 부정적 영향을 끼칠 수 있다는 점도 엿볼 수 있다.

(6) 수인성 전염병의 만연

수질 오염은 수량 부족 못지않은 폐해를 인간사회에 몰고 온다. 1990년대에 이미 안전한 음용수에 접근할 수 없는 인구가 세계 전체의 20%였고, 위생의 혜택을 받지 못하는 인구는 50%에 달했다. 이 결과 세계 병상의 절반은 수인성 질병 환자로 채워졌다. 특히 개도권의 경우 질병의 80%가 수인성－콜레라, 말라리아, 황열, 주혈흡충증 등－이며, 사망 원인의 1/3 이상이 오염된 물 때문이었다.35) 세계 전체로는 수인성 질병으로 인한 사망자가 매년 300만~400만 명에 이르렀다. 개도권에서는 인구 급증에 따르는 물 수요의 증가와 절대 빈곤의 강화가 상승 작용을 일으켜 수인성 전염병이 만연하게 된다. 아시아와 아프리카에서, 특히 대도시 주변의 빈민촌에서 이런 사정은 더욱 악화된다.

4) 국제사회의 대응

물 문제는 서아시아, 아시아 태평양, 아프리카의 건조 지대, 중남아메리카, 미국의 서부, 그리고 중동 지역에서 공통적으로 진행되고 있다. 물 문제가 세계적으로 빠르게 확산되면서, 수자원의 효율적 관리의 필요성도 커지는 것에 비례하여 국제사회의 대응에도 가속도가 붙는다. 1987년 '세계환경개발위원회(WCED, 일명 브룬트란트위원회)'는 보고서－Our Common Future－에서 물 문제를 주요 환경 문제 중의 하나로 지적했다. 1992년 리우 회의에서는 물 문제를 전담할 국제기구의 창설을 공식적으로 논의했다. 2002년의 '지속가능한 개발에 관한 세계 정상 회의'에서는 물 문제를 5대 의제－물, 에너지, 건강, 농업, 생물종의 다양성－의 하나로 다루었다.

1996년에는 '세계물위원회(World Water Council: WWC)'가 창설되어 국제사회의 물 문제 대응 과정에서 중심적 역할을 수행했다. 3년마다 개최되는 '세계 물 포럼(World Water Forum: WWF)'은 물 문제를 해결하기 위하여 WWC가 주관하는 행사로, 2024년까지 10차의 회의를 진행했다. WWF에는 세계 각국의 공사 행위주체들－정부 고위 관료, 국제기구, 기업, 학계, 시민사회 등 사적 부문 구성원－이 폭넓게 참

35) Bulloch & Darwish(1993), p.20; www.water.or.kr(검색일: 2006.12.4).

여하면서 참여자가 수백 명에서 수만 명으로 확대되었다. WWF는 단순히 회의에 그치는 것이 아니다. 그것은 단계적으로 3년 간의 준비, 일주일 동안의 회의, 최종 결과의 발표로 이어져 국제사회의 물 문제에의 집단적 대응을 지원한다.[36)]

1997년 모로코의 마라케시에서 열린 1차 회의에서는 '21세기 세계 물, 생명, 환경에 관한 전망(Vision for Water, Life and Environment in the 21st Century)'을 채택하기로 합의했다. 2000년 네덜란드 헤이그에서 열린 2차 회의에서는 세계의 물 현황과 25년 후의 미래상 및 대비책을 담은 'World Water Vision'이 채택되었다. WWF와 동시에 각료급 국제회의가 열려 '21세기 물 안전 보장'을 목표로 한 '헤이그 선언'도 채택되었다. 2003년 일본의 교토 일원에서 열린 3차 회의에서는 2차 회의에서 제시된 World Water Vision의 행동 전략과 모든 이해 관계자들의 참여 방안에 관한 토론이 활발히 전개되었다(이상헌, 2003).

2009년 이스탄불에서 열린 5차 회의에서는 지방정부들이 참여한 가운데 'Istanbul Water Consensus'를 채택했다. 2015년 대구에서 열린 7차 회의에서는 지속가능한 개발과 물 관련 토론을 촉진하고, 정부기관·기업 간 협력을 촉진하기로 결의했다. WWF는 이렇듯 점진적으로 참여 범위를 확대하며, 물 문제의 해결을 지속가능한 개발과 연계했다. 그러나 WWF가 이와 같은 진화 과정을 밟았음에도, 물 문제의 해결을 위한 국제협력을 아직까지 제도화하지 못하고, 따라서 국제 공동의 물 정책도 실현하지 못한 한계를 극복해야 하는 과제가 남아 있다.

세계 국가의 절반 정도는 물－부존 수량－이 풍부하지만, 나머지 절반 정도는 물 부족에 시달린다.[37)] 이런 사정은 물 문제가 본래 지구 차원의 공동 문제가 아니라 국가 또는 지역 차원의 문제라는 것을 말해준다. 문제는 물 부족 국가들이 대부분 개도국이어서, 물 문제를 해결할 능력이 부족하다는 것이다. 물 문제의 해결에는 선진권으로부터 개도권으로의 지원이 필수적이어서 남북 협력이 절실히 필요하다.[38)] 문제

---

36) worldwaterforum.org/overview(검색일: 2024.6.10).

37) 물 부족(water scarcity)은 1인당 연간 가용 수량이 1,000m^{3}이하이거나 가용 수량의 40% 이상을 소진한 경우를, 물 스트레스(water stress)는 1인당 연간 물 공급량이 1,700m^3 이하인 경우를 말한다(UNEP, 2019: 708).

38) 이런 요청에 대응하여 OECD 회원국들은 최근 매년 90억 달러 내외의 물 관련 원조를 개도권에 제공한다. www.oecd-ilibrary.org/development/data/oecd-international-development-statistics/official-bilateral-commitments-by-sector_data-00073-en(검색일: 2024.6.11). 세계은행(WB), 아시아개발은행(ADB), 유럽부흥개발은행(EBRD) 등의 국제금융기구들도 개도권의 물 관련 프로젝트에 적극적으로 지원하고 있다. 그 예로 EBRD는 2024년 영국, EU와 함께 세계 10대 물 스트레스

는 국가나 지역 차원에서 발생하지만, 문제의 해결은 지구 차원의 공동 대응을 요구하기 때문에, 물 문제는 국가나 지역 차원을 넘어서는 지구 차원의 문제가 된다. 그런데 여타 환경 문제들－산성비, 해양 오염, 오존층 파괴, 기후 변화 등－에서는 국제레짐(international regimes)이 수립되었으나, 물 문제 영역에서는 여전히 수립되지 않아, 국제사회의 제도 기반 공동 대응이 적극적으로 이루어지지 않는 한계를 극복하지 못했다.

〈표 3-22〉 세계 물 포럼의 결정 사항

회차	개최년도	개최지	결정 사항
1	1997	마라케시(모로코)	마라케시 선언(World Water Vision 2000년 창간)
2	2002	헤이그	3차 WWF에 국제사회의 물 관련 노력 조사 및 구체적 행동 계획 보고팀 추진
3	2003	교토, 시가, 오사카	World Water Actions 보고서 채택, 모든 이해 관계자의 참여 촉구
4	2006	멕시코시티	물 관리와 거버넌스(물과 위생 접근성 향상, 자금 조달 기제 강화, 국제 협력 촉진)
5	2009	이스탄불	이해 관계자와의 교류 촉진, 지방정부들의 Istanbul Water Consensus 채택
6	2012	마르세유	Village of Solutions과 Platform of Solutions(물과 위생 문제에 대한 기존 접근 방식 강조)
7	2015	대구	지속가능한 개발과 물 관련 토론 촉진, 정부기관·기업 간 협력 촉진
8	2018	브라질리아	물 관련 문제에 대한 혁신적 솔루션 장려
9	2022	다카르(세네갈)	재정 투자와 거버넌스 개선, 지식 역량 강화를 통한 세계 물 공급 확보, 기후 변화의 영향에 대응
10	2024	발리	지속가능한 호수 관리, 물 가용성 및 WASH 접근성, 물 분야 지식 및 혁신, 지속가능한 물 관리 정책, 초국가적 협력

출처: worldwaterforum.org/milestone(검색일: 2024.6.10)

'지속가능한 개발에 관한 세계정상회의(WSSD)'에서는 물 정책의 개혁을 목적으로 국제 물 문제를 다루었다. 이 점은 세계 각지의 '물 정책 포럼(water policy forums)'을 지원한 '세계은행'의 정책과도 일치한다. 세계은행 정책의 핵심은 물 사업의 민영

국가 중 하나인 요르단이 심각한 물 부족 문제를 해결할 수 있도록 3천만 달러의 지원을 제공했다. www.ebrd.com/news/2024/ebrd-uk-and-eu-expand-wastewater-infrastructure-services-in-jordan.html(검색일: 2024.6.11).

화를 추구하는 것으로서, 이 포럼들의 활동으로 민영화를 달성할 수 없는 경우 좀 더 직접적인 설득 수단을 동원하여, 즉 부채 경감을 지렛대로 이용하여 물 정책 개혁을 요구하는 것이다(Goldman, 2002: 69-71).[39] 세계은행의 이러한 물 정책에 대해서 이론적 시각이 너무 편협할 뿐만 아니라, 전반적 개혁 과정보다는 민영화에 더 초점을 맞추었다는 비판이 쏟아졌다. WWF도 지속가능하고 공평한 해결책을 구하기보다는, 개도국의 물 관리 사업에의 사적 자금(private fund) 투입을 해결책으로 제시한다. 이것은 결국 세계은행과 마찬가지로 민영화와 가격의 적정화를 토대로 물 문제의 해결을 추구하려는 것이어서 동일한 비판에 직면하였다(이상헌, 2003: 52).

1996년 세계은행(World Bank), 유엔개발계획(United Nations Development Program: UNDP), 스웨덴 국제개발기구(Swedish International Development Agency: SIDA)는 개도권의 효율적 물 관리를 지원하기 위해 공동으로 '세계 물 협의체(Global Water Partnership: GWP)'를 설립했다. 그것은 기존 물 관리 정책의 한계를 인지하고 보다 더 지속 가능한 해결책을 추구하는 과정의 산물이었다.

GWP는 지구, 지역, 국가, 지방 차원의 행위주체들 - 정부, 국제기구, 연구소, NGOs 등 - 이 물 관련 지식을 교환하고 공유하는 플랫폼 형태로 활동한다.[40] GWP는 180개국, 3,000개 이상의 물 관련 행위주체들이 참여한 가운데 지식 공유를 토대로 개도국의 역량을 강화하는 데 역할의 중점을 둔다. 그것은 구체적으로 개도국에 기술 지원과 정책 지침 공유를 통하여 통합적이며 지속가능한 통합적 물 관리를 지원하는 네트워크(network)이자 거버넌스(governance)라고도 할 수 있다. WWF는 선진국 중심적 시각에서 물 문제의 해결을 모색하며 국제 물 레짐을 지향한다. GWP는 WWF와는 달리 개도국의 시각에서 개도국의 물 문제 해결을 위한 플랫폼 역할 수행에 주력한다.

39) 빈곤과 불평등이 만연한 개도권에서 일방적으로 물 사업을 민영화한 결과, 저항과 폭력이 유발되는 경우가 적지 않다. 2000년, 볼리비아 제3의 도시 코차밤바(Cochabamba)에서는 민영화 이후 수돗물 값 폭등에 저항하는 폭동이 일어나자, 결국 공영화로 문제를 해결했다. 물 관리는 어느 정도의 공영성을 유지할 필요가 있다. 구체적으로 정부는 도시의 수자원제도를 강화하고, 민간 부문으로 하여금 효율성과 함께 공평성을 추구해야 하며, 주주의 이익과 함께 사회정의의 실현에 힘쓰도록 해야 한다(Postel, 2001: 61).

40) www.gwp.org(검색일: 2024.6.11).

제 2 편

환경 문제와 국제정치

제 4 장　국제환경이론
제 5 장　환경 문제와 국제 정치질서의 변화
제 6 장　국제 정치경제와 지속가능한 개발

CHAPTER 04

국제환경이론

얼마 전까지만 해도 환경 문제는 국제관계에서 주변정치(low politics)에 속하는 문제로 간주되었다. 그러나 탈냉전과 더불어 지구환경 문제가 세계적 관심사로 부상하면서 국제환경정치가 세계질서에서 중요한 지위를 차지하게 되었다. 탈냉전 시대의 세계질서에서 지구환경 문제는 국제안보와 국제경제에 이어 제3의 중심의제로 떠올랐다.

근대 국제관계의 압도적 행위주체로 활동해 온 것은 국가였지만, 최근 지구환경 영역에서는 국가가 관여하지 않는 비국가 행위주체들 간의 상호 작용이 증가하고 있다. 이러한 변화는 기왕 국제관계의 주류를 형성해 왔던 국가 간 상호 작용에 도전하는 색다른 차원의 국제관계가 환경 영역에 등장했음을 의미한다. 환경 문제가 새로운 구조와 과정을 국제관계 전반에 이식한 탓에, 국제환경질서 전반의 변화를 설명하고 문제 해결을 추구하는 새로운 이론들의 필요성이 제기되었다. 그러나 그럴수록 국제환경이론의 정체성이 파편화되고 있어서, 상대적으로나마 적실성 있는 이론의 발굴이 절실한 과제로 떠오르고 있다.

제 1 절 현실주의이론

1 이론의 구성

환경 문제가 지구 의제로 부상한 지 얼마 되지 않은 탓인지, 독립적 국제환경이론은 사실상 존재하지 않는다. 이런 상태에서 우리가 접촉하는 국제환경이론들은 대부분 관련 국제정치이론을 차용하여 환경 영역에 적용한 것이다. 그중에서도 국제정치이론으로서의 비중을 반영하여, 현실주의가 국제환경이론으로서도 호소력을 인정받는다.

현실주의는 정치 현실을 힘(power)에 의한, 또는 힘을 둘러싼 불가피한 대립·투쟁 상태로 이해하고, 이런 상태에서 힘의 주체인 개인이나 국가가 상호 억제와 균형을 통해서 존립을 모색한다고 주장하는 시각이다. 현실주의의 이런 시각을 따르자면 정치의 본질은 권력 투쟁이다. 일종의 무정부 상태에 놓였다고 가정되는 국제관계 영역에서는 그것이 주권국가 간의 힘－국력(national power)－을 둘러싼 투쟁으로 나타난다는 것이다. 객관적이고 통일적인 권위체가 부재하는 상황에서 국가는 자신의 힘으로 자신의 국가이익(national interest)을 확보해야 하기 때문이다. 그런데 국가이익은 힘에 의하여 제약되므로 국가가 국제관계의 압도적 행위주체인 한, 힘으로 정의된 국가이익의 개념이 국제관계에서 중심적인 위치를 차지한다.

현실주의의 시각에서 보면 국제정치의 요체는 목표 달성 수단으로서의 힘, 목표로서의 국가이익, 힘과 이익의 추진 주체인 국가, 세계질서 운영의 주도자인 강대국의 우월성으로 귀결된다. 현실주의가 국제환경이론으로서 타당성을 가지려면 다음과 같은 회의들을 잠재울 수 있어야 한다. 국가는 힘을 수단으로 환경 문제에 적절히, 그리고 충분히 대처하고 있는가? 환경 보전은 국가이익의 핵심을 이루는가? 국가체제(states system)로서의 국제체제는 지구환경 문제의 위협에 대처할 능력이 있는가? 강대국은 지구환경 문제 해결을 주도하고 있는가? 환경 보전을 위한 점증하는 압력에도 국가주권은 유지되는가?

2 이론의 타당성

현실주의가 환경 영역에서도 이론적 타당성을 가지려면, 힘은 환경 보전이라는 목표를 달성하기 위한 수단으로서 유용하게 동원되어야 하며, 환경 보전은 국가이익의 중요한 한 구성 요소여야 하고, 국가는 국력을 수단으로 환경 문제의 해결을 추진하는 가장 중요한 주체이어야 하며, 강대국은 이 문제의 해결을 주도해야 한다.

현실주의자들은 현실주의가 지구환경 문제에 대해서도 적실성을 가질 수 있다고 주장한다. 국제환경 영역에서 행위주체 간의 상호 의존이 증가하고 있지만, 예나 지금이나 국제관계 영역에는 환경 보전을 위한 중심적 권위체가 존재하지 않는다. 현실주의는 국제관계의 이런 무정부 상태에 주목하여 환경 문제를 국가, 주권, 영토, 국가이익, 세력 균형의 관점에서 파악한다. 환경 및 자원 관리 - 대기오염 규제, 폐기물 처리, 삼림 유지, 습지 관리 등 - 가 주로 국민국가의 영역에 속하는 문제라고 간주되어 온 근대의 역사적 경험에 비추어 보면, 현실주의적 국제환경이론의 타당성을 일단 수긍하지 않을 수 없다.

국제정치에서 가장 오래된 환경 문제가 자연자원의 소유에 관한 것이라는 사실에도 주목해야 한다. 문제는 근대에 들어와 자연자원 소유의 중요성이 유례없이 커졌다는 것이다. 국민국가는 국제 정치질서 내에서 활동해야 하는 제약을 받아왔기 때문에 상대적 위상을 중시하지 않을 수 없다. 국가가 힘, 즉 국력을 안보의 핵심 수단으로 인식하며 강화하려고 노력하는 것은 그런 이유 때문이라고 현실주의자들은 주장한다.

국가는 자연자원을 이용해 국민의 기본적 욕구 충족, 경제산업 기반 증강, 전쟁 준비를 해야 하기 때문에 국력의 주요 구성 요소 중 하나가 바로 자연자원의 보유 규모이다. 자연자원의 기능이 그렇다면 이 모든 요소들은 국가의 힘과 안보에 기여하며, 역으로 국가는 자연자원을 획득하기 위하여 군사, 경제, 외교 등 다양한 수단을 활용한다. 국가와 힘을 중심으로 지구환경 문제에 접근하는 점에서도 현실주의는 설득력을 갖는다.

설령 환경 문제가 사적 행위주체나 산업의 활동에 의해서 초래된다 하더라도, 여전히 국가는 지구환경 영역에서 가장 중요한 행위주체이다. 국가와 그 제도만이 유일하게 국민을 대표하고 그들의 행위를 규제할 수 있는 합법적 관할권을 소유하고 있어서, 국제관계는 일상적으로 주권의 제약을 받기 때문이다. 더구나 국가만큼 자원 고갈과 환경 문제에 광범위하게 개입하는 행위주체는 없다. 지구환경 문제의 변화 및 관리 가능성은 각국의 환경정책에, 그리고 이를 둘러싼 국가 간의 갈등과 협력에 달려 있다(Chasek et al., 2017; Choucri, 1993).

환율 결정, 인구 이동, 전파 주권 문제가 그런 것처럼 지구환경 문제가 국민국가의 국제관계 행위주체로서의 자율성과 우월성을 위협하는 것도 사실이다. 이에 비례하여 비국가 행위주체들이 역할과 영향력을 확대하고 있다. 그렇다고 해서 지구환경 문제에서 국가는 더 이상 최적의 행위주체가 아니며, 오히려 비국가 행위주체들 – 비정부기구, 다국적 기업, 국제기구, 인식 공동체 – 이야말로 그런 행위주체라고 단정할 수 있는가? 이들이 국제환경정치에서 중요한 역할을 수행하기는 하지만, 주연이 아닌 조연의 역할을 한다는 사실에는 변함이 없다. 이들이 국제환경협상에서 무시할 수 없는 영향력을 행사해 왔으나 협상의 방향과 결과에 관한 최종 결정권은 국가에 있다. 국가가 1980년대 후엽 이후 빈번하게 체결된 국제환경조약의 유일한 체결 주체인 이유가 여기에 있다.

더구나 국가는 다른 행위주체들이 활동할 수 있는 정치・경제적 여건을 조성하는 핵심적 행위주체여서, 사실상 여타 행위주체들의 정당한 선택 범위까지도 규제할 수 있는 위치에 있다. 이 점 또한 지구환경 영역에서 여전히 국가가 가장 중요한 행위주체라고 할 수 있는 근거가 된다.

환경레짐을 중심으로 한 국제환경협력이 순수하게 이익과 기대가 조화된 결과라고 주장한다면, 그것은 이상주의의 비현실적 희망에 불과하다. 여느 국제레짐처럼 국제환경레짐도, 강대국들의 이익을 주로 반영하는 강대국 중심적 국제제도라는 속성을 일면 가지고 있다(Gilpin, 1987; Keohane & Nye, 1977). 이보다 더 중요한 것은 국제환경레짐이 성립된 경우에도 자원과 수단의 부족으로 환경 협력이 기대한 것만큼 이루어지지 않는다는 사실이다. 이것은 지구환경 영역 전체를 놓고 보면 협력의 수준과 범위가 기대 수준 이하라는 것을 의미한다. 그리하여 지구환경 영역 내에 아직까지도 국제레짐이 수립되지 않은 하부 영역들이 적지 않으며, 레짐이 형성된 경우에도 이른바 '강한 레짐(strong regime)'은 소수에 불과하다.

국제환경레짐이 이 같은 한계에 부딪힌 이유는 무엇인가? 현실주의자들은 국민국가가 국제 협력보다는 국가이익에 압도적 우선순위를 부여하는 경향이 있다는 주장에서 해답을 찾는다. 그들에 의하면, 특히 강대국들은 국제레짐에서조차도 자리(自利)를 추구하기 때문에, 국가들이 환경 문제를 포함한 지구 차원의 문제를 협력으로 해결할 것이라고 기대할 수 없다고 한다(Chasek, 2017: 26).[1] 국제환경레짐의 등장이 국가주권을 잠식하기는커녕 오히려 강화한다는 현실주의의 반박은 이런 인식으로부터 나온다. 국가는 국제환경레짐에 의하여 행위의 자율성을 제약당할 수 있지만, 동시에 이를 이용하여 공동 문제의 해결 능력을 강화하고 환경정책의 선택 범위를 확대함으로써 자율성을 강화할 수도 있다. 문제 해결 능력의 증대는 국가 권위에 대한 외부적 제약을 상쇄하는 효과를 가져다준다(Conca, 1994).

3 이론의 한계

국가가 유일한 국제환경 행위주체라고 하는 주장은 현실과 다르다. 국가의 정책은 내부의 결정 구조와 과정에 참여하는 다양한 행위주체들의 이해관계를 통합한 결과이기 때문이다. 환경 문제의 대가와 위험이 국가마다 상이하므로, 환경 문제 해결에 대한 인식도 상이하고 각국 정치경제 주체들의 환경정책에 대한 영향도 상이하다(Schmandt & Ward, 2000). 예컨대 관료 및 경제 엘리트의 편협한 이해관계와 이데올로기가 지구환경 문제에 대한 국가의 태도를 제약할 수 있다.[2] 지구환경 보전 활동에 대한 지지의 정도가 국가마다 다른 데는 이런 이유들이 작용한다.

국가는 이런 맥락에서 자국의 시민과 환경에 대한 부정적 영향을 최소화하려는 정책을 적극적으로 추구하는 반면, 지구환경 보전이라는 공동 목표에 대해서는 소극적 지지만을 표시하는 경향이 있다. 또한 같은 맥락에서 지지의 대가가 큰 규제에 대해서는 소극적으로 참여할 뿐이나, 상대적으로 대가가 작은 규제에 대해서는 적극적으로 참여하는 경향도 드러낸다. 이 점은 국내 문제가 세계질서 변화의 충분한 원인이 되는 환경 문제의 특수성을 말해 주는 것으로서, 이로부터 현실주의의 기조인 당구공 모델(billiard-ball model)－국제정치가 국내정치에 영향을 준다는 것－의 한계를 읽어낼 수 있다. 따라서 지구환경 영역에서 국가의 정책에 영향을 미치는 외교정책의 국내적 결정 요인에 대한 분석에도 초점이 맞춰져야 한다(Vezirgiannidou, 2008).

그렇다면 국가는 주권을 완벽하게 보존하면서 국제환경협력에 참여하는가? 그렇

1) 선진국들의 경우 자국의 환경 문제에 대해서는 높은 우선순위를 두고 있지만, 지구환경 문제와 관련해 자국의 이익이 걸린 경우 환경 가치보다 자국의 이익에 우선순위를 둔다. 개도국들의 경우 국제환경협력은 차치하고, 국내적으로도 환경보다는 개발에 여전히 절대적 우선순위를 부여하고 있다.

2) 예를 들면 1980년대 중엽 미국 상무성, 농무성, 내무성 등의 관료들은 몬트리올의정서 협상에 이의를 제기했다(Benedick, 1998: 59). 노르웨이의 수산업계는 정부가 국제 포경 규제에 반대하도록 압력을 가했고, 인도네시아의 재벌들은 정부가 삼림 보호에 앞장서지 않도록 압박을 가했다.

다고 대답할 수 없는 현실에서 우리는 현실주의 국제환경이론의 한계를 엿볼 수 있다. 탈냉전의 세계질서는 급격한 변화를 겪고 있다. 그런데도 대부분의 국가들이 현실주의의 가정과 처방에 여전히 의존한 결과, 변화의 중요성을 정확하게 파악하지 못하고 있다.

지구환경 문제는 현실주의의 한계를 보여 주는 대표적 사례이다. 환경 문제는 세계적으로 막대한 사회경제적 대가를 초래하므로 다수 국가들의 공동 대응 없이는 해결이 불가능하다. 이 점은 환경 문제를 해결하려는 초국가적 국제 협력의 중요성을 다시금 일깨운다. 환경 문제를 주로 국가, 주권, 국가이익의 관점에서 파악하는 현실주의는 이런 맥락에서 적실성에 한계가 있다. 현실주의는 영토가 명백히 구분되고 상호 배타적인 국가들을 국제관계의 가장 중요한 행위주체로 간주하기 때문에 지구환경 문제의 초국가성을 경시한다. 다시 말하자면 지구환경 체계의 상호 의존성에 따라, 환경 문제의 원인이 되는 어떤 국가의 국내 행위가 타국에 미치는 영향을 간과할 뿐더러, 그 해결을 위한 국가 간 협력의 필요성을 과소평가하는 경향이 있다.

기후 변화, 물 문제, 오존층 파괴 등이 국제사회에 환기시켜 주는 것은 환경 문제는 지구 차원에서 공동으로 대처해야만 해결이 가능하며, 거꾸로 어느 한 국가의 결정과 능력만으로는 해결이 불가능하다는 것이다(UNEP, 2012). 현실주의가 가장 중시하는 국제관계 행위주체인 국가의 근본적 한계는 이것으로부터 나온다. 지구환경 문제는 국가 중심적인 세계질서의 효용에 도전해 국가 이외에도 국제기구, 개인, 비정부기구 등 다양한 비국가 행위주체들이 역할을 분담하는 새로운 세계질서의 수립을 촉구한다(Chasek et al., 2017).

국민국가들은 자신의 독자적 결정권을 지구 전체의 이익을 위하여 스스로 제한할 가능성이 있는가? 대부분의 국가들은 거의 예외 없이 어떤 종류의 환경 문제가 초래될지라도, 자신의 국가이익을 수호하기 위해 결정권의 독자성을 사수하려고 한다. 실효적 국제법과 국제 권위가 부재하는 상태를 빌미 삼아 주권국가로서의 행위의 자율성을 고수하려는 것이다. 이처럼 국민국가들은 주권의 손상을 허락하지 않으려는 성향이 있지만, 환경 문제의 초국가성과 상호 의존성에 비추어 보면 어느 정도의 주권 손상을 감수한 상태에서의 국제 협력은 불가피하다.

새로운 국제정치질서의 무게 중심이 주권의 보전에서 국제 협력으로 점차 이동하고 있는 상황에서 우리는 현실주의의 약화 가능성을 엿볼 수 있다. 문제는 환경 보전을 위해 어떤 유형의 규제와 기준이 필요한가, 또 이것들이 특정한 사안에 어떻게 적용될 것인가에 관해 국가 간의 갈등이 있다는 것이다(Luard, 1990). 국제환경협력은 궁극적으로 각국의 이익이 상이한 상황에서 초국가적 환경 문제에 대한 효율적 공동대응 체제를 수립하려는 것이다. 그러나 환경의 상호 의존성에도 불구하고 국가 간 경제력의 불균형 때문에 환경 관련 비용의 부담 능력에 현격한 차이가 존재하는 것이 문제이다.

특히 비용 부담 능력이 부족한 개도국이 완강히 반대하면 국제환경협력은 성립되기도 실효성을 가지기도 어렵다. 개도국은 이 점을 이용하여 지구환경 영역에서 사실상의 거부권을 행사할 수 있는 반면, 강대국은 그들의 거부권을 무력화할 목적으로 군사력을 사용하거나 국제레짐을 강요할 수 없다. 군사력에 기초를 둔 전통적 힘의 관계가, 적어도 지구환경 영역에서는 문제의 해결에 직접적 영향을 미치지 못하는 한계에 직면한다. 강대국의 주도권을 약화시키는 환경 문제의 이 같은 특수성은 강대국의 우월성을 정당화하는 현실주의의 국제정치관에 배치된다.

일종의 무정부 상태를 면할 수 없는 것이 국제정치의 속성이라면 국가는 자리적 존재일 수밖에 없다. 국가의 수가 증가하고 국제 협력에 소요되는 비용이 증가할수록 공동선의 실현은 더 요원해진다. 국가들에게 의무를 부과하고 감시할 국제체제의 능력은 더 약화될 수 있으며, 각국의 무임승차 욕구는 더 강해질 수 있다. 지구 차원의 문제에 모든 국가들이 공동으로 대처할 가능성이 그만큼 더 적어질 수도 있다. 이런 배경 때문에 기존의 국가체제는 환경 문제 해결에 부적절하다는 주장이 제기되면서 현실주의의 타당성이 도전받는다.

그러나 국제환경협력의 증가 추세를 고려하면 국가들에게 지구공동체 의식을 전혀 기대할 수 없는 것도 아니고, 세계적 상호 의존이 감소하고 있는 것도 아니다. 다른 한편으로 국민국가는 자기 영토에 거주하는 모든 인간들에게 정치적 충성의 최고 대상이므로, 그 배타적 대표성에 비례하여 정책 결정 과정에서 국가이익을 우선적으로 추구하지 않을 수 없다. 국가가 국제환경조약을 교섭하는 주체인 한, 국가이익이 그 결과를 결정하는 데 중요한 역할을 담당하고 있으되, 이런 상황이 가까운 시일 내에 개선될 전망이 보이지 않는다는 판단은 현실주의의 타당성을 보강한다.

제 2 절 집단재이론과 국제환경레짐

1 이론의 구성

근대 세계질서는 영토와 주권의 원리에 기초를 두고 있다. 그러나 한 국가 이상이 공동 관리해야 할 영역들－공해(公海, high sea), 국제 수로, 오존층, 대기권, 남극 등－이 엄존한다. 이것들이 지구환경 문제와 밀접히 관련된 집단재(collective goods)임에는 틀림이 없다. 그런데 집단재는 과거에 생각했던 것처럼 풍부한 것이 아니라, 오히려 집단재의 부족이 인류의 생존과 복지에 큰 위협으로 작용하고 있다는 사실이 최근에 밝혀졌다.

집단재란 여타 행위주체들의 소비를 감소시키지 않으면서 각 행위주체의 소비가 이루어지도록 하는 것으로서 누구라도 접근하고 이용할 수 있는 재화를 의미한다. 환경도 집단재로 간주될 수 있어서 집단재이론은 국제 협력이 상호 이익임을 국가들에 환기시키는 효용이 있다. 환경 문제는 그 초국가성 때문에 개별 국가가 단독으로 해결할 수 없다. 부(富)의 편재와 힘의 불균형 상태에도 불구하고, 공동의 문제를 해결하고 관리하려면 공동의 노력이 필요하기 때문에, 환경 문제는 집단적 해결을 요구한다. 집단재이론은 이 점에 주목하여 안보와 번영을 결정하는 것은 국가의 일방적 행위라는 현실주의의 가정이 비현실적임을 지적한다.

하딘(Hardin)은 이른바 '공유지의 비극'을 통하여 중세의 방목지에서 일어난 일이 현대의 환경 문제에 대해서 갖는 함의를 예리하게 지적했다. 중세의 공동 방목지에서 개인적 자리로 인한 과도한 방목이 결국 가축의 아사를 초래했던 것처럼 현대 지구의 환경도 비슷한 상황에서 파괴되고 있다는 것이다(Hardin, 1968). 즉 이익의 극대화를 추구하는 개인이나 자리적인 국가가 경제 활동을 확대할수록 추가 생산에서 나오는 이익은 자신에게만 귀속되는 반면, 그 결과로 배출되는 오염물질은 모두에게 확산된다는 의미이다. 자연자원의 이용과 폐기물 배출로 인한 이익은 특정 국가에 귀속되나, 이로 인한 환경 비용은 국제사회 전체의 부담이 된다. 유독성 폐기물의 해양 투기, 열대우림의 남벌, 어족자원의 남획이 그런 예에 속한다. 이 결과 인류의 번영과 생존이 위험에 처할 정도로 오염물질 배출이 증가하고 있으며 환경은 파괴되고 있다(케글리, 2010).

하딘의 이러한 설명이 던지는 교훈은 첫째, 국가 차원의 것-하천오염, 토양오염-이든 지구 차원의 것-기후 변화, 오존층 파괴-이든 환경 문제는 집단재 문제라는 것이다. 둘째, 그런데도 국가는 자리의 극대화를 추구하느라 지구 공동선을 경시하는 경향이 있기 때문에, 환경 문제의 해결을 위해서는 관계 당사국 모두의 공동 노력이 필요하다는 것이다(Brenton, 1994).

2 이론의 타당성

하딘이 시사하는 것처럼 환경 문제는 지구 차원의 것이어서 집단재의 시각에서 공동 대응해야 비로소 해결이 가능하다. 환경 문제의 심각성에 대한 인류의 의식을 개발하고, 효율적 권력과 권위를 갖춘 국제제도가 그 해결의 중심에 서야 하는 이유를 환경 문제의 초국가성에서 찾아볼 수 있다. 환경은 국제적 상호 침투와 상호 의존의 주요 구성 요소여서, 지구환경 문제의 초국가성이 핵심에 자리 잡고 있는 것이다.

인구 증가, 빈곤의 심화, 경제 성장 전략의 확산이 국가는 물론 국제 차원에서 환경에 심각한 부정적 영향을 주었고, 그런 사실이 과학적으로 입증되면서 국제 공동 대응이 강력히 요구되어 왔다. 국제 협력을 이루지 못하면, 어떤 국가와 행위주체에게도 대규모 재앙을 초래할 수 있는 초국가적 환경 문제는 국제분쟁의 요인이 될 수 있다.[3] 국제환경분쟁의 요인으로서 중요한 것은 동기의 국가성과 결과의 초국가성이 상충된다는, 즉 환경 문제의 발생국과 피해국이 상이하다는 점이다. 특정 국가의 무책임한 행동으로 말미암아 여타 국가들이 피해를 입게 되면 국제분쟁으로 확대될 가능성이 있는 것이다.

분쟁의 원인을 제거할 수 있는 한 국제환경협력은 환경안보와 밀접히 연계된다. 환경안보가 인류 전체의 필수적 '부양 체계(support system)'인 환경을 유지하고 재생산하는 것이라면, 그리고 국가들이 환경을 관리하고 위험을 통제하는 데 공동의 노력을 기울이는 것이 국제환경협력이라면, 양자는 유기적으로 연결될 수밖에 없다. 환경

3) 예컨대 국제하천 수자원의 분배 또는 관리 문제는 국제분쟁의 원인이 될 수 있다. 대다수의 '현실주의자들'은 국제하천의 수량 부족은 분쟁의, 나아가서 전쟁의 원인이라고 주장한다. 이들은 지금까지 격렬한 수자원분쟁이 다수 발생했던 것처럼 미래에도 그럴 것이라는 점을 의심하지 않으며, 이런 판단은 증가 추세를 보이고 있다. 이에 관해서는 신연재(2006). p.190 참조. 특히 개도국들은 지식, 재정, 자원 부족과 사회·정치 제도의 낙후성이라는 한계를 내재하고 있는 데다가, 국내외 정세의 불안정성으로 말미암아 빈번한 국제분쟁에 직면할 가능성이 크다(Boberg, 2005).

문제가 전쟁의 직접적 원인이었다는 사실을 뒤늦게나마 각성하여, 역내 국가들이 공유 자원의 공동 관리 필요성에 공감한 '아프리카의 뿔(Horn of Africa)' 지역의 사례는 몇 가지 면에서 우리에게 중요한 시사를 던져 준다(Molvaer, 1990). 첫째, 국제환경협력과 환경안보는 상호 의존적인 것이며, 둘째 국가들이 공유한 환경자원은 집단재라는 것이고, 셋째 따라서 환경 문제의 원인, 결과, 책임은 특정 국가가 단독으로 통제할 수 없기 때문에 국제환경협력이 시급히 요청된다는 것이다.

이미 앞에서 지적한 바 있듯이 환경과 자원의 관리는 기본적으로 국민국가에 속하는 문제이기는 하다. 그러나 환경이 공유 자원으로서 집단재의 속성을 갖는 한, 지구환경 문제는 국가의 단독 관리 능력을 제약하고, 나아가서 개별적 환경정책의 조화를 위한 국제 협력을 국가에게 요구한다. 국제환경협력은 지구 집단재인 환경의 지속가능한 활용을 위한 공동 관리 필요에 적극적으로 대응하는 것이고, 국제환경레짐(international environmental regimes)은 그러한 국제환경협력을 촉진하는 일종의 국제제도이다.

국제환경레짐은 지구 공동선을 위한 국가의 이타적 행위가 자리적 국가이익의 증진에도 도움이 되도록 하되, 환경 문제의 해결 과정에서 국가들의 '무임승차'나 '배반'을 억제하는 역할을 담당한다. 초국가적 환경 문제의 해결이 진전을 거둘 수 있었던 데는 국제환경레짐의 이런 역할이 주효했다(베일리스 외, 2006).

스톡홀름 회의 이후 국제환경협력의 급격한 증대에 발맞춰 국제환경레짐이 다수 설립되었다. 각국은 지구환경의 다양한 하부 영역 – 오존층, 포경 및 어획, 산성비, 해양, 기후 등 – 에서 국제환경조약을 체결했고, 그것의 준수를 감시하며 촉진하는 국제환경레짐들을 수립했다(리틀, 2015; Haas, Keohane, & Levy, 1993). 이것만으로도 현실주의가 세계질서의 변화를 설명하는 데 일정한 한계를 지니고 있음을 알 수 있다. 물론 앞으로 국제환경협력이 효율적으로 전개되어 국제 협력에 필수적인 국제환경레짐이 충분히 확보될 것이라고 단정지을 수는 없다.

국제환경레짐이 국가 간 합의의 산물로 수립되더라도, 그 기반은 일반적으로 국가가 아닌 '인식공동체(epistemic community)'나 비정부기구들에 의하여 조성되는 경향이 있다. 구체적으로 국제환경 협력과 레짐의 형성에는 관련 환경 문제의 속성과 문제 해결을 위한 지식의 학습이 매우 중요하다. 이것은 과학적 연구에 기초를 둔 국제 학습과, 이를 주도하는 '인식공동체'가 레짐 진화의 주요 요인임을 의미한다. 인식공동체는 환경 문제의 원인과 해결책에 관하여 공통의 견해를 보유한 초국가적 전문가 집단을 가리킨다(Haas, 1989). 인식공동체의 일치된 견해는 미온적인 태도를 고수하던 국가로 하여금 국제환경협력에 적극 참여하도록 하는 주요 동인으로 작용한다.

예를 들면 지중해 연안 국가들 사이 – 이스라엘과 아랍 국가 간, 터키와 그리스 간 – 에 정치적 갈등이 상존함에도 인식공동체는 지중해 오염 문제를 해결하기 위한 국제레짐을 일구어냈다. 발트해 지역에서 정치적 긴장이 고조되었을 때도 인식공동체를 중심으로 국제레짐의 보전을 위한 커뮤니케이션은 유지되었다. 이런 사례들에서 보듯이 국제 과학계의 의견 통일은 국제환경레짐 형성을 위한 정치적 합의의 초석이어서, 인식공동체의 활발한 활동은 국제환경레짐의 구축 가능성을 예고한다(Haas, 1989). 인식공동체의 활동 없이는 정책 결정 과정에서 과학자들의 영향력이 증가하기 어렵다. 이를 바탕으로 국가의 환경정책이 개선되어 국제환경 협력과 레짐이 증가하기도 어렵다. 인식공동체가 국제환경레짐의 형성에 기여하는 정도를 여기서 확인할 수 있다.

넓은 의미의 비정부기구(NGOs) 또한 환경 영역에서 대중의 태도 형성과 국가의 정책 결정에 영향력을 행사한다. 이들은 이것에 만족하지 않고 국제환경 협상에 참여하여 국가와 함께 의제를 설정하고, 환경조약의 이행을 감시함으로써 국제환경레짐의 활동을 돕는다(Chasek et al., 2017). 비정부기구들은 지구환경 영역만 놓고 보더라도 단순히 국가 정책에 영향을 미치는 것 이상의 정치적 영향력을 보유하는데, 나아가서는 국가를 초월하려는 세계질서의 변화를 선도한다. 이들의 역할 중에서 가장 중요한 것은, 다양한 행위주체들 – 국가, 기업, 국제기구, 개인 등 – 에게 환경은 집단재 내지는 공동재라는 의식을 전파해 기왕의 사고를 변경하도록 하는 것이다(Wapner, 1995). 비정부기구들은 이를 바탕으로 국제 협력의 증진 여건을 조성함으로써 국제환경레짐의 수립 및 운영 과정에서 상당한 영향력을 확보한다.

국제레짐은 특정의 문제 영역에서 공적 원칙, 규범, 규칙, 결정 절차를 가지고 국가들의 행위를 규율하는 체계라는 것이 일반적인 견해이다. 그것이 국제 협력의 중요한 형태이고, 협력을 촉진하는 실체임은 분명하다(Haggard & Simmons, 1987). 일반적 국제레짐의 개념이 그러하다면, 국제환경레짐은 환경에 부정적 영향을 미치는 요소를 규제할 목적으로, 명백히 법적 또는 정치적 구속력을 가진 국제협약을 매개로 국제 행위주체들이 수립한 일련의 국제 규제 체계라고 할 수 있다. 환경레짐이 국제조약으로 규정된 공적 구조, 절차, 규칙을 가졌다는 점에서 여타 국제레짐과 다를 바 없으나, 비정부기구들도 레짐의 목표 설정에 참여하고 그 수행을 감시하는 데 핵심적 역할을 담당한다는 점에서는 다르다. 다른 한편으로 내외 요인의 압력에 따라 변화하는 국제레짐의 속성을 반영한 결과, 국제환경레짐은 다양하게 존재한다.

그렇다면 어느 레짐이 어떠한 여건 아래서 국제환경협력에 성공을 거둘 수 있는가? 국제레짐이론은 이러한 요구에 대응해 언제, 왜 특정 유형의 국제환경레짐이 국가, 기업 등 행위주체들에게 영향을 미쳐 지구환경 문제의 해결을 이끌어내는지를 설명해 준다. 바꾸어 말하자면, 국제환경협력이 어떻게 이루어지고 또한 어떻게 강화될 수 있는가를 가장 잘 설명해 준다는 점에서 국제레짐이론은 국제환경이론으로서 고유한 타당 범위를 내포한다(Dougherty & Pfaltzgraff Jr., 2001).

이 이론에 의하면, 국제레짐은 국제 협력만이 환경 문제의 유일한 해결책이며 국가이익을 증진하는 방안임을 인식시켜서 국가들의 협력을 유도한다. 지구환경 문제의 해결 방법을 둘러싸고 '남'과 '북' 간의 갈등이 고조되는 상황에서도 국제환경레짐은 협력을 통한 해결을 시도해서 상당한 성과를 거두었다. 국제환경레짐의 이 같은 역할 증대는 상대적으로 레짐이론의 타당성을 강화한다. 환경 문제의 특수성과 해결책을 밝혀 주는 과학 지식의 국제적 전파와 학습은, 국제환경정치가 제로섬 게임(zero-sum game)이나 네거티브섬 게임(negative-sum game)이 아닌 포지티브섬 게임(positive-sum game)임을 환기시켜 국제 협력에의 자발적 참여를 자아낸다. 지중해 및 기후 영역의 국제환경레짐들은 인식공동체와 비정부기구들의 지지 위에 성립되었고, 다양한 기능과 방법을 보유하여 국제환경협력을 촉진했다(보글러, 2015: 464).

세계질서의 변화 과정에서 확대되고 있는 국제환경협력의 중심에는 국제레짐들이 있다. 국제환경레짐은 주권이 환경의 현실과 조화되지 않는 결정을 내림으로써 환경관리에 무책임성을 초래한, 지구환경 문제의 주범이라는 인식 위에 수립된 것이다. 이들은 국가 간의 합의가 있어야 창설될 수 있지만, 창설된 이후에는 국가들에게 지구환경 보전을 위한 제약을 부과하고 압력을 가하는 형태로 역할을 수행한다(Hurrell & Kingsbury, 1992). 국제관계에서의 역관계(力關係) 때문에 레짐으로부터의 제약과 압력이 불평등하게 적용되는 문제가 있지만, 국제환경레짐은 각국의 환경정책 메뉴를 충분히 제한할 수 있다.

그렇다면 국제레짐이 특정한 상황에서 환경 문제를 매개로 국가에 가하는 제약은 국가의 주권도 제약하는가? 그것은 국가의 환경 문제 해결 능력을 키워 주는 반면, 그 자율적 행동 범위를 제약한다. 국제환경레짐은 환경 보전을 위하여 국가 행위의 자율성을 제약하면서, 국제정치의 독립 변수로서 독자적 영향력을 행사할 수 있다는 점에서 국제레짐이론의 설득력이 확대될 여지가 있다. 기후 변화, 물 문제 등 지구환경 문제에 효과적으로 대응하려면 국제 협력이 절실히 요구되나, 근대 이후의 세계질서에서 배타적 우월성을 향유해 온 국가들을 유인하여 협력 체제를 구축하기란 쉬운 일이 아니다. 그럼에도 제도주의자들은 국제환경레짐이 국제제도로서 특정한 상황에서 독자적 영향력을 가질 수 있을 정도로 성장했고(Bernbauer, 1995), 그리하여 국제관계 전반에 영향을 미치면서 장차 국제관계의 독립변수로 등장할 가능성이 농후하다고 주장한다.

3 이론의 한계

현실주의자들은 아직까지는 국제환경레짐이 국가 간 또는 국가 내부의 관계로부터 영향받는 종속변수임을 들어, 그것이 독자적 영향력을 갖는다는 주장의 타당성을 부정한다(Brock, 1991). 그들에 의하면 국제환경레짐의 영향력은 협력을 통하여 지구환경 문제를 해결하는 역할로부터 나오는 것이 아니라, 단순히 국가 간 힘과 이익의 분배 상태를 반영한 것에 지나지 않는다. 따라서 세계질서 전반의 여건이 변화하면 환경레짐이 추진하던 국제 협력도 동요하기 마련이라는 것이다.

게다가 실효적 정부가 부재하는 세계질서에서 국가는 국제 협력보다 국가이익의 추구에 더 비중을 두는 경향이 있다. 특히 강대국들이 국제레짐 내에서도 자기 이익을 추구하느라 자의적으로 국제규칙을 무시하는 일이 비일비재했다.[4] 미국이 1992년 리우 회의에서 체결된 '기후변화협약'에 서명하면서도 이산화탄소 배출 제한 조항에 대해서 유보를 달았던 사례는, 차라리 현실주의적 해석에 국제관계와 부합되는 면이 더 있음을 입증한다. 현실주의자들은 이런 경험들에 비추어 국제레짐이론의 타당성에 강하게 회의를 표시한다.

국제환경레짐의 성장은 매우 인상적이지만, 겨우 성장의 초기 단계에 진입했을 뿐이어서 성장의 궁극적 결과를 예측할 수 없는 한계를 드러낸다. 제도주의자들은 또

4) 제도주의적 자유주의자로서 국제환경레짐이 중요한 역할을 수행하는 독자적 행위주체라고 주장하는 Ovodenko와 Keohane도 국가이익과 힘이 이데올로기, 사적 이해관계와 더불어 국제환경정치에 영향을 미친다고 인정한다. 이에 관해서는 Ovodenko & Keohane(2012); Waltz(1993) 참조. 세계질서에는 협력과 함께 분쟁이 공존해 왔기 때문에 집단재이론이 기존 이론을 전면적으로 대치할 수 없는 한계가 있다. 즉 국가는 타국과 협력하더라도 이익이 돌아온다는 보장이 없기 때문에, 집단재를 포기하거나 단독으로 추구할 수 있고 또한 상호 불신 때문에도 협력을 거부할 가능성이 있는 것이다. 이렇듯 집단재 획득을 위한 협력의 유인도 존재하지만, 국가가 협력을 회피할 이유도 존재하기 때문에 환경 문제를 집단재이론만으로는 설명할 수 없다(Rowlands, 1992: 292).

한 환경 파괴 세력의 성장을 과소평가함으로써 국제레짐이론의 적실성을 자해하는 결과도 빚어낸다. 국제환경레짐은 장기간 성장을 지속하면서 환경 파괴 세력의 도전을 물리쳐야 국제협력제도로서의 능력을 입증할 수 있다.

국제레짐이론의 일각을 뒷받침하는 인식공동체이론은 환경레짐의 형성 과정에서 과학과 과학자가 담당하는 중심적 역할에 주목한 것으로서, 이들로 구성된 인식공동체의 영향력을 중심으로 국제환경협력을 설명한다. 인식공동체이론은 환경 문제가 국제 의제로 부상하는 과정을 설명하는 데는 매우 유효하나, 국제환경레짐에 대한 국가별 태도의 차이를 설명하는 데는 설득력이 부족하다.5) 오히려 각국의 태도 형성에 크게 영향을 미치는 것은 국제제도로서의 인식공동체보다 국내제도 또는 국내레짐이라는 반론은, 국제레짐이론의 또 다른 한계를 설명한다.

그들은 '국제규제레짐(international regulatory regime)'의 결정이 국내규제레짐에 의해 실천되어야 실효성을 확보할 수 있다는 점에서 국가가 국제레짐들의 실질적 운영 주체이며, 특히 강대국의 국내 규제 구조는 국제레짐의 범위, 구조, 조건에 대해 중요한 영향력을 행사한다고 주장한다(Raustiala, 1997). 환경레짐도 다른 국제레짐과 마찬가지로 복잡하고 불확실한 국내적 과정을 밟아 실천되어야 한다. 환경레짐이 요구하는 국제적 합의의 실천은 국내제도들과 합리적으로 조화되어야 하며, 그렇지 않을 경우 각국 정부는 그러한 합의의 변경을 시도하는 것이 일반적인 경향이다.

그렇다면 국제레짐과 협력의 결과에 대한 국가의 선택이 국내제도들에 의해 지배될 가능성이 커서, 집단재이론과 레짐이론의 호소력이 약해질 수밖에 없다. 지구환경 영역에서 국제레짐이 차지하는 독자적 영향력을 인정한다고 하더라도, 그것이 곧 국제레짐이론의 타당성을 자동으로 보증하는 것은 아니다. 이론적 모호성에서 탈피하지 않으면 국제레짐이론은 타당성을 관철할 수 없다.

즉 국제레짐이 환경 문제 해결에 기여할 수 있는지 여부와 기여하는 정도에 관해서만 막연히 설명하던 방식에서 벗어나, 다음과 같은 의문들에 구체적 해답을 제시할 수 있어야 한다. '구체적으로 국제레짐이 어느 결과에 어떤 영향을 미쳤으며, 어느 결

5) 인식공동체이론의 한계는 첫째, 인식공동체에 속한 과학 엘리트들이 민족주의나 사적 이익에 얽매여 의견 분열을 일으킬 가능성이 있다. 둘째, 모든 국가가 환경 문제로부터 동등하게 영향을 받지는 않기 때문에, 생태학적으로 취약한 국가와 그렇지 않은 국가에서 인식공동체가 환경정책에 행사할 수 있는 영향력의 정도가 다르다. 셋째, 특정 환경 문제를 해결하기 위해 과학을 확립하고 정치적 합의를 도출하는 데 상당한 시간이 소요되며, 이 시간 동안에도 환경 문제는 계속 발생한다(Mann, 1991: 302-303).

과를 중시해야 하는가? 성패의 관점에서 국제레짐의 어느 결과를 평가해야 하는가?' 국제레짐이 초래한 제도적 효과를 엄밀한 규준으로 측정해야 영향력의 독자성 여부를 객관적으로 평가할 수 있지만, 국제레짐이론은 이 작업을 미완의 과제로 남겨놓고 있다.

제 3 절 체계이론

1 이론의 구성

환경 문제는 사실상 지구 전체 체계에 관계되는 문제여서 분야별 · 사안별 접근은 타당성을 확보하기 어렵다. 오히려 환경 문제를 적절히 설명하고 그것에 대응하기 위해서는 인간사회와 환경 간의 상호 관계와 양자를 포괄하는 전체 체계를 주목해야 마땅하다. 유기적으로 맞물린 환경의 하부 체계들이 상호 의존적이고 동태적인 형태로 활동하기 때문에 그 상호 의존 관계, 복합성에 대한 인식이 해결의 전제로 요구된다. 따라서 특정 하부 체계는 항상 다른 하부 체계와의 관계 속에서 다루어야 한다. 국가와 분야를 뛰어넘는 그리고 국제적 상호 관계를 포착할 수 있는 시각의 개발이 이런 맥락에서 요구되는바, 변화와 대응 능력을 주조로 하여 환경 문제를 동태적으로 분석할 수 있는 체계이론(system theory)이 상대적으로 유용한 방법론으로 평가된다.[6)]

그러나 문제는 인간의 환경에 대한 인식과 이것에 토대를 두고 이루어져 온 양자 간의 관계이다. 환경은 인간 사회와 자연을 포괄한 전체 체계라고 이해하는 시각과 정책의 개발을 요구하지만, 오히려 근대 사회는 복합적으로 통합된 상태에서 진화하는 환경을 분절된 시각으로 파악하고 관리하려 했다. 대중은 자신의 관심이나 이해관계에 따라 환경 전체가 아닌 부분만을 보았고, 지도자들은 현안 문제에 파묻혀 환경 문제를 소홀히 하는 것이 다반사였다.

6) 일반적으로 어떤 사물이나 행위들이 일정한 질서 위에서 상호 관계를 구성하고 있을 경우, 그 관계 전체를 체계라고 규정한다. 체계는 질서 있는 관계를 포함하는 것이기 때문에 당연히 각 구성 요소 상호 간의 행동에는 일정한 규칙적 반복이 있다. 체계이론은 자연과 사회를 막론하고 체계를 구성하고 있는 일련의 요소들과 그리고 이 요소들 사이의 상호 관계와 작용의 분석을 통하여 체계 전체의 유지와 발전, 환경에의 적응 여부, 부분의 변화 등을 고찰하는 것이라고 할 수 있다.

국제사회는 환경을 인간 욕구 충족의 수단으로 종속시키는 데 몰두해서, 인간 행위의 교정보다는 환경의 개조에 주력했음을 근대사에서 확인할 수 있다. 국가정책의 결정 과정에서 고려되어야 할 요인들이 전반적으로 고려되지 못한 것도, 그리하여 개발 계획의 수립 과정에서부터 환경 요소들이 배제되는 경우가 허다했던 것도 그런 사정을 반영한 결과였다(Caldwell, 1984).

국제사회의 환경 인식과 한계는 그렇다고 하더라도 환경의 현실은 어떠한가? 근대사는 환경 파괴의 과정으로 점철되었다고 해도 무리가 아니다. 국가 및 국제 차원에서 정치·경제·사회 체계 간의 중첩성이 증가하며, 국가 간·지역 간의 상호 의존성이 확대되고 환경 구성 요소 간의 복합성이 증대하던 터에(Gallopin et al., 1989), 환경에 대한 인간사회의 영향력마저 증대되면서 환경 파괴 과정이 누진적으로 진행되었다. 특히 인간의 경제 활동 증가는 전례 없는 환경 문제를 초래했고, 그 결과가 지구환경 체계의 상호 의존망을 타고 전 세계로 확산되어 갔다.

상호 의존성이 국가들 사이의 관계에서만 증대된 것은 아니다. 그것은 문제 영역들, 그리고 역할들 사이의 관계에서도 증대되었다. 군비 경쟁, 개발, 인구 증가 간의 유기적 관계가 이를 증명한다(Brundtland, 1987). 국가와 분야를 뛰어넘는 다양한 상호 의존을 인정한다면, 체계이론은 통합적 시각으로서 현재 지구환경 체계가 처한 곤경과 대처 능력 사이의 간극을 좁히고 과거, 현재, 미래 사이의 안정적 관계를 인도할 수 있을 것이다.

2 이론의 타당성

체계이론의 국제환경이론으로서의 적실성은 다음과 같다.

첫째, 체계이론은 지구환경 문제의 속성상 분절형 접근법이 부적절하다는 것을 전제로 한다. 인간과 환경을 포괄하는 전체 체계를, 그리고 양자 간의 상호 관계를 중시하는 시각은 이러한 전제를 충실히 따른 것으로서 환경 문제의 복합성에 대처할 수 있는 길을 열어 준다. 그러므로 통합적인 시각이야말로 체계이론의 가장 중요한 구성 요소라고 할 수 있다.

둘째, 체계이론은 특정의 하부 체계를 다루더라도 환경 문제의 복합성을 고려하여 항상 여타 하부 체계와의 관계 속에서 다루어야 한다는 요구도 충족시킬 수 있다. 그것은 시공(時空)의 면에서 유기적으로 연계된 하부 체계들 간의 상호 작용을 설명하는 것이기 때문이다. 체계이론은 상호 의존적인 지구환경 체계에서 기후 변화와 사막화 간의, 산성비와 생물종의 다양성 감소 간의 관계를 적절히 설명할 수 있다.

셋째, 전체 체계의 생존을 위해서는 구성 요소들의 요구도 충족시켜야 한다는 주장은 행위 동기의 국가성과 결과의 초국가성이 상충하는 지구환경 문제에 해결의 실마리를 제공할 수 있다. 인간의 욕구와 그 생태학적 대가가, 그리고 국가이익과 그 생태학적 대가의 국제적 분배가 조화될 수 있어야 지구환경 체계가 건강을 유지한 채 변화의 요구에 대응할 수 있다고 하는 주장에서 그 가능성을 엿볼 수 있다(Dovers & Handmer, 1992).

체계이론에 내포된 이런 효용들은 지구환경 문제 영역에서 '패러다임의 전환(paradigm shift)'을 초래하는 데 일조했다. 기존의 개발 패러다임을 대신할 가장 유력한 대안인 '지속가능한 개발'을 들여다보면 이 점이 명백해진다. 그것은 자유시장 논리에 입각한 기존의 경제정책을 지속한다면 사회복지의 극대화, 자원의 무한한 공급, 폐기물의 효율적 처리는커녕 환경에 회복할 수 없는 타격을 가하므로 환경을 현재까지와 같이 희생시키면 지속적 경제 성장이 불가능하다는 반성에 토대를 둔 것이다(케글리, 2010).

지속가능한 개발의 궁극적 목표는 인류의 복지 확대와 환경의 건강 유지를 동시에 달성하는 것이다. 지속가능한 개발은 이러한 목표에 바탕을 두고 현재 세대는 물론 미래 세대의 욕구에도 부합되는 발전을 지향하는 것으로서, 개별적 국가 이익과 통합적 지구 공동선 간의 조화를 위해 빈부국 간, 세대 간, 생물종 간의 균형을 요구한다. 지속가능한 개발은 미래 세대도 지구 자원의 이용권을 향유할 수 있도록 현재 세대의 자원 이용 방식이 개선되어야 하고, 개도국은 자원 고갈과 무관한 빈민층의 요구에 대응할 의무가 있다고 역설한다. 또한 선진공업국들은 환경 문제를 야기하는 가치와 태도를 재정립할 필요가 있으며, 자국 내에서는 물론 여타 국가와의 관계에서도 평등성이 회복되도록 국제경제질서를 재편하기 위해 노력해야 한다고 강조한다(Durning, 1990).

'지속가능한 개발' 패러다임은 전체와 구성 요소 간의 상호 의존, 구성 요소 간의 균형, 전체와 구성 요소 각각의 건강을 이론적 골격으로 하여 구축된 것이어서, 그것에 대한 체계이론적 시각의 영향을 파악할 수 있다. 인간이 환경에 영향을 미치고 의존하는 것이 이제까지의 현실이었고 앞으로도 그럴 수밖에 없다면, 순수한 의미의 사회 문제나 환경 문제는 존재하지 않는다. 사회와 환경 간의 밀접한 상호 의존 관계를 인정하고, 체계의 무조건적 안정 추구를 고집하는 대신 변화를 영속적 발전의 방향으로 이끄는 대응의 가치를 인정한다면, 체계이론의 타당성을 상당한 수준까지 인정해야 한다.

3 이론의 한계

체계이론은 국가들이 상이한 국내적 속성을 가졌더라도 세계질서에서의 위상이 유사하면 동일한 방식으로 행동한다고 가정한다. 그렇다면 왜 일부 선진국들이 오염물질 배출에 대한 엄밀한 국제 규제를 위해 노력하는 반면, 여타 선진국들은 환경 보전을 위한 국제 협력을 방해하거나 지연시키려 하는가? 체계이론은 이러한 물음에 대해 만족할 만한 해답을 제시하지 못한다.

물론 국가는 자신과 국제적 위상이 비슷한 국가들과 행동을 통일하기도 한다. 그러나 모든 국가가 지구환경 문제로부터 동등하게 영향받지는 않기 때문에, 비슷한 위상을 가진 국가들 중에서도 어떤 국가는 환경 문제의 주범이 되는가 하면 다른 국가는 피해국이 되기도 한다. 전자에 해당하는 국가는 국제환경 규제의 강화에 반대하는 반면, 후자에 속하는 국가들은 규제의 강화에 적극적으로 찬성하는 경향을 보인다.7) 국가는 나름대로의 계산 기준과 방법을 가지고, 자신의 행위에 수반될 이익과 대가를 면밀히 저울질해서 타국보다 더 큰 이익을 추구하는 존재이기 때문에 행동을 차별화하기도 하는 것이다.

체계이론은 또한 상호 의존 관계와 복합성에 대한 이해를 기본 조건으로 요구한다. 복합적이고 상호 의존적인 체계들을 이해하고 관리하기 위해서도, 그리고 체계의 문제를 해결하기 위해서도 정보가 필요하다. 정보는 체계를 유지하는 권력의 기반이자 그것을 이해하는 인식의 기반이다. 그러므로 체계에 관한 정보는 필요할 뿐만 아니라 풍부해야 하고 누구나 접근할 수 있도록 자유롭게 유통되어야 한다. 그러나 정보 획득의 규모가 확대되어도 변화가 지속되는 한, 불확실성과 무지도 증가해서 인식

7) 후자에 속하는 국가는 선도(lead)국가로서, 강력한 의지를 가지고 합의를 위한 초안 제시, 협상 진행, 국가들의 지지 결집을 주도한다. 전자에 속하는 국가는 거부(veto)국가로서 국제환경레짐의 구축을 저지하거나 약화시키고, 나아가서 레짐에의 참여를 거부한다. 국제사회에는 지지(support)국가와 부동(swing)국가도 존재한다. 이러한 설명은 Chasek et al.(2017), pp.51-53 참조. 동일 국가가 다른 쟁점에 따라 역할을 수행하기도 한다. 어떤 쟁점에서 선도국가였던 국가가 다른 쟁점에서는 거부국가가 될 수도 있다.

의 객관성이 위협받는 것이 문제이다. 인간과 환경 간의 상호 의존성, 지속적인 변화, 항상 존재하는 불확실성과 무지는 체계이론에 내포된 국제환경이론으로서의 한계를 드러낸다.

CHAPTER 05

환경 문제와 국제 정치질서의 변화

냉전 시대까지만 해도 사회과학의 화두는 초강대국 간의 대립으로 인한 제3차 세계대전의 가능성 여부였다. 이런 우려는 동서 간의 대립과 긴장이 종식된 1990년대 초엽 이후 세계질서의 변화와 더불어 자취를 감추었다. 그런데 제3차 세계대전의 공포는 감소된 반면, 새로운 형태의 국제 문제가 대두되고 있음에 주목할 필요가 있다. 환경 문제가 바로 그것이다. 한 국가의 무책임한 환경 이용은 다른 국가와 그 구성원들에게 심각한 손상을 초래할 수 있다는 점에서 환경 문제는 안보 의제로 전환될 수 있다.

환경 문제가 국제관계의 변화에 미치는 영향에 대해서 관심을 기울여야 하는 이유다. 말하자면 인류의 생존과 복지에 대한 환경의 위협에도 새롭게 관심을 쏟아야 하는 것이다. 환경 문제는 얼마 전까지만 해도 국제사회의 관심권 밖에 놓이기 일쑤였고, 또는 기껏해야 경제 문제의 일부로 간주되곤 했다. 그러나 환경 문제가 인간의 생존을 위협하고 국가 간의 상호 관계를 교란하는 상황에 직면하게 되자 국제사회의 관심이 집중되고 있다.

제 1 절 남북 관계의 변화

탈냉전 이후 남북 관계는 국제관계의 중심의제(high politics agenda)에서 주변의제(low politics agenda)로 밀려났다. 그러함에도 환경 영역에서는 남북 간-빈부국 간 또는 선후진국 간-의 대립이 심화되어, 환경 문제의 원인과 책임을 둘러싼 공방이 치열하게 전개되었다. 그리하여 초국가적 환경 문제 영역에서는 남북 관계의 중요성이 과거보다 더 강화되었다. 환경 영역에서의 남북 간 대립은 냉전 시대에도 있었던 일이지만, 환경 문제의 심각성과 해결책의 중요성이 강조되면서 남북 관계는 국제 환경정치의 중심의제로 자리 잡았고 환경 문제는 국제관계의 중심의제가 되었다.

1 스톡홀름 회의

1972년에 개최된 스톡홀름 회의는 환경 문제에 대한 전 지구적 관심을 유도하고, 문제 해결을 위한 인류 공동의 노력을 촉구하는 데 성공을 거두었다. 그러나 선진권의 환경 보전 논리와 개도권의 경제 성장 논리가 첨예하게 맞서는 한계를 노출하기도 했다. 이 회의는 지구환경 문제의 진단과 처방을 둘러싼 남북 간의 갈등을 공식화함으로써, 향후 환경 문제가 남북 간 대립의 주요 의제가 될 것임을 예고했다(외교통상부 국제경제국, 1998). 이 회의가 거둔 성과에도 불구하고, 1970년대 중엽 이후 환경 문제가 악화되었던 상황이 시사하는 것처럼, 환경 문제는 국제관계의 중심의제로 부각되지는 못했기 때문에, 국제관계의 변화에 큰 영향을 미칠 수는 없었다.

그 이후 각종 환경 문제의 악화와 함께 체르노빌 원전 사고가 일어나, 선·후진국을 막론하고 환경 문제의 심각성과 국제환경협력의 필요성에 대한 인식이 고조되었다. 이런 변화는, 1980년대 후엽 이후 국제사회가 지구환경 문제의 해결을 목적으로 한 다수의 국제환경조약-비엔나협약(1985), 몬트리올의정서(1987), 바젤협약(1989), 기후변화협약(1992) 등-을 체결하게 하는 동력이 되었다. '세계환경개발위원회(WCED)'는 이 과정에서 세계가 당면한 환경 문제의 심각성과 광역성을 일깨우면서, 인류의 번영을 위한 미래 지향적 대책으로 '지속가능한 개발'을 제시했다.

유엔인간환경회의(UNCHE)

제23차 UN 총회의 결의에 따라, 1972년 6월 5일부터 16일까지 114국 대표 및 국제기구 대표 등 약 1,300여 명이 참석한 가운데, 사상 최초의 국제 환경 회의가 스웨덴의 스톡홀름에서 개최되었다(일명 스톡홀름 회의). 이 회의의 가장 큰 성과는 현재 세대와 미래 세대를 위한 환경 보전, 재생 가능한 자원의 합리적 사용, 재생 불가능한 자원의 보전 필요를 역설한 '인간환경에 관한 선언(일명 스톡홀름 선언)'을 채택한 것이었다. '유엔환경계획(UNEP)'의 창설을 결의한 것도 주목할 만한 일이었다. 이 회의는 환경 문제를 국제 의제로 만드는 데 기여했으나, 환경 문제의 진단과 처방을 둘러싼 남북 간의 갈등이 이 회의를 통해 표면화되는 역작용도 있었다. 즉 남북 모두가 기존 개발 방식의 문제점 - 자원 고갈, 환경 문제, 환경의 수용 능력의 부족 등 - 에 관해서 인식을 같이 했으나, 선진권은 개도권의 인구 급증이, 개도권은 기존 세계질서의 불평등성이 환경 문제의 원인이라고 팽팽히 맞섰다.

2 리우 회의

1992년의 리우 회의에는 178개국의 대표단, 다수의 국제기구 대표, 6,000개의 비정부기구(NGOs)가 참여하여, 인류 공동의 미래를 위한 지구환경 보전의 필요와 원칙에 합의했다. 그리하여 이 회의에서는 사회정의에 기반을 두고 환경 보전과 경제 성장을 동시에 추구하는 '지속가능한 개발'에 관한 논의를 본격화했다. 리우 회의는 지속가능한 개발의 원칙을 천명한 '리우 선언'과 실행 전략을 규정한 '의제 21'을 채택했다. 또한 '기후변화협약', '생물종다양성협약', 그리고 '삼림 원칙 선언'을 채택하고 '사막화방지협약'을 채택하기로 합의했다.[1)]

환경 문제는 이 시기에 이르러 지구 차원의 의제가 되었다고 해도 과언이 아니다. 그러나 이 회의에서도 '남'과 '북'은 여전히 환경 문제의 원인, 책임, 해결 방법과 수단을 둘러싸고 대립했다. 남과 북의 대립 양상을 구체적으로 살펴보면 다음과 같다.

첫째, 선진권은 원인 및 영향의 범위가 넓은 지구환경 문제에, 개도권은 주로 개발과 관련이 있는 문제에 초점을 맞추었다.

둘째, 선진권은 환경 문제의 원인으로 개도국들의 과잉 인구를, 개도권은 선진국

1) 리우 회의에 관해서는 www.un.org/en/conferences/environment/rio1992(검색일: 2024.5.25)

들의 자원 과소비를 지적했다.

셋째, 선진권은 삼림이 과다한 이산화탄소의 흡수를 주 기능으로 하는 지구 공동 자원이라고 주장했지만, 개도권은 자국의 필요에 따라 개발되어야 할 국유 자원이라고 반박했다(Van der Ven, 2016).

넷째, 선진권은 삼림 등 '국제 공동재(international commons)'의 지속가능한 관리를 위해 국제환경조약의 체결을 요구했으나, 개도권은 그러한 조약의 필요성을 부정했다.

이 회의에서 환경 문제가 국제관계의 주요 의제로 부각되었고 동시에 남북 간의 대립이 지속된 이상, 이제 환경 문제는 탈냉전기 국제관계의 주요 변수로 등장했다고 하여도 과언이 아니다. 그리하여 환경 문제는 남북 관계의 중심축으로 확고히 자리를 잡으면서, 남북 관계를 탈냉전기 국제환경정치의 중심축으로 만드는 변화를 가져왔다.

3 파리 회의

2015년 12월에 개최된 파리 회의(기후변화협약 21차 당사국총회, COP 21)에서는 '파리협정(Paris Agreement)'을 채택했다. 1997년의 교토의정서에 입각한 '교토 체제'는 부속서 I국가에 속한 선진국에게만 감축 의무를 부과함으로써 온실가스 감축의 실효성에 한계를 노출했다. 반면 파리협정에 입각한 '포스트 교토 체제'는 온실가스 감축(mitigation)과 기후 변화에의 적응(adaptation)을 목적으로 모든 당사국 - 195개국 - 이 감축에 참여하는 보편적 감축 체제의 구축, 국가별 자발적 감축 목표(NDCs)의 등록, 선진권에서 개도권으로의 재정 지원과 기술 이전 그리고 역량 강화 지원을 도입하는 성과를 거두었다(UNFCCC, 2015). 파리협정은 남북 모두가 참여한 합의의 기반 위에서 보편성, 구속성, 포괄성을 내포하는 포스트 교토 체제를 구축함으로써 기후 변화 대응을 강화했다.

4 선진국 책임론과 개도국 책임론

환경 문제로 인한 영향의 정도와 형태가 국가별로 상이하다면, 환경 문제의 진단과 처방을 둘러싼 국가 간의 갈등도 심화될 수밖에 없다. 이로 말미암아 지구환경 문제의 원인과 책임, 해결 방법과 수단을 둘러싼 남북 간의 갈등이 탈냉전기 국제관계에 새로운 변수로 등장했다. 대체로 선진국은 환경 보전에 역점을 두고 구속력 있는 국제 협력과 규제를 추진하는 반면, 개도국은 경제 성장에 중점을 두고 강제적인 국제 협력과 규제에 반대하는 흐름을 보인다.

리우 회의 이후로도 각종 환경 문제에의 대응을 둘러싸고 남북은 대립을 멈추지 않았지만, 환경 문제에 대한 위기의식은 공유했다. 양자는 리우 회의에서 환경 문제야말로 인류 전체가 공동으로 대처해야 할 사안이라는 데 합의했다. 그러나 양자는 환경 문제의 원인과 책임, 그리고 해결 방법과 수단을 결부시키면서, 서로 '선진국 책임론'과 '개도국 책임론'을 주장하며 맞서 왔다. 먼저, 개도국이 주장한 선진국 책임론은 다음과 같다.

첫째, 산업혁명 이후 주로 선진국들의 경제 성장 과정에 수반된 대량의 화석연료 연소, 온실가스 배출, 유독성 폐기물 배출이 지구환경 문제의 압도적 원인이라고 주장한다. 산업혁명 이후 선진국들은 이산화탄소 배출 총량의 절반 이상을 차지했으며, 오존층을 파괴하는 염화불화탄소(CFCs)의 대부분을 소비했으므로, 환경 문제의 해결 책임은 선진국들에게 돌아가야 한다는 것이다.

둘째, 선진국들의 공업화 과정이 제국주의 시대 이래로 개도국들에 대한 자원 수탈과 중첩되면서, 서구의 전례 없는 번영과 개도국들의 빈곤화 그리고 환경 문제가 동시에 발생했다고 주장한다. 선진국들이 야기한 환경 문제로 인하여 손실과 피해를 입는 국가는 선진권이 아니라 주로 개도권 국가라는 것이다. 개도국은 선진국들이 야기한 문제를 자신들이 해결해야 한다는 데 분노하면서, 선진국들은 자신들에게 환경 문제의 해결을 위한 적절한 조치의 실행을 요구할 근거가 없다고 주장한다. 그럼에도 불구하고 대응 조치를 요구하려면 재정과 기술을 지원해야 한다고 강조한다.

셋째, 그럼에도 선진권이 환경 보전을 앞세워 환경 문제의 해결 책임을 개도권에 떠넘기는 것은, 개도권의 빈곤을 영구화하려는 음모라고 비판한다.[2)]

거꾸로 선진국들은 개도국들에 만연된 경제 성장 지상주의를 비판의 표적으로 삼아, 다음과 같이 개도국 책임론을 주장한다.

---

2) 1991년의 베이징 회의는 41개 개도국이 참여하여 환경 보전과 경제 성장의 조화 문제를 토의하고, 개도국의 공동 행동을 역설한 '베이징 선언'을 발표했다. 이 선언에서, 기후 변화의 책임은 과거이든 현재이든 온실가스를 과다하게 배출한 선진국들에 있음을 선언함으로써 개도국의 이러한 입장을 재확인했다(Jasanoff, 1991: 34, 37).

첫째, 개도국들은 빈곤으로부터 탈출하기 위하여 경제 성장을 국가의 기본 목표로 설정한다. 그들은 또 과학 기술의 발전, 경영 능력의 향상, 대중교육의 발전이 경제 성장에 수반되기 때문에, 환경 문제의 유일하고 최종적인 해결책은 경제 성장이라고 합리화하기도 한다. 이러한 성장 지상주의가 생태학적 고려를 뒷전으로 밀어내는 바람에, 개도권에서는 환경 문제의 해결이 부차적인 문제로 평가 절하되는 경향이 있다(Hao, 1992). 그리하여 선진권을 환경 문제의 주범으로 단죄하고, 그들의 국제환경협력 요구를 '환경제국주의'로 비판하면서도, 자신의 경제 성장과 공업화 과정에서 파생된 환경 문제의 해결 책임은 외면하는 모순이 드러난다.

둘째, 경제 성장을 우선적으로 추진할 필요에 압도되어 환경 문제를 규제하는 법을 아예 제정하지 않거나, 제정했어도 법의 실효성을 확보해 줄 강제 장치를 결여하고 있는 것도 개도권의 문제로 지적된다. 환경법의 규제 정도가 미약하므로 개도국의 기업들은 환경 규제를 준수하지 않는 경향이 있다. 심지어 환경법이 환경 문제를 방지하기는커녕 정당화하는 경우마저 있다. 특히 독과점 기업이 생산하는 상품에 대해서는 환경 규제를 완화함으로써 사실상 환경 파괴를 합법화하는 경우도 있다. 법체계가 그러하므로 개도국 기업이 적법성을 이유로 공해 방지 조치를 거부하는가 하면, 공해 유발 행위의 중지보다는 벌금 납부를 더 선호하는 경우도 빈번하다. 따라서 개도국들이 환경법 체계를 유지하더라도, 환경 문제에 대한 규제를 미약하게 해서 그것을 묵과한다는 비판이 당연히 제기될 수 있다.

셋째, 개도국에서는 왜곡된 가격 구조가 환경 문제를 더욱 악화시키는 요인으로 작용한다는 것이다. 중국의 경우 민생 안정과 에너지 자급을 수단으로 한 경제 성장을 추구하느라, 저가 정책을 채택하며 석탄 사용을 지원했다. 거기에 비효율적 연소 기술과 관료의 부패로 말미암은 부적절한 등급 판정 방식까지 가세했다. 이 결과 연소 효율이 매우 낮은 수준에 머무르고, 연소 과정에서 이산화황(SO_2)을 대규모로 배출하여, 중국은 물론 동북아 전체 산성비의 가장 큰 발생원으로 평가받는다. 선진국은 이런 상황에 주목하여 개도국에서 환경 문제의 원인과 책임이 증가하고 있으므로, 문제 해결을 위한 노력을 더욱 강화해야 한다고 주장한다.3)

선진권과 개도권이 이렇게 환경 문제의 원인, 책임, 수단을 서로 상대에게 미루고

3) 2010년의 추산에 의하면 중국은 세계 1위의 온실가스 배출국이고 2000년부터 2030년까지 중국의 온실가스 배출 증가량은 나머지 세계 전체의 증가량과 거의 같을 것이라고 한다. 개도국들은 세계 에너지 소비량의 절반 이상을 차지한다(Walsh, 2006; WDI, 2007).

있으므로, 탈냉전기의 남북 관계는 새로운 긴장 상태로 접어들고 있다. 환경 문제를 둘러싼 남북 간의 대립은 환경과 개발 간의 갈등으로 요약할 수 있다. 지구의 쾌적한 미래라는 보편적 문제에 대하여 '북'은 환경 보전을 기조로, 반면 '남'은 경제 성장을 기조로 접근하고 있는 것이다. 그러나 한 국가의 환경 이용과 파괴는 다른 국가에도 영향을 미치기 마련이어서, 행동과 책임의 세계적 연계가 중요하다는 교훈이 '남'과 '북' 모두에게 환기되어야 한다. 경제적 생태학적 상호 의존이 증대될수록 국가가 단독으로 문제를 처리할 수 있는 능력은 제약될 수밖에 없기 때문이다.

초국가적 환경 문제는 물론, 이것과 밀접한 관계가 있는 정치, 경제, 에너지, 자원 등의 문제도 세계적 협력에 의해서만 해결 가능하다는 사실은, '선진국 책임론'과 '개도국 책임론'이 동전의 양면과 같은 관계임을 일깨운다. 예컨대 온실가스의 초국가적 확산에 따라 남북의 책임 분담과 협력의 필요 또한 커진다. 한 국가가 배출한 온실가스는 타국에도 영향을 미치고, 온실가스의 감축이 가져오는 긍정적 혜택은 모든 국가에 분배되기 때문이다. 기후 변화의 사례가 말해 주듯이 국제사회는 초국가적 환경 문제에 대응하기 위하여 협력 체제의 구축을 가속화할 필요가 있다(Zoelik, 2010).

환경 문제의 초국가성에 비추어 보면, 지구환경 문제의 해결에 국제 협력은 필수적이다. 그러므로 선진권과 개도권은 환경 문제의 원인과 책임을 놓고 대립할 것이 아니라, 상호 보완 관계를 상기하여 경제 성장과 환경 보전이 조화될 수 있는 방향으로 개발 전략을 전환해야 한다. 현재의 불평등한 남북 관계도, 인류 공동의 자산인 환경을 평등하게 분배하고 이용하는 방향으로 전환시켜야 한다.

오늘의 전례 없는 기후위기는 지구환경에 대한 도전일 뿐만 아니라 세계질서에 대한 위협이기도 하다. 21세기 국제관계도 20세기의 그것과 마찬가지로, 환경 문제 발생에 더 큰 원인을 제공하였으므로 더 큰 해결 책임을 부담해야 하는 국가 – 선진국 – 와, 환경 문제 발생에 더 적은 원인을 제공했음에도 더 큰 영향을 받는 국가 – 개도국 – 로 이루어진다. 선진국들이 원인 제공에 비례하는 대응을 외면하는 탓에, '기후 정의(climate justice)'의 실현은 국제관계의 중심 의제로 인정받지 못하고 있다. 이에 개도국에 최악의 영향을 미치는 '기후 불의(climate injustice)' 상태도 국제관계에서 불식되지 않고 있다(Sengupta, 2023). 그렇다면 21세기의 세계질서는 기후 정의의 실현 요구를 뿌리치고도 유지될 수 있는가?

선진권과 개도권은 인류 공동의 자산인 환경을 평등하게 분배하고 이용하되, 선진권에서 개도권으로 지원을 확대하는 방향으로 국제 협력을 강화해야 한다. 선진권은 환경 문제의 해결 책임을 더 크게 부담해야 할 뿐만 아니라, 해결할 의사와 능력이 있다. 반면 환경 문제로부터 영향을 더 크게 받는 개도권은 해결 의사는 있지만 능력이 부족하다. 따라서 북으로부터 남으로의 지원 – 재정, 기술, 지식, 제도 등 – 이 국제환경정치에 동반되지 않으면, 기왕의 경제 문제로 인한 갈등에 환경 문제로 인한 갈등이 추가될 수밖에 없다. 그리하여 남북 관계는 더 악화되고 환경 문제의 해결은 지연되면서 세계질서가 근본적인 도전에 직면할 수 있다.

제 2 절 안보 범주의 확대

1 안보의 개념과 변화

국제관계의 변화는 비군사 문제와 비국가 행위주체를 포함하는 방향으로 안보(security) 범주의 확대를 요구한다. 근대 국제관계의 압도적 행위주체로 활동한 것은 국가였지만, 최근 지구환경 영역에서는 비국가 행위주체들의 역할이 크게 증가하고 있다. 이것은 기존의 국제관계에 도전하는 새로운 안보 문제가 국제관계 영역에 등장했음을 의미한다.

일반적으로 위협으로부터의 자유, 독자적 정체성 유지를 위한 국가와 사회의 능력 그리고 국가 기능의 수호를 '안보'라고 규정한다(Buzan, 1991). 안보라고 하면 으레 군사안보를 떠올리던 시절을 우리는 냉전(cold war) 시대라고 한다. 냉전 시대에는 양 초강대국 간의 군사적 · 이념적 대립이 치열했고 긴장의 강도 또한 매우 높았다. 나아가 양 초강대국이 무기 이전을 통하여 제3세계에 존재하던 적대감을 강화함으로써, 정치적 · 군사적 대립을 주변으로 확산시킨 시대이기도 했다. 높은 수준의 긴장과 대립이 지속되면서 전쟁의 위험이 늘 실존하던 시대여서, 정치적 · 군사적 고려가 안보 분야를 지배하다시피 했다. 환경 문제는 안보 영역 밖의 것이라고, 그리하여 경제 문제 – 산업 공해의 대가 산정 및 지불의 문제 – 의 일부로 다루는 것이 더 적절하다고 간주하는 경향마저 있었다.

그런데 구소련의 붕괴로 냉전이 종식되면서, 세계질서 전반에 유동성과 개방성이 증가하였고 군사안보의 중요성은 감소했다. 이와 동시에 비군사 문제들이 인간의 생존 조건을 위협하는 상황이 일상화되면서, 안보는 군사안보보다 더 넓은 관념이어야 한다는 사고가 확산되었다.[4] 냉전기에는 주로 군사력을 안보의 필수 수단으로 간주했으나, 탈냉전으로 초강대국 간 대립이 이완되면서 안보 개념의 확대가 요구된 것이다. 탈냉전 시대의 세계질서에서는 국가의 생존과 경제력 그리고 국민의 생활 양식과 수준, 가치 체계 등이 군사력에 의해서만 위협되는 것이 아니라, 비군사적 요인에 의해서도 얼마든지 위협받을 수 있기 때문이다(Annan, 2000).[5]

간단히 말하면 내・외부의 적대적 위협으로부터 국가의 자유와 독립을 수호하는 것이 안보라고 할 수 있는데, 환경 문제는 국가의 자유, 능력, 기능에 대한 위협에 가세했다. 그렇다면 환경 문제로부터의 위협을 '국가안보(national security)'에 대한 위협으로 간주하고 안보 차원에서 대응할 필요는 충분하다. 초국가적 환경 문제에의 대응이 국가주권을 침식하면서, 국제정치학의 이론적 전제로 뿌리를 내렸던 국내외 정책의 구분은 퇴색되었다. 탈냉전 시대의 국제관계에서는 이런 변화에 바탕을 두고 안보의 개념과 범주의 재정립을 요구하는 주장이 제기된다.

2 환경안보

기후 변화, 오존층 파괴, 삼림 파괴, 해양오염 등의 환경 문제는 국가안보 문제이자 국제안보 문제이다. 예컨대 유독성 물질의 국제 이전은 결국 이전 대상 국가의 식량 및 산업 생산을 감소시키고, 생활 수준의 하락을 초래하여 국가안보를 위협한다. 기후 변화는 어떤 국가에도 예외를 허용하지 않으면서 지구 전체의 안보를 위협한다(Renner, 2010). 그러므로 환경 문제를 안보의 관점에서 다루는 것은 적절할 뿐만 아니라 당연한 것이어서, 탈냉전 시대의 세계질서에서는 환경안보(environmental security)가 새로운 안보 범주로 부각되고 있다.[6]

---

4) 예컨대 기후 변화는 기온 상승, 홍수, 가뭄을 통하여 지구와 인간의 생존을 위협한다는 인식에 따라 공동안보와 인간안보의 중요성을 강화한다(Beeson, 2021; Busby, 2022).

5) 인류의 풍요를 목표로 한 경제 개발이 거꾸로 인류의 생존 자체를 위협하기도 한다. 인도의 경우, 식량안보를 위하여 대규모 댐과 관개시설을 건설했으나, 이것이 환경 문제 및 주민 추방이라는 역효과를 초래했다. 히말라야 개발은 각종 환경 문제－토양 부식, 삼림 파괴 등－와 아울러 연료 부족, 농업 쇠퇴, 빈곤 심화, 주민의 이주를 불러일으켜 인도 국민의 안보를 위협했다(Chowdhry, 1989: 143-144).

6) 환경안보에 관한 자세한 논의는 신연재(2023), pp.74-127; 기존의 환경안보 관념에 대한 비판적 논의는 Dalby(2022) 참조.

환경에 대한 위협은 안보에 대한 위협이자 평화에 대한 비군사적 위협이다. 일반적으로 모든 인류의 필수적 부양 체계인 환경을 보호하고 유지하려는 노력을 환경안보라고 한다. 환경안보는 나름의 특수성과 우선순위를 가지며 군사안보, 정치안보, 경제안보, 사회안보와 밀접한 관계를 가진다(Booth, 1991; Buzan, 1991). '세계환경개발위원회(WCED)'는 이런 이유에서 환경안보에 대한 종합적 접근법을 권유했다.

환경안보의 개념은 이처럼 세계질서의 변화와 안보 범주의 확대에 힘입어 등장했다. 문제는 국가를 중심으로 운영되어 온 근대 세계질서에서, 안보는 곧 국가안보를 의미한다는 것이다. 각국이 경쟁적으로 국가안보를 추구하다 보면, 치열한 경쟁 때문에 오히려 국가안보가 위협받는 '안보 딜레마(security dilemma)'에 빠지기 쉽다. 이 같은 모순은 지구 차원의 '공동안보(common security)'의 필요가 개별 국가 차원의 국가안보 필요와 공존이 가능해야 극복할 수 있다.

3 환경안보와 공동안보

전통적으로 국가들은 자국의 힘으로 안보 문제에 대처해 왔다. 영국이 19세기 내내 '영광의 고립'을 고수하고, 미국이 제2차 세계대전 이전까지 동맹 결성을 회피한 것이 그 예이다. 그러나 군사 기술의 발달, 핵무기의 등장, 탄도탄 운반 능력의 향상으로 말미암아, 오늘날에는 어떤 국가도 자기 국민의 안전을 스스로의 힘만으로는 확보할 수 없게 되었다. 근대 국제관계는 영토와 주권 원리에 토대를 둔 것이지만, 한 국가 이상이 공동으로 관리해야 하는 영역이 존재한다. 남극 대륙, 공해(high sea), 대기, 국제하천 등이 그것이다. 이것들은 누구나 접근하여 공유할 수 있는 재화라는 점에서 집단재(collective goods)이다. 환경이 집단재라면 환경 문제는 집단재의 시각에서 접근해야 마땅하다. 집단재로서의 환경은 국제 협력이 상호 이익임을 국제정치에 환기시키고, 국가안보가 공동안보로 확대되어야 할 필요를 정당화한다.

탈냉전기의 세계에서는, 이처럼 안보 문제에 관한 중요한 결정이 개별 국가 차원을 넘어설 수 있다는 인식이 확산되고 있다. 환경 문제야말로 전 지구적 차원에서 공동으로 대응해야 해결이 가능한 문제로 인식되고 있는 것이다. 예를 들어 기후 변화는 모든 국가에 같은 정도의 영향을 미치지는 않지만, 어느 국가도 그 영향으로부터 벗어날 수 없다는 것은 명백하다. 기후 변화 등의 지구환경 문제는 어느 한 국가가 단독으로 대처해서 해결할 수 있는 문제가 아니다.

환경은 국가별로 분할된 국유재산이 아니라 지구의 공동재산이고, 통합된 총체이자 불가분의 연속체이다. 환경을 위협에서 보호하기 위한 효율적 활동은 지구 차원에서만 가능하다. 환경과 환경 문제의 초국가성은 국가 차원보다는 지구 차원에서 안보를 이해하고 안보 개념을 재정립하도록 요구한다(Brock, 1991; Luard, 1990). 초국가적 환경 문제는 국가들에 개별적 국가안보보다는 지구적 공동안보의 필요성을 더 크게 제기한다. 기후 변화의 지구에 대한 위협이 상존한다면, 국가 중심적 세계질서가 유지되더라도 공동안보의 관념이 고조될 수밖에 없다.

환경안보의 필요성을 절실하게 일깨우는 환경 문제는 역시 기후 변화이다. 기후 변화가 현재 추세대로 진행된다면, 21세기 말에는 해수면 상승으로 말미암아 태평양과 인도양의 군소도서국가들의 국토가 상당 부분 물에 잠기게 될 것이다. 저지대 국가인 네덜란드, 이집트, 방글라데시 등의 해안 지대 일부도 물에 잠겨 농업 생산력이 크게 감소할 것으로 추정된다. 방글라데시에서는 수천만 명의 이재민이 발생하고, 일본의 경우 산업 시설의 절반이 몰려 있는 도쿄, 나고야, 오사카 등의 연안 지대가 물에 잠길 것으로 예상된다. 이러한 사례들이 암시하듯이 기후 변화는 거의 모든 국가의 안보와 복지를 위협한다(Dalby, 2022; Goldstein, 2016; Keohane, 2015).

환경 문제는 지구 전체를 위기로 몰아넣기 때문에, 지구 차원에서 공동안보의 필요성을 환기시킨다. 특히 대다수의 개도국들은 환경 문제에 대한 대응 능력이 매우 부족하기 때문에, 작은 규모의 환경 재해에 의해서도 안보에 큰 타격을 받는다. 더구나 환경 문제는 개도권 지역에서 지역분쟁 – 환경분쟁 – 을 촉발함으로써, 이들의 안보에 대한 위협을 가중시킬 수도 있다. 모든 국가는 초국가적 환경 문제로부터 예외 없이 자유, 능력, 기능을 위협받고 있다. 그러한 위협은 국가안보는 물론 지구안보에 대한 위협이기도 해서 공동안보의 필요성을 환기시킨다.

기후 변화는 초국가적 환경 문제이므로 정도의 차이는 있지만 인간, 국가, 지구의 생존에 영향을 미친다. 기후 변화의 이런 영향은 국가 상부 차원에서는 지구적 공동 대응의 필요를, 국가 하부 차원에서는 인간 보호의 필요를 제기하면서, 인간안보와 지구안보로서의 공동안보로 안보의 개념을 확장할 것을 요구한다. 탈냉전 시대에는 이러한 변화로 말미암아 안보 개념이 수평적으로는 군사안보에서 비군사안보 – 환경안보, 경제안보, 에너지안보, 자원안보, 식량안보 등 – 로, 수직적으로는 국가안보에서 공동안보(지구안보)와 인간안보로 확대되고 있다.

제3절 환경분쟁의 증가

1 환경분쟁의 개념과 영향

환경 기반의 파괴가 국제 긴장을 강화하는 수단으로 이용되면서, 환경 문제는 자원의 소유 못지않게 중요한 국제분쟁의 원인으로 작용한다. 국제환경협력으로 분쟁의 원인을 제거할 수도 있지만, 현실적으로 환경 문제는 일부 지역에서 분쟁의 직접적 원인이 되고 있다(Lipschutz & Holdren, 1990; Molvaer, 1990). 그렇다면 환경 문제는 언제, 어느 곳에서 어떻게 분쟁을 일으키는가? 환경 문제는 국가 및 국제사회의 긴장을 고조시켜 협력을 통한 해결을 촉구하는 한편, 국제분쟁의 발생 가능성을 증대시킨다(Ide & Detges, 2018). 환경 문제는 남북 간의 불균형을 심화시켜 빈부국 간의 군사적 충돌을 야기할 수 있다. 그런가 하면 인구 증가와 함께 토양오염은 환경난민을 발생시켜 국제적 안정과 수용국의 국내질서에 파괴적 결과를 가져오기도 한다.

환경 문제는 남북 모두에 빈곤을 가중시켜 계급 간 · 종족 간 갈등을 악화시키기도 한다. 특히 개도국은 재정, 자원, 지식의 부족과 사회 · 정치 제도의 취약성 때문에 선진국보다 환경 문제에 더 취약하다. 때문에 환경 문제로 인한 분쟁은 개도권에서 주로 발생했고 앞으로도 그럴 것이다. 환경 문제는 농업 생산의 감소, 경제력 쇠퇴, 인구 이동, 사회관계의 붕괴를 초래하며 다양한 유형의 분쟁을 유발할 수 있다. 희귀자원의 확보를 둘러싼 국가 간 분쟁, 종족집단 간 충돌, 내전과 반란이 대표적인 예이다. 환경 문제는 이렇듯 개도국 내부는 물론 개도국들 사이에서 분쟁을 야기할 수 있다.[7)]

2 자원분쟁

국가들이 자원이 부족한 상태에서 자신들의 이해관계를 제로섬 게임 또는 네거티브섬 게임으로 이해할 경우 분쟁이 발생할 수 있다. 자원 부족은 첫째, 선 · 후진국을 막론하고 오염된 토지와 물, 그리고 증가된 자외선에 노출되는 복합적 양상을 보인다. 둘째, 과거보다 인구가 더 빨리 증가하면서 급속히 진행된다. 셋째, 현재의 자원

7) 환경분쟁의 형태에 관해서는 Homer-Dixon(1991), pp.100-109 참조.

소비가 과거보다 훨씬 더 대규모로 이루어지면서 악화되는 특징을 보인다. 이 세 요인이 결합하면 자원 부족으로 인한 자원분쟁을 초래할 수 있다는 데서 문제의 심각성을 엿볼 수 있다(Lietzmann & Vest, 2000).

더 심각한 문제는, 초국가적 환경은 인류의 공동 유산이라는 원리를 기반으로 자원을 둘러싼 갈등을 해결해야 함에도, 상당수 국가들이 자기 영토 내의 중요 자원에 대한 배타적 주권을 주장하는 것이다. 이는 지구환경이 단일의 자연 체계라는 원리에 도전하는 것이나 다름없다. 그러나 이에 대하여 개도국들은 자원 보유국의 이익보다는 사적 이익을 위하여 자원을 착취하는 외국 기업들의 관행에 대한 반발이라고 항변한다.

특정 국가가 토지, 물, 삼림 등의 자원을 불공평하게 분배하거나, 주변 국가의 이해관계를 무시하고 환경을 일방적으로 착취할 경우 자원분쟁이 발생할 수 있다(Le Billon, 2013). 자원분쟁은 인류의 생존에 필수적인 물, 어족자원, 농업용 토지 등의 부족에서 비롯된다. 그런데 이것들이 크게 부족한 일부 국가들이 선점 또는 선통제를 시도하면서 자원분쟁이 야기되곤 한다. 물 쟁탈전이 치열한 중동 지역을 그 대표적인 예로 들 수 있다.

이스라엘은 인접국보다 5배 많은 물을 소비하며, 필요한 물의 60% 정도를 요르단강에서 공급받았으나, 1967년 이전에는 그 유역의 3%만을 자국 영내에 두고 있을 뿐이었다. 그런 상황에서 시리아와 요르단이 요르단강의 흐름을 바꾸려 했던 것이 1967년 제3차 중동전쟁을 일으킨 원인 중의 하나로 지목되기도 한다. 이스라엘은 이 전쟁 이후 아랍 국가들의 강력한 반발에도 불구하고 골란고원(Golan Heights)과 서안(West Bank) 지역을 계속 점령하고 있다. 두 지역을 점령하고 있으면, 요르단강의 중요 부분을 자국의 통제 아래 둘 수 있기 때문이다.[8)]

요르단의 경우 관개용수 공급 문제 때문에 이 강에 큰 이해관계가 걸려 있을 뿐만 아니라, 2000년까지 물 수요가 20% 정도 증가할 것으로 예상되었다. 이 경우 이스라엘의 몫이 30% 정도 감소하게 된다. 더구나 시리아는 요르단강의 주요 지류인 야르무크(Yarmuk)강에 마카린(Maqarin)댐 건설을 추진했다. 이 계획이 완료되면 강 흐

8) 제3차 중동전쟁에서의 승리로 서안 지역의 통제권을 확보한 이후, 이스라엘은 물 공급량의 약 40%를 서안에서 얻었고 이 지역 물의 95.5%를 사용한다. 서안 인구의 90%를 차지하는 팔레스타인 주민은 나머지 4.5%만을 소비한다. 이스라엘이 이 지역에 설치한 정착촌의 증가도 물 문제를 악화시키는 요인으로 작용했다.

름의 40%가 바뀌게 되어, 이스라엘과 요르단은 심각한 용수 부족 사태에 직면하게 될 것이었다. 예나 지금이나 물 부족이 중동 지역 국지분쟁의 주요 원인이라는 분석에 이의를 제기하기는 어렵다.

1982년에 시작된 터키의 대아나톨리아 프로젝트(Great Anatolia Project: GAP)는 19개 수력발전소, 22개 댐을 유프라테스강과 티그리스강 상류에 건설하여, 68개의 관개농업 프로젝트－2백만 ha－에 관개용수를 확대 공급하려는 것이었다.[9] 터키는 GAP로 전력 생산 25% 증가, 동남부 불모지의 생산성 향상과 농업 생산량 배증, 지역 주민들의 소득 수준 향상, '쿠르드노동자당(PKK)' 게릴라들의 고립이라는 다중의 목적을 달성하려고 했다. GAP는 터키에 이런 순기능을 가져다 줄 수 있는 반면, 시리아 및 이라크와의 적대 관계를 심화시키는 역기능도 있음에 주목해야 한다. 시리아와 이라크는 인구 증가에 따라 더 많은 물을 필요로 했지만, GAP로 인해 유프라테스 강과 티그리스강으로 흘러드는 유량이 감소함에 따라 터키와의 대립 관계를 강화하지 않을 수 없기 때문이다. 세 국가는 불안정한 국제안보 환경 속에서 위태롭고 불완전한 평화를 유지하고 있다(Kibaroglu & Sayan, 2021: 139-145).[10]

이 사례들은, 중동에서는 앞으로 풍부한 자원(원유)보다는 희귀한 자원(물)의 부족이 단서가 되어 자원분쟁이 발생할 가능성이 매우 높다는 것을 암시한다(Myers, 1989).

3 집단 정체성 분쟁

환경 문제로 인해 환경의 인간 부양 능력이 부족해지고, 그 결과 대규모 인구 이동을 초래한 경우를 우리는 자주 목격했다. 본래의 거주지를 떠난 환경난민(environmental refugees)들은 박탈과 긴장의 상황 속에서 종족과 문화가 다른 집단과 혼거하게 된다. 상당수의 국가에서 환경난민의 유입은 집단 간 균형을 변화시키고, 원주민들에게 자원의 희소성 관념과 박탈감을 심화시킨다. 이 결과 집단 간 긴장과 종족 내

9) Tsakalidou(2013), "The Great Anatolia Project: Is Water Management a Panacea or Crisis Multiplier for Turkey's Kurds?" New Security Beat, August 5 in www.newsecuritybeat.org/2013/08/great-anatolian-project-water-management-panacea-crisis-multiplier-turkeys-kurds(검색일: 2021.2.22).

10) GAP의 영향으로 시리아로 흘러들어 가는 유프라테스강 유량의 1/2이, 이라크로 흘러들어 가는 유량의 2/3가 감소할 것으로 추산되어, 세 국가 간의 대립 관계는 악화의 길을 걷게 되었다(Myers, 1993: 43).

부의 갈등이 고조되어, 자신의 정체성을 강조하면서 외부 집단을 차별하고 공격하는 '집단 정체성 분쟁(group-identity conflict)'이 발생하게 된다.

방글라데시-아셈(ASEM) 지역 간, 중남아메리카로부터 북아메리카로의, 중동 및 북아프리카로부터 유럽으로의, 동남아시아로부터 오스트레일리아로의 인구 이동이 대표적 예라고 할 수 있다. 1969년의 '축구 전쟁'은 단순히 인구 증가 → 토지 부족 → 인구 이동으로 이어지는 연쇄 과정이 그 원인으로 알려졌다. 그러나 환경 문제 → 환경의 인간 부양 능력 부족 → 엘살바도르의 인구 이동 → 온두라스의 추방이 진정한 원인이었다는 점에서 이 전쟁은 집단 정체성 분쟁의 한 예로 꼽힌다. 영국의 식민지였던 시절에 스리랑카로 이동한 인도 본토 출신의 타밀족이 얼마 전까지 스리랑카 정부군을 상대로 벌인 내전도 마찬가지 이유로 집단 정체성 분쟁에 속한다.

4 상대적 박탈형 분쟁

환경 문제가 빈번히 발생하는 개도국은 선진국보다 환경 문제에 더 취약하다. 자주 발생하는 환경 문제가 결국 개도국의 경제에 타격을 가함에 따라, 기대 수준과 현재 수준 간의 차이가 확대되어 국민 – 특히 도시민 – 의 불만이 증가한다. 그런데 엘리트 집단은 경제가 쇠퇴해도 생활 수준을 유지할 수 있지만, 사회적 약자 집단의 경우 그렇지 못하므로 좌절이 더 클 수밖에 없다. 이렇게 부(富)를 분배하는 과정에서 계급 간 불균형이 심화되면 분쟁의 발생 가능성도 높아진다. 후자가 계급적 시각에 기초를 두고, 경제 쇠퇴의 주범이면서도 경제재 분배에서 특혜를 받는다고 간주되는 집단에 폭력으로 대항하는 과정에서 상대적 박탈형 분쟁(relative-deprivation conflicts)이 발생한다.

제 4 절 비국가 행위주체의 역할 증대

과거 개별 국가의 문제로만 인식되던 환경 문제는 점차 지구 차원의 문제로 확대되었다. 국가의 대처 능력이 한계를 드러내면서, 초국가적 환경 영역에서는 국제관계 행위주체들 간 협력의 필요성이 거세게 제기되었다. 근대 이후 국제관계의 우월적 행위주체로 활동해 왔던 국가로서는 이런 요구가 근본적인 도전이 될 수 있다.

국가들에 지구적 이타주의가 전혀 없는 것은 아니지만, 모든 국가들이 환경 문제에 공동으로 대응할 가능성이 항상 열려 있는 것도 아니다. 국가가 국제환경협력의 가장 기본적인 주체인 한, 국가이익은 그 결과를 결정하는 데 중요한 역할을 하지 않을 수 없다(Brenton, 1994). 국가이익의 차이는 국제환경협력의 주요 장애가 되므로, 그것의 효율적 실행을 위해서는 배타적 주권을 초월한 제도적 장치가 필요하다.

국가는 이런 한계 때문에 지구환경 영역의 유일한 행위주체일 수 없으며, 비국가 행위주체들의 활동 근거는 이로부터 나온다. 일면 국가의 단독 결정으로 보이는 정책도, 사실은 다양한 비국가 행위주체들과 상호 작용한 결과라고 보아야 맞다. 1960년대 이후 환경 관련 비국가 행위주체들의 수와 역할이 증가하면서, 국가가 국제관계의 가장 중요한 변수가 아닐 수도 있다는 견해가 대두되기 시작했다(Galtung, 1980). 이후 비국가 행위주체가 국가를 대신할 수는 없지만, 그에 못지않게 중요하다는 인식이 점차 힘을 얻어 왔다.

1 비정부기구

국제정치학의 국가 중심적 시각을 심각히 위협할 정도로, 환경 영역에서는 비정부기구들(NGOs)의 역할과 영향력이 증가했다. 그런데 현실주의자들은 비정부기구들의 역할이 증대되었다고 해도, 그것들은 국제관계의 결정적 변수가 아니며, 비국가 행위주체들의 정치적 중요성은 부수적인 것에 불과하다고 반박한다. 1972년 스톡홀름 회의 이후 비정부기구들이 환경 영역의 주요 행위주체로 기능해 온 사실을 부인할 수는 없다. 그들은 주로 교육과 여론 주도를 통해 국가와 국제기구에 압력을 행사하곤 했다. 그러나 최근에 와서는 이런 대중 활동은 물론, 국가 및 국제 차원의 정책 결정에 적극 참여하는 변화를 보이고 있다.[11)]

환경 영역의 비정부기구들이 국가 정책에 영향을 미친다는 것은 두 가지 의미를 갖는다. 하나는 그들이 국가의 권위를 잠식한다는 것이고, 다른 하나는 국제정치에도 영향을 미친다는 것이다.

11) 예를 들어 인도의 환경 관련 비정부기구들은 기존의 법률과 정책을 환경 보전과 지속적 성장의 방향으로 전환시키고, 빈민의 자원 소유권을 보호하는 데 활동의 역점을 두었다. 그들은 이를 위해 대중의 참여, 권력의 지방분권화, 대중 중심적 정책과 제도의 도입에 주력했다(Chowdhry, 1989: 151-153).

첫째, 비정부기구들은 여타 행위주체들이 환경 의식을 존중하도록 요구한다. 그들은 환경 의식을 전파하여 사고를 변화시킴으로써, 정부를 포함한 다양한 집단과 제도들이 기존의 정책을 환경 친화적인 방향으로 전환하도록 하는 데 중요한 역할을 담당한다. 예를 들면 비정부기구들은 한국에서 여론을 동원하여 정부의 동강댐 건설 계획을 중단시켰고, 미국에서는 맥도날드로 하여금 일회용품 사용을 자제하도록 설득하는 데 성공했다. 비정부기구들의 이런 활동은 국가들의 국내외 환경정책의 변화에 영향을 미친다(Wapner, 1995).

둘째, 비정부기구들은 지구 차원의 환경 문제에도 관여하여, 대중의 태도 형성과 국가 정책에 영향력을 행사하고 국제환경협력을 촉진한다. 예를 들면 비정부기구들은 '리우 회의'에 참석하여 자신들의 주장을 회의 최종 문서에 반영했다. 그들은 또한 각종 비정부기구 회의를 개최하고, '의제 21'에 상응하는 '비정부기구조약(NGO Treaties)'을 채택함으로써 환경 문제의 지구 의제화와 국제환경협력에 기여했다. 세계은행(World Bank)은 개발 차관을 제공하기 전에 차용국을 상대로 환경영향평가를 실시한다. 복수의 국내외 비정부기구들이 이 과정에 참여하여 환경 친화적인 방향으로 영향력을 행사한다. 그리하여 차용국의 경제 · 환경 정책에 대하여 국제기구, 즉 세계은행이 권위를 확대하는 데 조력할 뿐만 아니라, 자신들의 국제적 네트워크와 역할을 확대하기도 한다(Nelson, 1997; Payne, 1996).

셋째, 비정부기구들이 풀뿌리 사회운동, 반패권 연합, 초국가적 사회운동과 연대를 구축하면 강력하고 전략적인 행위주체로 활동할 수 있으며 국제환경정치의 지각변동을 초래할 수 있다(Ciplet, Timmons & Khan, 2015). 그들은 국제환경협상에 참여하여 의제를 설정하고 국제환경조약의 이행을 감시하는 것을 토대로, 지구환경 문제의 해결 과정에서 무시할 수 없는 영향력을 가진 행위주체로 활동한다. 그러나 각국 정부와의 대립, 남 · 북 NGOs의 분열로 인해 영향력에는 한계가 있다.

2 국제기구

과거와는 달리 환경 문제가 국제정치의 주요 관심사로 부각되는 변화 속에서 새로운 형태의 갈등과 협력이 잉태되고 있다. 그런데 국가이익의 상충이 국제 협력을 가로막고 있는 터여서, 국제기구 특히 UN을 중심으로 한 다자협력체제의 강화 필요성이 강하게 제기된다. 이러한 요구에 대응하여 유엔환경계획(UNEP)은 30년 가까이 국제환경협력의 산파 역할을 해 왔다. 지중해 오염의 해소, 유해 폐기물의 교역 규제, 생물종의 다양성 보존 등이 그 예에 해당된다. 그러나 UNEP는 국제환경협력의 촉매제로서의 역할에는 성공했으나, 조정자로서의 역할에는 실패했다. 왜냐하면 UN 체제 내부에는 환경 문제를 독립적으로 다루는 경쟁 기구들-UNDP, WMO, WHO, FAO 등-이 다수 존재할 뿐더러, 각각의 환경 문제를 독립적으로 취급하는 다수의 국제환경레짐들이 활동하고 있기 때문이다.

현실주의자들은 국가를 국제관계의 합리적 행위주체로 인식하는 반면, 국제기구는 국가의 영향 아래 있는 도구로 여겨 그 독자성과 영향력을 제한적 국제 협력의 부산물로 간주하는 경향을 보인다. 그러나 신자유주의적 제도주의자들은 국가가 국제관계의 가장 우월한 행위주체임을 인정하지만, 동시에 국제기구는 협력의 매개체로서 국가들이 국가이익을 재정립하여 국제 협력에 참여하도록 할 수 있다고 주장한다(정구연, 2013). UN은 국가, 비정부기구 등이 지구환경 문제에 좀 더 효과적으로 기여하고 협력하도록 하는 데 중심 역할을 수행한다. 지구환경 영역에서 그 위상이 강화되면서, UN을 중심으로 한 다자환경협력이 증대되는 새로운 국제환경질서의 형태가 점차 구체화되고 있다.

구체적으로 UN은 1992년 리우 회의를 개최하여 향후 국제환경협력의 기본 원칙이 될 '리우 선언'과 그 세부 실천 강령인 '의제 21', '기후변화협약'과 '생물종다양성협약', 그리고 '삼림 원칙 선언'을 채택했다. 이어 1992년 47차 유엔 총회는, 각국의 '의제 21' 이행 상황을 평가하고 감시할 '지속가능개발위원회(Commission for Sustainable Development: CSD)'를 설치했다. UN은 2015년 파리협정의 협상 과정에서도 주도적 역할을 담당하여, 향후 국제사회의 기후 변화 대응에 골격이 되는 포스트 교토 체제의 구축을 진전시켰다.

3 국제레짐

환경 문제는 대부분 전통적 국제관계의 범주를 넘어서는 초국가적 문제여서 독특한 대응을 요구한다. 기후 변화와 오존층 파괴 등의 초국가적 환경 문제는 그 해결의 전제로 각국의 단독 대응보다는 국제사회의 공동 대응을, 국가 간 대립보다는 협력을 요구한다. 초국가적 환경 문제의 해결과 관련하여 협력의 제도적 기반 구축이 선결 과제라는 점에서, 우리는 '국제환경레짐(international environmental regimes)' 구축의 필요성을 확인할 수 있다. 국제레짐(international regimes)은 특정의 문제 영역에서 공적 구조, 규범, 규칙, 결정 절차를 가지고 국가들의 행위를 규율하는 협력체이다. 그것은 국제 협력의 중요한 한 형태로서 협력을 촉진한다. 국제환경레짐은 환경에 부정적 영향을 미치는 요소를 규제할 목적으로, 구속력 있는 국제협약을 기초로 하여 수립된 일련의 국제 규제 체계라고 할 수 있다.

국제환경레짐은, 주권은 환경의 현실과 조화되지 않는 결정으로 지구환경 관리에 무책임성을 초래한, 환경 문제의 주범이라는 인식에 따라 수립된 것이다. 국제환경레짐은 국가 간의 합의로 수립되지만, 수립 이후에는 국가들에 지구환경 보전을 목적으로 제약을 부과하고 압력을 가하는 역할을 수행한다(Hurrell & Kingsbury, 1992). 국가 간 불평등한 힘의 관계 때문에 레짐으로부터의 제약과 압력이 불평등하게 분배되는 것이 문제라고 하더라도, 국제환경레짐은 국가의 자리적 환경정책에 일정한 제약을 가함으로써 초국가적 환경 문제의 해결에 기여할 수 있다.

국제레짐은 진보하는 과학적 지식을 흡수하면서 내외 요인의 영향에 대응하기 때문에 점차 변화하기 마련이다. 국제레짐의 이러한 속성을 반영한 결과 국제환경레짐은 다양한 형태로 존재한다. 스톡홀름 회의 이후 국제환경협력의 급격한 증대에 발맞춰 다수의 국제환경레짐이 설립되었다. 각국은 다양한 환경 문제 영역에서, 국제환경조약의 준수를 감시하고 촉진하는 국제환경레짐들을 수립했다(Haas, Keohane, & Levy, 1993). 따라서 세계 국가라는 유토피아의 실현을 기대하기보다는, 현존하는 국제레짐을 이용하는 것이 지구환경 문제에 대처하는 데 더 현실적인 해법이 될 수 있다.

그렇다면 앞으로 국제환경협력이 효율적으로 전개되어, 지구환경 문제 해결에 유용한 국제환경레짐이 충분히 수립될 것인가? 국제환경레짐의 수립에 진전이 있다고 하더라도, 그것은 기나긴 장정의 출발 단계에 불과할 수 있다.

4 국제 거버넌스

거버넌스는 개인과 집단이 공동의 문제를 해결하는 다양한 방식을 집약한 것으로서, 상충되는 이해관계의 조화를 통해 협력을 모색하는 과정이다. 환경 거버넌스는 공사의 행위주체들이 공동으로 연계하여 환경 문제에 대응하는 것으로서(Tehranian, 2002), 비국가 행위주체들의 정책 결정 과정에의 참여 증가, 환경 영역에서의 정부와 사적 부문 간의 협력 강화로 말미암아 증가 추세를 보인다. 각각의 환경 행위주체들이 지닌 한계를 외면할 수 없다면 '국제환경거버넌스(international environmental governance)'의 성장은 불가피하다. 물론 이런 추세는 환경 영역에만 한정된 것은 아니다. 여러 문제 영역에서 공사 행위주체의 협력, 규제의 합의, 공동의 정책 개발 및 이행이 진전되어 왔기 때문이다.

환경 영역에서는 일찍이 1970년대부터 다양한 행위주체들이 참여한 가운데 정책을 결정하고 이행해 온 터여서, 다른 영역에서보다 거버넌스가 더 발전했다고 해도 과언이 아니다. 1992년의 리우 회의에서는 다양한 이해관계자와 행위주체들의 참여와 협력이 강조되기도 했다(Meadowcroft, 1999). 최근으로 올수록 선진권을 중심으로 국내적으로나 국제적으로 주요 행위주체들 간의 협력과 타협을 통한 환경 규제의 이행이, 즉 환경 거버넌스가 확산되고 있다.

1997년 환경운동연합 등 한국의 환경단체들은 한국 정부와 협력하여 북한으로 핵폐기물을 수출하려던 대만의 시도를 무산시켰다. CITES의 경우, 멸종 위기종의 국제교역을 통제하기 위하여 지방의 환경단체, 무역업자, CITES 사무국, 환경운동 네트워크, 국제기구가 공동으로 활동했다. UNEP는 이 과정에서 정부나 국제기구뿐만 아니라 환경운동단체와도 협력했다는 점에서, 초국가적 환경 거버넌스의 전형으로 인정받을 만하다. 일련의 사례들은, 비국가 행위주체들이 필요하다면 정부를 비롯한 여타 행위주체와 거버넌스를 구축하여 협력할 수 있음을 보여준다(서창록, 2008).

비정부기구의 분열

'남북' 국가 간의 갈등이 비정부기구들 사이의 관계에도 이식되어 선진국과 개도국의 비정부기구들 사이의 분열이 노출되었다. 미국의 비정부기구인 WRI(World Resources Institute)와 인도의 CSE(Centre for Science and Environment)의 대립이 그 대표적 사례이다. WRI는 이산화탄소의 배출로 개도국이 온실가스 배출 순위에서 상위를 차지하며, 특히 온실 효과를 심화시키는 데 인도는 다섯 번째로 큰 영향을 준다고 주장했다. 그러나 CSE는 WRI의 평가가 방법 및 철학의 면에서 개도국이 불리한, 균형 감각을 상실한 것이라고 반박했다.

CSE는 온실가스 배출 총량과 기후 변화에 영향을 준 몫을 동일시한 것부터 오류라고 주장했다. 인도나 중국 같은 개도국의 배출량은 과대평가했음에 반하여, 미국 등 선진국의 그것은 과소평가했기 때문이라는 것이다. 과거의 배출량까지 고려하면 선·후진국 간의 차이는 더 클 뿐만 아니라, 선·후진국의 온실가스 방출에 동일한 비중을 부여할 수 없다는 것이다. 게다가 개도국은 생계 농업 때문에 주로 메탄가스를 방출하는 '생존성 배출형(survival emission)'이지만, 선진국은 주로 자동차 배기가스와 육류 소비로 말미암은 '사치성 배출형(luxury emission)'이라는 차이가 있다고 주장한다. CSE는 WRI의 연구를 '온실가스 제국주의(greenhouse imperialism)'라고 비판했다. 이것은 선진국의 환경정책을 '환경제국주의'라고 비판하는 일부 개도국의 인식과 다르지 않다. 이로부터 우리는 선·후진국 비정부기구들 간의 관계에 갈등의 소지가 상존함을 간파할 수 있다.

CHAPTER 06

국제 정치경제와 지속가능한 개발

환경 문제는 주로 인구 증가, 공업화의 확산, 도시화, 소비 증가 등 인간 활동이 환경에 전가한 과도한 압력의 산물이다. 지속 불가능한 생산과 소비, 인구 및 자원 소비 증가 그리고 국제관계의 불평등성은 지구환경의 건강을 전례 없이 위협하고 있다 (UNEP, 2019).[1] 빈민층과 빈국 지역에서는 환경 문제가 더더욱 심각하게 전개된다. 환경 문제는 공간적으로 국경을 초월하여 지구 전체에 영향을 미치며, 시간적으로는 현재 세대는 물론 미래 세대의 생존과 복지마저도 위협할 가능성이 크다. 인간의 팽창적 활동이 지구환경에 부정적 영향을 미친다는 것은, 그리하여 환경의 한계가 초래되었다는 것은 부정하기 어렵게 되었다.

이에 각종 환경 문제를 야기한 성장 지상주의적 개발 전략 대신, 향후 인류의 생존과 복지를 보장해 줄 새로운 개발 전략을 마련하는 것이 시급한 과제로 부상했다. 그런 가운데 적실성 있는 대안 개발 전략의 채택을 둘러싸고 여러 차원에서 경쟁이 전개되었다. '지속가능한 개발(sustainable development)'은 이러한 요구에 대응한 것으로서, 개발과 환경 문제를 통합적으로 다루되 '경제 성장'과 '환경 보전' 그리고 '사회정의'(자원 이용의 세대 간 평등, 국가 간 평등, 생물종 간 평등)의 조화를 주요 목표로 삼은 대안 개발 전략이다.

---

1) IPCC는 2015년의 5차 보고서에서 인간 활동이 기후 변화의 원인 중 95%를 차지한다고 발표했다 (IPCC, 2015).

제 1 절 개념

개발 문제는 탈식민지화가 시작된 1940년대 후반부터 이미 UN 의제의 중심부에 진입했으나, 환경 문제는 1960년대에 들어와서야 일부 선진권 국가에서 정치 의제가 되었다. 1970년대부터 환경과 재생 불가능한 자원의 불확실한 미래에 대한 우려가 제기되면서, 공업화 중심적 경제 성장 전략의 타당성에 대한 회의가 싹트기 시작했다. 지속가능한 개발에 대한 관심이 그 연장선상에서 촉발되었으나, 주류 이론들 – 고전주의, 신고전주의 등 – 은 여전히 환경 문제를 외면한 채 개발을 일방적으로 지지하는 경향을 보였다(Haque, 1999).

1987년 '세계환경개발위원회(World Commission on Environment and Development: WCED)'는 환경과 개발을 개념, 윤리, 전략 면에서 포괄적으로 연계시킨 '지속가능한 개발'을 제시했다. 지속가능한 개발의 기원은 WCED 구성 이전으로 소급되지만, 다의적인 개념에 보편성을 부여하여 표준화의 기반을 마련하고 기존 개발 전략의 대안으로 부각시킨 것은 WCED였다(Spangenberg, 2001: 29).[2] WCED 보고서에 의하면 지속가능한 개발은 '미래 세대의 욕구 충족 능력을 손상시키지 않으면서 현재 세대의 욕구를 충족시키는 개발'이다(WCED, 1987).

이 개념에 대해서는 지나치게 규범적이기 때문에 실천하는 데 한계가 있다는 비판이 제기되었다. 첫째, 그 규범적 요구를 거부할 수는 없으나 구체적이거나 강제적인 실천 기제를 제시하지 않아서 행동으로 옮기기가 어렵다. 둘째, 경제 성장의 가치를 인정함으로써 성장 여부보다는 성장 방식에 논쟁을 귀결시키는 왜곡이 일어났다. 셋째, 선진권에는 과도한 성장을 요구한 반면 개도권에는 과소한 성장을 요구한 결과, 지속가능한 개발의 실현을 근본적으로 불가능하게 만드는 오류를 범했다. 넷째, 빈곤이 극복되지 않고서는 환경 보전과 사회정의가 영향력을 가질 수 없으므로, 경제 성장과 환경 보전의 조화보다는 경제 성장에 더 높은 우선순위를 부여해야 한다는 것이다.

이러한 비판들은 WCED의 개념에 담긴 실천적 함의를 과소평가한 결과로 보인다.

---

2) 유엔환경계획(UNEP), 세계자연보전연맹(IUCN) 그리고 1971년 환경정책위원회(Environment Policy Committee)를 창설한 이후 경제 성장과 환경 보전의 연계를 꾸준히 추구해 온 OECD도 지속가능한 개발 개념의 정립에 무시할 수 없는 기여를 했다(Borowy, 2014).

WCED의 개념은 한편으로 현재 세대와 미래 세대 간, 국가 간, 생물종 간의 평등한 자원 분배와 이용을 강조한 것이다. 그것은 상이한 세대 사이는 물론 동일한 세대 내에서도 '정의의 격차(justice gap)'를 극복하려는 규범적 사고 – 사회정의 – 에 국한되는 것이 아니다. 인류가 지구의 생명체 부양 능력에 과도한 부담을 줄 정도로 너무 많은 자원을 이용하는 데 비해 너무 적은 부를 생산하는 '효율성의 격차(efficiency gap)'에도 전략적으로 대응할 필요성을 제기한 것이기도 하다.

정의의 격차를 극복해야 할 필요로부터 다수의 행동 계획과 정책 목표로서 성장의 부활, 성장의 질 변경, 기본적 욕구 충족, 지속가능한 수준의 인구 확보, 자원 기반의 보존과 확충, 기술의 재정립과 위험 관리, 정책 결정 과정에서의 환경과 경제의 통합이 도출되었다(WCED, 1987). 이런 구체성에 비추어 보면 지속가능한 개발이 규범적인 것에 그친다고 매도당할 이유는 크지 않다. 지속가능한 개발은 '인류 모두가 의존하는 환경을 회복 불가능할 정도로 파괴하지 않으면서도 지방, 국가, 국제사회의 노력으로 모든 세대의 인간이 기본적 욕구를 충족하고 복지를 증진할 수 있도록 하는 개발'로 이해해야 한다.[3)]

WCED의 개념을 문자 그대로 해석할 경우, 환경 이용을 둘러싼 세대 간 평등이 핵심 요소처럼 보인다. 그러나 그 개념에는 이 외에도 조화가 불가능한 것처럼 보이는 요소들 – 경제 성장, 환경 보전 – 이 포함되어 있을 뿐만 아니라, 요소들 사이의 균형도 시종일관 요구된다. WCED의 보고서는 개발과 관련하여 인간의 '욕구'는 기본적이고 필수적인바, 자원 소유의 평등성과 경제 성장은 욕구를 충족하는 데 필수적이고, '균형(equity)'은 시민의 효율적 참여에 의하여 촉진된다고 주장했다(WCED, 1987).

지속가능한 개발에서 경제 성장, 환경 보전, 사회정의는 이렇게 유기적 관계 속에서 상호 작용을 하기 때문에, 그 개념에는 '제한'의 의미가 잠재한다. 그런데 여기서의 제한은 기술과 사회조직의 현재 상태 그리고 생태계의 인간 활동 흡수 능력에 의해 부과되는 것이기 때문에, 절대적 제한이 아닌 상대적 제한을 의미한다. 따라서 WCED의 개념은 일부에서 주장하듯이 경제 성장 제한의 필요를 일방적으로 강조한 것이 아니라, 개발과 환경 그리고 정의의 조화가 필요함을 강조한 것으로 해석해야 한다(Gills & Vincent, 2000).

---

3) 포괄성, 환경의 건강, 형평성에 입각한 성장을 강조하는 세계은행의 시각도 이와 유사하다. thedocs.worldbank.org/en/doc/770351529080670295-0340022018/original/WorldBankInvestorNewsletter.pdf(검색일: 2024.6.10)

지속가능한 개발은 경제, 환경, 정의는 물론 기업, 사회, 과학 기술, 정치 등 다양한 영역과 상호 작용하기 때문에 국제관계의 변화와도 밀접한 관계를 갖는다. 경제, 환경, 사회의 도전에 대응하는 광범위한 전략으로서, 상호 의존성이 점차 커지는 세계에서 개발에 관한 새로운 전략적 · 규범적 사고를 제시한 것이다. WCED의 개념은 이런 점에서 매우 통합적이고 포괄적인 것이라고 새겨야 한다.

그런데 지속가능한 개발은 수십 년간의 대화와 논쟁의 산물이므로, 처음부터 고정 불변의 궤도에 들어설 수 없는 한계가 있었다. 그것이 진화 과정에서 경제 성장과 환경 보전에 더하여, 여타 관념 – 인간, 사회, 자연 중심주의 등 – 까지 수용할 정도로 확대된 것은 불가피한 일이었다. 그것은 본래의 소수의 핵심 원리와 수용국의 상이한 사회 환경 여건에 따르는 재해석이나 변용 가능성 때문에 신축성을 내포하게 된다. WCED의 개념은 지속가능한 개발에 기본적 원리와 핵심적 가치를 공급했지만, 그 신축성과 개방성 탓에 다양한 해석의 여지를 남겼다.

그러나 다양한 유사 개념들은 해석상의 차이에도 불구하고 지속가능한 개발의 포괄적 속성을 인정하는 공통점이 있다. 지속가능한 개발의 표준 개념은 환경과 경제는 물론 사회와 문화의 '지속가능성(sustainability)'까지도 요구하는 것이다. 1992년 '리우 회의'에서 채택된 조약들(기후변화협약, 생물종다양성협약), 원칙(삼림 원칙), 선언(리우 선언), 행동 계획(의제 21)은 지속가능한 개발의 포괄성이 중시되었음을 보여주는 증거이다. 이후 지속가능한 개발은 개념, 목표, 운동의 형태로 급속히 확산되어 수많은 국제기구, 정부, 기업, 도시, 지방들의 핵심적 과제가 되었다.

2002년의 '세계 지속가능 개발 정상 회의(World Summit on Sustainable Development: WSSD)'에서 채택된 '요하네스버그 선언(Johannesburg Declaration)'은 지속가능한 개발의 포괄성에 관한 인식이 더욱 구체화되었음을 보여준다. 즉 개발을 오로지 경제 개발로만 인식하는 협의의 개념이 인간 개발, 평등성, 사회정의에 대한 관심을 차단하지 못하도록, 지속가능한 개발의 핵심 축으로 경제 개발, 사회 개발, 환경 보전을 제시했던 것이다. 요하네스버그 선언은 또 지속가능한 개발의 독자적이고 상호 보완적인 세 가지 핵심 축을 진전시킬 책임을 지방, 국가, 지역, 지구에 부여함으로써 그 실천 가능성의 제고를 추구했다(Kates et al., 2005).

이러한 과정을 보더라도 WCED가 표준 개념을 제시한 이래, 지속가능한 개발이 상이한 여건들과의 상호 작용을 거쳐 개념과 전략 면에서 확대와 심화의 과정을 거쳐 왔음은 분명하다. 지속가능한 개발은 진화 과정에서 시공간적 여건의 차이를 반영하는 신축성을 발휘했고, 이로써 상이한 도전들에 탄력적으로 대응할 수 있는 기반을 구축했으나, 동시에 개념의 다의성과 모호성이라는 결함을 내포하게 된다.

세계환경개발위원회(WCED)

일명 브룬트란트위원회로 더 잘 알려진 이 위원회는 1983년 제38차 UN 총회 결의 38/161에 의거해 1984년 출범했다. 이 위원회는 위원장(브룬트란트, 노르웨이)을 포함한 23명의 위원으로 구성되었다. 1987년 4년간의 활동 결과로 「인류의 미래(*Our Common Future*) 보고서(일명 브룬트란트보고서)」를 발간했다 이 보고서의 중심축을 이룬 것이 지속가능한 개발 전략이었다. 구체적으로 말하자면 전통적인 경제 성장이 자원 고갈과 환경 문제에 결정적인 영향을 주었으며, 선진국들의 과다 소비도 그것을 부채질했다고 보고, 환경 문제가 빈곤의 원인이자 결과인 범위를 분석했다. 낭비, 과소비, 인구 급증으로 인하여 현재 세대가 미래 세대의 욕구 충족 기회를 박탈할 가능성도 환기시켰다. 나아가서 이런 상태에서 지속가능한 개발을 확보하기 위해서 환경자원의 책임 있는 이용, 군사비의 급격한 감축, 빈곤의 제거, 환경 의제에 대한 다변적 접근, 과학 기술의 재정립, 국제 경제 질서의 재구축을 권고했다. 이 보고서가 널리 유포되면서 지속가능한 개발이 대안 개발 전략으로 빠르게 부상하는가 하면, 환경 문제는 정책의제의 주변에서 중심으로 진출하게 되었다.

제 2 절 적실성

기존의 성장 지상주의적 개발 전략은 두 가지 측면에서 지속 불가능하다. 경제 성장 위주의 개발을 추구한 결과 국가 내부는 물론 국가들 사이에도 부의 분배와 관련하여 불평등성이 심화되었을 뿐만 아니라, 지구환경의 인류 부양 능력도 이미 한계에 도달했다. 보다 더 공평한 분배 질서를 확립하는 것 이외에도, 경제에 의한 환경 파괴와 오염을 규제해야 할 필요는 그래서 절실했다.[4] 환경 면에서 장기적으로 지속가능하고 사회정의와 양립할 수 있는 새로운 개발 전략이 그 외연에서 요구되었고, 지속

4) www.worldbank.org/en/events/2023/11/29/economics-of-sustainable-development(2024.6.10)

가능한 개발이 유력한 대안으로 떠올랐다.

WCED의 개념은 환경 문제로 말미암아 인간 생활의 질이 크게 하락하는 추세에 근거를 둔다. 그 바탕 위에서 빈곤 완화, 교육, 인구 조절, 사회정의 등의 제반 욕구들이 환경 보전과 함께 충족되어야 한다고 지적한다. 건강한 환경은 경제에 필수적 자원을 제공하고, 경제의 번영은 사회의 환경 보전 투자를 가능하게 할 뿐만 아니라 극심한 빈곤을 극복할 수 있게 해 준다. 사회정의의 수호는 자연자원의 수월한 관리와 경제적 이익의 공평한 분배를 보증한다(Victor, 2006). 경제 성장, 환경 보전, 사회정의는 상충되는 것이 아니라 상호 의존적이고 상호 보완적인 목표들이라는 점에서 지속가능한 개발의 적실성을 확인할 수 있다.

WCED의 지속가능한 개발 전략은 두 개념을 핵심 축으로 삼는다. 하나는 '욕구' 개념으로 압도적 우선순위가 부여되어야 할 세계 빈민층의 기본적 욕구를 뜻한다. 다른 하나는 현재와 미래 세대의 욕구 충족과 관련하여 드러난 환경의 '한계' 개념이다(WCED, 1987). 그런데 인간의 욕구를 충족시키지 않고서는 지구환경의 수호가 불가능하다는 점을 간파했을 뿐 아니라, 인류가 변화된 방식으로 욕구를 충족해야 할 필요를 제기한 점에서 지속가능한 개발의 타당성이 돋보인다.

지구의 생명 부양 체계를 파괴하는 대신 보존함으로써 환경의 부양 능력을 강화하고, 부의 불균형을 심화시키는 대신 생활 수준을 향상시킴으로써 세계적으로 빈곤을 해소해야 한다. 빈민층은 생계 능력의 결핍, 기술에의 접근 제한, 자연재해에의 취약성, 그리고 그들이 크게 의존하는 환경의 붕괴 가능성 때문에 생존에 가장 큰 위협을 받는다(Sachs, 2004). 지속가능한 개발은 자원 기반을 강화하려는 사회경제 개발 전략으로서, 현재 행해지는 것보다 더 공평한 분배를 강조하고, 세계적 빈곤의 퇴치와 미래를 위한 선택에 문호를 개방하도록 요구한다.

WCED의 주장을 수용한다면 경제 성장은 빈곤 감소와 환경 문제의 해결을 동시에 만족시킬 수 있는 수단이어서, 지속가능한 개발의 훼방꾼이 아니라 동반자이다. 빈곤이 지구환경 문제의 유일한 요인은 아니지만, 개도권에서 자연자원의 급속한 고갈과 함께 환경 보전을 위한 투자의 감소를 초래하는 주요 동인이므로, 사실상 환경 문제의 주범 중 하나이다.

경제 성장이 이루어지지 않을 경우 개도권의 빈민층이 주로 영농, 어로, 화목 채취 등의 자연자원 이용에 의존하여 생계를 유지하는 경향에서 알 수 있듯이, 경제 성장은 환경 문제의 원인이자 환경 문제의 해결 수단으로 작용하는 이중성을 내포한다.

WCED는 이런 속성을 포착하여, 빈곤 문제를 해결하면서 환경 문제도 동시에 해결할 수단으로 적절한 수준의 경제 성장을 선진권과 개도국 모두에게 권장한다.

환경은 산업이 필요로 하는 원료를 공급하고 인류가 필요로 하는 식량을 제공하는 것만으로도 경제의 기초이다. 자원 기반의 오염과 낭비로 인해 환경이 파멸 상태에 이르면 경제도 붕괴될 수밖에 없다는 사실은, 환경 보전이 오로지 경제 성장의 저해 요인으로 작용하는 것만은 아님을 역설한다. 선진국들이 이미 이룩한 성장과는 다른 성장을, 즉 환경이 피해자가 아닌 동반자인 균형 성장을 필요로 하는 것에서 지속가능한 개발의 타당한 근거가 발견된다. 미래의 성장은 에너지와 물자를 효율적으로 사용하고 정책 결정 과정의 모든 수준에서 환경 요인을 고려한 것이어야 한다.

지속가능한 개발의 실천 강령은 환경을 착취하는 것 이외에는 마땅한 대안이 없는 빈민층에 대해 지원을 강화할 것을 요구한다. 동시에 자립적 개발을 추진하되 환경의 질을 악화시키지 않으면서, 장기적으로 생산성도 하락시키지 않는 비용 효과적 개발을 요구하기도 한다. 지속가능한 개발이 이런 요구들을 만족시킨다면, 지구환경과 인간의 복지를 위협하는 다양한 도전에 대처할 수 있다. 또한 자연과 인간 모두를 위한 미래 전략의 수립에 기여함으로써, 변화하는 세계에서 전통적 개발 전략의 한계를 극복할 수 있다.

지속가능한 개발을 기조로 한 WCED의 보고서는 국가 및 국제 차원에서 환경정책의 현저한 진보를 가져왔다. 국가 차원에서는 지속가능한 개발을 위한 국가 및 지방 제도의 수립, 새로운 환경정책 도구의 도입, 정책 결정 과정에서의 환경 및 경제 요인의 통합이 꾸준히 시도되었다. 특히 선진권에서는 지속가능한 개발에 관한 국가 환경 전략과 정책의 수립, 환경 거버넌스의 성장, 지방 의제 21 운동의 확산 등의 진전을 보였다.

국제사회에서도 지속가능한 개발이 중요한 목표로 수용되었음은 각종 국제환경조약의 체결 그리고 UN과 그 산하기구들, 세계은행, OECD 등 국제기구들의 환경 담당 부서 설치에서 엿볼 수 있다. 나아가 그 행동 계획이 '의제 21(Agenda 21)'로 구체화된 이후 WCED의 보고서, 리우 회의, 요하네스버그 회의를 거치면서 지속가능한 개발은 국가 및 국제 환경정책 결정 과정의 지배적 원리가 되어 개발의 방법론과 실천 면에서 적실성을 확보해 가고 있다(Oluf, 1999).

제 3 절 한계

WCED의 지속가능한 개발은 환경 문제를 개발에 연계시켜 대안 개발 전략을 정립했다는 점에서 적실성이 내재되어 있다. 그러나 그것이 대안 개발 전략으로서의 적실성을 확보하기 위해서는 우선 특정 집단의 빈곤화와 다른 집단의 부유화를 초래해서는 안 되고 생물종의 다양성과 생산성을 그리고 기본적인 생태학적 과정과 체계를 후퇴시켜서도 안 되며, 자주적 적응의 선택 폭을 확대해야 한다는 조건도 충족시켜야 한다.

1 개념의 문제

모든 개념은 정치 환경이 조성되고 새로운 목표가 형성되는 특정 사회적 맥락에서 형성되지만, 생산자를 떠나 전파되는 과정에서 수용자의 정치 환경과 목표에 따라 굴절이 일어난다. 지속가능한 개발 또한 예외는 아니어서, 전파 과정에서 변용되고 재포장되어 다양한 해석을 낳는다. 지속가능한 개발이 본래 이질적이고 복합적인 인간사회와 환경에, 그리하여 상이한 환경과 목표에 대응한 포괄적 개념인 한, 그것은 시공을 가로질러 적용될 수 있는 신축성을 내포한다.[5)]

아울러 그것은 상이한 도전들에 대하여 탄력적으로 대응함으로써, 그리하여 다양한 해석을 허용함으로써 개념의 다의성이라는 문제를 안게 된다. 지속가능한 개발은 환경 영역에서 핵심적 위치를 차지하고 있지만, 보편적으로 수용되는 '통합 개념'이 부재하는 상태에 놓여 있다. 흡수한 목표와 가치들이 상이하거나 상충되는 것임에도 불구하고, 지속가능한 개발은 그것들의 동시 실현을 추구한다.

WCED가 개념을 제시한 이래 수많은 논자들이 각자의 해석을 전파한 결과, 반환경적인 활동마저도 지속가능한 개발로 위장하거나 정당화하는 '녹색 세탁(greenwash)'이 적지 않았다(Kates et al., 2005). 현재와 미래 세대의 욕구 충족에 관심이 없는 사람, 심지어 환경 문제를 일으키는 사람, 기존 사회 문제를 부당하게 이용하여 욕

5) 일부 논자는 지속가능한 개발 개념의 핵심 구성 요소인 '지속가능성(sustainability)'과 '개발(development)'이 서로 다를 뿐더러 경쟁적이며 심지어는 모순적이라서, 지속가능한 개발 개념은 일종의 '형용 모순(oxymoron)'이라고 지적한다(Redclift, 2018: 695-696).

구를 충족하려는 사람들의 도구로 악용되지 않을까 하는 우려가 제기될 정도로, 지속가능한 개발은 다의성의 문제를 안고 있다.

1987년 이후의 논쟁 과정을 살펴보면, 지속가능한 개발을 특정의 가치나 목표를 증진하는 도구로 이용하려는 시각들이 개입했음을 알 수 있다. 거기에는 최소한 서로 다른 목표와 가치를 가진 세 가지 시각이 개입한 것으로 보인다. 구체적으로 '효율(efficiency)'을 중심으로 삼은 시각은 생산 활동에 투입되는 원료의 양을 감축하여 자연자원의 이용과 폐기물 발생을 극소화하라고 주장한다. '균형(equity)'을 강조하는 시각은 인류 전체의 욕구를 충족시켜야 할 환경에 대한 압박을 완화하고, 인간의 집단적 복지 증진에 기여하는 방향으로 정치제도를 변화시키도록 요구한다. '윤리(ethics)'에 입각한 시각은 의식이 인간사회는 물론 비인간사회를 보호하는 방향으로 전환되도록 선악에 관한 인간의 사고방식 변화를 추구한다. 세 시각이 지속가능한 개발 개념의 주요 구성 부분임은 분명하지만, 동시에 이들의 복합적 공존 때문에 통일적 단일 개념을 구성하기가 어렵다는 것도 분명하다(Harrison, 2000).

지속가능한 개발 개념이 그동안 다양한 사회적 목표 및 가치와의 상호 연계를 강조하느라, 모호하고 다의적인 개념으로 전락했다는 비판에는 상당한 근거가 있다. 그것은 제반 사회 세력의 목표 달성 도구로 둔갑되는가 하면, 왜곡에 취약한 한계도 드러낸다. 예컨대 인권운동가도, 대규모 화학회사도, 친환경 건축가도, 핵발전소 운영자도 자신의 목적에 부합되도록 개념을 변용하여 자신의 활동을 정당화하는 데 활용하곤 했다.

지속가능한 개발 개념은 환경 보전, 경제 성장, 사회정의를 상호 결합한 것이지만, 진화 과정에서 과도하게 전문화되고 본래의 취지에 부합되지 않은 다수의 목표들을 통합한 것이기도 하다. 그리하여 사회 전반으로 확산되는 과정에서 통일성 없는 개념들을 양산했다. 그것은 근대 사회가 경제 성장에 주력하느라 소홀히 한 환경 보전, 사회정의, 인간 개발의 중요성을 환기시킴으로써 개발 전략 전환의 의미 깊은 계기를 마련하기는 했다. 그러나 개념의 범위를 과도하게 확대하여 실현 불가능한 다수 목표를 포함한 것은 극복해야 할 과제이다.

어느 한 시각에 입각하여 개념을 구성하면 개념의 파편화가 개념의 난립을 초래한다. 그리고 모두를 통합하여 구성하면 개념의 광역화가 전파 과정에서 발생하는 해석의 다양성을 조장한다. 지속가능한 개발은 이런 탓에 개념의 다의성을 피하기 어렵다. 지속가능한 개발은 다수의 유개념들(sustainable agriculture, sustainable city, sustainable growth, sustainable livelihood, sustainable yield, sustainability)과 그 적실성을 놓고 경쟁하는 개념인 점에서(Eden, 1994: 160; Redclift, 1992: 32-34)[6] 사회과학의 여타 주요 개념들과 사정이 크게 다르지 않다.

분석적으로 엄밀한 개념의 정립이 어렵다고 하더라도, 여타 개발 개념과 구분되는 속성을 적시할 필요마저 무시해도 되는 것은 아니다. 유개념들과의 생존 경쟁에서 개념 간의 차이를 분명히 하고 개념을 더 정제해야 적실성을 획득할 수 있다. 그러나 시공간의 변화에 대응하여 개념 또한 변화를 추구하지 않을 수 없기 때문에, 통일성과 일관성을 보유할 수 없는 한계를 숙명적으로 내포한다.

2 방법론의 문제

'지속가능성'의 원리가 기왕의 개발 전략을 지배해 온 '효용 극대화' 원리를 점차 대치하면서, 지속가능한 개발이 개발 및 환경 문제를 해결하는 데 바람직한 대안 개발 전략으로 부각되고 있다. 지속가능한 개발의 방법론적 축은 두 가지이다.

하나는 개발 및 환경 문제에 대한 도덕적 지침이고, 다른 하나는 문제의 해결을 위한 이론적 기제이다. 도덕적 지침으로서의 지속가능한 개발은, 현실을 해석하는 데 필요한 도덕적 기반을 제공하고, 가설들을 규정하는 형이상학적 윤리 그 자체이다. WCED에 의하면, 그것은 사회경제 개발이 자원 기반을 감소시키기보다는 증진시켜야 하고, 이를 위한 인간사회의 간섭은 미래 세대의 욕구와 그 충족 능력을 손상시켜서는 안 된다는 윤리를 의미한다. 그러나 지구환경 문제가 도덕적 요청에 의해서만 해결될 수는 없다. 이는 다양한 불확실성의 영역을 초래하여 인간들로 하여금 다양한 불확실성 속에 살게 하기 때문이다.

주목할 점은 지속가능한 개발은 상황에 따라 변화하는 것이므로, 상이한 시공 관념을 토대로 살펴보아야 한다는 것이다. 말하자면 환경과 개발 간의 상호 작용 과정 분석이 객관성을 얻으려면, 시공의 변화로부터 비롯되는 문제들의 파악이 전제되어야

6) 한 예로 '지속가능성(sustainability)'은 인간과 자연이 내·외부의 변화에 무한히 적응하거나 대처할 능력을 갖추려는 장기적 목표를, '지속가능한 개발'은 이 목표를 향하여 나아가는 가변적 전략을 의미한다. 그러나 개념이 모호하기는 지속가능한 개발의 준거가 되는 다른 개념들도 마찬가지이다. 이런 모호성이 국제환경 논쟁에서 다양한 세력들이 그 개념을 조작하여 다양하게 해석하는 경향을 부채질했다. 이 결과, 다수의 상이한 유개념들이 지속가능한 개발의 다의성을 가속화시켜 왔다. 이에 관해서는 Dovers & Handmer(1992), p.263; Jacob(1994), p.243; 신연재(1996), pp.91-93 참조.

한다. 그렇다면 지속가능한 개발 전략을 수립할 때는 역설적으로 국가별 특수성을 반영해야 지구 차원의 보편성에 접근할 수 있다. 그것이 실효성 있는 전략이 되려면 사회경제 환경의 맥락을 구체화하고 시공의 규모도 구체화해야 한다. 그러나 지속가능한 개발 전략이 사회마다 다를 수밖에 없더라도, 그리하여 그 보편성이 특수성의 전제 위에 서더라도, 인류의 생존을 위해서는 건강한 환경과 안정된 인구로 뒷받침되는 공통의 가치 체계가 필요함은 물론이다.

환경과 개발의 관계는 이렇게 구체적인 역사 속에서 개별적인 모델과 함께 설명되어야 하지만, 그렇다고 세계질서와의 관계를 소홀히 할 수는 없다. 환경과 개발은 어디에 위치하든 사회 과정의 일부로서 국제관계와 밀접한 관계가 있기 때문에, 환경 문제는 국제관계의 산물이라고 해도 크게 틀리지 않다. 개발 전략 문제를 다룰 경우에도 세계질서의 변화하는 속성을 포괄적으로 파악해야, 환경 문제가 최근 '남'과 '북'의 개발 과정에 미치는 부정적 영향을 파악할 수 있다.

성장과 지속가능성을 둘러싼 남북 간의 갈등이 벌어지는 상황에서, WCED는 지속가능한 개발을 대안으로 제시했다. 그것은 성장 없는 개발이 빈곤을 초래하지만, 기존의 성장 전략은 지속가능성이 결여되어 있기 때문에, '지속가능성'과 '성장'의 조화를 꾀한 것이었다(Kanie & Biermann, 2017). WCED가 주장한 지속가능한 개발은 성장과 환경의 질이 조화될 수 없다는 비관적 시나리오 – 예를 들면, 『성장의 한계』 – 에서 이탈해서 긍정적 전망을 제시했다는 의미를 지닌다. 성장은 문제가 아니라 해답의 일부로서 긍정적인 가치를 인정받은 것이다. 성장은 부(富)의 분배를 통하여 빈곤 문제의 해소, 환경 문제 해결 비용 제공, 양질의 환경 관리, 남북 간의 평등을 위해서 필수적인 것으로 간주되었다.

빈곤이 만연한 세계는 환경 문제에 취약하고 기본적 욕구의 충족을 위해서는 경제 성장이 필요하다. 특히 개도권의 환경 문제는 성장의 결여에서 비롯된 것이기도 하다. WCED도 위험이 뒤따르기는 하지만 빈곤을 극복하기 위해서는 공업화가 불가피하다고 주장한다. 그러나 빈곤이 환경 문제의 유일한 원인이 아니라면, 성장 친화적 성향의 지속가능한 개발 전략에는 문제가 있다. 경제 성장이 여전히 필요하되 환경 면에서 지속가능한 것이어야 한다는 주장은, '지속 불가능성(unsustainability)'을 조장할 수도 있다. WCED는 보고서에서 제3세계에 5% 이상의, 선진권에는 3~4%의 성장을 권유했다. 물자와 에너지를 절약하고 이용 효율을 높인다면, 환경 면에서 그런 정도의 성장률은 지속가능하다는 것이다. 그러나 이런 권고에는 확증이 없을 뿐더러, 명목만 바뀐 경제 성장을 여전히 지지해야 하는 위험이 도사리고 있다.

이로부터 유발되는 문제는 지속가능한 개발과 이것이 대치하려는 전통적 개발 간의 차이가 명백하지 않다는 것이다. 더구나 성장이나 그 속도를 제한하는 요소들이 다수 존재하기 때문에 성장이 얼마나 지속될 수 있는지도 예측하기 어렵다. 이론과 실천이 의미 있게 연결되려면 분석적으로 엄밀하되 실천적 효용이 있는 개념이 필요하고, 실천 가능한 범위와 전략도 필요하다. 이런 면에서 지속가능한 개발 전략은 쉽게 설명할 수는 있으나 쉽게 실천할 수는 없는 한계가 있다.

지속가능한 개발의 일반 원리, 필요조건, 성취 방법들이 없는 것은 아니다. 그것들을 위한 행동 목표는 이미 제안되어 있다. 성장의 복원과 질의 변화, 기본적 욕구의 충족, 적정한 수준의 인구 유지, 자원 기반의 보존과 증진, 기술의 재정향과 위험 관리, 정책 결정 과정에서의 환경과 경제의 융합, 국제 경제 질서의 재구조화, 대중의 개발 참여 확대 등이다(WCED, 1987). 그러나 행동 목표를 나열했다고 해서 실천이 보장되는 것은 아니다. 행동의 구체적 규준을 설정하지 않은 결과가 지속가능한 개발에 대한 다양한 해석을 허용하게 되면서 실천의 장애 요인으로 작용할 수 있다.

3 국가 차원의 한계

각국의 정치는 소비 위주의 생활양식과 가치를 변경하는 데 큰 영향력을 발휘하지 못하며, 국제사회의 환경 친화적 개혁도 기대한 것만큼의 진전을 이루지 못하고 있다.[7] 모든 국가는 국내 활동을 통하여 지구환경에 영향을 미치므로, 환경 문제는 본래 국내 문제이거나 지방 문제이다. 국가가 환경 의식과 활동에 미치는 영향을 외면하고서는, 지구 차원의 환경 문제가 진행되는 방식을 이해할 수 없다.

초국가적 환경 문제는 국제 협력 체제의 구축을 통한 해결을 요구한다. 그러나 지속가능한 개발을 지구 차원에서만 접근해야 한다고 주장할 경우 개념의 왜곡은 불가피하다. 지속가능한 개발과 밀접한 관계가 있는 빈곤 문제는 대부분 지구 차원이 아닌, 국가 또는 지방 차원에서 발생한다. 빈곤과 환경 문제는 상호 연계되어 있으므로 경제 성장은 두 문제에 대처하는 데 필수적 수단이다. 경제 성장이 지속가능한 개발

7) 예컨대 SDGs의 실행은 계획보다 더디게 진행되고 있다. www.unep.org/resources/global-environment-outlook-6(검색일: 2024.6.12); 세계은행은 지속가능한 개발을 지지하면서도, 환경 문제를 유발할 수 있는 개발차관(광산 개발, 수력발전소 건설 등)을 여전히 제공한다(Boxil, 1994: 14).

의 중요한 수단임에는 틀림이 없다. 그러나 각국은, 국내적으로 시장이 환경 문제의 비용을 내면화하지 못하는 시장 실패에 적절히 대응하지 못했을 뿐만 아니라, 불필요한 환경 문제를 야기하는 정책을 추진해 왔다.

개도권에서든 선진권에서든 심각한 형태의 환경 문제는 이렇듯 지구 차원이 아닌, 국가 차원의 요인들로부터 주로 유발된다. 예컨대 국가들이 온실가스의 배출을 억제하지 않거나 생물종의 다양성을 훼손하는 활동을 묵과하면, 지구 차원의 환경 문제 발생에 원인을 공급하는 것이다. 역으로 온실가스의 배출을 감축하거나 생물종의 다양성을 회복하기 위해 노력한다면, 지구 차원의 환경 문제를 해결하는 데는 물론 국가이익을 증진하는 데도 기여하는 것이다(Gills & Vincent, 2000).

지속가능한 개발은 이런 점에서 국가이익의 극대화를 추구하는 대안 개발 전략이기도 하다. '의제 21'은 이에 맞추어 각국 정부에게 "지속가능한 개발의 달성을 위한 국가 전략 계획 정책 과정을 수립하여야 하고, 국가 전략은 국가 운영에 동원되는 경제·사회 환경정책 및 계획에 입각하여 그것들을 조화시켜야 한다"고 요구한다(지구환경대책기획단, 1992).

대다수의 선진국은 이런 요구에 대응하여 지속가능한 개발의 목표들을 국가 전략이나 정책에 반영해 왔다. 선진권이 지속적 제도 개혁, 새로운 환경정책 도구의 실험, 정책 결정 과정에서 환경 및 경제 요인의 통합을 부단히 시도하고 있음은 지속가능한 개발 전략의 수립 및 감시를 위하여 다수의 계획과 제도를 수립한 것에서 확인할 수 있다. 선진권의 이 같은 노력은 '지속가능개발위원회(CSD)'에 의제 21의 이행 상황을 보고하는 체제를 수립한 것, 다양한 국제환경조약을 준수하는 것, OECD가 회원국들의 '환경 활동 현황(Environmental Performance Review) 등록 프로그램'을 도입한 것으로도 입증된다(Dalal-Clayton, 1999).

나머지 대부분의 국가는 제반 요인의 제약으로 인해, 아직 개발 전략이나 정책 수립에 지속가능한 개발을 적극적으로 활용하지 못하고 있다. 이를 구체적으로 살펴보면 다음과 같다.

첫째, 개도권의 환경 문제는 생활의 장기적 지속가능성을 희생시키고 단기적 이익을 추구하게 하는, 극심한 빈곤 상태에서 비롯되기도 한다. 지속가능한 개발이 환경 보전과 함께 절대 빈곤의 감소를 국가들에 주문한 것은 이 점에서 적절하다. WCED는 변화로부터 가장 크게 영향받을 집단을 개발 계획에 참여시키는 '상향식(bottom-up)' 접근법을 채택하라고 요구했다. 그런데도 개도국 전반에서 빈민층은 자신의 미래에 직간접적으로 영향을 미칠 정책 결정 과정에 참여하는 데 제약을 받으며 경제 활동의 수익 분배 과정에서 공평한 몫을 분배받지 못한다(Schmandt & Ward, 2000).

대중의 참여는 자원 고갈, 환경 문제, 사회 불안정을 최소화하는 안전판이 되거나 그 반대 역할을 하는 장치가 될 수 있다. 대중이 정책 결정 과정에 참여하면, 지속가능한 개발에 관한 합의와 결정의 정당성을 제고하여 정책의 지속가능성을 강화할 가능성이 크다. 그러나 그들의 기본적 욕구를 충족시킬 수 없다면, 환경 문제를 해결하려는 어떠한 정책도 비지속적 결과로 이어지게 된다. 그러함에도 '하향식(top-down)' 개발 정책을 고수하는 경향 때문에, 개도국들은 환경·경제·사회의 지속가능성을 확보하기 어려운 한계에 직면한다.

둘째, 지속가능한 개발의 또 다른 장애는 각종 제도가 변화의 요구를 외면하고 현상 유지에 집착하는 경향에서 찾아볼 수 있다. 그것들은 경제적 이익의 획득 과정에서 발생하는 비용을 다른 제도에 전가하는가 하면, 환경과 경제를 분리하여 다루는 경향이 있어 환경 문제에 효율적으로 대처하는 데 한계가 있다. 가령 만연된 NIMBY 현상은 비용을 인접 지역이나 국가 또는 지구 공동재 - 해양, 대기, 외계 - 에 전가하는 것으로서, 강대국은 약소국에게 정치가는 최약체 집단인 미래 세대에 전가하기도 한다.

그렇다면 불이익을 받기 쉬운 집단이나 지역에 공평한 재분배를 지속가능하게 보장하는 정치제도의 운영이 필요하다(Meadowcroft, 1999). 그렇게 하지 않으면 유기적으로 연계된 환경·경제·사회 문제에 복합적으로 대처하기 어렵다. 그런데도 공공정책의 우선순위를 환경보다는 경제에, 조화보다는 성장에 부여한 결과, 국가들은 막대한 능력을 경제 개발에 집중 투입하는 방식으로 제도를 운영하는 관행을 고수한다.

환경 문제의 포괄성과 복합성에 비추어 필수적으로 요구되는 환경 부처와 기타 유관 부처 간의 긴밀한 협력 체제 구축에 큰 비중을 두지 않는 것도 문제이다. 게다가 환경 담당 부처들마저도 환경 문제의 사전 예방보다는 사후 대응에 주력하는 함정에 빠져 있다. WCED는 이 문제와 관련하여 각국 정부가 국제기구와 더불어 지속가능한 개발을 가장 중요한 목표로 삼되, 환경 보전 및 자원 관리 제도의 강화는 물론 유기적 협력 체제의 구축도 주문했다(WCED, 1987). 국가 차원에서 이런 요구에 부응하려면, 유관 제도들이 환경·경제·사회 기반의 지속가능성에 미치는 자신들의 영향에 비례하여 책임을 부담하는 방향으로 제도가 정비되어야 한다. 그러함에도 대다수 개도국들이 이런 제도적 변화의 요구에 부응하지 못하는 것이 지속가능한 개발의 실현을 제약한다.

셋째, 환경 문제의 주요 요인 중 하나는 소비 지상주의적 문화와 생활양식이다 (van der Zwaan & Petersen, 2003). 현재보다 고도화된 생활수준에서 지속가능성을 달성하기 위해서는 정부와 민간 부문에서 가치, 신념, 생활양식의 근본적인 변화가 일어나야 한다. 일부 선진국이 이미 이런 환경 친화적 정치의식을 보유했다고 하지만, 대다수의 구성원들로부터 지지를 획득하여 정치 의제화한 국가는 드물다. 정책결정자들이 긴 시간을 요구하는 환경 친화적 원칙과 전략을 지지해야 이러한 한계를 비로소 극복할 수 있다.

그러나 국민은 환경 전체가 아닌 부분만을 보고, 정치지도자들은 장기적 시각 대신 단기적 시각에 사로잡혀 있어서, 그러한 변화가 짧은 시간 안에 현실화되기는 어렵다. 정치지도자들이 현안 문제에 매몰되는 경향을 보이는 탓에, 환경 요소들이 개발 전략의 수립 과정에서 배제되면, 지속가능한 개발이 실패로 돌아갈 확률이 높아진다. 어떤 국가에서든 지속가능한 개발이 대안 개발 전략으로 정착되기 위해서는, 정치지도자들이 단기적 목표보다 장기적 목표를 지지해야 하고, 그것을 지지하는 구성원들이 다수 존재해야 한다. 정치지도자들이 정치적으로 어려운 결정을 하고, 대중이 이를 이해하고 지지할 정치적 의지가 확보되어야 지속가능한 개발로의 이행이 가능하다. 그러나 변화에 필요한 정치적 의지의 결집이 여전히 숙제로 남아 있다.

어떤 정부든 정치적 의지의 변화와 이에 따른 문화와 생활양식의 변화 없이, 윤리적 확신이나 과학적 결론만을 가지고 국가를 지속가능한 개발로 인도하기는 어렵다. 정치적 의지의 결집과 변화는 이런 점에서 지속가능한 개발의 핵심 요소이다. 그러나 이를 현실화했거나 현실화할 수 있는 국가가 소수에 불과하다는 사실에서 우리는 지속가능한 개발의 또 다른 한계를 엿볼 수 있다.

넷째, 대부분의 국가에서 환경 비용을 개인이 아닌 사회가 부담해 온 관행 또한 지속가능한 개발의 현실화를 가로막는다. 아직도 많은 국가들은 경제 성장에 집착하느라 공공정책의 변화에 소극적인 편이다. 시장은 환경 비용을 내면화하는 데 실패해서 지속가능한 개발은 장애와 마주친다. 선진국들이 환경 문제에의 대응을 적극화했지만, 그것만으로는 환경 문제의 근본적 원인을 제거하는 데 역부족이라는 것이 밝혀진지 이미 오래다. 개도국 일반의 상황이 이보다 훨씬 더 열악하다면 국가 차원에서의 개발 전략의 전환이 요구된다.

지속가능한 개발 전략은 환경 문제를 유발한 공사의 제도에 책임을 묻는 것이되, 환경 문제의 발생을 방지하기 위한 긍부정적 유인을 포괄한 것이어야 한다. 환경 문제를 유발하는 활동에는 비용을 부과하고, 예방하는 활동에는 보상을 해야 한다. 그래야만 가격이 환경 비용까지를 포함한 진정한 비용을 반영하게 되고, 환경 문제 해결 비용을 사회 전체가 아닌 오염자가 부담하도록 할 수 있다. 그리하여 환경 차원에서는 건강한 관행을 촉진하고, 경제 차원에서는 성장을 촉진하며, 사회 차원에서는 정의를 확립할 수 있다.

4 국제 차원의 한계

기후 변화의 영향까지 가세하여 환경 문제는 날이 갈수록 심각해지고 있다. 동시에 세계 빈민층은, 기존의 개발 전략이 자원과 생태계를 과잉 착취하고 타격을 가함에 따라 복지와 안보를 위협받고 있다. 지속가능한 개발이 당면한 기본적 문제는 첫째, 환경 문제에 효율적으로 대처하고, 둘째 빈민층의 빈곤을 완화하여 그들의 복지와 안보를 증진하여, 셋째 환경 이용 면에서 계층 간 국가 간 균형을 이루는 것이다 (Matthew & Hamill, 2009).

근대 이후 국제관계의 가장 중요한 행위주체는 국가여서, 국제 협력 체제의 수립은 궁극적으로 각국의 이해관계, 여건, 전략으로부터 제약받지 않을 수 없다. 국가는 그런 면에서 국제 협력의 추진 주체이자 저해 요인이어서, 국가이익의 조화 없이는 국제환경협력의 원활한 추구가 사실상 불가능하다.[8] 게다가 지구 차원의 환경 문제라고 해도 그 영향은 국가마다 상이해서 그 심각성과 긴박성이 다르고, 따라서 대응도 서로 다르기 마련이다. 리우 회의에서 선진권은 삼림을 지구의 공동재로 간주하고 지속가능한 개발을 위한 삼림조약의 체결을 주장했다. 반면 개도권은 그것을 자국의 필요에 따라 개발해야 할 국유자원일 뿐이라고 반박하여 조약의 체결을 무산시킨 바 있다.

지속가능한 개발은 각 국가의 특수성을 반영한 차별화된 전략이어야 하고, 적실성 있는 대안 개발 전략이 되려면 시공의 맥락에 따르는 사회경제 환경의 특수성을

8) 리우 선언 '원칙 2'는 이런 사정을 반영하여, "국가는 UN 헌장 및 국제법 원칙과 조화를 이루면서 자국의 개발 환경정책에 따라 자국의 자원을 개발할 수 있는 주권적 권리를 가지고 있으며, 또한 자신의 관할권이나 통제권에 입각한 행동이 타국이나 자국 관할권의 범위를 넘어선 지역의 환경 문제를 초래하지 않도록 보장할 책임이 있다"고 선언했다(지구환경대책기획단, 1992: 5-6).

반영한 것이어야 한다. 국가 간 여건의 차이가 적용되는 방식과 원칙의 차이를 초래하므로, 지속가능한 개발이 현실화되는 구체적 형태와 수준도 달라야 한다. 시간적·공간적 맥락의 특수성에 입각해야, 비로소 세계적 보편성의 획득이 가능하다. 지속가능한 개발은 이처럼 국가마다 다른 이해관계와 목표에 의하여 지배되는 개발 전략이어서, 중남아메리카나 아시아 또는 아프리카 국가들이 동일한 수준과 형태를 추구하는 것은 무의미하다.

지속가능한 개발과 관련하여 나타나는 지구 차원의 보편적 기대와 국가 차원의 특수한 현실 사이의 괴리는, 기후 변화 규제 노력이 부진한 이유를 설명해 준다. 그 원인은 국가적인데 결과는 지구적이어서, 상당수의 국가들은 온실가스 감축 의무의 부담을 자국의 개발에 대한 불공평한 제약이라고 간주하며 거부하는 것이다.

지속가능한 개발이 대안 개발 전략으로 널리 확산되었다고 하나, 그것의 차별성은 개도권에 침투한 신자유주의에 의해 큰 손상을 입는다. 일률적으로 강요된 신자유주의 정책들이 지속가능한 개발의 보편적 실현은 물론 차별적 실현을 여러 방식으로 제약하기 때문이다.[9] 개도권 상당수의 국가들에서는 그동안 국제사회가 지속가능한 개발을 추진하면서 거둔 각종 성취가 신자유주의적 개혁 정책의 영향으로 심각하게 훼손되기도 했다. 개도권에서 지배적 위치를 차지한 신자유주의 정책들은 거의 예외 없이 산업화의 확대, 소비 지상주의의 확산, 자원의 과다 사용, 도시 빈민과 무토지 농민의 증가, 빈곤 및 불평등의 심화를 초래하며(Haque, 1999: 199),[10] 지속가능한 개발의 차별화 대신 획일화를 강요함으로써 그것의 타당성과 실현 가능성을 약화시켰다.

1992년의 '리우 선언'은, 각국에게 환경 관리를 고려한 정책 결정을 하도록 하되 국제사회에게는 공동 노력을 기울이도록 촉구했다. 국제사회에게는 당면 목표로, 환경 문제와 그 요인의 발생을 극소화하고 평등을 기반으로 하여 남북이 지속가능한 개발을 추구하도록 요청했다. WCED도 지속가능한 개발의 핵심으로 세대 간 - 현재 세대와 미래 세대 간, 현재 세대 내 국가 간, 생물종 간 - 에서의 분배의 평등성을 지목했다.

---

9) 여기서 신자유주의는 시장 역할의 극대화와 국가 간섭의 극소화를 바탕으로 자유시장, 공개 경쟁, 복지의 제한, 탈규제, 민영화, 수출 지향적 생산, 성장 지상주의적 개발, 자유무역과 비교 우위 원리를 추종함으로써 공동선을 증진할 수 있다고 신뢰하는 이데올로기를 지칭한다.

10) 이와 반대되는 견해는 Halliday et al.(2002) 참조.

그러나 현재 세대에서의 국가 간 불평등성이 지속되면, 현재 세대와 미래 세대의 평등성과 지속가능한 개발의 미래가 비관적인 것이 될 가능성이 농후하다. 현재와 같은 선진권 부유층의 자원 과다 소비와 개도권 빈민층의 환경에의 과다 의존은, 미래 세대의 환경 이용 가능성을, 그리하여 지속가능한 개발의 가능성을 제약할 것이기 때문이다(Spangenberg, 2001).

이로 말미암은 개도권의 빈곤 그리고 선진권과 개도권 간 불평등의 심화가 미래 세대의 자원 이용 가능성을 감소시키고 다양한 형태의 환경 문제를 초래하여, 지속가능한 개발의 실천에 문제를 야기한다. 빈국의 현재 세대가 빈곤과 기아에 허덕이는 반면, 부국의 현재 세대는 자원의 과다 소비를 즐긴다. 그런데도 현재의 국가 간 불평등을 외면하고 세대 간의 맥락에서만 개발을 추진한다면, 지속가능한 개발은 부국의 미래 세대를 위한 비용을 빈국의 현재 세대 빈민층에 부담시키는 결과를 초래할 것이다. 그리하여 그것은 현재의 남북 간 불평등을 더 심화시킬 뿐만 아니라 미래로까지 연장하는 사이비 대안 개발 전략으로 전락할 수 있다(Beckerman & Pasek, 2001). 환경에 우호적이지 않되 경제 성장과 자유무역을 철저히 지지하는 신자유주의의 보편화와 이로 인한 국제경제질서의 획일화는, 빈곤과 불평등의 심화를 매개로 지속가능한 개발의 실천을 가로막는 주요 요인 중 하나이다.

기후변화협약과 생물종다양성협약의 체결, 의제 21의 이행을 감시할 '지속가능개발위원회(CSD)'를 창설한 것에서, 우리는 리우 회의를 새로운 국제환경제도의 산실로 평가할 수 있다. 그러나 의제 21이 구체적 우선순위나 하위 목표를 규정하지 않은 채 다양한 목표를 수용했고, 국가들은 구속력 있는 행동 계획에 대한 지지를 주저함으로써 지속가능한 개발의 이행에 제약을 가했다. 리우 회의 사무국은 의제 21을 이행하는 데 매년 6,000억 달러의 신규 비용이 필요하며, 이 중 1,250억 달러는 선진국의 원조로 충당되어야 할 것이라고 추정했다. 그러나 남북이 공적개발원조(ODA), 기술 이전, 재정 지원을 둘러싼 갈등을 이어가고 있어서 지속가능한 개발의 이행은 기대만큼 진척되지 않고 있다(Gills & Vincent, 2000: 48).[11]

2000년 '유엔 밀레니엄 특별 총회'는 환경, 평화, 개발, 인권, 약자, 결식인, 빈민, 아프리카 문제 등을 해결할 목적으로 8개 목표와 18개 세부 목표로 구성된 '밀레니엄

11) 예를 들어 2010년, 선진권이 2020년까지 조성하기로 약속한 매년 1,000억 달러의 기후재원 조성에 실패하면서, 글래스고 회의(COP 26)의 마지막 단계까지 기후재원 문제가 주요 쟁점으로 부각되었다(대외경제정책연구원, 2021).

개발 목표(Millenium Development Goals: MDGs)'를 채택했다.[12] 8개의 목표는 ① 극심한 빈곤과 기아의 일소, ② 보편적 초등교육 달성. ③ 양성 평등과 여성 역량 강화, ④ 영유아 사망률 감소, ⑤ 모성 보건 증진, ⑥ HIV/AIDS, 말라리아, 기타 질병 퇴치, ⑦ 지속가능한 환경 확보, ⑧ 전 지구적 개발 파트너십 구축으로 구성되었다. 지속가능한 개발과 밀접한 관계가 있는 이 목표들은 2001년부터 2015년 사이의 기간에 달성해야 할 구체적인 세부 목표－빈민층의 절반 감소, 영유아 사망률 2/3 감소 등－를 설정했다는 점에서 '의제 21'보다 진일보한 것이다.

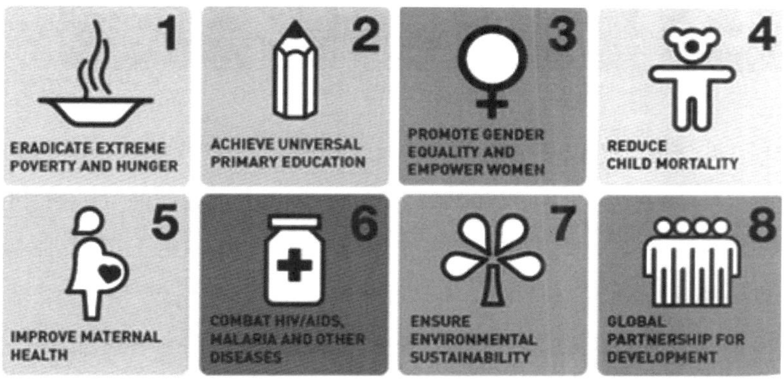

그러나 국가와 국제사회의 정책, 원조의 지속성 부족 그리고 개도권 국가 대부분의 능력 결여가 목표의 달성을 가로막는 장애 요인으로 작용했다(Secretary-General, UN Genenral Assembly, 2015). 목표의 달성을 위해서는 2006년까지 1,350억 달러, 2015년까지 1,950억 달러의 추가 재원이 필요하다고 추정되었으나, 이는 21세기 초 세계 '공적개발원조(ODA)' 총액의 2배 이상에 달하는 것이어서, 그러한 규모의 재원 조달은 사실상 불가능한 것으로 평가되었다(Kates et al., 2005).[13]

---

12) MDGs는 1990년대 이후 국제회의와 국제기구(UN, OECD, IMF, World Bank 등)에서 합의된 개발 목표들을 종합한 것으로서 과거에 분리 대응되던 빈곤, 환경, 여성, 교육 등의 문제들을 유기적으로 연계시킨 상태에서 해결을 추구한 것이다. 세부 목표는 18개에서 21개로 확대되었다.

13) UN은, 개도국들이 MDGs를 달성하려면 GDP의 20%를 조세로 징수해야 한다고 추정했는데, 다수 국가들은 이를 충족하지 못했다. SDGs에서도 세수 증대는 개발 연대의 첫 번째 목표로 규정되었다(Seelkopf & Bastiaens, 2020: 991).

2015년 UN 정상 회의는 2016년부터 2030년까지의 기간에 달성해야 할 17개 목표와 169개 세부 목표를 가진 '지속가능한 개발 목표(Sustainable Development Goals: SDGs)'를 채택했다. 그것은 통합적이고 전일주의적인(holistic) 시각에서 지속가능한 개발을 추구한 것이어서, 환경을 다른 분야와 연계하여 사회 문제, 경제 문제, 환경 문제의 해결에 고루 초점을 맞추었다. 다수의 목표들은 환경 목표와 직간접적으로 연계되어 있다. 물(SDGs 6), 기후(SDGs 13), 해양(SDGs 14), 육지와 생물종의 다양성(SDGs 15)은 직접 연계되며, 자연재해(SDGs 1, 11), 식량, 기아, 농업(SDGs 2), 인간의 건강(SDGs 3), 에너지(SDGs 7), 경제 성장과 고용(SDGs 8), 산업(SDGs 9), 도시(SDGs 11)는 간접적으로 연계된다(UNEP, 2019).

SDGs는 빈곤 퇴치를 주요 목적으로 하되 사회 문제 해결에 주력한 MDGs의 성과와 한계를 바탕으로 사회 개발, 경제 성장, 환경 보전 차원의 목표들을 통합했기 때문에, 전통적 방식의 개발을 뛰어넘는 것이다. 그것은 개도국과 선진국에 모두 적용된다는 점에서 '보편성'을, 경제 · 사회 환경의 패러다임 전환을 추구한다는 점에서 '개혁성'을, 취약 계층은 물론 일반 시민도 대상으로 한다는 점에서 '포용성'을, 그리고 구체적인 이행 수단을 동원한다는 점에서 '실효성'을 내포한 것으로 평가된다(Clark, 2017).[14]

14) 17개 목표는 빈곤 퇴치, 기아 해소, 건강과 복지 향상, 양질의 교육, 양성 평등, 청정 식수와 위생 확보, 적절하고 청정한 에너지 활용, 양질의 고용과 경제 성장, 지속가능한 사회 기반 시설 · 산업 · 혁신 장려, 국가 간 불평등 완화, 지속가능한 도시와 공동체 건설, 지속가능한 생산과 소비, 기후 변화 대응, 해상 자원 보호, 육상 자원 보호, 평화 · 정의 · 강력한 제도 실현, 국제 협력 강화로 구

그러나 MDGs보다 대폭 확대된 목표의 달성에는 막대한 재원이 소요된다. 특히 개도권의 지속가능한 개발 노력을 지원하기 위해서는, 다양하고 효과적인 원조가 지속적으로 제공되어야 한다.[15] 그런데 국제사회는 다양한 재정적・비재정적 이행 수단을 동원하기로 합의했음에도 이러한 요구에 충분히 대응하지 못하고 있다. 국제사회는 SDGs 중 환경 관련 목표들을 2030년까지 달성하는 데, 그리고 2050년까지 장기적인 지속가능성을 달성하는 데 필요한 노력을 본격화하지 못하고 있다.[16]

설령 선진권이 개도권의 필요에 비례하는 원조를 제공한다 하더라도, 개도권 국가들은 정책의 우선순위가 불확실한 상태에서 문제 해결 – 수질오염의 해소, 빈곤 제거, 구조조정, 부패 척결, 의료보장제도의 개선 등 – 의 우선순위를 결정하지 못하거나, 비용 대비 효과를 정확히 계산할 수 없는 경우가 허다하다. 아프리카 국가들은 대부분 필요한 만큼의 원조가 제공되더라도, 환경 보전이나 사회정의는 차치하고 실천가능한 경제 성장 계획조차 세울 수 없는 형편이어서, 이들에게 지속가능한 개발은 미래의 일일 뿐이다.

그렇다면 한편으로 국제사회의 '희망 사항 목록(wish list)'을 두텁게 하는 데 일조할 뿐인 목표의 과잉을, 다른 한편으로 UN의 권고 수준 – 국민총소득(GNI)의 0.7% – 을 하회하는 선진권의 미흡한 원조와 개도권의 대응 능력 부족을 지속가능한 개발의 또 다른 제약 요인으로 지적할 수 있다.

동서 관계가 국제관계 전반을 규율하던 냉전 시대는 막을 내렸다. 탈냉전 시대에 들어오면서 환경의 건강이 국제 평화와 안전의 중요 변수로 자리 잡는 변화가 일어났다. 환경 문제는 이 과정에서 경제 문제와 더불어 국제관계의 중심 의제로 부상했다. 지속가능한 개발은 환경과 경제의 가치를 동시에 인정하고, 환경 보전과 경제 성장 그리고 사회정의의 조화를 추구하는 대안 개발 전략이다. 그러나 남과 북이 스톡홀름 회의 이후 지속가능한 개발의 가치를 공히 인정하면서도 '북'이 '지속가능성'을 강조한 반면, '남'은 '개발'을 강조한 차이가 지속가능한 개발의 진전을 가로막은 주요 장벽이었다.

성되어 있다. www.un.org/en/academic-impact/page/sustainable-development-goals(검색일: 2021.12.5). MDGs의 목표들이 가시적인 것들이어서 성과 측정이 상대적으로 용이한 반면, SDGs의 일부 목표들(예컨대 정의, 평화)은 추상적인 것들이어서 성과 측정이 어려운 문제가 있다(Desai & Schomerus, 2018).

15) sdgs.un.org/topics/finance(검색일: 2021.12.5)

16) www.unep.org/resources/global-environment-outlook-6(검색일: 2024.6.12)

남은 북의 환경 보전 요구를 경제 성장에 대한 위협으로 간주하면서 지속가능한 개발의 보편적 추구를 거부했다. 반면 북은 남의 성장 지상주의를 환경에 대한 위협으로 간주하면서 지속가능한 개발을 강조했다. 국제사회가 초국가적 환경 문제의 위협에 공동 대응해야 함에도, 남과 북은 지속가능한 개발을 위한 공적개발원조(ODA), 기술 이전, 구속력 있는 시간표와 행동 계획의 채택을 둘러싸고 대립을 거듭했다. 남북 관계가 개선되지 않고서는, 지속가능한 개발이 이행의 핵심 주체인 국가들의 정책에 안착하는 데 기왕의 예측보다 더 많은 시간이 필요하고, 그 진전은 예상보다 느릴 것으로 보인다.

제 3 편

환경 문제와 환경정책

CHAPTER 07

환경정책의 개념과 특징

이제 환경에 대한 국민들의 관심은 매우 일상적인 것이 되었다. 일회용 컵이나 접시를 볼 때에도 '사용하기 편리하겠구나' 하는 생각보다는 쓰레기로 인한 환경 문제를 생각하게 되었고, 심지어 봄비가 내려도 비에 얽힌 아련한 추억보다는 '혹시 산성비가 아닐까' 하는 두려움이 앞서는 것이 현실이다. 이러한 사고 방식은 불과 수년 전만 해도 생각하기 어려웠다. 물이나 공기와 같은 환경재는 아무리 사용해도 없어지지 않는 그저 공짜로 쓸 수 있는 무한정의 자원으로 생각했던 것이다.

그러나 이제 환경에 대한 국민들의 인식이 변화했다. 환경은 이른바 '삶의 질'을 좌우하는 중요한 요소의 하나로 인식되고 있다. '환경'이 먹고 입는 일차적인 문제 못지않게 사람들의 일상 생활에서 중요한 의미를 지니는 것으로 대두되고 있다. 이를 반영해 세계 각국의 환경정책은 질적 · 양적인 면에서 모두 엄청난 속도로 성장하고 있다. 우리나라도 예외는 아니다. 그동안 우리나라의 환경정책은 예산 면에서나 조직 면에서 크게 팽창했다. 환경 관계 법령도 다른 분야와 비교할 수 없을 정도로 수가 증가했으며, 그 내용도 계속 강화되고 있다.

이와 같이 정부는 환경 문제를 해결하기 위해 막대한 자원을 투입하고 있다. 그럼에도 불구하고 우리의 환경오염은 개선되긴 커녕 오히려 악화되고 있다. 정부의 환경규제는 강화되고 있는데 오염도는 증가하고 있다. 왜 그럴까? 그 이유는 다양하게 제시할 수 있을 것이다. 그러나 무엇보다도 중요한 것은 환경 문제의 해결을 위해 정부가 사용하는 환경정책 수단 자체에 문제점이 있거나 또는 이를 집행하는 환경행정

체제에 문제점이 있기 때문이다. 경우에 따라서는 양자 모두가 원인이 되기도 할 것이다.

이러한 관점에서 이 장에서는 환경 문제와 이를 해결하기 위한 환경정책에 대해 논의하고자 한다. 이를 위해 우선 환경오염이 사회 문제로 등장하는 과정과 이를 해결하기 위해 정부가 개입하는 환경정책 과정을 설명하고자 한다. 그리고 환경정책은 다른 정책과 구별되는 특징이 있고 바로 이것이 환경정책의 효과성을 저해하는 중요한 요인이 되므로 환경정책이 가지고 있는 정책적인 특징을 좀 더 자세히 언급하고자 한다.

제 1 절 환경 문제와 환경정책

1 환경 문제

환경 문제는 무엇인가. 일반적으로 사회 문제는 다수의 사회구성원들이 어떠한 상황에 대해 불편함을 느낄 때 발생한다. 예컨대 교통이 불편하다거나, 물가가 너무 올라 장바구니가 가벼워졌다거나, 느닷없이 회사에서 직장을 잃게 되는 상황이 발생하는 경우 이를 참을 수 없는 상황이라고 인식하게 되면 이것들은 사회 문제가 되는 것이다. 이와 같이 사회 문제란 사회구성원들이 일정한 상황을 문제로 '인식'할 때 형성된다. 바꿔 말하면 어떠한 사회적 상황에 대해 사회구성원들이 이를 문제로 인식하지 않으면 사회 문제가 되지 않는다는 것을 의미한다. 요컨대 사회 문제란 객관적인 상황에 대한 시민들의 주관적인 인식을 바탕으로 한다. 아침에 복잡한 버스 안에서 교통 체증이 심한 도로를 한 시간쯤 달려서 출근하는 것은 도시민의 당연한 일상적인 삶이라고 사회구성원들이 인식한다면, 출퇴근 시의 복잡한 교통 상황은 사회 문제가 아니다. 그러나 복잡한 버스와 교통 체증은 도시민의 삶에 큰 불편을 주는 것이라는 인식이 자리잡고 있으면 이것은 사회 문제가 되는 것이다.

환경 문제도 마찬가지이다. 경제가 발전함에 따라 공기와 물이 오염되고 쓰레기가 늘어나는 것이 당연한 현상이라고 생각하면 환경 문제는 사회 문제가 될 수 없다. 그러나 깨끗한 공기와 맑은 물이 인간다운 생활을 위한 필수적인 요소라고 인식하면 환경오염은 중대한 사회 문제가 된다. 특히 환경오염으로 인해 신체상 또는 재산상의 손실이 나타나는 경우 피해자의 입장에서 볼 때 환경오염은 매우 중대한 사회 문제가 아닐 수 없다. 따라서 환경 문제가 사회 문제가 되기 위해서는 환경오염이라는 객관적인 상황이 존재하고 이를 문제로 인식하는 사회구성원들의 사고 방식이 필요하다.

한편 환경오염이라는 사회 문제를 야기하는 사회적인 현상은 왜 나타나는가. 물이나 공기와 같은 환경재(環境財)를 과다하게 사용해 환경오염이 나타나는 것은 이들 환경재가 주인 없는 공유재이기 때문이다. 환경재는 이를 선점하는 사람이 아무런 대가 없이 사용할 수 있다. 따라서 사람들은 아무런 비용 부담 없이 직접적인 편익을 가져다 주는 환경재를 될 수 있으면 많이 사용하려는 동기를 갖게 된다. 그러나 환경재를 과다하게 사용하면 대기오염, 수질 오염과 같은 환경오염 피해가 발생한다. 하지만 환경재는 그 누구의 재산도 아니므로 그 피해에 대한 대가를 치를 필요도 없고, 환경재의 사용을 제한하거나 사용 비용을 징수할 수도 없다. 결국 환경재는 과도한 사용을 피할 수 없고 '공유지의 비극(tragedy of commons)'이 초래되는 것이다.

환경재를 과다하게 사용해 환경오염이 발생하는 이유에 대해서는 여러 가지 논의가 가능하지만 가장 명쾌한 논리를 제공하는 것은 바로 경제학에서 논의하고 있는 외부 효과(externality) 개념이다. 외부 효과란 한 경제 주체의 소비, 생산 또는 분배 행위가 시장 교환 과정에 참여하지 않고 있는 다른 소비자 또는 생산자에게 유리 또는 불리한 영향을 미치는 것을 말한다. 이 외부 효과가 이득을 가져올 때는 외부경제(external economy)라고 하며, 반대로 손해를 가져올 때는 외부불경제(external dise-

[그림 7-1] 환경 문제와 환경정책

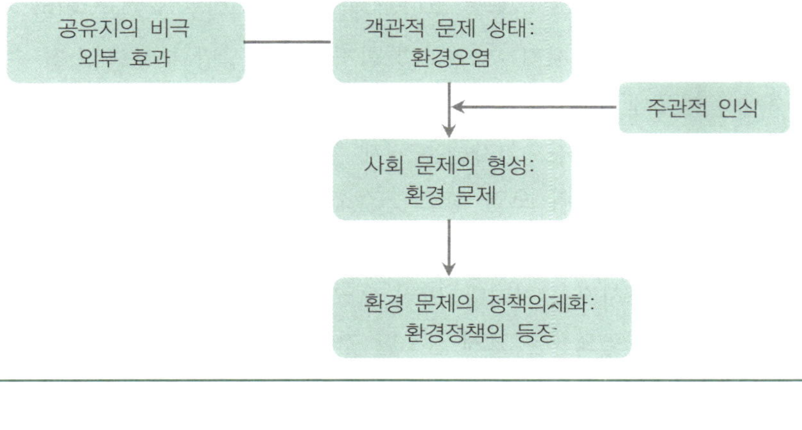

conomy)라고 한다. 환경오염은 바로 이 외부불경제의 대표적인 예이다. 외부불경제가 존재하면 환경오염자들은 자신들이 야기한 환경오염이라는 사회적 비용을 자발적으로 부담하지 않기 때문에 이른바 사적 비용(private cost)과 사회적 비용(social cost) 사이의 불일치가 발생한다. 따라서 외부 효과는 시장실패를 야기한다. 즉 환경오염자들은 사회적으로 적정한 규모 이상의 상품을 생산하게 되고(이것은 사회적으로 적정한 규모 이상의 환경재를 사용하는 것을 의미한다), 이에 따라 더 많은 환경오염이 발생하게 된다.

예를 들어 철강공장에서 배출하는 매연이나 폐수는 공기와 하천을 오염시킴으로써 철강을 사용하지 않는 제3자에게도 피해를 끼친다. 따라서 철강 생산은 외부불경제를 낳는다. 그러나 철강 생산 기업이 한계비용을 계산할 때 공기 및 하천 오염이라는 사회에 해를 끼치는 비용은 감안하지 않는다. 즉 외부불경제와 관련된 비용은 무시한다. 이때 철강 생산의 사회적 비용은 기업이 철강을 생산하는 데에 들어가는 사적 비용에다가 철강 생산으로 야기되는 오염을 제거하는 데 소요될 비용까지 합한 것이다. 기업은 사회적 비용이 아니라 이보다 적은 사적 비용을 기준으로 생산하기 때문에 필요 이상으로 많은 제품을 생산하게 되어 오염물질이 과다하게 방출될 것이다.

2 환경정책과 환경정책 과정

1) 환경정책의 필요성

환경정책은 환경오염이라는 사회 문제를 해결하기 위한 정부의 개입 수단이다. 전술한 바와 같이 환경오염의 원인은 외부 효과이므로 환경오염자들에게 환경재의 사용과 환경오염 피해에 대한 비용을 부담하게 하면, 즉 외부 효과로 인한 사회적 비용을 내부화(internalization)시킬 수 있다면 환경오염은 상당 부분 해소될 수 있을 것이다. 환경재의 이용에 비용이 수반되고 환경오염으로 인한 피해를 반드시 보상해야 한다는 것을 인식시키면 환경오염자들은 경제 활동 시 적정한 수준의 환경재를 사용하려고 할 것이며, 이에 따라 오염 정도도 감소될 수 있을 것이다.

환경정책은 바로 정부의 개입을 통해 환경오염자들에게 외부불경제로 인해 초래된 사회적 비용을 부담시키는 것이다. 만일 오염자들이 자발적으로 이 비용을 내부화시킨다면 정부 개입의 필요성은 크게 감소할 것이다. 하지만 앞에서 본 바와 같이 환경재는 공유재이기 때문에 아무도 자발적으로 사용 비용을 부담하지 않으려 할 것이다. 또한 환경 문제가 환경오염자와 오염 피해자 간의 자발적 협상을 통해 사적으로 해결될 수 있다면 이때에도 정부의 환경정책의 필요성은 감소할 것이다. 이를 코즈의 정리(Coase theorem)라고 한다. 하지만 이것이 가능하기 위해서는 환경재에 적절한 재산권이 설정되어야 하고 또 오염자와 피해자 간에 자발적인 협상이 나타나야 하는데(이를 위해서는 특히 협상에 소요되는 비용이 매우 낮아야 한다.) 이것 역시 현실적으로 매우 힘들다.

코즈 정리는 정부의 적극적인 개입 없이 외부 효과를 치유할 수 있다는 점을 지적한다. 외부 효과를 일으키는 재화의 주인을 만들어 주면 이해 당사자들이 자발적 합의에 의해 외부 효과의 문제를 해결할 수 있다는 것이다. 그러나 코즈 정리는 현실적으로 다음과 같은 이유로 인해 적용되기 어렵다. 첫째, 현실에서 외부 효과의 문제는 이해 당사자가 누구인지 정확히 판별하기 힘든 경우가 많다. 특히 오염을 배출하는 기업의 오염원을 확인하기 어렵다. 둘째, 외부 효과가 존재하는 경우 거래비용이 적지 않다. 현실에서 외부 효과가 존재하는 경우 이해 당사자의 수가 매우 많다. 이해 당사자의 수가 많아지면 협상 비용이 커지므로 코즈 정리의 조건이 충족되지 않게 된다. 셋째, 소유권을 명확히 확립한다는 것은 쉬운 일이 아니다. 소유권을 확립하려면 정보 수집 비용과 사법적 비용 등 많은 비용이 소요된다.

이와 같이 코즈 정리에 의한 자발적 협상으로 외부 효과를 치유한다는 것은 현실적으로 곤란하며, 따라서 정부의 적극적인 개입이 필요하다. 따라서 환경 문제의 해결을 위해서는 정부가 직접 개입하는 방법을 강구하지 않을 수 없다. 오염자들이 자발적으로 환경오염을 제거하려는 노력을 기울이기가 힘들므로, 후술하는 바와 같이 정부는 환경오염 행위 지도, 단속, 처벌과 같은 직접 규제 방법뿐만 아니라 조세 또는 부담금의 부과, 보조금의 지급, 정보 제공과 같은 다양한 수단을 동원하여 환경 문제의 해결에 나서게 된다.

2) 환경정책 과정

환경오염이 사회 문제가 되었다고 해서 항상 정부가 환경정책을 만들어 개입하는 것은 아니다. 또 정부가 개입한다고 해서 모든 사회 문제가 해결되는 것도 아니다. 이를 이해하기 위해서는 환경정책 과정에 대한 이해가 필요하다. 그래서 다음에서는 환경정책 과정을 일반적인 정책 과정 논의에 비추어 개략적으로 설명하고자 한다.

[그림 7-2] 환경정책 과정

환경 문제의 정책의제화 →	환경정책의 결정 →	환경정책의 집행
- 의제화 - 비의제화	- 형식적 이슈화 - 소극적 결정 - 적극적 결정	- 불집행 - 소극적 집행 - 적극적 집행

(1) 환경 문제의 정책의제화

정부의 입장에서 볼 때 사회 문제의 해결에는 일정한 자원(인적·물적 자원)이 소요되므로 정부가 모든 사회 문제를 다 해결할 수는 없다. 사회에는 정부의 손길을 기다리는 무수히 많은 문제가 있다. 경제 문제, 교육 문제, 사회복지 문제, 외교·안보 문제 등 이루 셀 수 없이 많은 문제들이 있는 것이다. 정부는 이 모든 문제를 일시에 다 해결할 수는 없고, 동원 가능한 자원의 범위 안에서 선택적으로 사회 문제를 해결하게 된다. 정부가 해결하기로 선택한 사회 문제를 정책의제(policy agenda)라고 한다. 정부는 무수히 많은 사회 문제 중 무엇을 우선적으로 해결할 것인가, 즉 어떤 사회 문제를 정책의제로 할 것인가를 우선 결정한다. 정책의제가 되어야만 비로소 이를 해결하기 위한 정부의 개입이 시작되는 것이다. 따라서 환경 문제가 해결되기 위해서는 우선 정부가 환경 문제를 해결해야 할 사회 문제로 인식하는 것, 즉 정책의제화가 필요하다. 만일 정책의제로 전환되지 않으면 환경 문제는 해결되지 못한 채 방치된다.

(2) 환경정책의 결정

환경 문제가 정책의제화된 다음에는 환경 문제를 해결하기 위한 구체적인 방안, 즉 환경정책의 목표와 수단을 결정하는 환경정책의 결정 활동이 있게 된다. 그런데 이때에도 정부는 여러 가지 행태를 나타낸다. 우선 정책의제화는 되었으나 정부가 정작 결정 단계에 들어가서는 아무것도 하지 않는 상황이 발생할 수 있다. 이를 형식적 이슈화라고 부를 수 있는데, 표면적으로는 정부가 환경 문제를 해결하겠다고 하였지만 실질적으로는 아무런 조치도 취하지 않고 시간만 끄는 경우가 이에 해당한다. 정부가 구체적인 정책대안을 마련하는 경우에도 그 내용에 따라 소극적인 결정과 적극적인 결정으로 구분할 수 있다. 전자는 정부가 환경정책을 결정하기는 하되 문제 해결의 효과는 미약한 경우를 말하며, 후자는 문제를 해결하는 데 충분한 강력한 내용의 환경정책을 결정하는 경우를 말한다. 환경 문제가 해결되기 위해서는 정부가 강력하고도 충실한 내용을 가진 환경정책을 결정해야 함은 물론이다.

(3) 환경정책의 집행

많은 사람들이 생각하듯이 환경 문제가 정책의제화되고 또 구체적인 정책 수단이 마련되었다고 해서 환경 문제가 저절로 해결되는 것은 아니다. 결정된 정책들이 환경 문제가 나타나고 있는 현장에서 집행되어야 한다. 예컨대 대기오염을 방지하기 위해 배출부과금을 도입하기로 했다면 대기오염 물질을 배출하고 있는 공장 굴뚝에 가서 오염물질의 종류와 양을 측정하고 이에 따라 배출부과금을 부과하고, 이를 납부하지 않을 때에는 상응하는 대응 조치를 취하는 등의 정책 집행이 있어야만 대기오염이 감소할 수 있다. 따라서 환경정책의 집행도 그 정도에 따라 결정된 정책이 전혀 집행되지 않는 경우(불집행, non-implementation), 자원 부족이나 환경오염자들의 반발로 소극적으로 집행되는 경우, 적극적인 집행 활동이 이루어지는 경우 등으로 구분할 수 있다.

앞에서 논의한 바와 같이 정부 개입을 통해 환경 문제가 해결되기 위해서는 정책 과정 전반에 걸쳐 무수히 많은 장애물들을 넘어야 함을 알 수 있다. 일단 환경 문제가 정책의제화되어야 하고 강력한 내용을 가진 정책이 결정되어야 하며, 또 집행에 필요한 충분한 자원이 배분되어 이를 충실히 집행에 옮겨야만 환경 문제의 해결이 가능해진다. 그런데 후술하는 바와 같이 환경정책이 가지고 있는 몇 가지 정책적인 특징은 이와 같은 일련의 과정을 매우 복잡하고 어렵게 만든다. 이로 인해 환경정책의 효과성이 저해되는 것은 물론이다. 이에 대해서는 뒤에서 자세히 살펴볼 것이다.

3 환경행정

1) 환경행정의 개념

일반적으로 행정이란 '행정부 내에서 공무원들이 공공 문제의 해결을 위해 행하는 의사 결정'이라고 정의되고 있는바, 이러한 점에서 환경행정은 환경 문제의 해결을 위해 앞에서 설명한 환경정책 과정을 관리하는 정부의 행위를 의미한다고 할 수 있다. 즉 환경행정이란 환경 문제를 해결하기 위한 정부의 활동으로서 좀 더 구체적으로는 환경정책 수단을 만들고 집행하는 정부의 활동을 말한다.

정부 내에는 각 사회 문제에 대응해 해당 분야의 문제 해결을 책임지고 있는 부서가 있다. 예컨대 교육 문제는 교육부, 외교 문제는 외교부, 노동 문제는 고용노동부 등이 맡고 있다. 환경 문제는 환경부의 소관 사항이다. 이러한 점에서 환경부의 활동은 곧 환경행정을 의미한다고 할 수 있다. 그런데 다른 사회문제도 마찬가지이지만 특히 환경 문제의 경우는 다른 사회 문제와 밀접한 관련을 맺고 있어서 환경부가 환경 문제의 해결을 위한 활동을 전담할 수 없어 다른 부처의 협력을 필요로 하는 경우가 있을 수 있으며, 어떤 환경 관련 분야는 다른 정부부처가 그 문제의 해결을 책임지고 있는 경우도 있다. 예컨대 환경 문제 중에서 해양오염의 관리와 산림자원의 보

〈표 7-1〉 중앙행정기관의 환경 업무 담당 현황

기관별	관장 업무
원자력안전위원회	• 원자력 안전규제 업무의 종합 · 조정 • 방사능 방호대책의 수립 · 시행 • 원자력발전소의 안전관리와 핵폐기물 처리 · 처분의 기능
농림축산식품부	• 농산 분야 오염 대책 • 농업용수 개발사업계획 및 기술 지도
산업통상자원부	• 독극물 수출입 • 산업배치 및 산업단지 관리 업무 • 신에너지 및 대체에너지 연구 · 개발
국토교통부	• 국토건설 종합계획의 입안 · 조정 • '국토의 계획 및 이용에 관한 법률'에 의한 규제지역, 개발제한구역의 지정 • 산업 입지 및 개발 • 공항소음 대책 • 자동차 형식 승인 및 성능 시험
고용노동부	• 직업병의 예방 대책과 작업환경 개선
국가유산청	• 천연기념물 지정 및 보호 · 관리
해양수산부	• 수산자원의 보호 및 공해 대책 • 공유수면의 매립 · 관리 • 항만오염 방지 대책 • 해양오염 방지를 위한 감시 · 단속 및 방제
산림청	• 산림기본계획 수립 • 산림의 보호 및 산지 훼손 행위의 단속
농촌진흥청	• 토양 검정의 개량 지도

전은 각각 해양수산부와 산림청에서 상당 부분 책임지고 있으며, 환경 파괴에 큰 영향을 미치는 각종 사회간접자본 시설의 건설과 관리는 국토교통부의 소관 사항이다.

따라서 환경행정은 좁은 의미로 보면 환경부의 환경관리 활동이라고 할 수 있지만, 넓게 보면 환경관리와 관련한 정부의 모든 활동이 포함된다. 그러나 환경관리 업무를 전담하는 환경부가 환경행정의 중심에 있음은 물론이다.

한편 환경행정기관을 지방 차원에서 살펴보면, [그림 7-3]에서와 같이 중앙부처인 환경부와 지방자치단체 소속 기관으로 이원화되어 있다. 즉 지방에는 환경부 산하의 행정기관인 수계별 환경관리청, 지방환경관리청, 환경출장소 등이 있으며, 또 지방자치단체 소속의 환경국(이름은 지방자치단체별로 다양하다) 등의 지방환경행정기관이 존재한다. 예컨대 울산광역시에는 환경부 산하의 낙동강환경관리청 울산환경출장소가 있으며, 동시에 울산시 산하의 환경녹지국이 환경행정기관으로 역할을 하고 있다. 이 경우 중앙환경행정기관인 환경부 산하 기관과 지방자치단체 소속 환경기관 간의 역할을 적절히 배분하지 않으면 두 기관의 역할 중복, 업무상 갈등 등의 문제가 야기될 수 있다.

[그림 7-3] 우리나라 환경행정조직

중 앙	환경부	관련 정부부처
지 방	수계별 환경관리청 지방환경관리청	시 · 도 환경녹지국, 보사환경국, 환경국
	환경출장소	시 · 군 · 구 환경보호과

2) 환경행정의 발달 과정

우리나라의 환경행정은 1967년 보건사회부 공해계에서 출발했다. 공해계는 1973년 환경행정전담과인 공해과로 확대되었다. 그 후 중앙정부의 환경행정조직은 수차례의 확대 개편을 거쳐, 1980년 1월 당시 보건사회부의 외청인 환경청으로 확대되었다. 이로써 환경행정조직이 최초로 독립된 정부부처 형태를 갖추게 되었다. 1986년 10월에는 환경측정관리사무소와 중앙환경점검반을 통합해 6개의 지방환경지청을 설치해, 중앙정부 차원에서 지방환경행정을 수행하기 위한 환경행정조직을 갖추었다.

하지만 환경 관련 업무들의 종합 조정과 각 담당 행정부서 간의 협조가 용이하지 않고 부처 간 할거주의에 의한 정책 조정의 어려움으로 인해 환경정책의 효과성이 크게 제약을 받았다(정회성, 변병설, 2019). 이를 해소하기 위해 1985년에는 국무총리를 위원장으로 하는 '환경보전위원회'를 설립했으나, 환경 문제와 관련된 다양한 정책들을 둘러싼 부처 간의 갈등을 조정하여 적극적인 환경정책을 수행해 나가기에는 역부족이었다.

1980년대를 거치면서 전국의 환경 문제는 더욱 악화되었고 이와 함께 시민들의 환경 의식은 고조되었다. 이에 따라 1990년 1월에는 환경청이 환경처로 승격되었다. 여러 부처에 얽힌 환경 문제를 효율적으로 종합·조정하기 위해 보건사회부 외청에서 국무총리 소속하의 장관급 부서인 환경처로 승격된 것이다. 환경처로 승격되면서 지방환경지청도 지방환경청으로 승격되었고, 산하에 7개의 환경출장소도 신설되었다.

1991년 발생한 낙동강 페놀오염 사건은 환경행정조직에도 변화를 가져왔다. 효율적인 수질관리를 위한 수질관리 기능 일원화 방침에 따라 건설부 상하수도국의 3개과(수도정책과, 하수도과, 수도관리과)와 보건사회부의 음용수관리과가 환경처로 이관되어 상하수도국이 신설되었다. 이로써 음용수의 수질관리 책임을 환경처가 맡게 되었다. 또한 6개 지방환경청도 한강, 낙동강, 영산강, 금강 등 4대강 수계별 환경관리청으로 개편되었다.

1994년 12월에는 환경처가 환경부로 승격되었다. 1980년 환경청으로 출발한 중앙환경행정기구가 드디어 부 형태의 장관급 부처가 되었으며, 이제 독자적인 정책 입안을 추진할 수 있는 조직 형태를 갖추게 되었다. 1998년 2월에는 내무부로부터 자연공원과와 국립공원관리공단을 이관받아 국립공원을 비롯한 공원관리 업무를 환경부가 담당하게 되었다.

2002년 1월에는 낙동강, 금강, 영산강 및 섬진강 등 주요 상수원의 수질 개선을 위한 각 수계 수질개선특별법이 제정되었다. 이에 따라 한강·낙동강·금강·영산강 '환경관리청'을 '유역환경청'으로 명칭을 변경했다. 또한 환경부의 지방 환경부서에서 담당하고 있던 산업단지 내 환경오염 물질 배출업체 관리 업무가 2002년 10월 1일 시·도지사에게 위임되었다.

2008년에는 기상청이 과학기술부에서 환경부 소속으로 이관되어 기후 문제와 환경 문제의 통합 관리를 가능하게 하였으며, 환경부도 외청 형태의 산하기관을 보유하게 되었다. 또한 2018년 6월 종래 국토교통부 산하기관이었던 수자원공사가 국토교통부의 수자원정책국 등 관련 부서 등과 함께 환경부로 이관되었다. 종래의 물 관리는 수량관리는 국토교통부, 수질관리는 환경부로 이원화되어 여러 문제를 야기하였다. 이에 정부는 「정부조직법」을 개정하여 환경부로 물 관리의 일원화를 이루었다.

이와 같이 우리나라의 환경행정기관은 1990년대 이후 급속히 팽창하였으며, 2024년 현재, 산하에 1개의 외청, 11개의 공공기관, 20개의 소속기관을 거느리는 거대 부처로 성장하였다.

제 2 절 환경정책의 특징

1 환경정책과 경제 발전: 상충과 조화

환경정책은 다른 정책에 비해서 정치 체제가 경제 발전과 환경 보호 중 어느 것을 더 중시하느냐 하는 정치 체제의 이념적인 지향에 영향을 받는 경향이 있다. 즉 경제 발전 또는 지속적 성장과 환경오염 중 어느 것을 더 중시하느냐 하는 국가정책의 우선순위에 관한 정치 체제의 결정은, 환경 문제가 정책 쟁점으로 등장해 정부가 그 해결을 위해 개입하는 정도에 영향을 미친다. 환경 보호와 경제 발전 간의 대립은 다음 세 가지로 정리할 수 있다.

첫째, 개발 우선주의로서, 기술낙관론적 입장(technological optimism)에서 경제성장 추구를 옹호하며 기술혁신을 통해 자연자원의 희소성을 충분히 극복할 수 있으므로 자원의 고갈을 이유로 성장을 멈출 필요는 없다고 주장하는 것이다. 이 입장에서는 자원 부족 현상은 자원의 희소성이 아니라 비합리적인 자원 배분 체계에서 유래한 것이며, 성장에 부수적으로 나타나는 환경오염 현상도 정부의 적절한 정책적 조치에 의해서 감소될 수 있는 것으로 본다. 또한 경제 성장 억제는 저소득층의 소득 향상 기회를 박탈하기 때문에 소득 재분배를 위해 지속적인 성장을 추구해야 한다고 주장하는 이들도 여기에 포함된다. 이들은 성장 억제 정책으로 소득(pie)이 한정되면 사회구성원 간에 한정된 소득 중 더 많은 부분을 가져가려는 투쟁, 갈등이 심화되고 이를 해결하기 위해 강력한 정부가 등장해 비평화적 · 비민주적 사회가 등장할 가능성을 경고한다.

둘째, 환경 보전 우선주의로서, 이들은 역사적으로 지나친 발전의 추구는 자연을 고갈시켜 오히려 멸망을 초래하는 예가 많았으며, 생태학적으로도 과도한 성장의 강조는 생태계의 파괴를 가져와 인류의 멸망을 촉진시킬 뿐이므로 환경 보호를 더욱 중시해야 한다는 입장이다.

셋째, 개발 · 보전 조화주의로서, 경제 발전과 환경 보전을 동시에 고려하는 것이다. 최근에는 이른바 '지속가능한 개발(sustainable development)' 또는 '환경적으로 건전하고 지속가능한 개발(Environmentally Sound and Sustainable Development: ESSD)' 개념이 등장하면서 환경에 미치는 영향을 최소화하는 개발을 강조하는 경향이 나타나고 있다. 이와 관련하여 우리 정부도 녹색성장(green growth), 그린뉴딜(green new deal) 등의 정책으로 환경 보전 산업을 통해 경제 성장을 도모하려는 시도를 하기도 했다.

정치 체제가 이 중에 어떤 입장을 취하는가에 따라 환경규제의 범위, 강도 등에서 커다란 차이를 가져오는 것은 당연하다.

2 환경정책과 이론 또는 기술

환경 이슈를 명확히 하고, 환경정책의 비용, 위험, 편익 등에 대해 정확히 판단하며, 복잡한 환경정책의 결정에 필요한 틀을 만들기 위해서는 과학적 · 기술적 지식을 필요로 한다. 왜냐하면 첫째, 환경규제의 근거 또는 정당화를 위해서는 환경규제의 결정에 선행해서 축적되어 있는 과학적 분석 결과 – 예컨대 자연 환경을 조사 · 분석해 인체에 유해한 물질이 존재함을 확인한 연구, 환경오염이 인체에 미치는 영향에 관한 연구 등 – 가 필요하다. 둘째, 환경규제의 결정 과정에서 발생하는, 환경오염의 발생 원인 및 규제 수단의 선택을 둘러싼 규제기관 내부 및 관련 집단 간의 갈등을 해결하기 위해서도 과학적 타당성과 신뢰성이 높은 연구 결과가 필요하다.

그러나 환경오염의 원인 파악 및 환경오염이 유발하는 사회적 비용과 환경규제의 효과에 대한 과학적 분석은 매우 어렵다. 특히 환경 문제는 인간의 건강 문제와 관련되어 있기 때문에 정확한 과학적 분석 결과를 제시하기가 더욱 힘들다. 왜냐하면, 환경오염의 원인이 개별적으로 인체에 작용하는 것이 아니라 여러 가지 요소가 복합적으로 작용하거나 또는 지금까지 발생한 오염물질이 혼합되고 화학적 반응에 의해 새로운 이물질이 생성되어 인체에 영향을 주므로 정확한 원인을 알 수 없고, 건강상의 피해를 언어로 정의하기 어려운 것도 하나의 이유가 되며, 동일한 환경오염의 원인이라고 하더라도 인체에 미치는 효과는 여러 가지 조건에 따라 차이가 있을 수 있기 때문이다.

비록 정확한 과학적 연구 결과가 제시된다고 할지라도 실제의 정책 과정에서 그 연구 결과에 대해 관련자들 간의 견해가 일치하지 않거나, 자신들에게 유리하게 해석될 소지가 있으며, 심지어 조작될 가능성도 배제할 수 없으므로, 과학적 분석은 환경규제의 결정에 필요하기는 하지만 충분한 요인은 아니다. 또한 과학적 · 기술적 정보를 환경규제에 이용하는 정도도 규제 결정 과정에의 참여자의 전문성의 정도, 이해관계의 대립 정도, 규제기관의 성격(규제기관의 역사, 구성원의 성향 등) 등에 따라 광범위한 차이가 있기 때문에 이러한 경향은 더욱 강화된다.

요컨대 환경규제는 다른 정책에 비해서 과학적 · 기술적 지식에 의존하는 정도가 크지만 이에 필요한 지식이 충족될 수 없기 때문에 환경규제와 관련된 리스크(risk)의 측정과 평가는 결국 사회적으로 어느 정도의 리스크를 수용할 것인가에 대한 정치적 과정에 의해 결정될 수밖에 없다.

3 환경정책과 다수의 참여자

환경정책 과정에는 관련된 다른 정부부처 및 정책결정자뿐만 아니라 각종 이익집단 등 공식 · 비공식 집단의 참여가 활발하며, 이로 인해 정책 과정 참여자들 간에 매우 복잡한 상호 작용을 보인다. 우선 환경정책은 종합적이고 다양한 분야에 걸쳐 있으므로 정부 내 여러 부처와 관련을 갖게 된다. 그뿐만 아니라 환경 문제가 사회적 이슈화가 되는 경우에는 대통령, 의회와 같은 정책결정자들도 중요한 참여자가 된다. 또한 환경규제와 관련된 비공식 참여자는 크게 규제의 강화를 요구하는 환경보호단체와 환경규제의 직접적인 비용 부담자로서 규제를 반대하는 기업집단 등으로 구분할 수 있으며 이 밖에 언론, 일반 국민(여론), 지역 주민 집단 등이 환경규제와 관련된다.

그런데 환경규제와 관련된 이들 간의 관계는 이른바 기업가정치(entrepreneurial politics)적인 성격을 갖고 있다. 환경규제로 인한 비용은 생산자인 기업에 집중되어 있으나 환경 개선의 편익은 일반 국민에게 분산되어 있기 때문에 집중된 비용을 부담하는 생산자집단은 쉽게 조직화하려는 동기를 갖게 되며, 이 조직화된 힘으로 규제의 결정 과정에서 강력한 힘을 발휘하는 반면, 편익은 국민 전체에 분산되어 있으므로 1인당 편익의 크기는 매우 낮기 때문에 이들은 조직화할 동기가 부족하고(아무리 공익집단이라고 해도 자신의 이해관계와 무관하게 공익만을 위해 공익집단의 활동에 참여하기는 힘들다) 따라서 정책 과정에서의 영향력도 약하다. 이에 따라 환경규제는 피규제집단의 반대에 부딪쳐 쉽게 결정되거나 집행될 수 없다는 것이 이들의 주장이다.

그러나 현실적으로 각국 정부의 환경규제는 계속 강화되고 있다. 환경규제의 편익을 누리는 집단의 환경 보전 요구가 강해졌기 때문이다. 이 과정을 좀 더 자세히 보면 다음과 같다. 우선 환경오염의 정도가 점점 심각해지자 일반 국민들의 환경 문제에 대한 관심이 높아졌으며, 이와 함께 환경보호단체, 공익운동가와 같은 기업가적 선도자들의 역할이 증대했다. 또한 환경 보호 문제가 국민의 관심이 집중되는 정치 쟁점으로 등장하자 정치가들 역시 환경 문제를 자신의 정치적 위상을 제고시키는 데 매우 중요한 영향을 미치는 요소로 인식하게 됨으로써, 강력한 환경규제를 요구하는 세력의 목소리가 커지고 있다. 왜냐하면 환경 문제는 정치적 돌출성(political salience)이 매우 크므로 환경오염의 심각성에 대한 언론의 보도, 환경에 치명적인 영향을 주는 사건의 발생(예를 들면 원자력 발전소의 방사능 누출 사고, 수돗물의 오염, 물고기의 떼죽음 등) 등에 대한 국민의 반응은 매우 거세며, 정치가들이 이에 적절히 대응치 못하면 정치적 보상(political rewards)을 기대할 수 없기 때문이다.

4 환경정책과 소득재분배

환경정책은 규제에 수반되는 비용과 편익의 배분을 둘러싼 갈등을 야기한다. 사실 환경규제는 외부불경제의 제거와 같은 경제적 효율성을 증대시키는 것을 주된 목적으로 하지만 부수적 또는 간접적으로 의도하지 않은 소득분배 효과를 유발하여 환경규제정책의 집행 과정에서 심각한 문제를 야기하는 경우가 많다. 환경규제와 관련된 소득분배 문제는 소득 계층 간 또는 규제 대상 기업 간, 지역 간, 세대 간 비용과 편익의 배분 문제로 나뉜다.

첫째, 환경규제의 비용과 편익의 배분은 소득 계층별로 역진적으로 이루어질 수 있다. 왜냐하면 환경규제를 통해서 기대되는 사회적 편익인 깨끗한 환경, 맑은 물 등에서 얻게 되는 가치를 저소득층보다는 고소득층이 누리는 경우가 많기 때문이다. 반면에 강력한 환경규제로 경제 활동이 정체되면 환경의 질은 개선되겠지만 현존 부(富)의 분배 상태는 지속될 것이며, 이에 따라 경제 성장을 통해 소득 및 신분 상승을 도모하려는 저소득층의 기회를 박탈하게 될 것이다. 이는 환경의 쾌적함에서 발생하는 편익이 소득 계층 간에 골고루 향유될 수 없음을 말하는 것이며, 환경규제에 수반되는 비용 부담도 소득 계층 간에 입장의 차이를 가져올 수 있음을 의미하는 것이다.

둘째, 환경규제의 주된 규제 대상 집단이 기업인 경우 기업의 규모, 비용 규모, 지리적 위치 등 여러 가지 요인에 따라 미치는 영향이 다르다. 예컨대 정부의 수질 오염 방지 조치에 따라 상당한 비용의 폐수배출시설을 설치하지 않으면 안 될 때 기업의 경제적 부담은 ① 산업의 성격에 따라, ② 같은 산업일지라도 기업의 규모, 자금력, 생산시설의 노후도, 가공처리 기술 수준 등의 요인에 따라, ③ 공해방지시설 투자비용을 소비자에게 전가시킬 수 있는가에 따라 크게 다르며, 이에 따라 환경규제에 대한 기업들의 반응도 제각기 달라진다. 특히 규제 대상 기업을 대기업과 중소기업으로 구분해 보면 환경규제는 환경규제로 인한 새로운 비용 부담 능력이 부족한 중소기업에 더 큰 타격을 줄 수 있다.

셋째, 환경규제는 지역 간의 비용과 편익의 배분 문제를 야기시킨다. 우선 환경규제의 기준을 지역 구분 없이 획일적으로 적용하는 경우에는 특정 지역에 새로운 기업의 유치 등을 방해해 지역 발전을 저해하는 현상이 나타날 수 있다. 또한 특정 지역에 다른 지역보다 엄격한 환경규제를 시행하는 경우나 특정 지역에 각종 환경오염 처리시설을 설치하려고 하는 경우에는 해당 지역 주민들이 크게 반발해 집행이 어려워진다. 이때에는 비용 부담을 덜어 줄 수 있는 조치를 강구해야 한다. 예컨대 한강 하류에 거주하는 서울, 인천 시민들에게 깨끗한 상수원을 제공하기 위해 한강 상류 지역인 가평, 춘천 등에 강력한 수질 오염규제를 가하면 이 지역의 경제에 악영향을 미치게 된다. 따라서 상류의 수질 개선에 필요한 경비를 하류 지역 시민들에게 부담시키는 제도가 필요할 수도 있다.[1]

1) 이와 관련하여 현재 우리나라에서는 물이용부담금제도를 시행하고 있다. 이는 상수원의 수질 개선을 위하여 재정형편이 열약한 자치단체의 환경기초시설 설치 · 운영비와 각종 규제를 받고 있는 상수원 주변 지역의 주민사업과 수질개선사업의 촉진을 위한 재원을 마련하기 위한 것이다. 물이용부담금은 '사용자부담원칙(The User Pays Principle)'에 따라 공공수역으로부터 취수된 원수의 최종사용자에게 물사용량에 비례하여 부과한다. 하류 지역 주민들이 상류 지역의 수질 보전을 위한 비용을 부담하고 있는 것이다. 현재 물이용부담금은 한강, 낙동강, 영산강, 금강 등 4개 수계에서 부과 · 징수되고 있으며, 수계관리기금을 통해 운용되고 있다.

넷째, 환경 문제는 세대 간의 자원 배분에도 영향을 미친다. 즉 현세대의 지나친 자원 이용과 이로 인한 환경 파괴는 다음 세대가 이용할 자원의 제약을 초래한다. 이는 현세대의 환경 파괴로 인한 비용을 다음 세대에게 부담시키는 결과를 초래해 세대 간 자원 배분의 형평성 문제를 야기한다. 따라서 현세대의 정부는 다음 세대가 이용할 수 있는 환경자원을 보호하고 물려주기 위해 적절한 환경정책을 수립해야 한다. 다음 세대의 이익을 정책 과정에 반영할 수 있는 주체가 현세대에는 정부 말고는 존재하지 않기 때문이다.

CHAPTER 08

환경정책에 영향을 미치는 요인

제 1 절 환경정책 체제

보통 특정 정책의 내용을 결정하거나 좌우하는 요인을 규명하려는 연구는 산출 연구(output study) 또는 정책결정 요인 연구(policy determinants studies)라고 불린다. 이 연구들은 사회경제적 변수의 중요성을 강조한 것과 정치적 요인의 중요성을 강조한 것으로 구분할 수 있다. 이 밖에 환경정책과 같은 규제정책에 영향을 미치는 요인을 제시한 연구도 있다(Wilson, 1980).

이러한 연구 결과들을 종합해 여기에서는 우리나라의 환경정책 체제(environmental policy system)가 [그림 8-1]과 같은 요소들로 구성되어 있는 것으로 보고자 한다. 환경정책 과정에서는 피규제자와 규제 요구집단, 규제기관 간의 갈등이 발생하며, 환경정책은 환경정책 과정에 참여하는 참여자들 간 상호 작용의 산물이다. 따라서 환경정책 체제는 환경규제 지지집단과 환경규제 반대집단, 그리고 정책결정자 3자로 구성되어 있으며, 각각의 구성 요소는 [그림 8-1]에 나타난 바와 같다. 이들은 환경정책 과정에서 각자의 입장과 이해관계에 따라 상호 작용을 할 것이며, 이들의 상호 작용의 결과에 따라 전술한 환경정책 과정의 각 단계의 성격이 결정될 것이다. 또한 결과적으로 환경정책의 성과가 좌우될 것이다. 그런데 이들의 상호 작용도 일정한 상황적 맥락 속에서 전개되며, 이러한 맥락적 요소로는 지배적 이념, 환경오염사건,

[그림 8-1] 환경정책 체제

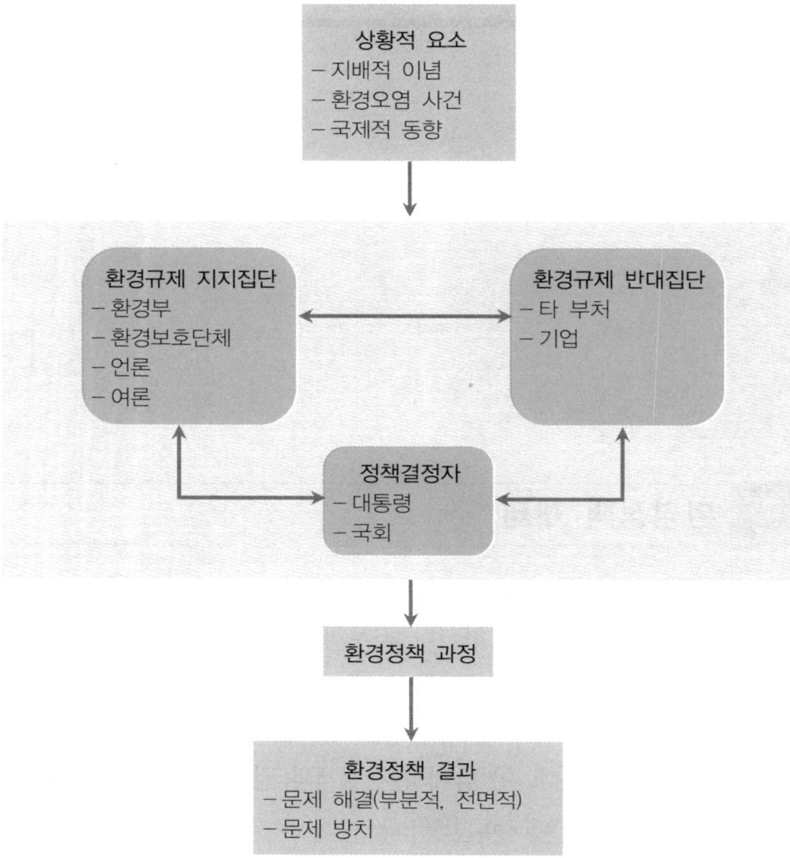

국제적인 환경규제의 동향 등을 들 수 있다.

이제 다음에서는 환경정책 체제의 구성 요소들이 환경정책에 미치는 영향에 대해 자세히 살펴보기로 한다.

제 2 절 상황적 요인

1 지배적 이념

모든 사람이 동의하는 이념에 대한 정의를 내리기는 힘들며, 이념은 관점에 따라 논란의 대상이 될 수 있다. 여기서는 지배적 이념(dominant ideology)을 환경정책 과정에 관련되는 주요 참여자들의 행태 또는 태도에 근본적인 영향을 미치는 맥락적 요소(context factor)의 하나로 보고자 한다. 즉 지배적 이념은 정치 체제가 우선적으로 달성해야 할 가치는 무엇이며, 정치 체제가 무엇을 해야 하는가 등에 대한 일관성 있는 사고 체계를 의미하는 포괄적인 개념으로서, 정치 체제 구성원들의 사고 방식을 지배하고 있는 것으로 생각할 수 있다.[1] 이러한 지배적 이념의 개념은 사바티어(Sabatier, 1988)가 말한 정책 핵심(policy core) 개념과 유사하다.

그런데 이 지배적 이념은 실제의 정책 과정에서는 대통령, 의회, 장관 등 고위 정책결정자들뿐만 아니라, 이들보다 하위의 공식·비공식 정책 과정 참여자 및 일반 시민들까지도 지배하는 것으로 볼 수 있다.[2] 따라서 환경 문제의 해결을 위한 환경정책 과정은 당연히 당시의 지배적인 이념의 영향을 받게 된다. 그러므로 지배적 이념이 환경 보전을 강조하는 것이면 정책 과정에서 환경규제 지지집단의 정치적 영향력이 강해질 것이며, 그 결과 환경규제의 강화라는 정책 결과가 나타나게 될 것이다. 반대의 경우는 환경규제 반대집단의 영향력이 커지므로 환경규제가 약화될 것이다.

물론 정책 과정 참여자들이 수동적인 입장에서 일방적으로 지배적 이념의 영향만 받는 것은 아니다. 정책 과정 참여자 중에는 지배적 이념과는 다른 이념을 지향하는 집단도 있을 수 있으며, 이들은 지배적 이념에 대항해 자신들이 추구하는 신념 또는 가치를 실현시키기 위해 노력할 수도 있다. 이는 지배적 이념을 지지하는 세력과 반대하는 세력이 동시에 존재할 수 있다는 것을 의미한다. 따라서 사회 내에 존재하는 세력 연합(coalition) 집단들은 자신들이 추구하는 가치 또는 이념이 지배적 이념이

1) 윌슨(Wilson, 1980)도 규제정책에 영향을 미치는 정치적 요인으로 정치와 이념(politics and idea)을 들고, 이를 "무엇이 중요한 문제인가에 대한 사회구성원들의 인식 변화를 의미한다"고 말하고 있다. 이러한 개념은 여기서 말하는 지배적 이념과 유사하다.

2) 이러한 점에서 지배적 이념은 주로 정부의 특정 정책 추진 의도를 의미하는 정부 의도(government purpose)와 구분되며, 특정 정책에 대한 국민들의 결집된 찬반 의사인 여론과도 구분된다.

될 수 있도록 노력한다. 예컨대 환경단체는 환경 보전이 지배적 이념이 되도록, 기업 집단은 경제 발전이 지배적 이념이 되도록 노력한다는 것이다. 만일 정책 참여 세력 모두가 하나의 이념을 공유하고 있다면, 즉 지배적 이념이 하나만 존재한다면 세력 연합들 간에 갈등이 발생하지 않으며 그 지배적 이념이 지향하는 바에 따라 정부의 정책들이 결정되고 집행될 것이다.

따라서 지배적 이념은 마치 정책 핵심과 같이 쉽게 변화하지 않으면서 정책에 영향을 미치지만, 지배적 이념과 다른 가치를 지향하는 집단의 저항에 따라 균열 또는 변화가 나타날 수 있다. 그런데 기존의 지배적 이념을 변화시키기 위해서는 정책 하위 체제(policy subsystem) 내의 반대집단의 활동만으로는 기존의 세력 관계를 극복하기 쉽지 않으므로 정치 체제 외부 요소의 변화가 수반되어야 한다. 즉 체제 전반에 걸친 지배적 이념을 둘러싼 연합 세력 간의 관계－지배적 이념을 지지하는 집단과 반대하는 집단 간의 관계－의 변화는 대규모 사회경제적인 동요 또는 혼란(socio-economic perturbations)이라는 계기가 있어야 가능하다(Sabatier, 1986). 그래서 지배적 이념의 변화는 주로 고위 정책결정자가 교체되는 새로운 정부의 수립, 또는 전국적인 파문을 일으키는 대형 사건의 발생, 정치적 상황의 변화 등 기존의 지배적 이념을 근본적으로 검토하도록 하는 사회경제적 혼란의 발생을 계기로 나타나는 경우가 많다. 예컨대 환경오염이 극심해져 수많은 사람들이 희생되는 오염 사건이 발생하면 환경 보전을 우선시하는 지배적 이념이 형성될 계기가 마련될 것이며, 만일 경제 발전이 부진해 도산하는 기업이 속출하고 실업률이 증가하게 되면 경제 문제의 중요성이 부각되어 지배적 이념이 경제 우선을 강조하는 것으로 변화될 가능성이 크다.

2 환경오염 사건

환경오염 사건은 극적인 효과를 유발해 일반 시민을 비롯한 여러 정책 참여자들로 하여금 환경 보호를 강화하는 여론을 조성함으로써, 환경정책 집행 과정 참여자들 중 환경규제 지지 또는 요구집단의 영향력을 강화시켜 주는 역할을 한다. 특히 환경오염 사건은 전술한 지배적 이념을 변화시킴으로써 환경 보전을 중시하는 분위기를 조성할 수도 있다. 즉 환경오염 사건은 환경 문제를 정책 쟁점화시키면서 환경규제를 둘러싼 집단들의 상대적인 영향력 관계를 변화시킬 뿐만 아니라 규제기관 내부에서도 이를 해결하기 위한 노력을 집중시키는 계기가 된다(Enloe, 1975; Marcus, 1980).

환경오염 사건은 환경 문제를 중요한 정책의제로 부각시키며, 정책참여자들로 하여금 이를 해결하지 않으면 안 될 상황을 조성하여 환경정책을 강화하는 데 결정적인 영향을 미친다. 예를 들면 1952년 영국의 런던에서 발생한 런던 스모그(Smog) 사건은 대기오염으로 수천 명이 숨진 사건으로서, 이 사건을 계기로 환경단체의 적극적인 활동이 전개되었으며, 그 결과 1956년에 서구에서는 최초로 대기오염규제법이 제정되어 대기오염을 규제하기 시작했다. 우리나라의 경우도 1991년 발생한 낙동강 페놀오염 사건 이후 환경오염 행위를 범죄로 취급하여 처벌할 수 있는 법률(「환경범죄 등의 단속 및 가중처벌에 관한 법률」)이 등장하는 등, 전반적으로 우리나라 환경정책이 크게 전환되는 계기가 되었다.

이런 의미에서 환경오염 사건은 환경 문제에 대한 광범위한 관심을 고조시킴으로써 환경단체의 활동에 유리한 영향을 미치는 정치적 맥락(policy context)이라고 할 수 있다.

그러나 환경오염 사건이 발생한다고 해서 언제나 환경규제 지지집단의 영향력이 강화되는 것은 아니다. 하나의 환경오염 사건은 ① 언론이 지속적인 관심을 가지고 보도하는 것이 필요하다. 이를 통해 환경오염 사건에 대한 비판 여론이 형성되어야 하기 때문이다. 많은 환경오염 사건이 발생하고 있지만 그중에서 사회적 이슈화가 되는 것은 언론에서 보도하는 사건이므로 만일 언론 보도가 없으면 환경오염 사건이 발생해도 이슈화되기 힘들다. ② 일반 시민들이 이를 일과성 사건으로 인식하지 않고 이의 해결을 위한 정부의 조치를 요구해야 한다. 만일 환경오염 사건을 우연히 발생한 일시적인 현상으로 생각한다면 아무도 심각하게 생각하지 않을 것이며, 정부도 이에 반응하지 않을 것이다. ③ 환경오염 사건이 시민들의 개인적 이해관계와 상당 정도 관련이 있을 때에는 시민들이 적극적인 해결 노력을 기울일 것이므로 이슈화가 용이할 것이다. 이 세 가지의 경우가 수반되어야 환경오염 사건이 환경정책의 강화에 긍정적인 영향을 미칠 수 있다(Enloe, 1975).

또한 환경오염 사건과 같은 돌발 사태 또는 위기의 발생은 환경규제기관의 정책목표 및 정책의 우선순위를 변화시키는 요인이 될 뿐만 아니라, 환경규제의 가시성과 정치적 중요성(political salience)을 높임으로써 정치 엘리트들의 환경규제에 대한 인식을 새롭게 하는 계기를 마련해 환경규제기관으로 하여금 이들의 힘을 빌려 경제부처의 반대를 극복하고 환경규제를 위한 다양한 수단, 즉 폭넓은 입법적·행정적 권한의 위임과 자원을 확보하도록 노력하게 한다(최병선, 1992). 이 역시 간접적으로 환경

정책의 강화에 영향을 미친다.

낙동강 페놀오염 사건

1991년 3월 14일 낙동강 상류에 있는 두산전자에서 유출된 페놀 원액이 낙동강에 유입되어 영남 지방의 식수원을 오염시킨 사건이다. 이 사건은 정부로 하여금 각종의 수질 보전 대책을 수립하게 하는 계기가 되었다. 이는 계속되는 수질 오염 사건으로 국민 여론이 극도로 악화되어 물에 대한 불신이 정부에 대한 불신으로 이어져 체제 유지 차원에서도 적절한 수질 보전 대책이 수립되지 않으면 안 될 상황이 되었으며, 이러한 바탕 위에서 언론・환경단체의 정부에 대한 대책 촉구, 국회에서의 정치 문제화 등이 복합적으로 작용한 결과로서 정부는 페놀 사건이 발생하자 관련 부처가 합동으로 수질 보전 종합대책을 발표했다. 당시 주요 정책참여자들의 활동은 다음과 같이 나타났다.

1) **대통령**: 3월 21일 국무총리로부터 오염 사건을 보고받은 노태우 대통령은 신속히 대책을 수립할 것을 지시했으며, 전국의 모든 상수원에 대한 공장 폐수 방류 및 오염 여부를 전면 재점검하고 총리 책임 아래 하수처리장 건설 등 '맑은물 공급대책'을 더욱 강력히 추진할 것도 지시했다. 이에 따라 3월 22일 국무총리 주재로 관련 부처 장관들이 참여한 수질 관계 장관 대책회의가 열렸다. 3월 25일에는 대통령 주재로 청와대에서 환경대책회의가 열려 각 부처는 나름대로 마련한 수질 개선 대책을 대통령에게 보고했다.
2) **국회**: 국회 본회의 및 보사위에서도 페놀 사건은 큰 이슈로 다루어졌다. 의원들이 이구동성으로 정부의 환경정책을 비판하고, 오염재발 방지 대책을 철저히 수립・시행할 것을 촉구했다.
3) **정부부처**: 대통령의 지시와 국회에서의 문제 제기에 따라 담당 부처인 환경처는 관계 부처와의 협의를 시작했으며, 이 결과 '4대강 수질 개선 대책'을 확정했다. 사정관계 장관회의에서는 기존의 3대 사정추진 과제에 환경오염 문제를 추가하여 환경오염 행위를 반사회적이고 반윤리적인 범죄행위로 규정하고 환경범죄를 당시 주요 정책이었던 '범죄와의 전쟁' 차원에서 다룰 것을 천명했다. 상공부도 '산업공해 예방 및 환경관리 대책'을 수립해 공업단지 개발 시 환경오염 문제를 가장 우선적으로 고려할 것이라고 발표했다. 내무부도 '지방상수도관리 개선 대책'을 마련해 인구 50만 이상의 도시에 상수도 수질검사소를 신설하고 환경전담 부서가 없는 180개 시・군・구에 환경보호과를 신설해 수질과 환경보호 업무를 전담하게 할 계획을 발표했다.

3 국제적 환경규제

이제 지구환경 문제는 선진국과 개도국을 포함한 전 세계적인 관심사가 되고 있다. 이에 따라 지구환경 문제는 국제정치적으로 또 국제적인 무역거래에도 영향을 미치는 중요한 요인의 하나가 되고 있을 뿐만 아니라 환경규제를 강화하려는 국제적인 노력은 국내의 환경정책 과정에 다음과 같은 영향을 미친다(정준금, 2007).

첫째, 국제적인 환경규제 노력은 그동안 우리나라 환경규제의 가장 큰 장애 요소의 하나였으며, 환경 문제에 대한 거론 자체를 봉쇄시킴으로써 환경 문제에 대한 무의사결정(nondecisionmaking)을 가능하게 했던 경제 우선의 지배적 이념의 영향을 극복하게 해 줄 것이다. 이른바 그린 라운드(Green Round)로 불리는 국제적 환경규제 활동은 경제 개발 못지않게 환경 보호가 중요함을 일깨워 줌으로써 과거 경제 성장 일변도의 사고 방식이 지배하던 지배적 이념의 구조를 결정적으로 바꾸어 놓고 있다. 이는 ① 그동안 경제 개발을 담당해 오며 환경정책 과정에서 기업집단의 이익을 반영해 오던 경제부처의 환경규제에 대한 반대 활동을 극복할 수 있을 것이며, ② 환경규제의 비용을 부담하는 기업집단 자체의 사고 방식을 변화시킴으로써 환경단체의 활동 강화에 기여할 것이다.

둘째, 1980년대 말 이후 국내 환경운동 조직의 활동이 강화되면서 환경문제의 해결에 외부 주도적인(outside initiative) 양상이 나타나고 있는바, 국제적 환경규제는 이러한 경향을 가속화시킬 것이다. 국제 환경협약의 체결 또는 환경 문제로 인한 무역 장애 등은 일반 국민들에게 환경에 대한 관심을 제고시켜 환경 보호 여론을 조성하는 데 기여할 뿐만 아니라 우리 정부로 하여금 국제 환경협약을 이행하기 위한 후속 조치로서 새로운 환경규제를 시행하지 않으면 안 될 하나의 압력과 계기로 작용하게 된다.

셋째, 국제적 환경규제는 환경규제 대상의 선정, 규제 수단의 선택, 규제의 정도 등 환경규제의 내용을 결정하는 데 우리 정부의 선택 폭을 제한할 것이다. 환경규제가 일종의 국제적인 '강요된 의제(pressing problem)' 중 하나가 되기 때문이다. 지금까지는 주로 국내적인 차원에서 환경오염이 미치는 영향을 최소화하기 위한 환경규제가 시행되었으나, 이제는 전지구적인 차원에서 환경오염을 해결하기 위한 환경규제가 시행될 것이다. 그러므로 우리나라 단독으로 규제 대상과 규제 수준을 결정하는 것이 아니라 국제적인 논의와 협력을 통해서 환경규제 대상, 수단, 수준 등이 결정되며, 우리는 국제적인 환경협약의 체결로 결정된 사항을 수동적으로 받아들이는 입장이 되는 것이다.

넷째, 따라서 기업의 입장에서도 환경 당국의 환경규제를 과거와 같이 반대할 수 없으며, 일단 이를 수용하고 어떻게 자체적으로 극복할 것인가에 관심을 기울이게 될 것이다. 특히 기업들은 그동안 환경 보호를 비용 부담의 측면에서 이해했으나, 앞으로는 소위 환경경영(green management)이 기업 생존을 위해 필수적임을 이해하게 될 것이다. 무역규제를 무기로 하는 국제적인 환경규제는 이전까지 기업이 인식하지 못하던 환경 문제로 인한 각종의 리스크를 인식시켜 준다는 점에서 의미가 있다.[3] 이러한 기업의 인식 변화는 기업의 환경 보호 노력을 가속화시킬 뿐만 아니라 환경정책 과정에서 나타나는 환경규제 지지집단과 반대집단 간의 상호 작용 양상이 극심한 갈등보다는 환경 문제 해결을 모색하는 타협적인 분위기를 띠게 할 것이다.

제 3 절 정책결정자

1 대통령

대통령은 행정부의 수반으로서 행정부 내에서 환경정책을 최종적으로 결정하며, 환경규제 업무의 감독, 인사권의 행사, 예산상의 권한 등으로 환경정책에 영향을 미친다. 특히 대통령의 환경정책에 대한 지지는 환경정책 과정에서 나타나는 환경규제 지지집단과 반대집단 간의 갈등을 해결하는 데 기여한다. 대통령이 환경규제정책에 미치는 영향을 설명하면 다음과 같다.

첫째, 대통령이 가지고 있는 정책 지향은 환경정책에 영향을 미친다. 대체로 대통령은 광범위한 정책 지향을 가지고 있기 때문에 사회 전체적인 복지와 효율성을 중시한다. 따라서 대통령은 환경 문제에서도 환경 보호에 소요되는 총비용은 최소화하면

3) 국제적 환경규제(이른바 그린 라운드)의 대두로 기업이 인식할 수 있는 잠재적인 환경 리스크로는 ① 기업 활동 규제, 공장 가동 중지, 환경 소송, 배상금 부담 등 법적 리스크, ② 오염처리 비용 증가, 오염복구 비용 등 경영 리스크, ③ 제품 불매운동, 매출 감소 등 시장 리스크, ④ 신제품 개발 기회의 상실과 같은 R&D 리스크, ⑤ 환경 사고, 직업병, 산업재해 등 관리 리스크, ⑥ 수주 기회 상실, 반품, 현지공장 폐쇄와 같은 무역 리스크 등이 있다.

서 환경 보호 효과를 극대화하는 것을 중시하는 경향이 강하다. 즉 환경정책이 국가 전체에 미치는 영향, 예컨대 쾌적한 환경에서 오는 편익뿐만 아니라 환경 보호에 들어가는 비용 등을 모두 고려하는 경향이 있다. 이는, 대통령은 종합적 정책조정자로서 국민 전체의 분위기를 고려해 정책을 수립하려는 경향이 있으며, 대통령 주위에는 환경 보호 이익만을 대변하는 것이 아니라 예산, 기업의 입장 등 경제적 문제를 고려하는 막료, 보좌기관이 있어서 환경 보호의 편익과 비용을 국민 전체적 관점에서 동시에 고려하기 때문이다. 그런데 대통령의 환경 문제에 대한 인식은 특히 환경정책을 둘러싸고 관련 정부부처 간에 대립 갈등이 발생했을 때 대통령이 지지하는 부처의 선택을 좌우함으로써 환경정책에 영향을 미친다.

둘째, 환경 문제가 선거의 쟁점이 되면 대통령은 환경정책의 변화를 통해 강력한 환경 보호 정책을 실시할 가능성이 커진다. 환경 쟁점이 주요 정치가들의 권력 장악에 영향을 미치는 주요 변수가 되는 경우에는 대통령도 이를 무시하지 못하고 환경정책의 변화 주체로서의 역할을 하려고 할 것이다.

셋째, 대통령은 예산 편성 시 환경 관련 예산의 조정, 환경규제기관의 최고책임자에 대한 인사권의 행사, 환경규제 집행의 감독, 환경규제 업무의 배분 등을 통해 환경정책에 막대한 영향을 미친다.[4] 미국의 레이건 대통령도 미국환경청(EPA)의 예산 삭감, 환경 보호 업무의 지방정부 위임, 집행의 지연 등의 방법으로 환경규제를 약화시키는 데 성공했다(Kensky & Ingram, 1986).

2 의회

의회는 입법권의 행사, 국정조사나 정책 질의, 정부 불신임 등과 같은 행정부의 활동에 대한 감시와 정책 평가, 행정부가 제출한 예산의 심의 등의 권한 행사를 통해 법률 제정과 개정 과정에서 정부 의도에 개입하는 방법을 통해서 정책에 영향을 미친다. 의회가 환경정책에 영향을 줄 수 있는 방법을 구체적으로 살펴보면 다음과 같다.

첫째, 의회는 입법권을 가지고 있기 때문에 환경규제 법률을 제정함으로써 환경규제에 결정적인 영향을 미친다. 의회가 환경 입법 속에 어떤 내용을 담느냐에 따라, 즉 규제기관의 재량의 정도, 환경규제의 목표, 환경 보호 목표 달성 시한 등을 어떻게

4) 메이어(Meier, 1985)는 대통령이 규제정책에 영향을 미치는 수단으로, ① 규제 담당 기관장에 대한 인사권의 행사, ② 대통령의 리더십, ③ 예산편성권, ④ 일반적 행정감독권을 들고 있다.

규정하느냐에 따라 환경규제기관의 규제 활동은 영향을 받는다. 법률 제정뿐만 아니라 기존의 환경규제 법률을 개정해 환경규제 절차, 규제 대상, 규제기관, 규제 목표 등을 변경하는 것도 환경규제에 영향을 미친다. 그런데 의회는 환경 법률의 입법 과정에서 대통령과는 달리 국가 전체적인 면보다는 정해진 기간 내에 의도된 환경 보호 효과를 달성하는 환경규제의 효과성 또는 생산성을 중시하는 경향이 있다.[5] 의원들은 재선을 위해 범위가 좁은 선거구민 및 이익집단의 이익을 대변해야 하는 경우가 많으므로 대통령과 같이 환경 문제가 국민 경제 전체에 미치는 광범위한 성격을 염두에 두기보다는 특정 지역의 특정한 환경오염 상태를 신속히 제거하는 것을 강조하기 쉽다는 것이다.

둘째, 의회는 환경규제와 관련된 여러 집단의 의사를 결집해 정책의제를 형성하는 역할을 한다. 청문회 · 공청회와 같은 공개적인 절차를 통해 환경 보호 집단, 기업, 언론, 일반 시민들에게 의사 표시 기회를 제공함으로써, 이들로 하여금 공개적이고 공식적인 방법으로 정책 과정에 자신들의 의견을 반영할 수 있는 장소를 제공한다. 의회는 환경정책에 대한 사회의 다양한 의견을 표출 · 결집시킴으로써 이를 현재의 환경 입법에 반영할 뿐만 아니라 환경 문제에 대한 여론을 동원해 환경규제기관을 비롯한 정부부처들의 정책 지향 또는 정책 결정 행태에 크게 영향을 미친다.

셋째, 성공적인 환경정책의 수행을 위해서는 적절한 예산 지원이 필수적인데, 의회는 예산 심의 및 의결권을 통해 예산 과정에서 환경규제기관 및 환경 분야의 예산을 결정함으로써 환경규제에 영향을 미친다.

넷째, 의회는 행정부의 환경규제의 집행 과정에 대한 감시와 비판을 통해 환경규제에 영향을 미친다. 의회에서의 환경 분야에 대한 정책 질의, 내각 또는 환경 각료에 대한 불신임권의 행사, 해임 요구 등을 통해서 정부의 환경정책을 비판하고 오류를 시정하도록 촉구하는 것은 의회의 중요한 행정부 통제 기능의 하나이며, 의회의 이러한 활동은 정부의 환경 문제에 대한 태도 및 환경정책에 영향을 미친다. 특히 특정 환경오염 문제 또는 사건에 대한 국회 차원에서의 조사 활동 및 시정 요구 등이 국민들의 여론과 함께 제기되면 행정부로서는 이를 무시하기 힘들다.

이상과 같은 방법을 통해서, 의회는 환경규제정책을 비롯한 규제정책에서 영향력을 크게 행사할 수 있다. 의회는 이익집단, 관료집단 등과 함께 이른바 철의 삼각

5) 의회는 정책 지향적인 성격(policy orientation)을 갖는 대통령과는 달리 사업 지향적인 성격(program orientation)을 갖고 있기 때문이라는 것이다(Marcus, 1980).

(iron triangle)을 형성해 규제정책에서 상당한 영향력을 행사할 수 있다. 특히 환경규제정책의 경우에는 환경 이슈의 돌출성(salience) 때문에 강력한 환경규제에 대한 지지의 동원이 용이하므로 의원을 비롯한 정치 엘리트들이 관여하는 정도가 다른 분야에 비해서 크다. 이는 환경 문제는 지역적 성격을 띤 것이 많으므로 특히 의회가 민감하게 움직이고, 환경 보호 집단이 의회를 주된 설득 대상으로 삼았기 때문인 것처럼 보인다.[6)]

이와 같은 의회의 활동에도 한계가 있다. 우선 현대 행정국가에서 의회는 입법권의 행사 면에서 행정부에 비해서 우월한 지위를 가지고 있지 못하다. 특히 환경법안의 작성에는 다른 정책 분야보다 높은 수준의 과학적 · 기술적 지식이 필요한바, 의회는 여러 가지 이유로 전문성이 크게 부족해 입법권을 제대로 행사할 수가 없다. 또한 의회는 소속 의원들이 지나치게 자기 지역구의 이익만을 대표하려고 하는 경향이 있어서 환경 문제의 해결에 기여하지 못하는 경우도 있다. 환경 문제는 여러 지역과 동시에 관련되는 경우가 많은데 의원들이 서로 자기 지역구의 이익만을 위해 노력하게 되면 의회는 환경 문제 해결 방법에 합의를 이룰 수가 없게 되어 정책을 결정하기가 힘들어진다. 그뿐만 아니라 의회는 정치적 분위기에 좌우되는 수동적 · 반응적(reactive) 성격을 띤 기관이므로 환경규제의 상황이 복잡해지고 관계자 간의 갈등이 심해지면 이에 쉽게 개입하려 하지 않는다는 지적도 있다(Cook & Davidson, 1985).[7)]

---

6) 의원들이 다른 정치 엘리트들에 비해서 환경정책에 관심을 갖고 이를 해결하기 위해 노력하게 되는 이유로는 ① 지역 구민 또는 환경집단의 환경 문제 해결 요구, ② 환경규제정책이 자신의 지역구에 미치는 영향, ③ 소속 정당의 정책 지향, 개인적 선호 등을 들 수 있는데, 특히 앞의 두 가지의 이유로 의원들이 환경 문제에 관심을 갖는다. 즉 환경 문제가 자신의 지역구에서 주요 선거 쟁점으로 등장하고, 환경 보호 집단이 의원들에게 좀 더 적극적인 환경 보호 노력을 기울일 것을 촉구하면 이를 무시하지 못하고 자신의 재선을 위해 환경 문제에 관심을 기울이게 된다는 것이다.

7) 이 지적에 따르면 1980년대 미국의 의회에서 환경규제법안이 많이 제정되지 못한 이유는, 1970년대에는 여론이 환경규제를 강화하면 무조건 찬성하는 high salience, low conflict 분위기였으나, 1980년대에 들어서 환경규제 문제가 규제의 실시 또는 불실시의 문제가 아니라 규제 정도의 문제, 즉 기술적 문제로 변화하고 이를 둘러싼 관련 집단 간의 갈등이 심해지자 의회는 정책적 합의(policy agreement)의 도출을 포기하고 법안의 제정을 계속 미루었기(defer) 때문이다.

제 4 절 정부부처

1 환경규제기관

환경규제기관은 환경정책의 집행책임자로서 규제지침을 작성하고 규제를 실현에 옮기는 주체이다. 그러나 환경규제기관은 외부집단의 요구나 의회에서 제정된 법률에 따라 환경규제를 기계적으로 집행하는 데 그치는 것이 아니라, 규제기관 스스로가 정책선도자(policy entrepreneur)로서 적극적인 역할을 수행하기도 한다. 특히 의회가 모호한 법률을 제정하고, 환경오염 사건에 의해서 야기된 다수 대중의 요구에 대해 일시적인 반응만을 보이는 경우, 미약한 환경보호단체의 활동, 무관심한 대중, 피상적인 보도에 그치는 언론 등이 존재하는 상황에서는 환경규제기관이 정책선도자로서의 역할을 수행하는 경우가 많다(MacIntyre, 1985).[8] 즉 환경규제기관은 용역 계약을 통해서 전문가들로 하여금 환경 문제의 심각성을 보여주는 연구 결과를 제시하도록 독려하고, 언론 보도를 유도하며, 환경규제 법률을 공익 관점에서 적극적으로 해석하며, 환경 보호를 지지하는 잠재적인 세력을 동원하는 등 능동적인 환경규제의 주체로서의 역할을 수행할 수 있다. 환경규제기관의 규제 활동은 다음과 같은 내부적 요소들의 영향을 받는다.

첫째, 환경규제기관 구성원들의 규제 목표에 대한 합의의 정도는 환경규제에 영향을 미친다. 이는 응집성(cohesiveness), 또는 목표의 공유도 등으로 표현할 수 있는데, 구성원들이 환경 보전이라는 달성하고자 하는 정책 목표를 어느 정도 확실히 인식하고 있고, 또 이 목표를 중심으로 얼마나 확고하게 뭉쳐 있느냐 하는 것이다. 환경 보전이라는 목표에 대한 결의가 높을수록 환경규제기관은 외부의 압력에 적극 대처할 수 있을 것이며, 강력한 환경규제를 위해 노력하게 될 것이다.

둘째, 환경규제기관의 전문성의 정도는 환경규제의 전문기술적 성격에 비추어 다음 두 가지 측면에서 환경규제에 영향을 미친다. ① 환경 문제 해결에 필요한 대안의 탐색, 대안의 비교 평가 등에서 문제의 분석 능력 또는 전문성을 보유하고 있지 못하

8) 미국의 '자원보호 및 재생법(The Resource Conservation and Recovery Act)'의 변천 과정을 분석한 연구(MacIntyre, 1985)도 환경규제기관이 적극적인 규제 의사를 표명해야 의회의 활동도 적극적이 되고, 반대로 규제기관이 소극적인 태도를 보이면 의회 활동도 위축된다고 주장하고 있다.

면 환경오염의 원인, 오염물질의 종류 등을 알지 못해 전혀 엉뚱하고 비현실적인 정책이 수립될 수 있다. ② 환경규제기관의 전문성이 부족한 경우에는 외부로부터 보완되어야 하는데, 이때에는 규제 대상을 비롯한 외부의 영향력이 커질 가능성이 높아진다. 환경규제에 필요한 전문지식을 외부에, 특히 기업에 의존하게 되면 이들은 자신에 유리한 자료나 정보만을 제공하게 되고, 이를 정확히 식별할 수 있는 능력을 갖추지 못한 규제기관은 외부집단에 의해 지배당할 가능성이 커진다.

셋째, 환경규제기관의 리더십의 성격에 따라 규제기관의 활동이 달라진다. 즉 규제기관의 장이 갖고 있는 가치관, 정책 지향, 정치적 능력, 전문성 등은 규제기관의 우선순위 결정 및 일상적인 규제의 집행에 영향을 미친다. 규제기관의 장은 다른 집단들과 상호 작용을 하는 핵심 인물이기 때문에 중요하다. 특히 환경규제기관의 최초의 책임자로 임명된 인물이 누구냐 하는 것은 조직 자체의 이미지에 영향을 주어 규제기관의 업무 수행에 큰 영향을 미친다.[9] 환경규제기관은 그 역사가 짧기 때문에[10] 제도화가 덜 되어 있으며, 이에 따라 정책 과정의 참여자들로부터 신뢰를 얻지 못하고 정치적 변화에 적절히 대처하지 못하는 경우가 많은바, 성공적인 규제 활동을 위해서는 기관장이 대통령을 비롯한 고위 정책결정자들의 지지를 이끌어 낼 수 있는 정치적인 능력을 보유하는 것이 특히 중요하다. 이와 함께 규제기관장의 자신의 역할에 대한 인식도 구성원들의 행태에 영향을 줌으로써 환경규제 활동에 큰 차이를 가져온다.[11]

넷째, 현실적으로 환경규제기관은 환경규제 법률에 규정된 임무와 권한(mission

9) 외부집단, 특히 최고 정책결정자로부터 전폭적인 지지를 받는 사람이나 사회적으로 명망 있는 사람이 최초의 기관장으로 임명되면 그 환경규제기관은 제대로 역할을 수행할 수 있으리라고 기대할 수 있다. 예를 들면 UN의 환경기구인 UNEP(United Nations Environment Program)의 최초의 책임자로 UN 사무총장을 지낸 스트롱(Maurice Strong)이 임명되었는데, 그는 자신의 사회적 명성을 기반으로 관련자들의 지지를 동원하여 UNEP의 활동기반을 마련하는 데 성공했다(Enloe, 1975: 84).

10) 환경규제를 전담하는 독립된 기구가 탄생된 것은 선진국에서도 1970년 전후이다. 1967년 스웨덴의 환경보호청을 효시로 하여, 1970년 영국과 미국에서, 1971년 프랑스, 캐나다, 일본에서 독립된 환경규제기관이 설치되었다.

11) 이와 관련해 윌슨(Wilson, 1980)은 규제기관의 장을 다음 세 가지 유형으로 구분하고 있다. ① 관료형(careerist)은 규제기관 자체의 유지를 가장 중시하기 때문에 방어적이고 위험 회피적(risk-averse)인 소극적 태도를 보이기 쉽다. ② 정치가형(politician)은 좀 더 높은 정치적 지위를 획득하려는 것을 목표로 하기 때문에 적극적인 규제 활동을 통해 좋은 인상을 유지하는 방향으로 활동한다. 그러나 반대로 기업 등의 지지를 얻기 위해 규제를 소극적으로 할 수도 있다. ③ 전문가형(professional)은 자신들의 활동에 대한 외부 전문가 집단의 평가를 염두에 두고 활동하므로 전문가로서의 규범을 준수하는 것을 우선시한다.

and authority) 내에서만 활동할 수 있는 만큼 환경규제기관의 활동 근거 규정은 규제 활동에 영향을 미친다. 이는 환경정책에서 환경규제기관이 수행해야 할 정책 집행의 목표를 어떻게 규정하고 있는가 하는 것과 동일하다. 예컨대 자원은 불충분한데 너무 광범위한 임무를 부여하거나, 권한을 지나치게 명백히 제한하여 여러 부처의 모순되는 요구들을 해결할 능력을 갖지 못하거나, 또는 규정이 모호해 무엇을 해야 하는지가 불확실한 경우에는 규제 활동이 제대로 시행될 수 없다. 환경규제기관의 활동 근거 규정의 명확성뿐만 아니라 그 내용, 즉 어떠한 업무와 권한을 부여하고 있는가 하는 것도 규제 활동에 영향을 미치는 요소이다. 이 권한 분배는 후술하는 환경규제기관 유형과 밀접한 관련이 있는 것으로서 크게는 환경관리와 관계가 있는 대부분의 업무를 집중시키는 방법과 환경관리의 기본적 업무를 관장시키되 기타 관련 업무에 관해서는 조정권을 부여하는 방법이 있는바, 전자의 방법이 환경규제기관의 영향력을 좀 더 크게 해 줄 것이다.

다섯째, 환경규제기관의 형태 또는 유형도 규제 활동에 영향을 미친다. 환경 문제는 지극히 복잡하고 고유한 범위가 명확하지 않아서 그 업무의 담당기관 역시 다원화되어 있다. 환경규제와 관련된 업무를 담당하는 기구들은 설치 동기에 따라, ① 처음부터 환경오염 방지를 목적으로 하여 설립된 것, ② 다른 업무를 위해 설치된 기구가 그 업무 수행상 오염 문제와 긴밀한 관련이 있는 것, ③ 오염 문제와는 관련 없이 설치된 기구가 오염 방지와 관련된 기능을 수행하는 것 등으로 구분할 수 있는바, 어떤 동기로 설치되었든 간에 환경규제를 담당하는 독립기구가 존재하는 것이 중요하다. 다음으로는 환경규제기관의 형태로서 대체로 다음 세 가지로 구분할 수 있다. ① 성(省) 또는 부(部)로서 설치하는 경우, ② 대통령 또는 수상 직속하에 두되 성(부)보다는 낮은 수준으로 설치하는 경우, ③ 장관 소속하에 외청으로 설치하는 경우 등이다. 이 중 어느 유형에 속하는가에 따라 환경규제기관의 정치적 위상이 달라질 것이며, 또 규제 활동에 차이가 생길 것이다. 환경 업무는 여러 부서에 분산되어 있고 상호 연관되어 있다는 점을 감안하면, 환경규제기관은 조정권과 통제권을 확보할 수 있는 형태가 바람직하다고 할 수 있다.

여섯째, 환경행정 체제의 구성도 환경정책의 집행에 영향을 미친다. 이는 중앙규제기관과 일선 규제기관, 지방정부, 중간매개집단 간의 규제 업무의 분업과 조정, 의사 전달 체계 등을 의미하는 것으로서 물리적인 실현 활동에서 중요한 변수로 작용한다. 환경정책의 집행에는 중앙환경규제기관 및 관련 정부부처뿐만 아니라 일선 환경규제기관, 지방정부, 중간매개집단 등 실로 다양한 집단들이 관여하게 되는데 성공적인 규제를 위해서는 이들 간에 업무를 적절히 분배하고 원활한 의사 전달 체제를 확립해야 하며, 규제의 목표를 달성하도록 이들을 통제하는 것이 필요하다.

일곱째, 환경규제기관의 집행 절차는 규제담당기관이 환경규제를 실행에 옮기는 구체적인 단계 또는 절차를 의미하는 것으로서, 이에는 표준운영절차(SOP)의 확립 여부, 절차의 복잡성, 이해 관련자들의 참여 단계의 존재 여부 등을 들 수 있다. ① 우선 SOP가 확립되어 있으면 집행자는 시간과 노력을 절약할 수 있으며, 정책 대상 집단에 대한 공정성을 확보할 수 있는 장점이 있다. 따라서 정책 집행을 하향식(top-down)으로 보는 학자들은 성공적인 집행을 위해서는 SOP가 존재해야 한다고 생각한다. 그러나 환경규제와 같은 보호적 규제정책의 집행은 집행 과정이 복잡하고 갈등이 크기 때문에 SOP의 확립도 힘들고 수립된 SOP도 쉽게 깨어지므로, 환경규제의 집행 시에 SOP의 확립은 그렇게 쉽지 않다. ② 집행 절차가 지나치게 복잡하면 각 단계마다 필요한 승인을 얻어내야 하므로, 각 단계가 집행을 저지시킬 수 있는 이른바 거부점(veto point)이 되어 집행이 제대로 이루어지지 않을 수 있다. 그뿐만 아니라 복잡한 절차를 거치는 데 많은 시간이 소요되어 집행이 지연되거나 적기에 집행이 시행되지 못하는 문제가 발생할 수 있다. ③ 환경규제의 시행 과정에 이해 관련자들이 자신의 이해관계를 반영시킬 수 있는 절차 또는 단계가 보장되어 있느냐 하는 것으로서, 특히 정책 대상 집단의 순응을 확보해 원활한 집행을 달성하기 위해서 필요한 경우가 많다. 그러나 지나치게 많은 관련자들을 참여시키는 것은 집행을 복잡하게 할 우려가 있다.

2 관련 부처

전술한 바와 같이 환경 업무는 여러 부처와 관련을 맺고 있기 때문에 환경규제를 시행하기 위해서는 환경규제기관과 관련 부처 간의 유기적인 협조가 필요하다. 예컨대 해양오염의 규제를 위해서는 해양수산부와, 대기오염의 규제를 위해서는 에너지 정책을 담당하는 산업자원부와의 정책 협조가 필요하다. 그러나 관련 부처는 환경정책의 강화에 장애가 되는 경우가 많으며, 특히 경제부처의 경우에 이러한 경향이 심하게 나타나는데 여기에서는 환경규제기관과 다른 정부부처 간에 환경정책을 둘러싼 갈등 · 대립이 나타나는 이유와 이것이 환경정책에 미치는 영향을 설명하고자 한다.

또한 환경규제의 집행에는 지방정부가 중요한 역할을 하는바, 이들이 환경규제에 미치는 영향도 함께 설명하고자 한다.

우선 환경규제기관과 다른 정부부처 간에 갈등이 나타나는 이유는 다음과 같다.

첫째, 환경 문제의 분산성(diffuseness)으로 인해 원래 환경 보호 업무는 여러 부서에 흩어져 있는 경우가 많은바, 뒤늦게 설립된 환경규제기관이 새롭게 등장하면서 기존 부처의 환경 보호 업무를 가져오거나 자신의 역할을 확대하게 되면, 기존의 환경 보호 업무를 내어 줘야 하는 부서나 역할이 침범당한다고 생각하는 부서는 환경규제기관과 갈등을 빚게 된다.

둘째, 환경규제기관과 경제부처 간의 역할 인식 또는 정책 지향의 차이로 인해 갈등이 야기된다. 경제부처는 경제의 성장 및 발전을 위한 여건을 조성하는 것을 중시하므로 환경 보호를 강화하면 경제 발전을 저해한다고 생각하는 반면에 환경규제기관은 환경 보전과 경제 성장이 조화를 이루어야 한다고 생각하므로, 두 부처는 이와 같은 정책 지향의 차이에 따라 환경규제를 둘러싸고 서로 대립하게 된다.

셋째, 환경규제기관과 경제부처는 서로 대표하는 고객(client) 또는 수혜집단(beneficiary group)이 다르고, 이 때문에 두 기관에 대한 정치적 지지집단이 크게 다르므로 서로 대립한다. 대체로 경제부처는 기업을 주 고객으로 하고 있고 환경규제기관은 국민 전체를 고객으로 하고 있는바, 기업의 이익을 대변하려는 경제부처의 압력으로 환경정책에 제동이 걸리는 경우가 많다. 왜냐하면 환경규제기관은 일반 국민 전체가 고객이므로 고객집단의 개념이 모호하기 때문이다. 즉 기업은 조직화가 잘 되어 있고 동원이 용이한 반면, '국민'은 범위가 한정되어 있지 않고 조직화되어 있지 않기 때문에 동원하기가 어렵고, 또 일반 국민의 이해관계는 여러 가지로 분산되어 있으며, 관심의 기간도 단기적이기 때문이다.

이상과 같은 이유로 환경규제기관과 경제부처는 환경규제에 대해서 서로 대립되는 입장을 보이게 되는데, 이는 구체적으로 환경정책과 다른 정책 간에 예산 및 인력의 배정, 최고 정책결정권자의 관심 유발 등의 면에서 서로 경쟁하는 양상으로 나타난다. 특정한 환경정책에 대해 관련 정부기관 간에 의견 차이가 생겨 서로 대립·갈등을 빚거나 환경정책이 관련된 다른 정책 – 특히 경제정책 – 과 대립되는 상황이 발생하면 환경정책의 집행이 무산되거나 오랜 시간 동안 지연되기도 한다.

한편 지방정부도 환경정책에 영향을 미친다. 환경규제에서 지방정부의 역할이 필요한 이유는 환경오염 문제가 지역적인 속성이 있으며 많은 정치 체제에서 공중보건,

위생 등의 책임을 지방정부가 지고 있기 때문이다. 그리고 환경 문제가 쟁점화되는 것도 전국적 차원보다는 지역적 차원인 경우가 많다. 그러나 한 지역의 오염의 정도가 심해지고, 이에 따라 환경 문제가 지방정부의 활동이나 지역정치에 미치는 영향이 커지면서 지방정부와 주민들이 환경 문제를 지역적인 것에서 전국적인 것으로 인식하고 이 문제의 해결을 중앙정부에 요구하게 되면, 비로소 환경 문제는 전국적인 것이 된다. 그 결과 중앙정치의 구성원들인 대통령, 의회, 환경규제기관 등 관련 부처의 반응이 나타나게 된다.

지방정부의 활동은 주로 환경정책의 집행 활동에 영향을 미치는데, 이와 관계되는 요소로는, ① 지방정부에 위임된 환경규제 집행에 관한 권한, ② 지방정부의 환경규제 집행인력 및 예산, ③ 중앙정부와 지방정부 간의 환경 업무의 배분, ④ 중앙정부와 지방정부 간의 의사 전달, 정보의 교환, ⑤ 각 지방의 고유한 실정 등을 들 수 있다. 그런데 환경규제의 집행 시 특히 문제가 되는 것은 핵폐기물, 쓰레기 처리장 건설 등과 같이 환경규제의 비용을 특정 지역 주민들이 부담하게 될 때 발생하는 집행상의 어려움이다. 이때는 전체적인 환경의 개선에는 찬성하지만 그 비용은 부담하지 않으려는 주민들과, 종합적이고 국가 전체적인 관점에서 환경규제를 시행하려는 중앙정부 간의 충돌이 발생한다. 이러한 경우 보통 지방정부는 지역 주민들의 입장을 대변하여 중앙의 환경규제기관과 충돌하게 되는데, 환경규제의 성공을 위해서는 지방정부의 협력을 얻어내는 것이 필수적이다.

제 5 절 비공식 참여자

1 환경단체

환경단체는 환경 보호의 필요성을 확실히 인식치 못하고 있는 일반 국민들을 환경규제의 강화를 요구하는 지지집단으로 동원하고, 이를 통해 정치 체제로 하여금 환경 문제를 적극적으로 해결하도록 압력을 가하며, 또 한편으로는 환경규제의 반대자인 기업집단을 누르는 환경규제의 선도자(entrepreneur)로서의 역할을 수행한다. 환경단체가 환경정책에 영향을 미치는 활동 방법은 매우 다양하다.

첫째, 환경오염 사건을 계기로 환경 문제의 심각성을 폭로하는 방법이다. 예컨대 원자력발전소의 방사능 누출 사건을 계기로 '반핵 프레임'을 만들고, 핵이 인류에게 미칠 악영향을 홍보해 일반 시민들로 하여금 핵에 대한 인식을 새롭게 만드는 방법이다. 이러한 활동은 환경 문제의 정책의제화에도 기여한다.

둘째, 환경정책 결정 과정에서 환경 문제 해결에 필요한 대안을 제시하는 방법이다. 문제를 제기하는 데 그치는 것이 아니라 보유하고 있는 전문지식, 환경 문제의 원인과 결과에 대한 정보와 자료의 수집을 통해서 환경 문제의 해결 방법을 제공한다. 물론 이를 위해서는 환경단체가 상당한 수준의 전문성을 확보해야 할 것이다.

셋째, 정치적인 활동으로서, 정치 체제의 구성원에 대한 정치적 지지를 담보로 하여 이들로 하여금 환경규제를 강화하는 정책을 수립·집행하도록 압력을 가하는 방법이다. 이러한 정치적 활동에는 각종 선거에서 환경 보호를 중시하는 후보자에게 표를 제공하거나 정치자금을 지원하는 것뿐만 아니라 데모, 스트라이크 등으로 압력을 가하는 것도 포함된다. 아예 각종 선거에 환경보호단체에서 직접 후보를 내는 방법도 가능하다.

넷째, 오염을 유발하는 자를 겨냥한 직접적인 활동으로서, 환경오염을 유발하는 기업을 고발하거나, 그 기업 제품의 불매운동을 벌이는 것, 환경오염의 주요 요인의 하나인 가정에서의 오염유발 행위를 자제하도록 교육·홍보하는 것도 활동 중의 하나이다.

그런데 위의 다양한 활동 전략이나 방법 중 어느 것을 주로 선택하느냐 하는 것은 환경단체가 ① 과학과 행동 중 어느 것을 지향하며, ② 기업집단과 협상할 용의가 있느냐의 여부 등에 따라 환경단체 간에 차이가 난다. 즉 과학적인 논거의 제시보다는 주창(advocacy)과 대중홍보(publicity)를 중점적으로 전개하는 단체가 있는가 하면, 과학적인 연구 결과의 제시, 기술적인 면의 우위 등을 과시하는 단체도 있으며, 기업과 갈등과 대립보다는 협상을 통해 의도하는 바를 성취하려는 환경단체도 있다.

2 기업

기업은 환경오염의 주요인이기 때문에 환경정책의 중요한 정책 대상 집단이며, 동시에 환경규제에 영향을 미치는 변수라고 할 수 있다. 기업이 환경규제의 완화 또는 연기를 위해 적극적으로 개입하려고 하는 이유는, 환경규제가 기업에 추가적인 비용을 부담시키거나 이전에는 불필요했던 신고, 승인, 검사 등의 절차를 요구하기 때문에 이러한 부담에서 벗어나고자 하는 것이다. 기업들이 환경규제의 완화를 주장하는 기본적인 논거는, 환경규제가 환경 보호라는 효과를 가져오기도 하지만 기업에 너무 과중한 비용 부담을 안겨 주어 사회 전체적으로 볼 때 편익보다는 비용 부담이 더 클 수도 있다는 것이다. 따라서 환경규제를 실시할 때에는 항상 환경규제가 가져오는 편익과 비용을 동시에 고려해 편익이 비용보다 크다는 확실한 증거가 있을 때에만 환경규제를 실시하라는 것이다. 다시 말하면 환경규제는 오염으로 인한 피해액과 그 피해를 억제하기 위한 규제 비용의 총합을 최소화하는 것을 목표로 해야 한다는 것이다.

그런데 정부의 환경규제를 반드시 모든 기업이 반대하는 것은 아니다. 왜냐하면 기업에 따라 환경규제가 오히려 유리한 경우도 있고, 기술혁신을 촉진하는 측면도 있기 때문이다. 우선 환경오염 방지시설을 생산하거나 설치하는 공해 방지산업에 종사하고 있는 기업은 환경규제가 강화될수록 이익이 증가할 것이다. 또한 정부의 환경규제는 기업으로 하여금 환경규제 분야에 상대적으로 많은 자원을 신속하게 배분하게 하여 기업의 기술혁신의 방향과 형태에 영향을 미친다. 즉 환경규제로 기업의 비용이 증가하게 되면 기업은 환경규제의 완화를 위해 노력하는 동시에 비용 절감을 위해서 기술 개발, 관리 개선 등 혁신을 위해 노력을 기울이게 되며 이는 기업 전체의 생산성을 제고하는 계기가 된다는 것이다.[12] 이와 같이 환경규제가 기업에 오히려 유리한 결과를 가져올 수 있다는 사실이 인식되면, 기업은 환경규제를 적극 반대하지 않을 것이며, 오히려 전반적인 기업 전략을 수정하는 자극으로 받아들이게 될 것이다. 이러한 입장에 있는 기업은 물론 환경규제 지지집단과의 갈등도 적다.

환경정책에 영향을 미치는 기업의 활동은 대개 비공식적으로 은밀히 진행되는 경우가 많은데, 구체적인 수단은 다음과 같다.

첫째, 고위 정책결정자에 대한 정치적인 지원-주르 재정적 지원-의 대가로 환경 문제를 정치 체제의 중요한 의제로 다루지 못하도록 압력을 가한다. 또한 업무상 평소 관련을 맺고 있는 정부부처에 환경규제를 완화하는 압력을 행사해 주도록 요구하기도 한다.

12) 그러나 환경규제를 비롯한 정부규제가 기업의 혁신을 촉진시키는 것만은 아니며 오히려 혁신을 저해하는 요소도 있다. 중요한 것만 들어 보면, ① 규제의 시간적 제약, ② 높은 규제순응 비용, ③ 정부규제 상호간의 갈등, 일관성 부족, ④ 규제기관의 지침의 불분명 등이다(Rothwell & Zegveld, 1981: 121).

둘째, 기업의 생산 활동과 환경오염, 또 그것이 인체에 미치는 영향 등에 대한 논란이 발생했을 때, 전문연구기관을 통해 기업의 생산 활동과 환경오염과는 크게 관계가 없다는 연구 결과를 제시해 과학적 · 기술적인 근거로 반대 주장을 누른다. 또한 환경 문제의 해결에 필요한 환경오염에 관한 정보나 자료 중 기업에 유리한 것만을 전달하는 방법도 이용한다.

셋째, 자체적으로 보유한 언론기관을 포함한 각종의 홍보 수단을 동원해 물질적 풍요를 강조하는 성장 패러다임을 주장함으로써 사회 전반의 분위기를 환경 문제를 중시하지 않는 방향으로 몰아간다.

넷째, 환경 문제가 이슈가 된 경우에도 직접 규제 방식보다는 자신에 유리한 보조금 같은 시장 지향적인 간접 규제 방식이 채택되도록 이를 과학적 · 기술적으로 뒷받침하는 정책 대안을 제시한다.

다섯째, 환경규제의 집행 과정에서 일선 규제 담당기관을 매수하는 등 이른바 '관경 유착' 상황을 조성해 환경규제의 실효가 나타나지 않도록 할 수 있다.

3 여론 및 언론

1) 여론

민주정치 체제에서 여론 또는 시민들의 관심은 당연히 정책 과정에 영향을 미친다. 물론 시민들이 환경정책 과정에 직접 참여해 영향을 미치기는 쉽지 않다. 그러나 선진국은 물론이고 우리나라의 경우도 수질 · 대기오염, 자연 보호 등 다양한 환경정책 과정에 시민들이 적극적으로 참여하는 사례들이 괄목할 만한 추세로 나타나고 있으며, 이는 환경정책에도 상당한 영향을 미치게 되었다. 일반 시민들의 여론이 환경정책 과정에 영향을 미치는 방안은 세 가지로 구분할 수 있다.

첫째, 환경정책 과정의 적극적인 참여자로서가 아니라 환경정책의 대상으로서 일반 시민이 가지고 있는 환경 문제에 대한 인식과 태도이다. 일반 시민들이 환경 문제에 대한 관심이 크고, 이의 해결을 정치 체제의 중대한 과업의 하나로 보며, 정치 체제에 대해 환경 문제의 해결을 요구해야 한다는 생각이 팽배해 있고, 지금까지의 환경 보호를 위한 정부의 역할 및 그 성과에 대해 회의적인 태도를 가지고 있을 때, 정부는 일반 국민의 이러한 태도와 요구를 무시할 수 없을 것이다. 또한 경제적 가치와 환경 가치에 대한 시민의 인식 변화는 기업의 경영 방식 및 정부의 국가 발전 목표 설정에도 큰 영향을 미친다. 이러한 환경 문제에 대한 여론의 동향은 여론조사 또는 투표 성향의 분석 등을 통해 파악이 가능하며, 어느 경우든지 시민들의 환경 문제에 대한 관심의 증가는 기업과 정부로 하여금 환경 문제의 해결을 위해 노력하게 하는 중요한 계기를 만든다.

둘째, 좀 더 적극적인 방법으로서 특정 환경 문제에 대해 피해자로서 일정한 의견을 제시하는 방법이다. 이는 공통적인 환경 문제로 심한 피해를 입은 사람들이 어떤 계기에 의해 폭발적인 집단행동의 양상을 띠는 경우가 많다. 예컨대 산업폐기물 불법매립에 의하여 중금속에 오염된 환자가 발생한 지역의 주민들이 이의 해결을 집단적으로 정부에 요구한다거나, 수돗물 오염으로 피해를 본 시민들이 정부에 대해 집단시위를 벌이는 사례가 이에 해당한다. 환경오염의 정도가 낮을 때에는 오염 피해자의 규모 및 피해의 정도가 작았기 때문에 시민들의 직접적인 의견 표출이 많지 않았으나 오염 피해의 규모와 빈도가 크게 증가하자 환경오염의 피해자가 되는 시민도 많아지고 이에 따라 피해 보상을 위해 적극적으로 행동하는 경향이 나타나게 되었다.

셋째, 환경단체에 직접 가입하여 환경단체의 구성원으로서 활동하거나 가입은 하지 않더라도 재정적인 도움을 주거나 마음속으로 성원을 보내는 것도 일반 시민의 중요한 역할이라고 할 수 있다.

2) 언론

언론은 기본적으로 대중매체(mass media)를 통해서 사회구성원들 간의 의사 전달을 돕고 사회에서 발생하는 주요 사건들을 구성원에게 알려 주는 역할을 한다. 이러한 언론의 역할은 다음과 같은 측면에서 환경정책에 영향을 미친다.

첫째, 언론은 환경정책 과정에 시민의 의사를 반영해 시민의 이익을 보호하는 역할을 한다. 환경규제의 수혜자집단(beneficiary group)은 불특정 다수의 시민들인 반면, 비교적 소수인 피규제집단(regulated group)은 조직적으로 저항하거나 정책담당자들을 자신의 편으로 만들려는 동기가 강하기 때문에 환경정책 과정을 이들이 좌우할 가능성이 크다. 실효성 있는 환경규제가 이루어지기 위해서는 다수의 시민 참여가 보장되어야 하지만 조직화되어 있지 못한 시민들이 규제 과정에 참여하기가 쉽지 않다. 따라서 이들을 대신해서 이익집단, 정당 등과 함께 언론이 수혜자집단인 시민들의 의사를 표명해 주는 역할을 수행한다. 또한 전국적인 차원의 의사 전달을 가능케 하는 언론의 발달로 일반 시민들을 직접적·선택적으로 접하는 것이 가능해졌다. 이에 따라 정치 체제와 일반 시민의 관계를 구조화시키는, 즉 이익 결집 및 표명의 역할을 해왔던 전통적 매개집단인 이익집단, 정당 등의 중요성이 감소되고 있으며, 언론의 역할이 증대되고 있다. 그뿐만 아니라 언론의 발달은 경제적 · 지역적 이해관계보다는 쟁점 선도자(issue enterpreneur)에 의해서 주도되는 새로운 집단의 출현을 용이하게 하고 있으며, 그 결과 전통적인 경제적 이해관계 집단에 대한 효과적인 대항세력이 되고 있다.

둘째, 언론은 환경오염 상태에 관해 정확히 알림으로써 일반 시민들로 하여금 환경 문제의 중요성을 인식케 하여 환경 문제를 여론화하는 기능을 수행한다. 언론의 환경 보도는 국민을 계몽해 환경 의식을 높여 주며, 환경 보호 여론을 조성한다. 이는 간접적이지만 정부에 대해 강력한 환경 대책을 촉구하는 역할을 한다. 특히 전술한 바와 같이 환경 문제의 경우에는 특정한 환경오염 사건이 발생했을 경우 사회 내에 큰 반응을 불러일으켜 사회구성원의 관심이 이 문제에 집중되고 이에 따라 이 문제는 정책 쟁점이 될 가능성이 커진다. 이를 자극하는 것이 바로 언론의 보도이다.

언론의 계속적인 환경 보도는 환경오염 사실을 일반 시민들에게 '눈에 보이는 현상'으로 만들어 줌으로써 환경 문제의 중요성을 일깨워 준다. 그 결과 환경 문제는 일반 시민들의 주요 관심 대상으로 확산되고, 환경 쟁점을 사회적으로 우선순위가 높은 쟁점망(issue web)에 남게 할 뿐만 아니라, 쟁점주기(issue cycle)를 시간적으로 연장시켜 주는 효과를 가져온다. 결국 언론은 정부가 환경 문제를 해결할 때까지 계속 사회적 문제로 부각시키는 역할을 할 수 있다.[13)]

이 밖에 정부의 환경정책에 대한 비판적인 보도는 정부로 하여금 정책을 수정 또는 개선시키도록 압력을 가하는 역할을 한다. 이것은 언론의 정책평가 역할로 볼 수 있다. 언론은 주로 환경규제 제도나 환경정책의 집행 과정에서의 오류나 부조리 등을 지적함으로써 환경정책의 개선 또는 강화에 기여한다.

13) 다운스(Downs)가 쟁점관심주기(issue attention cycle) 이론에 따라 환경 여론의 쇠퇴를 주장했음에도 불구하고, 왜 환경 문제에 대한 일반 시민들의 관심이 줄어들지 않고 지속되는가를 규명하려고 한 던랩(Dunlap, 1989)의 연구에 의하면, 환경규제기관의 규제 노력, 환경보호단체의 활동, 언론의 지속적인 환경 문제 보도가 환경 쟁점의 주기를 중단시키지 않고 환경 문제가 계속 시민들의 관심 대상에 머물도록 했다고 한다.

CHAPTER 09

환경정책 수단: 환경규제를 중심으로

제 1 절 환경정책 수단의 개념

환경정책 수단은 환경 문제를 해결하는 수단이며, 환경 문제의 해결은 환경 문제를 야기한 원인을 제거함으로써 가능하다. 따라서 환경정책 수단은 환경오염을 만들어 낸 원인을 찾아내어 이를 제거하는 수단을 말한다. 그런데 환경오염을 야기시키는 원인이 매우 다양하기 때문에 이를 제거하기 위한 환경정책도 매우 다양한 정책 수단을 구비하고 있어야 한다. 예컨대 환경오염이 원인자의 무지로 인한 것이라면 오염물질의 종류와 이의 제거 방법을 알려 주는 것이 필요할 것이며, 오염물질이 미칠 피해를 잘 알면서도 귀찮거나 비용을 부담하기 싫어서 오염을 유발하고 있는 자에게는 이에 상응하는 비용을 부담시키는 조치로서 처벌이나 벌금 부과와 같은 방법이 동원되어야 할 것이다.

이와 같이 다양한 형태의 환경오염 행위에 적절히 대응하여 환경정책의 효과성을 높이기 위해서는 환경정책 수단 또한 다양해야 하는 것은 필수적이다. 오염 원인에 적합한 수단을 구비하고 있지 못하면 문제를 해결하기는커녕 오히려 문제를 악화시킬 수도 있기 때문이다.

환경정책 수단은 정책 유형별로 구분할 수도 있다. 즉 하수종말 처리장 건설, 쓰레기 소각장 건설과 같은 배분적 수단을 활용하기도 하고, 사정이 어려운 중소기업의 배출시설 설치를 지원하기 위해 보조금을 지급하는 것과 같은 재분배적 수단이 필요한 경우도 있다. 그러나 환경정책 수단 중 가장 중요한 의미를 가지는 것은 오염물질을 배출하는 오염자의 행태를 제한하는 규제적 수단일 것이다. 규제를 통해 오염행위를 제한하는 것이 오염물질 배출을 저감시키는 가장 직접적인 효과를 거두는 수단이기 때문이다. 따라서 여기에서는 환경규제 수단을 중심으로 다양한 환경정책 수단에 대해 살펴보기로 한다. 구체적으로 환경규제 수단을 명령 지시적 규제 수단과 시장 유인적 규제 수단으로 구분하여 설명할 것이며, 마지막으로는 자율적 환경규제 수단을 살펴보고자 한다.

제 2 절 명령 지시적 규제 수단

1 명령 지시적 규제 수단의 의의

명령 지시적 규제 또는 직접 규제는 환경규제기관이 일정한 규제 기준을 정하고 이를 오염자에게 적용하여 위반할 경우 규정된 처벌을 가하는 규제방법이다. 명령 지시적 규제는 규제기관이 허가, 기준 설정 등에 의해 오염물질의 배출을 일정 수준 이하로 제한하거나, 환경오염 방지 설비의 설치 기준을 정하여 오염물질 배출자의 행위를 직접적으로 제한하는 정책 수단을 말한다. 따라서 직접 규제 방식에서는 규제 기준을 결정하는 것과 이를 어길 경우 적용하는 처벌의 유형 · 강도를 결정하는 것 등 두 가지가 핵심이 된다. 대표적인 명령 지시적 규제 수단으로는 규제 기준의 설정과 이의 강제적 적용, 환경오염 물질 배출시설의 설치 허가 및 운영 규제, 특정 물질의 사용 금지 및 제한 등이 있다.

2 명령 지시적 규제 수단의 유형

1) 오염물질 기준(Ambient Standard)

대기 또는 물과 같은 환경에 허용될 수 있는 최대 오염물질 수준을 정하는 규제 수단이다. 일정 지역 환경의 쾌적성을 유지하고 사람의 건강을 보호하기 위해 요구되는 환경상의 조건을 정하고, 이를 충족시킬 수 있는 범위 내에서 허용 가능한 오염 정도를 오염물질별로 표현한 것을 의미한다. 따라서 이 기준은 오염물질 양뿐만 아니라 특정 지역의 기후, 고도, 위치, 오염물질 배출 패턴 등을 고려해 설정한다. 이 기준은 오염물질이 자연 환경 및 인간의 건강에 미치는 영향을 고려해 각 지역에서 지켜야 오염물질의 허용 한도를 정하는 것으로서, 우리나라의 경우 환경 기준이 이에 해당한다.

2) 배출 기준(Emission Standard)

이것은 그 자체로서 독자적인 규제 수단이 되는 것으로서 보통 정책결정자가 가장 먼저 생각하는 수단이다. 이 기준은 주어진 오염원에서 배출될 수 있는 오염물질의 최대 허용량 또는 최대 허용 농도를 정하는 것이다. ppm이나 사용되는 연료나 원자재 단위당 얼마 또는 일정 기간 허용되는 총배출량 등으로 표현된다. 환경 기준과 같이 일정 지역 환경 전체에서 허용 가능한 오염물질의 정도를 의미하는 것이 아니고 특정 오염원에서 배출되는 오염물질의 양을 제한하는 기준을 말한다. 따라서 배출 기준은 환경오염의 지도 단속의 기준이 된다.

3) 사용 제한 또는 금지(Use Restrictions or Bans)

오염이 배출되는 오염물질이 아니라 특정 제품 또는 재료의 사용에서 오는 경우에는 이러한 제품의 사용을 제한하는 규제가 필요하다. 예컨대 석면이나 납의 생산 금지 또는 사용 제한이 이에 해당한다. 환경 기준과 배출 기준은 수질, 대기오염규제에서 주로 쓰는 규제 수단인 데 비해서 생산 금지나 제한은 독극물과 살충제 규제 등에서 많이 사용되고 있다. 특히 특정 물질이 제품에 소량 함유되어 있는 경우나 오염물질이 조금만 발생되는 경우에도 환경이나 건강상에 치명적인 피해가 발생할 것이 예상되는 경우에 이 규제 수단이 효과적이다.

4) 시설 기준

배출 기준은 오염원에서 배출되는 오염물질의 양이나 농도를 오염물질별로 제한하는 것이다. 이때 오염물질 배출자는 어떠한 기술과 시설을 사용하든지 상관 없이 규정된 최대 허용치 이하의 오염물질을 배출하면 아무런 제재를 받지 않는다. 정부는 달성되어야 할 목표 기준만을 설정할 뿐 그 목표의 달성 방법은 오염물질 배출자에게 일임하는 것이다. 이를 성과 기준이라고 부른다. 반면 환경오염을 방지 또는 제거하기 위한 특정의 시설이나 기술을 정해 놓고 오염물질 배출자로 하여금 반드시 이를 설치하거나 사용하도록 강제하는 규제 방법도 있다. 이를 기술 기준 또는 시설 기준이라고 부른다. 또한 오염물질 배출자가 오염물질을 제거 또는 감소시키기 위해 배출시설을 설치하려고 하는 경우 자유롭게 배출시설을 설치하도록 허용하는 것이 아니라, 정부가 일정한 기준을 정하고 이를 충족시키는 경우에 한해 배출시설의 설치를 허용하는 경우도 있다.

3 명령 지시적 규제 수단의 장 · 단점

1) 명령 지시적 규제 수단의 장점

명령 지시적 규제는 그 효과가 비교적 신속히 나타나고 집행이 용이하다는 장점이 있으며, 이로 인해 특히 정치적인 측면에서 높은 지지를 받고 있다. 직접 규제 수단의 장점을 구체적으로 논의하면 다음과 같다.

첫째, 오염원에 대한 획일적인 관리가 가능해 단기간에 오염 감소 효과를 볼 수 있다. 바로 이것 때문에 정치적 선호도가 높은 규제 수단이며 정책 결정 과정에서 채택 가능성이 높다. 환경오염 사건으로 인해 조속히 환경 문제의 해결을 원하는 환경 여론이 고조되었을 때 환경정책의 획기적인 변화가 나타나는 특징을 감안할 때 명령 지시적 수단은 정치적으로 효용성이 매우 높은 규제 수단이 될 수 있다.

둘째, 명령 지시적 수단은 그 내용이 단순해서 피규제자들이 지켜야 할 준수 사항이 명확하게 전달되며, 배출 허용 기준을 비롯한 기준 준수 여부에 대한 점검도 비교적 용이하다. 이러한 점에서 규제의 집행이 용이하다.

셋째, 개별 오염자들이 오염물질을 바람직한 수준으로 감소시키는 데 자신도 한몫을 하고 있다는 사실을 아는 데서 오는 만족감도 장점으로 들 수 있다. 이러한 점에서 오염물질 배출자도 명령 지시적 수단을 선호하는 측면이 있다. 이러한 이유로 많은 나라에서는 직접 규제를 주된 환경규제 수단으로 사용하고 있다.

2) 명령 지시적 규제 수단의 단점

명령 지시적 규제 수단은 효과에 비해 많은 사회적 비용이 소요되므로 비효율적이고, 피규제자의 입장을 고려하지 못한다는 비판을 듣고 있다. 이를 좀 더 자세히 살펴보면 다음과 같다.

첫째, 명령 지시적 규제 수단으로 규제 효과를 거두려면 합리적인 환경 기준의 설정이 전제되어야 한다. 이를 위해서는 많은 양의 데이터를 수집해야 하며, 오염통제 기술과 생산 과정 등에 대한 정확한 판단 등 많은 과학적 정보와 자료가 필요하다. 하지만 현실에서는 이러한 정확한 과학적 근거에 의해 기준이 설정되는 것이 아니라 정치적인 논리나 과거 기준을 바탕으로 비분석적으로 설정되는 경우가 많다. 이 결과 기준 자체의 불합리성으로 인해 규제 효과를 거두기 힘든 경우가 흔히 발생한다.

둘째, 배출 기준을 정하고 적용하는 과정이 지나치게 획일적이다. 기업에 따라 배출되는 오염원과 오염물질 및 양이 다르고 기준에 순응하기 위한 경제적 부담 능력에도 큰 차이가 있을 수 있는데, 모든 기업에 획일적으로 동일한 기준을 적용하는 명령 지시적 규제 수단은 이러한 차이를 고려하지 못한다. 물론 이러한 측면 때문에 형평성 있는 규제 수단이라는 긍정적인 평가를 받기도 하지만, 사회 전체적으로 과도한 환경오염 저감 비용을 지출하도록 하는 문제를 야기한다. 이것이 명령 지시적 규제 수단이 사회적으로 비효율적인 규제 수단이라는 비판을 받는 가장 큰 이유이다.

셋째, 환경오염 저감을 위한 기술혁신과 추가적인 투자를 저해한다. 정부가 정한 규제 기준만 충족시키면 처벌을 받지 않지만, 기준보다 더 낮은 수준의 오염물질을 배출하는 경우에도 아무런 보상이 없기 때문에 오염물질 배출을 기준 이하로 낮추려는 노력이 불필요하다. 즉 오염자들에게 환경오염 제거 또는 감소를 위한 기술혁신을 도모하도록 하는 동기를 부여하지 못한다.

넷째, 피규제자들이 배출 기준을 준수하고 있는지를 철저히 지도·단속해야 하기 때문에 오히려 과도한 행정력을 필요로 한다.

제 3 절 시장 유인적 규제 수단

1 시장 유인적 규제 수단의 의의

시장 유인적 규제 수단 또는 경제적 환경규제 수단은 정부의 직접 개입에 의존하는 명령 지시적 규제 수단과는 달리 시장 메커니즘에 의해서 환경오염 물질 배출량을 통제하는 환경정책 수단이다. 경제학적으로 볼 때 환경오염 문제란 환경이라는 자원, 즉 환경재를 과도하게 이용해 온 결과 그 환경재를 다른 용도로 사용하는 데 현저한 지장을 초래함으로써 발생되는 문제로 이해된다. 그런데 환경재에 대해서는 시장이 형성되어 있지 않기 때문에 환경재를 과도하게 사용하더라도 이에 대해 대가를 치르게 할 방법이 없다. 한마디로 맑은 공기와 깨끗한 물을 오염시키더라도 이의 대가를 지불하게 할 수단이 없다는 말이다. 따라서 공권력에 의해서 그 피해에 상응하는 만큼 환경재 이용의 대가를 치르게 함으로써, 다시 말하면 환경재에 인위적으로 적정 가격을 설정해 환경재의 남용을 막을 필요가 있다. 환경재에 적정 가격이 설정되면 사회적으로 적정한 수준의 환경오염 수준이 유지되며, 시장기구의 자원 배분 기능을 보완해 환경재를 포함한 모든 자원의 효율적 이용이 달성된다. 따라서 시장 유인적 환경규제 수단의 핵심은 환경오염 또는 환경재에 가격을 부여하고 이를 거래할 수 있게 하는 일종의 오염시장(market for pollution) 또는 환경재 시장(market for environmental goods)을 형성하는 데 있다.

결국 시장 유인적 환경규제 수단은 환경오염 유발자들의 행태에 영향을 주기 위해서 경제적인 인센티브를 사용한다는 점과 정부규제에 대한 피규제자의 대응에 어느 정도 융통성(flexibility)을 부여한다는 점에서 직접적 규제 수단과 다르다. 이러한 시장 유인적 환경규제 수단은 주로 환경경제학자들에 의해서 다양한 제도가 제시되고 있는데, 부과금(charge), 오염권 거래(emission trading), 예치금(deposit-refund), 환경세(environmental tax) 등이 대표적이다. 이를 좀 더 자세히 보기로 한다.

2 시장 유인적 규제 수단의 유형

1) 부과금

부과금(pollution fees)은 오염물질 배출자로 하여금 그들이 배출하는 오염물질의 양에 따라 또는 투입되는 생산 요소의 양에 따라 일정액을 지불하도록 하는 제도이다. 즉 부과금제도는 오염물질 배출자로 하여금 스스로 오염물질을 처리하여 배출을 줄이거나, 아니면 배출되는 오염물질의 처리에 소요되는 비용을 부담하게 한다. 이러한 방법은 경제학자 피구(Pigou)가 최초로 주장했다. 피구는 환경오염으로 인한 외부비용을 오염물질 배출자가 지불하게 되면 환경 문제가 해결될 수 있을 것으로 보았다. 즉 모든 환경오염 배출자에게 오염물질 배출로 인한 사회적 피해만큼 세금을 부과하면 환경오염 행위가 사라질 수 있을 것으로 생각했다.[1] 이와 같이 부과금제도는 환경오염의 외부비용을 오염자 개인의 비용으로 내재화시키려는 의도를 가진 피구세의 한 형태이지만 부과금이 반드시 외부비용과 일치하는 것은 아니고 환경 기준을 달성하는 데 필요한 오염처리 비용을 기준으로 한다는 점에서 피구세와 다르다(정회성 · 변병설, 2019).

부과금제도가 성공을 거두기 위해서는 배출부과금이 환경오염 물질 처리비용을 감안하여 적절히 책정되어야 한다. 만일 부과금이 오염처리 비용보다 지나치게 낮으면 오염물질 배출자 입장에서는 처리비용을 지출해 오염물질을 감소시키는 것보다는 오염물질을 그대로 배출하고 부과금을 납부하는 것이 더 이익이 된다. 따라서 이 경우에는 부과금이 환경오염 물질의 배출을 줄이는 유인이 되지 못한다. 따라서 배출부과금은 최소한 오염처리 비용보다는 높아야 효과를 거둘 수 있을 것이다.

부과금제도는 여러 가지 형태가 있는데 가장 대표적인 것이 배출부과금과 제품부담금이다.

(1) 배출부과금

배출부과금은 배출되는 오염물질의 양과 질에 따라 오염물질 배출자로 하여금 일정액을 부담케 하는 일종의 세금과 같은 것이다. 배출부과금은 배출 허용 기준치를 정하고 이를 초과하는 경우에만 부과하는 방법과 배출 허용치와 상관 없이 배출되는 오염물질에 따라 부과하는 방법이 있다. 배출부과금이 가장 널리 적용되고 있는 분야는 수질 분야이다. 반면 대기 분야는 대기오염 물질의 종류가 다양하고 관리비용이 많이 들어서 상대적으로 부과금제도의 이용이 적은 편이다. 이 배출부과금은 부과금제도의 고전적인 형태로서 대부분의 선진국에서 시행되고 있다. 우리나라에서도 1983년 9월 1일부터 시행해 왔을 정도로 시장 유인적 규제 수단 중 가장 역사가 오래된 제도이다.

(2) 제품부담금

제품부담금은 제품의 생산, 소비, 폐기 과정에서 환경오염을 야기할 수 있는 제품이나 생산 과정에 투입되어 오염물질을 배출하는 제품 – 주로 생산 요소 – 에 일정액

1) 이러한 세금을 피구의 이름을 따서 피구세(Pigouvian Tax)라고 부른다.

을 부과하는 제도이다. 이 제도는 오염물질의 배출을 감시하기 어렵거나, 특정 생산 요소가 생산 과정에 투입될 경우 필연적으로 환경오염 물질이 배출되는 것으로 확인된 경우 제품의 생산량 또는 생산 요소의 투입량에 따라 부과금을 부과한다. 예컨대 야산에 버려진 가전제품들을 일일이 추적해 버린 사람을 찾아서 이를 수거하도록 강제하는 것은 매우 힘들 뿐 아니라 많은 비용이 들 것이다. 이 경우 제품의 생산자에게 회수 및 재활용 의무를 부과하고 이를 지키지 못할 경우 부과금을 부과하면 생산자는 자발적으로 제품의 회수와 재활용을 위해 노력할 것이다. 또한 자동차 연료인 휘발유나 디젤과 같은 화석연료가 연소될 때에는 이산화탄소나 질소화합물과 같은 대기오염 물질이 배출된다. 이 경우 배출되는 오염물질을 측정해서 배출부과금을 부과하는 것은 거의 불가능하기 때문에 자동차 연료에 부담금을 부과하는 방법을 사용한다. 화석연료에 대한 제품부담금은 주로 유럽에서 탄소세 형식으로 부과되고 있으며 인, 질소, 칼륨 등이 함유되어 있는 비료와 살충제 등에도 제품부담금이 부과되고 있다.

(3) 기타

배출된 오염물질의 집합적인 처리에 소요되는 비용을 충당하기 위해 일정액을 부과하는 사용자 부담금(user charge)이 있다. 국립공원 입장과 같이 자연자원의 사적인 이용에 일정액을 부과하는 것도 이에 해당한다. 전술한 제품부과금과 유사한 것으로서 환경 친화적 제품 또는 공정에 조세 혜택을 주거나 반대로 환경 파괴적인 제품과 공정에 조세 차등을 두는 차등조세(tax differentiation)도 부과금의 일종이다. 이 밖에 환경규제를 시행하는 행정당국의 관리비용을 조달하기 위해 등록 또는 법집행 비용을 해당 업소에 부과하는 행정부과금(administrative charge)도 있다.

2) 환경오염권거래제도

환경오염권거래제도는 오염물질을 배출할 수 있는 권리를 거래할 수 있는 시장을 형성하고, 이를 통해 환경오염 물질 배출자들이 자율적으로 환경오염물질의 배출을 통제할 수 있도록 하는 제도이다. 이 제도는 오염권 설정과 거래 방식을 어떻게 정하느냐에 따라 다양한 형태를 띨 수 있지만 기본 논리는 다음과 같다.

우선 정부는 환경에 배출시킬 수 있는 오염물질의 총량을 오염물질별로 정한 다음 기존 배출량이나 경매를 통해서 개별 오염자들에게 오염권을 할당한다. 오염물질 배출을 원하는 기업은 반드시 사전에 오염물질 배출권을 구입하도록 하며, 오염권을 구입한 기업은 그에 해당하는 것만큼만 오염물질을 배출할 수 있는 권리를 갖게 된다. 또한 보유하고 있는 오염권 이하로 오염물질을 배출한 기업은 남은 오염권을 다른 기업에 팔 수 있도록 한다. 오염물질 배출업소는 보유하고 있는 오염권 한도 이하로 오염물질 배출량을 줄여야 하며, 신규 기업이나 시설 확장을 원하는 기업은 배출권 거래시장을 통해 다른 기업이 보유하고 있는 오염권을 구입해야 한다. 이때 오염권 거래시장은 거래비용을 최대한 낮출 수 있도록 구축되어야 한다.

이 제도가 효과를 거두기 위해서는 오염권의 가격이 오염물질 저감을 위한 추가적 투자 비용보다 높아야 할 것이다. 그래야 오염물질 배출량을 늘리기 위해 오염권을 구입하기보다는 추가적인 투자를 통해 오염물질을 감소시키는 것이 기업에 이익이 되기 때문이다. 만일 오염권의 가격이 지나치게 낮으면 기업들은 오염물질 배출을 줄이기보다는 오염권을 매입하는 방법을 선택할 것이다. 각 기업마다 환경오염 저감을 위한 한계비용이 다를 것이므로, 기업은 오염처리 한계비용과 오염권 가격을 비교하여 오염권 거래시장 참여 여부를 결정할 것이다. 오염처리 한계비용이 낮은 기업은 오염물질 배출을 줄이고 남은 오염권을 시장에 내다 파는 것이 유리할 것이고, 한계비용이 높은 기업은 배출권 구입이 유리할 것이다. 하지만 배출권 구입에 많은 비용이 소요되는 기업은 장기적으로 오염처리 비용을 낮추기 위한 기술 개발이나 생산 공정 방식 개선 등의 조치를 취하게 될 것이다. 이 제도는 총배출량을 일정 수준으로 한정하는 동시에 각 기업의 입장에서 가장 효율적인 수단을 선택하게 한다는 점에서 사회적으로 최선의 자원 배분을 가능케 하는 효율적인 정책 수단이 될 수 있다.

오염권거래제도와 유사한 시장 유인적 정책 수단으로는 다음과 같은 것들이 있다. 이들은 모두 오염을 유발하는 기업의 입장에서 보면 융통성과 오염물질 배출 저감 노력을 유발하는 동기 부여 효과를 부여하고 있다.

(1) 버블

버블(bubble)이란 같은 오염물질이 한 지역 내에 있는 여러 군데에서 배출될 때 이들 간의 '거래'를 허용하는 제도이다. 한 지역에 정해진 총량적 오염물질의 양을 초과하지 않는다면, 배출구 하나하나에서 배출되는 오염물질의 양을 자율적으로 조절할 수 있도록 하는 제도이다. 한 공장에 여러 개의 배출구가 있는 경우 하나하나의 배출구에서 나오는 오염물질의 양을 측정하는 것이 아니라 이것들을 전체적으로 하나의 배출구에서 나오는 것으로 보고, 만일 A 배출구에서 배출되는 오염물질이 기준치를 초과해도 B 배출구의 오염물질이 A 배출구의 초과분을 상쇄하고도 남을 만큼 기준치 이하이면 이 공장의 오염물질 배출을 문제삼지 않는 것이다.

(2) 상계

상계(offset)란 기존 공장에서 허용 기준보다 낮은 오염물질을 배출함으로써 오염물질 감소 인정(emission reduction credits)을 받은 기업은 멀리 떨어진 다른 지역에 새로운 오염물질 배출 공장시설의 설치를 허가받을 수 있게 하는 제도이다. A 지역 공장에서 배출되는 오염물질이 기준을 초과하더라도 B 지역 공장에서 배출되는 오염물질이 기준치 이하라면, 기준치 이하만큼 A 지역의 오염물질 배출을 상계해 준다.

(3) 예탁

예탁(banking)이란 현재 배출되고 있는 오염물질의 양이 허가 기준보다 낮은 경우 기준치 이하만큼의 양(emission credits)을 미래에 이용할 수 있도록 예치시키는 제도이다. 예컨대 특정 기업의 금년도 오염물질 배출량이 기준치 이하인 경우, 기준치와 실제 배출량과의 차이를 저축했다가 다음 해에 배출할 수 있는 권한으로 주는 것이다.

3) 예치-환불제도

예치-환불제도(deposit-refund systems) 또는 예치금제도는 제품의 부적절한 처리가 환경 문제를 야기할 우려가 있는 경우, 오염원인자에게 오염 처리에 들어가는 비용을 미리 예치하도록 한 다음 오염물질 처리량에 따라 나중에 예치금을 환불해 주는 제도이다. 가장 대표적인 제도는 병, 건전지, 캔 등 폐기물에 부과되는 예치금이다. 예치금제도는 오염물질로 예상되는 외부불경제 비용을 오염원인자로부터 사전에 징수하고, 오염원인자가 외부불경제를 제거하는 경우 사후에 되돌려 주는 제도이다. 만일 폐기물이 회수 · 처리되지 않으면 예치금을 폐기물의 처리에 소요되는 비용으로 충당한다.

예치금제도는 폐기물이 다량으로 배출되는 제품 중에서 재활용 가능성이 높고 재활용된 제품이 어느 정도 시장성을 가지고 있는 것을 대상으로 한다. 유리병, 캔, 플라스틱류 등이 이에 해당한다. 또한 건전지 등과 같이 제품의 특성상 반드시 적절히 회수하여 처리되지 않으면 환경에 치명적인 영향을 미칠 수 있는 품목도 예치금제도의 대상이 되어야 할 것이다.

폐기물 예치금은 주로 제품의 생산자에게 예치금의 납부 의무를 부과하는 것으로 생각하기 쉽지만 소비자에게도 부과할 수 있다. 종이컵이나 비닐봉지를 사용하는 경우 일정액을 예치하도록 했다가 다시 가져오면 예치금을 환불해 주는 것이 이에 해당한다. 소비자의 소비행위로 인해 발생될 수 있는 외부불경제 비용을 해당 제품의 소비자로 하여금 부담하도록 하는 것이다.

한편 예치-환불제도가 환경 보전 효과를 거두기 위해서는 전술한 부담금이나 오염권 가격 결정과 마찬가지로 적정 수준의 예치요율을 정하는 것이 매우 중요하다. 예치금의 규모는 폐기물이 야기시키는 외부불경제의 크기, 즉 환경 비용과 폐기물의 회수처리 비용을 감안하여 결정해야 한다. 만일 예치금이나 예치요율이 지나치게 낮으면 폐기물을 회수해 예치금을 환불받기보다는 그냥 예치금을 지불하는 것이 유리할 것이다. 그렇다고 예치요율을 너무 높게 하면 소비자나 기업에 과중한 부담을 안기므로 환경오염 제거에 과다한 사회적 비용을 지출하는 셈이 된다. 결국 예치요율은 폐기물의 회수 처리에 동기를 부여할 수 있는 수준에서 환경 비용을 감안해 결정되어야 할 것이다.

3 시장 유인적 규제 수단의 장 · 단점

1) 시장 유인적 규제 수단의 장점

시장 유인적 규제 수단은, 정부가 가격을 설정하고 오염물질 배출자로 하여금 그들이 배출하는 오염물질이 사회에 야기시킨 손해에 해당하는 만큼의 비용을 부담하도록 하면서도 해당 배출업소로 하여금 오염물질 처리에 관한 결정을 자율적 · 독립적으로 선택할 수 있는 권한을 부여하는 제도적 장치이다. 따라서 시장 유인적 규제 수단의 가장 큰 장점은 효율성에 있다. 이 제도의 장점을 좀 더 자세히 보도록 하자.

첫째, 시장 유인적 규제 수단은 환경 보전의 목표를 최소한의 비용으로 달성할 수 있게 해 준다. 정부에 의해 환경재에 대한 가격이 정해지면 오염물질을 배출하는 업소들은 비용－지불 가격－을 최소화할 수 있는 오염 제거 기술을 개발 · 사용하려고 노력할 것이다. 이에 따라 각 기업의 한계 오염 제거 비용이 동일해지고, 이로 인해 사회 전체적인 면에서 오염 제거 활동을 위한 효율적 자원 배분 상태가 달성된다. 그뿐만 아니라 규제의 집행에 따르는 행정 비용도 명령 지시적 규제 수단에 비해 낮다.

둘째, 기업들은 가급적 비용 최소화 기술을 적용하려고 노력하게 되므로 기업들로 하여금 기술혁신을 자극하는 유인을 제공한다. 따라서 장기적으로 환경 기술의 개발을 촉진하고 환경산업의 발전에 기여할 수 있다.

셋째, 정부의 입장에서 볼 때 시장 유인적 규제 수단은 재정수입의 증대를 가져온다. 부과금의 징수나 환경오염권의 판매 등은 정부의 안정적 수입원이 될 수 있으며, 이러한 재정수입은 환경투자 재원의 중요한 원천이 될 수 있다.

2) 시장 유인적 규제 수단의 단점

이상과 같은 장점에도 불구하고 세계 여러 나라에서 시장 유인적 규제 수단이 실제로 사용되는 사례는 매우 적다. 사용되고 있는 경제적 수단들도 경제학자들이 원래 주장했던 구상과는 다르게 이용되고 있다. 즉 시장 유인적 규제 수단 중에서 가장 보편적으로 사용되고 있는 것은 보조금이며, 배출부과금 등은 환경 개선 효과를 거두기 위한 제도라기보다는 환경개선사업이나 규제행정관리에 필요한 재원 조달 수단으로 이용되고 있는 것이 각국의 현실이다(Opschoor et al., 1994). 이는 시장 유인적 규제 수단에 다음과 같은 단점이 있기 때문이다.

첫째, 시장 유인적 규제 수단은 명령지시적 규제 수단에 비해 규제 효과가 신속히 나타나지 않는다. 또한 규제 순응 여부가 피규제자, 즉 오염배출원의 선택에 달려 있기 때문에 규제의 효과가 유동적이다. 오염 배출업소가 환경오염 배출 수준을 낮추지 않고 부담금이나 예치금을 부담하는 것으로 대응하면, 재정수입을 얻을 수 있을지 몰라도 환경 개선이라는 정책 효과는 달성할 수 없을 것이다. 이는 부담금이나 예치금이 한계 환경오염 처리비용보다 낮은 수준에서 책정될 때 흔히 나타나는 현상이다. 배출업소의 입장에서는 환경오염 수준을 낮추기 위한 추가적인 환경 투자를 시행하는 것보다는 부담금 등을 납부하는 것이 더 이익이기 때문이다.

둘째, 기본적으로 시장 유인적 규제 수단에 대해서는 이념적 반대가 있다. 환경보전 자체를 목적으로 하는 환경보전주의자(environmentalists)의 입장에서 '돈을 지불하고 오염권을 산다'는 것을 수용하기 어렵다. 즉 경제적 규제 수단이 비록 효율적으로 오염물질을 감소시키는 수단이 될 수 있다고 하더라도 환경 가치에 가격을 부여할 수 없다고 생각하는 환경주의자들 입장에서는 이를 용납하기 힘들다. 결국 시장 유인적 규제 수단에 대한 정치적인 지지가 낮을 수밖에 없다.

셋째, 시장 유인적 규제 수단은 그 이론적 우월성에도 불구하고 제도 자체의 복잡성 때문에 현실 정책 과정에서 채택하기가 쉽지 않다. 예컨대 오염권거래제도에서 기업 간 거래 규칙을 정하는 것도 어렵고 각 기업에 할당된 오염량 이상의 오염물질 배출을 단속하는 것도 많은 공권력과 자원을 필요로 한다.

넷째, 경제적 규제 수단은 기업들에 경제적 부담을 주어서 원가 상승 요인이 되며, 결국 물가 인상을 통해 소비자에게 부담이 전가될 수 있다. 이는 물가 인상과 환경오염 비용 부담의 형평성 문제를 야기할 수 있다.

다섯째, 시장 유인적 규제 수단들은 사회 전체적인 차원에서 환경 개선의 비용과 효과를 고려하는 정책 수단이다. 따라서 환경오염 비용과 환경 개선 편익이 지역적으로, 소득 계층별로 어떻게 분포되는가에 대해서는 상대적으로 관심이 적다. 바로 이러한 특성 때문에 경제적 규제 수단은 오염 정도의 차이에 따른 지역 간 형평성 문제를 야기할 수 있다(Fiorino, 1995).

제 4 절 자율적 환경규제 수단

1 자율적 환경규제 수단의 의의

지금까지의 환경규제 수단에 대한 논의는 명령 지시적인 직접 규제 수단과 시장 유인적인 수단을 중심으로 전개되어 왔다. 그런데 최근 들어 유럽과 미국에서 환경보전과 오염 감소를 위해 기업이 스스로 환경 개선을 위한 노력을 기울인다는 이른바 기업의 '자율규제(self-regulation)'에 대한 주장이 활발하게 전개되고 있다.[2)] 이러한 자율규제에 대한 주장은 규제 대상 집단인 기업뿐만 아니라 정부규제기관에서도 그 필요성을 제기하고 있다. 그리하여 최근에는 유럽과 미국에서 실험적인 자율적 환경규제 제도들이 소개되고 있다.

자율규제의 구체적인 방법으로는 산업 부문별 오염 감소 '계약(covenants)', 환경개선 실적에 대한 제3기관의 증명(예컨대 유럽연합의 환경 관리 및 감시 제도, ISO

2) 정부의 직접 규제 대신 기업 스스로 자기를 규제한다는 점에서 '자율규제'란 용어를 쓰고 있지만 규제에 피동적인 기업의 입장을 고려할 때 자율적 환경관리(environmental self-management)란 용어가 더 어울릴지 모른다. 하지만 기업의 자율적인 환경 개선 노력을 정부규제(governmental regulation)와 대비시켜 파악한다는 점에서 자율적 환경규제라는 개념을 사용하고자 한다.

14001 등), 환경 개선 실적에 따른 규제의 융통성 부여 등 매우 다양한 것들이 소개되고 있다. 최근에 제기되거나 실제로 도입되고 있는 자율규제 형태의 환경 관련 제도들은 기업들이 환경 보전을 위해 자발적인 조치를 취한다는 점을 강조하는 공통점이 있다. 즉 이러한 제도들은 정부는 환경 보전에 필요한 전반적인 틀을 제공하고 이 틀 내에서 정부가 요구하는 바를 달성하기 위해서 구체적으로 어떻게 해야 하는가에 대해서 기업들이 자율적으로 결정하도록 하고 있는 것이 특징이다. 더 나아가 일부는 이러한 자율규제가 정부 환경규제의 원칙이 되어야 하고 또 실행 가능성 면에서도 자율규제가 바람직하다는 주장을 하고 있다.[3)]

한편 자율적 환경규제는 기존의 환경규제에서 전제되었던 정부와 기업 간의 관계에 대한 인식의 중대한 전환을 필요로 한다. 과거 기업은 정부의 환경규제를 회피하기 위해 규제에 저항하는 것으로 인식되었다. 또한 정부 환경규제의 성공 여부는 이러한 기업의 저항을 어떻게 극복하는가에 좌우된다고 생각되었다. 많은 환경규제에 관한 문헌에서는 환경규제에 대한 기업의 순응(compliance)을 어떻게 유도할 것인가를 중요한 주제의 하나로 다루고 있는 것도 기본적으로 이러한 시각을 반영한 것이다. 그러나 자율적 환경규제에서는 기업을 정부의 환경규제에 저항하는 규제 대상이 아니라 자발적인 협조자 또는 자율적인 환경 보전 실천자로 인식하고 있다. 따라서 환경규제 과정에서 규제자와 피규제자로 서로 대립하고 저항하는 관계로 인식되었던 정부와 기업 간의 관계에 큰 변화를 가져오고 있다.

2 자율적 환경규제 수단의 유형

자율적 환경규제가 정부 개입을 대체할 수 있는 정책 수단이 되기 위해서는 이 방법이 정부규제에 못지않은 효과적인 환경 개선 수단이라는 것을 입증하여야 한다. 이에 따라 자율규제를 지지하는 사람들은 여러 가지 다양한 자율적 규제 수단들을 제시하고 있다. 다음에서는 이를 몇 가지 유형으로 정리해 살펴보고자 한다.[4)]

3) 예컨대 The Confederation of Netherlands Industry and Employers(1995)은 다음과 같이 주장하고 있다. “원칙적으로 정부의 역할은 환경규제의 틀을 제공하는 데 그쳐야 한다. 실질적인 측면에서도 정부가 기업의 내부 운영을 어떻게 해야 한다는 것을 입법화하여 직접적으로 규제한다는 것이 실현 가능한 것도 아니다.”

4) 최병선(1992)은 자율규제를, 업계가 동업자조합(trade association)을 결성하고 이를 통해 스스로가 지켜야 할 기준을 제정하는 한편 그것의 위반행위를 스스로가 점검하는 방법으로 이루어지는, 일종의 정부규제의 변형으로 파악하고 있다. 즉 자율규제를 동업자조합 또는 단체를 통해서 소속 회

1) 오염 방지 이익을 인지한 기업의 자율규제

가장 기본적인 자율적 환경규제의 형태는 기업이 스스로의 이익을 증진시키기 위해 자발적으로 환경 개선을 시도하는 것이다. 오염물질의 증가는 기업에 오염물질 처리 비용뿐만 아니라 이 외의 다양한 경제적 부담을 안겨 준다. 즉 오염물질이 많아질수록 생산 과정의 위험도와 이에 대한 기업의 책임이 증가하고, 이에 대비하기 위한 보험비용이 증가한다. 투자자들도 오염 기업에 대해서는 매력이 감소할 것이며, 정부의 환경규제에 순응하기 위한 비용[5]도 급속히 증가할 것이다. 따라서 기업은 이러한 비용 부담을 줄이기 위해 자발적으로 배출되는 오염물질의 양을 줄이기 위해 노력하게 된다. 예컨대 가급적 청정연료 원료로 대체하고, 생산 단위당 원료와 에너지 사용량을 축소하며, 원료와 에너지의 효율적 이용 등을 시도하게 된다. 이러한 활동이 전술한 비용 부담을 감소시켜 결과적으로 기업에 이익이 되기 때문이다.[6] 요컨대 이러한 형태의 자율규제 논거는 기업 스스로 오염을 줄이면 이익을 보게 되고, 이에 따른 오염 감소는 기업의 이익인 동시에 사회의 이익도 된다는 것이다.

2) 소비자 또는 공급자 요구에 의한 자율규제

자율규제의 또 다른 형태는 제품의 공급자가 소비자에게 또는 소비자가 공급자에게 책임 있는 환경관리를 시행하도록 자율규제를 촉구하는 프로그램을 들 수 있다. 전자는 주로 제품의 생산 요소 공급자가 생산자에게 요구하는 것이고, 후자는 제품의 소비자가 생산자에게 요구하는 경우를 말한다.

(1) 공급자 요구에 의한 자율규제

이는 생산 요소의 공급자가 이를 필요로 하는 다수의 생산자에게 제품(생산 요소)의 관리 책임, 즉 생산 요소가 유발할지도 모르는 환경오염을 관리하는 책임을 부여하는 것이다. 이것의 좋은 예는 미국의 화학산업에서 시행되고 있는 '책임관리 프로

원들을 규제하는 것으로 설명하고 있다. 그러나 여기서 제시되고 있는 자율규제는 이러한 것만 의미하는 것이 아니라 기업 또는 기업집단이 자발적으로 또는 정부의 유인에 따라 스스로 환경 개선의 노력을 기울이는 것 모두를 포함하는 포괄적인 개념이라고 할 수 있다.

5) 예를 들면, 정부규제에 따르기 위한 각종의 행정비용, 협상 및 강제집행 과정의 법적 비용, 정부가 정한 기술을 설치하는 비용, 환경보험 비용, 환경규제기관이 정하는 폐기물 처리 비용의 증가 등 각종의 규제 순응 비용을 부담해야 한다.

6) 이와 관련한 기업의 활동 중 잘 알려진 것으로는 3M의 'Pollution Prevention Pays' Program, Dow의 'Waste Reduction Always Pays(WRAP)' Program 등을 들 수 있다(Sarokin et al., 1985).

그램'을 들 수 있다. 즉 미국의 화학물질 생산자 협회(CMA)는 회원 기업과 화학물질을 이용하는 기업들로 하여금 안전한 환경관리를 촉진하기 위해 '책임관리(responsible care)' 프로그램을 개발했다.[7)]

(2) 소비자 요구에 의한 자율규제

소비자들의 선호 또는 요구에 따라 기업이 자율적으로 환경 개선의 노력을 하게 되는 경우를 말한다. 소비자들이 환경 친화적인 제품을 선호하는 경향이 나타나면 기업은 이에 부응하기 위해 자발적으로 친환경적인 제품을 생산하기 위해 노력하며, 이와 함께 생산 과정에서도 가급적 오염물질의 배출을 줄이려는 노력을 기울이게 된다. 예를 들면 기업들이 환경 친화적 마케팅(green marketing)에 관심을 기울이거나, 자신들의 제품에 친환경표시를 부착(labeling)하기 위해 스스로 이에 필요한 환경 기준을 준수하는 것 등이 이에 해당한다. 소비자들이 강한 환경 보전적 성향을 가지고 있고 환경 친화적 제품 또는 생산 과정에서 환경 개선 노력을 하는 기업의 제품을 확실히 구분할 수 있는 경우에는 정부의 직접적인 개입이 없어도 소비자들의 성향에 부응하고자 하는 기업의 자발적인 노력으로 환경 개선 효과가 달성될 수 있다.

(3) 중간적 소비자 요구에 의한 자율규제

주요 대규모 수요자가 제품의 공급자에게 안전한 환경관리의 실행 또는 공식적인 환경관리 체계를 요구하는 경우가 이에 해당한다. 예를 들면 자동차 회사에서 다수의 자동차 부품 납품업자들에게 일정한 환경관리 기준 – 예컨대 ISO 14000 – 을 준수하도록 하고 이를 준수하지 못하는 기업의 제품에 대해서는 구매를 제한하거나 반대로 준수하는 기업의 제품 구매를 우대하는 조치를 취하면 부품 제조업체는 자발적으로 환경관리를 강화하는 노력을 하게 될 것이다. 또한 정부의 조달 구매에서도 제품의 환경 친화성 및 환경 개선 실적 등을 고려해 구매 여부 또는 구매의 양을 결정하게 되면 기업들은 자발적으로 이러한 요구에 부응하기 위해 환경관리에 힘쓰게 될 것이다. 우리나라의 녹색제품구매제도가 이에 해당한다.

---

7) 이 제도는 매우 환영받은 좋은 제도였는데 이것은 소수의 거대기업이 다수의 작은 기업들과 가정에 화학물질 또는 화학제품을 공급하는 화학산업의 특징 때문에 가능했다(Andrews, 1998).

3) 제3자 인증

제3자 인증(third-party certification)이란 제3자가 환경 개선 실적 또는 환경관리 체계의 운영 실적을 심사·입증해 주는 상업적 인증 제도를 도입하는 것을 말한다. 이 인증을 받으면 정부의 직접적인 허가와 검사를 면제해 줌으로써 기업들로 하여금 자발적으로 환경 인증을 받기 위한 노력을 기울이도록 유도한다.

환경 인증을 위한 환경감사 또는 심사(environmental auditing) 제도는 1980년대 초에 도입된 것으로서, 초기에는 기업의 모든 생산 단위에서 정부의 환경규제가 요구하는 것에 대한 법적 순응을 확보하고자 기업 내에서 광범위하게 사용되었다. 즉 환경규제에 대한 불응으로 비롯될 수도 있는 법적 책임으로부터 기업을 보호하기 위해 도입되었다. 그 후 보험회사와 금융기관에서 기업들의 환경 책임으로 인한 리스크가 커지자 해당 기업의 환경적 위험을 조사하기 시작했고, 이에 따라 공정하고 중립적인 제3의 기관에서 환경감사를 담당하는 환경인증제도가 등장하게 되었다. 예컨대 ISO 14000은 기업의 환경관리 체계 실적을 제3자가 인증하는 것이다. 이의 인증을 받으면 어느 정도 환경관리 체계가 확립되었음을 의미하며, 이는 곧 환경 리스크가 그만큼 크지 않을 것임을 입증하는 것이다. 이에 따라 보험회사나 금융기관으로부터 우대를 받을 수 있으므로, 기업 입장에서는 자발적으로 환경관리 실적에 대한 인증을 받을 인센티브가 있다.

이 환경인증제도는 이의 인증을 받으면 정부 허가나 검사를 면제함으로써 정부 허가나 검사 의무를 대체하는 것으로 이용되기도 한다.[8)]

4) 사업자 단체를 통한 자율규제

이 제도는 각 산업 부문별 생산자 또는 서비스 제공 단체가 나름대로의 '환경 개선 실적 의무화' 지침 또는 '최선의 환경 개선 활동'을 위한 지침을 만들어 소속 회원사들로 하여금 이를 이행하도록 하는 것이다. 동 업종에 종사하는 다수의 기업들이 자신들의 협회를 통해 자발적으로 이러한 활동을 하는 경우는 비교적 많이 볼 수 있다. 이를 몇 가지의 유형으로 구분해서 살펴보면 다음과 같다.

---

8) 예컨대 미국의 Clean Air Act는 1998년까지 약 60,000개의 기업으로 하여금 유독 오염물질의 유출을 방지하기 위해 공식적인 리스크 관리계획을 수립할 것을 의무화했다. 그리고 정부가 이 계획을 공식적으로 승인하고 이를 모니터링하는 대신 ISO 14000을 획득하도록 했고, 미국환경청(EPA)은 그들이 특정 기준을 충족시키는 한 그 결과를 수용하기로 했다.

첫째, 단체에서 환경 개선을 위한 지침과 기술적 지원을 제공하는 경우이다. 예를 들면 세탁업, 자동차정비업, 도금업협회 등에서 자체의 폐기물 처리, 재활용 등에 관한 지침을 마련해 소속 회원사들에 제공하거나 이에 필요한 기술을 지도하는 일을 수행할 수 있다. 이러한 방법은 환경 보전에 필요한 기술 개발 능력이 없는 다수의 영세한 회원사들을 대상으로 협회가 보유한 자금과 전문 인력을 통해 필요한 기술을 제공할 수 있는 분야에서 성공 가능성이 높다.

둘째, 단체에서 소속 회원사들에게 환경 개선을 위한 의무화된 기준을 제시하는 경우도 있다. 예를 들면 화학제품생산협회에서 '유독물질 관리 계획'을, 제지공업협회에서는 '유지 가능한 삼림 개발 계획'을 확정하고 이의 준수를 회원 자격 유지의 조건으로 제시함으로써 회원들로 하여금 자발적으로 이를 수행하도록 하는 경우가 이에 해당한다. 이때 협회가 제시한 의무화된 환경관리 계획을 준수하는 회원 기업들은 다른 비회원 기업에 비해 추가적인 비용 부담을 하게 될 수도 있지만, 소비자나 공급자 또는 구매자들에게 환경관리 면에서 다른 기업과의 차별성을 강조함으로써 경제적인 이익을 누릴 수 있다는 점에서 자율규제의 인센티브가 있다.

5) 계약

이 제도는 일정 산업 부문의 기업들로 구성된 협회를 통한 자율규제의 한 형태로서 협회와 정부 간의 환경 개선 활동에 관한 '계약'을 체결하고 소속 회원사는 계약 내용을 자발적으로 이행하는 방식이다. 즉 주요 생산자 또는 서비스 협회가 회원들을 대신해 정부와 협상하여 양자가 일종의 환경 개선 활동 계약(covenants)을 체결하는 것으로서, 계약의 내용은 정해진 기간 내에 오염량을 일정 수준 이하로 감소시키는 것을 골자로 하는 경우가 대부분이다.

이 제도는 기업이 생산하는 제품으로 인해 유발되는 오염의 처리를 해당 기업에 책임지도록 하는 것인데, 기업은 정부규제에 의해 정해지는 제한적인 방법 외에 좀 더 다양한 방법을 활용할 수 있으며, 정부규제보다 효과적이고 융통성 있는 수단을 개발해 사용할 수 있다. 기업의 입장에서도 기업에 직접적인 부담을 주는 정부규제보다는 구속력 없는 이 계약 제도를 선호하는 경향이 있다.9)

---

9) 이 제도에 대한 이해를 돕기 위해 계약 제도가 광범위하게 시행되고 있는 네덜란드의 사례를 소개하면 다음과 같다. 네덜란드식 계약 제도에는 두 가지 유형이 있다. 첫째, 다수의 중소기업으로 구성되어 있는 산업 부문에서는 소속 기업들이 이전의 종합적인 환경 개선 실적에 따라 '협회'로부터

3 자율적 환경규제 수단의 장 · 단점

1) 자율적 환경규제 수단의 장점

첫째, 자율적 환경규제는 원료 투입 단계부터 제품의 폐기물 단계에 이르는 전 과정에서의 오염물질 감소 및 환경오염 사전 예방 체계의 구축을 가능하게 한다.

둘째, 환경행정 체제의 단순화와 규제 시스템의 개선으로 행정비용을 절감하는 것은 물론 행정의 효율성 및 신뢰성을 제고할 수 있다.

셋째, 환경 친화적인 기술 개발을 촉진하고 환경 친화적 생산 체제를 구축하여 환경산업의 경쟁력을 제고시킨다.

넷째, 기업의 자율적 참여를 활성화시켜 정부와 기업 간에 생산적인 협력 관계 구축을 가능하게 한다.

2) 자율적 환경규제 수단의 단점

첫째, 투자를 통해 기업의 의사 결정에 영향을 미치는 금융기관이나 펀드관리자와 같은 경제 세력은 기업 의사 결정의 장기적인 효과와 단기적인 이익 모두를 고려한다. 여기에는 자율규제를 촉진하는 측면과 반대로 제약하는 측면이 모두 다 있다. 우선 기업이 장기적인 정통성과 명성을 유지하려고 하며, 기업의 사회적 책임을 다하는 사회의 유익한 구성원이라는 인식을 심어 주고자 노력하는 경우에는 기업의 자율적 환경규제 노력이 더욱 커질 것이다. 하지만 개방적이고 경쟁적인 경제체제에서 자금은 이익이 큰 분야로 즉시 이동할 수 있으며, 이러한 압력은 투자자에 의해서 가해진다. 만일 기업이 '환경 보전'과 같은 광범위한 지역사회의 가치 또는 장기적인 기업의 목표를 추구한다면, 단기적으로는 투자자들의 이익을 충족시켜 주지 못한다는 이

'허가'를 받는 것으로 공식적인 정부의 허가 과정을 대신한다. 이를 통해 약 600,000개의 업소(대부분의 정비소 및 주유소)가 정부 허가의 부담을 덜었다고 한다. 요컨대 개별 중소기업들은 정부와 협회의 일반적인 계약으로 허가권을 획득하며, 개별 기업이 허가를 받기 위해 노력할 필요가 없다. 개별 중소기업들은 협회가 정하는 일정한 기준을 충족시키면서 회원 자격을 유지하면 된다. 둘째, 대기업으로 구성된 대규모 오염물질 배출 산업 부문에서 사용되는 것이다. 이 계약 제도는 국가 환경계획의 일환으로 시행되는 것으로서, 계약은 대규모 오염물질 배출 산업 '협회'와 정부 간의 직접적인 협상으로 체결된다. 이 계약제도는 화학, 인쇄, 금속 산업과 같이 잘 조직화된 기업집단들을 대상으로 하는 경우에 상당한 오염 감소 효과를 거두고 있는 반면 좀 더 복잡한 산업 분야와 오염문제(예컨대 여러 산업 분야에서 배출되는 휘발성 유기 혼합물의 감소 문제), 조직화가 미약한 대상(예컨대 운전자, 농부, 가정 등)에서는 성과가 미흡한 것으로 나타나고 있다.

유로 원하지 않는 매각을 당할 수도 있다. 아니면 환경 보전과 같이 경제적 이익과 모순되는 목표를 버리고 단기적인 이익을 극대화하는 방향으로 기업 운영을 전환할 가능성도 있다(Andrews, 1998).

둘째, 아무리 이상적인 자율적 환경규제라도 환경오염의 외부 효과(externalities)를 완전히 제거하지는 못한다. 기업이 자발적으로 외부 효과를 내부화(internalization)하리라고 기대하기는 어렵기 때문이다. 기업은 자신이 유발하는 환경오염으로 인한 외부 효과를 다른 경제 주체들에게 전가하려는 경향이 있다. 따라서 외부 효과를 내부화하기 위해서는 오염자 부담 원칙에 따라 기업이 운영되도록 강제되어야 한다. 즉 자율규제만으로는 부족하고 오염자들에 대한 직접규제, 부과금 부과 등과 같은 수단을 통해 오염자들이 사회와 환경에 미친 외부 효과를 전부 부담하도록 하는 정부의 개입이 필요하다. 한마디로 이윤을 추구하는 기업이 자신들에게 비용부담이 되는 행위를 과연 '자율적'으로 하겠느냐는 근본적인 의문을 제기하는 것이다.

제 5 절 우리나라의 주요 환경규제 수단

1 명령 지시적 수단

우리나라의 환경규제 중 명령 지시적 직접 규제는 배출되는 오염물질의 허용 기준을 설정하거나 오염물질 배출시설이나 방지시설에 대한 기준을 정한 뒤 이 기준을 어길 경우 일정한 제재를 가하는 방식을 취하고 있다.

1) 기준의 설정

환경에 대한 행정 기준은 배출 기준과 시설 기준으로 구분할 수 있다. 전자는 오염배출시설과 오염방지시설의 운영과 배출이 허용되는 오염물질에 대한 것이며, 후자는 오염배출시설에 대한 것이다. 배출 허용 기준은 일종의 성과 기준(performance standard)이며, 시설 기준은 기술 기준(technology standard)에 해당한다. 현행 환경 관련 법률에 규정되어 있는 주요 기준들은 다음과 같다.

첫째, 환경 기준(standards of environmental quality)으로서 이것은 「환경정책기본

법」에 의거해 사람의 건강을 보호하고 쾌적한 환경을 조성하기 위해 대기, 수질, 소음 진동 분야에 설정한다. 일반적으로 환경 기준이란 쾌적한 환경을 보전하고 사람의 건강을 보호하기 위해 요구되는 환경상의 조건을 수치화한 것으로 이해되고 있다. 이러한 환경 기준의 법적 구속력 여부에 대해서는 논란이 있으나 이 기준에 의하여 특별대책지구의 지정 또는 오염경보제를 운영할 수 있으므로 법적인 의미도 가지고 있다 할 수 있다. 하지만 환경 기준을 오염물질 배출업소를 단속하는 기준으로 삼기는 어려울 것이다. 이 기준은 대통령령으로 정해지며, 광역단체장은 환경부 장관의 승인을 얻어서 해당 자치단체의 조례로 별도의 환경 기준을 설정할 수 있으나, 대통령령에 규정된 기준보다 약화된 기준을 설정하는 것은 불가능하다.

둘째, 배출 허용 기준(permissible emission standards)은 배출업소에 적용되는 규제 기준으로서, 개별 업체가 오염물질을 배출할 때 준수해야 하는 최대 배출 허용치 또는 허용 농도를 의미한다. 이 기준을 초과해 오염물질을 배출하면 각종 규제가 부과되므로 실제로는 환경규제의 기본이 되므로 결국 배출 허용 기준은 궁극적으로 환경 기준의 달성을 지향하기 위한 수단이 된다. 「대기환경보전법」, 「수질환경보전법」 등 개별 환경 법률에서 규제 대상별 배출 허용 기준치를 설정하고 있다.

셋째, 시설 기준으로서 배출시설의 범위 설정과 오염방지시설 기준 등이 이에 포함된다. 즉 각 환경 관련 법률에는 배출시설로부터 배출되는 오염물질을 제거하거나 감소시키는 시설을 규정하고 있다.

2) 행정 제재

우리나라의 환경규제는 주로 행정 및 형사법적 체계에 의한 방법에 의존하고 있다. 전술한 바와 같이 개별 환경 법규에 기업이나 개인이 지켜야 할 기준을 제정하고 이를 이행시키기 위해 행정상의 강제 규정을 두고 있다. 행정적 제재로는 다음과 같은 것들이 있다.

첫째, 개선명령으로서 법에서 요구하는 일정한 기준이나 행위를 이행치 않을 경우에 그의 개선을 명하는 것이다. 즉 배출 허용 기준을 위반한 배출업소에 대해 일정 기간을 지정해 배출시설을 개선하도록 명한다.

둘째, 개선명령을 받은 후 일정 기간이 지난 후에도 이를 이행하지 않을 때에는 조업의 일부 또는 전부를 정지시키는 조업정지명령을 내린다. 또한 주민의 건강상의 위해와 환경상의 피해가 급박하다고 인정되는 경우에는 즉시 조업의 제한이나 정지를 취할 수 있다.

셋째, 개선명령과 조업정지명령으로도 그 이행이 이루어지지 않을 경우에는 설치 허가를 취소하는 설치 허가 취소 조치를 취한다.

넷째, 개선명령을 해도 당해 사업장의 위치에서는 이를 이행하기가 불가능하거나 또는 주민의 건강상의 위해와 주변 환경상의 피해 방지를 위해 필요한 경우에는 기간을 정해 사업장의 이전을 명하는 시설이전명령을 내릴 수 있다.

다섯째, 시설 기준과 관련된 것으로서 당국의 허가를 받지 않고 설치한 배출시설에 대해서는 사용금지 또는 폐쇄를 명하는 배출시설 사용 금지 또는 폐쇄명령을 내릴 수 있다.

3) 형사 처벌

환경 법규 위반에 대한 형사 처벌은 두 가지로 구분된다. 하나는 위에서 설명한 행정적 제재를 통해 기업이나 개인의 이행 확보가 어려운 경우에는 사법 당국에 고발해 형사법적인 책임을 묻도록 하는 방법으로서 개별 환경법에 자세한 형벌규정이 포함되어 있다. 다른 하나는 환경오염 행위를 범죄행위로 규정하여 형사소추를 가능하게 한 「환경범죄 등의 단속 및 가중처벌에 관한 법률」에 따른 형사 처벌이다.

첫째, 개별 환경 법률에 포함되어 있는 형벌 규정들은 무허가 배출시설의 설치 및 변경 행위, 배출시설 및 방지시설의 비정상적 운영, 조업정지명령, 폐쇄명령, 이전명령, 강제조치명령 등을 위반하는 행위, 고의 또는 중대과실에 의한 특정 폐기물의 부당처리 행위 등을 처벌 대상으로 하고 있다. 형벌의 종류로는 징역과 벌금이 규정되어 있다. 예를 들면 「대기환경보전법」 제89조는 사용중지명령 또는 폐쇄명령을 이행하지 아니한 자에게 7년 이하의 징역이나 1억 원 이하의 벌금에 처할 수 있도록 규정하고 있다.

둘째, 「환경범죄 등의 단속 및 가중처벌에 관한 법률」이 있다. 이 법은 1991년 페놀사건을 계기로 사람의 생명 또는 신체에 위험을 주는 환경오염 행위를 방지하기 위해 만들어진 법이다. 종래의 형법은 업무상 과실 치사상죄, 음용수에 관한 죄 등이 있으나 그 구성 요건상 환경 범죄에 적용하기가 곤란한 경우가 적지 않고 또 사람의 사상이라는 결과 발생을 필요로 하거나, 과실이 인정된 개개인만을 처벌할 수 있었을 뿐 실질적 책임이 있다고 생각되는 사업 주체나 법인의 처벌이 곤란하다는 점 등 많은 문제가 있었다. 또한 환경 관계법상 규정된 벌칙 역시 주로 행정 목적 달성이라는 관점에서 규정되어 환경 범죄에 대한 대처 수단으로 불충분한 측면이 적지 않았다. 이러한 반성에서 환경오염에 대한 종합적인 대책의 일환으로 환경오염을 발생시켜 사람의 건강을 해칠 위험이 있는 행위를 환경 범죄로 파악해 처벌하고자 이 법이 제정되었다.

이 법의 주요 특징은 다음과 같다. ① 사람의 건강에 유해한 물질을 배출해 공중의 생명 또는 신체에 위험을 발생시킨 자를 처벌한다. ② 고의범뿐만 아니라 과실범도 처벌한다. ③ 양벌 규정을 두어 위반행위자뿐만 아니라 그 법인 또는 개인도 처벌한다. ④ 배출행위와 위험 발생 사이에 상당한 개연성이 있을 때 그 위험성은 배출행위자에 의한 것으로 추정한다. ⑤ 가중 처벌하는 누범의 특수가중 규정을 두고 있다.

2 시장 유인적 수단[10)]

1) 배출부과금

배출부과금은 오염자부담원칙에 따라 오염물질을 배출한 사업자에 대해 배출한 오염물질의 처리에 소요되는 비용에 상당하는 경제적 부담을 주어 배출 허용 기준의 준수를 유도하고 궁극적으로 오염배출량을 감소할 목적으로 시행되는 제도이다. 우리나라에서는 1983년 9월 1일부터 시행되고 있으며, 가장 역사가 오래된 시장 유인적 규제수단이라고 할 수 있다.

수질 오염에 대한 배출부과금은 배출 허용 기준을 초과하는 경우 부과하는 초과배출부과금과 배출 허용 기준 이내라도 공공폐수처리시설의 방류수 수질 기준을 초과할 경우 부과하는 기본배출부과금으로 구분된다. 부과 대상 오염물질은 초과배출부과금은 유기물질, 부유물질, 카드뮴, 시안 등 19종이며, 기본배출부과금은 유기물질과 부유물질에 대해서만 부과한다.

대기배출부과금도 배출 허용 기준을 초과한 오염물질에 부과하는 초과부과금과 배출 허용 기준 이내로 배출한 오염물질에 부과하는 기본부과금으로 구분된다. 1983년도부터 시행된 초과부과금은 2022년 기준 대기오염물질 9종(먼지, 황산화물, 암모니아, 염화수소, 황화수소, 이황화탄소, 불소화합물, 시안화수소, 질소산화물)의 배출 허용 기준을 초과한 사업장이 부과대상이다. 기본부과금은 1997년부터 부과하고 있

10) 환경부(2023), 「환경백서」를 참고했음.

으며, 2022년 기준 대기오염물질 3종(먼지, 황산화물, 질소산화물)을 배출하는 사업장이 부과대상이다.

2) 환경개선부담금

환경개선부담금제도는 오염 원인자에게 오염물질 처리비용을 부담하도록 하여 오염 저감을 유도하고 환경 개선을 위한 투자 재원을 조달하기 위해 「환경개선비용 부담법」을 근거로 1993년도부터 시행되었다. 법 제정 당시에는 각층 바닥 넓이의 합계가 160m^2 이상의 시설물과 경유를 연료로 사용하는 자동차의 소유자가 환경개선부담금 부과대상이었다. 또 부담 금액은 시설물의 경우에는 용도, 연료 및 용수사용량, 소재 지역에 따라, 자동차의 경우에는 배기량, 연식, 등록 지역에 따라 차등해 산정되었다.

그런데 시설물 소유자들의 경우 오염물질 배출 여부와는 상관없이 무조건 부담금을 납부하는 것을 불합리하게 생각하였으며, 이에 2015년 7월 「환경개선비용 부담법」이 개정되면서 시설물에 대한 환경개선부담금은 폐지되었다. 현재는 경유자동차 소유자에게만 부과되며, 이 중에서도 유로5, 유로6, 저공해인증차량은 부과가 제외된다. 결국 환경개선부담금은 2012년 7월 이전에 출고된 노후 경유자동차에만 부과되고 있다. 당초 이 부과금은 오염물질 배출의 감소 유도보다는 환경 개선에 소요되는 재원을 마련할 목적이 더 강한 성격을 가지고 있었다고 볼 수 있다. 징수된 환경개선부담금은 각종 대기, 수질, 폐기물, 소음 · 진동 분야 환경개선사업비의 지원 · 융자, 저공해 기술개발 연구비의 지원 및 자연환경보전사업 등에 사용되어 왔다.

3) 재활용부과금

「자원의 절약 재활용 촉진에 관한 법률」 개정(2002년 2월)으로 기존의 폐기물예치금제도가 폐지되고 2003년 1월부터 생산자책임재활용제도(Extended Producer Responsibility: EPR)가 도입되었다. 생산자책임재활용제도는 제품의 생산자들로 하여금 제품의 설계, 제조, 유통 · 소비 및 폐기 전 과정에 걸쳐 환경 친화적인 경제 활동을 유도함으로써 폐기물의 감량(Reduction), 재이용(Reuse), 재활용(Recycling)을 촉진하고 '자원순환형 경제 · 사회 체계'를 도모하려는 제도이다. 이를 위해 제품이나 포장재 생산자에게 일정량의 재활용 의무를 부여하고 이를 이행하지 않을 경우 재활용부과금을 부여한다.

반면에 기존의 폐기물예치금제도는 다량으로 발생하는 제품, 용기 중 사용한 후 회수 및 재활용이 용이한 제품의 제조, 수입업자에게 폐기물 회수, 처리 비용을 예치하게 하고 적정하게 회수, 처리한 경우 그 실적에 따라 예치 비용을 환불해 줌으로써 폐기물의 재활용을 촉진하는 제도이다. 양자의 가장 큰 차이는 사전에 예치금을 납부하느냐에 있다. 즉 폐기물예치금제도는 사전에 일정액을 납부한 다음 회수 실적에 따라 예치금을 환불해 주는 제도이며, 재활용부과금은 생산량의 일정 부분을 재활용할 의무를 부과하고 재활용 실적에 따라 사후에 부과금을 부과하는 제도이다.

2023년 기준 재활용 의무 대상 품목은 포장재 4종(종이팩, 금속캔, 유리병, 합성수지), 제품 24종(윤활유, 전지류, 타이어 등) 등 총 28종이 지정되어 있다. 한편, 사업장에서 발생되는 중간원료용 포장재 등은 사업장에서 별도로 처리하는 점을 감안하여 2018년부터는 재활용 의무대상 포장재를 최종 소비자에게 판매하는 제품에 사용되는 포장재로 한정하였다. 또한 2023년에는 어망, 파렛트, PE관 등 합성수지재질의 제품 13종을 생산자책임재활용제도 품목으로 추가하였다. 재활용부과금 대상 품목은 다음과 같다.

〈표 9-1〉 재활용부과금 대상 품목

구분	품목
제품	비닐 5종(뽁뽁이, 세탁소 비닐, 플라스틱 봉지·봉투, 1회용 비닐장갑, 식품 포장용 랩 필름), 타이어, 윤활유, 전지(수은전지, 산화은전지, 니켈카드뮴전지, 리튬1차전지, 망간·알칼리망간전지, 니켈수소전지), 형광등, 양식용 부자, 합성수지재질의 김발장, 곤포 사일리지용 필름, 산업용필름, 교체용정수기 필터, 어망 등 합성수지재질 제품 13종
포장재	음식료품, 농·수·축산물, 세제류, 의약품, 화장품류 등의 포장에 사용된 금속캔·유리병·종이팩·합성수지포장재

4) 폐기물부담금

폐기물부담금제도는 1993년 7월부터 시행된 「자원의 절약과 재활용 촉진에 관한 법률」에 근거한 제도로서 기존의 폐기물예치금제도를 보완하기 위해 만든 제도이다. 폐기물예치금제도는 재활용의 극대화가 목적인 반면, 폐기물부담금제도는 제품에 유해물질을 함유하고 있거나 회수 및 재활용이 곤란한 제품, 재료, 용기에 당해 폐기물의 처리 비용에 상당하는 비용을 부과해 제품의 가격에 환경 비용을 내재화시키기 위해 도입된 제도이다. 즉 폐기물부담금제도는 특정 대기·수질 유해물질 및 유독물을 함유하고 있거나, 재활용이 어렵고 폐기물 관리상의 문제를 초래할 가능성이 있는 제품·재료·용기의 제조업자 또는 수입업자로 하여금 그 폐기물의 처리에 드는 비용을 부담하게 하는 제도이다.

1993년에 도입된 후 부과대상, 산출기준 등이 변경되어 왔다. 2021년 1월부터 살충제·유독물제품 용기, 부동액, 껌, 1회용 기저귀, 담배, 플라스틱제품 등 6개 품목에 대하여 폐기물부담금을 부과하고 있으며, 2022년 1월부터는 플라스틱의 일종인 고흡수성수지(高吸收性樹脂, Super Absorbent Polymer)가 냉매로 사용되는 아이스팩이 신규 부과대상 품목으로 추가되었다. 2022년 기준 담배, 껌, 1회용 기저귀 등 7개 품목에 대한 폐기물부담금은 총 2,151억 원이 부과되었고, 그 중 2,099억 원이 징수되어 97.6%의 징수율을 나타내고 있다.

5) 수질개선부담금

수질개선부담금은 공공의 지하수자원을 보호하고 먹는물의 수질 개선을 위해 1995년 「먹는물관리법」의 시행으로 도입되었다. 부담금 부과 대상은 샘물을 개발하여 이를 원료로 제품을 제조·판매한 먹는샘물 등의 제조업자 및 먹는샘물 등의 수입판매업자, 기타 1일 300톤 이상의 샘물을 개발하여 원수의 일부를 음료류·주류 등의 원료로 사용하는 자이다. 먹는샘물 등의 제조업자 및 기타 샘물 개발자는 취수량에, 수입판매업자는 수입량에 대하여 각각 부과하고 있다. 당초 이 제도는 안전한 수돗물을 안정적으로 공급하고, 수돗물을 마시는 계층과 먹는샘물을 마시는 계층 간 위화감을 완화하기 위해 지하수와 공공 식수의 수질 개선에 소요되는 재원을 확보하기 위한 목적도 있었다.

이러한 수질개선부담금은 먹는 물의 수질 개선 시책사업비의 지원, 먹는 물의 수질검사 비용의 지원, 지하수자원의 개발·이용 및 보전·관리를 위한 기초조사와 복구사업의 실시 비용 등의 용도에 사용된다.

3 자율적 규제 수단[11)]

1) 녹색기업 지정제도 운영

녹색기업 지정제도는 규제 중심의 환경정책에서 벗어나 기업 스스로 사업 활동의

11) 환경부(2023), 「환경백서」를 참고했음.

전 과정에 걸쳐 환경영향을 평가하고 구체적인 환경 목표를 설정해 자율적으로 환경 개선을 도모하도록 하는 제도이다. 이 제도는 정부와 기업 간 관계를 환경규제를 둘러싼 대립 관계가 아니라 신뢰를 바탕으로 한 협력 관계로 전환시키기 위한 것이다.

추진 경과를 보면, 1995년 4월 '환경친화기업 지정제도 운영규정'을 제정하였고, 같은 해 12월 「대기·수질환경보전법」에 제도 운영 근거를 마련하여 1996년 7월 1일부터 제도를 본격 시행하였다. 2010년 4월 「저탄소 녹색성장 기본법」 시행과 함께 기존의 '환경친화기업'이라는 명칭을 '녹색기업'으로 변경하였다.

〈표 9-2〉 녹색기업 지정 업체 수

(2023년 12월 기준)

연도	2018	2019	2020	2021	2022	2023
업소 수	139	131	123	111	103	97

기업은 자율적으로 제품설계에서 원료조달, 생산공정, 사후관리까지 사업 활동 전반에 걸친 환경영향을 평가한 뒤, 이를 토대로 오염물질 감소 계획과 방법 등이 명시된 구체적인 환경개선계획을 마련하고 이를 시행한다. 또한 공정 개선, 관리 개선, 현장 재이용 및 방지시설의 운영 최적화 등에 대한 구체적인 개선 방안을 제시한다. 정부는 이를 심사하여 녹색기업으로 지정하며, 지정된 업체에 대해서는 정기 지도·점검을 원칙적으로 면제해 주고, 배출시설 설치 허가가 신고로 대체되며 중소기업에 대해서는 환경 기술 지원과 융자 우선 지원 등의 혜택이 주어지고 있다.

그간 녹색기업은 온실가스 배출권거래제 시범사업, 산업계 녹색구매 자발적 협약 등에 참여하는 등 환경정책분야에서 정부와 협력적 파트너십을 구축하여 왔다.

2) 환경라벨링제도

이 제도는 제품의 환경성에 대한 정보를 제품에 표시함으로써 소비자가 친환경 상품을 선택·사용하게 하여 환경 보전에 스스로 참여하도록 유도하고 기업에게는 환경 친화적 제품의 개발 및 생산을 유도하는 제도이다.

환경라벨링제도는 세 가지의 유형이 있으며 그 중 Type Ⅰ이 가장 잘 알려진 '환경표지제도'이다. Type Ⅱ는 '제품의 환경성 자기주장 제도'로서 생산자 자신이 제품의 환경성을 주장할 수 있는 방법·조건 등을 규정하는 제도이다. Type Ⅲ는 환경성적표지제도이다.

〈표 9-3〉 환경라벨링제도의 유형

제도 유형	주요 내용
환경표지 (Type Ⅰ)	• 제품의 전 과정을 고려하여 자원・에너지 절약, 환경오염 예방, 인체 유해성 저감 등에 대한 환경기준과 품질기준을 설정하고 동 기준에 적합한 제품에 대해 제3자 기관이 인증하는 제도
환경성 자기주장 (Type Ⅱ)	• 제품의 공급자가 자체적으로 제품의 환경성에 대한 주장을 할 수 있는 방법과 준수요건을 규정하여 공급자의 무분별한 환경성 주장에 따른 소비자 기만행위 및 혼란 예방을 위한 가이드라인을 정함
환경성적표지 (Type Ⅲ)	• 제품에 대한 전과정평가(LCA) 결과에 따라 자원 사용, 지구 온난화, 수질 오염, 대기오염 등 계량화된 전 과정 환경영향 정보를 제3자가 인증하여 제품에 표기하는 제도

(1) 환경표지제도(Type I)

환경표지제도는 제품의 제조・유통・사용 또는 폐기 과정에서 동일 용도의 다른 제품에 비해 환경오염을 적게 일으키거나 자원을 절약할 수 있는 제품임을 인증하는 제도로서 1978년 독일에서 최초로 시행되었고 2022년 현재 유럽연합, 북유럽, 미국, 일본, 중국 등 59개 국가에서 시행 중이다. 우리나라에서도 「환경기술 개발 및 지원에 관한 법률」에 근거를 두고 1992년부터 시행하고 있다. 환경표지 대상제품의 경우 제도 도입 첫 해인 1992년에 재생종이류, 재활용 화장지류 등 4개 품목을 선정한 이래 2023년 12월 말 기준으로 품목이 총 158개로 확대되었으며, 5,037개 업체 19,439개 제품이 환경표지 인증을 유지하고 있다.

환경표지 인증업체에는 기업과 제품에 대한 이미지 제고효과와 함께 공공기관 의무구매, 환경부의 녹색기업 지정제도 지정 시의 가산점 부여, 정부 및 공공기관의 각종 환경 관련 포상제도 추천, 해외 환경표지 인증 지원, 해외전시회 참가지원 등의 혜택이 부여된다.

(2) 환경성적표지제도(Type III)

환경성적표지제도는 제품이나 서비스의 모든 과정에서의 자원 사용과 오염물질 발생이 지구환경(자원 소모, 지구 온난화 등)에 미치는 잠재적인 환경영향을 계량화해 도표나 그래프 등으로 표시하는 제도이다. 환경표지제도가 단순히 제품의 친환경성 여부만을 표시하는 것이라면, 환경성적표지제도는 환경에 미친 영향을 수치로 표현하는 것이다. 예컨대 환경오염물질 배출을 감축한 정도를 'CO_2 200g'과 같이 구체적인 수치로 표현한다. 환경성적표지제도는 지난 1992년 미국에서 처음 도입된 이래

노르웨이, 스웨덴, 독일, 일본, 대만 등 여러 국가에서 시행 중이다. 우리나라에서는 「환경기술 개발 및 지원에 관한 법률」에 근거를 두고 2001년 2월부터 시행하고 있다. 이 제도는 환경부를 중심으로 환경마크협회, 환경관리공단, 환경보전협회 등에서 운영하고 있었으나, 현재는 한국환경산업기술원으로 일원화되었다.

환경성적표지제도는 제품 및 서비스의 환경성 제고를 위해 제품 및 서비스의 원료 채취, 생산, 수송·유통, 사용, 폐기 등 전 과정에 대한 환경영향을 계량적으로 표시하는 제도이다. 환경성적표지제도는 탄소발자국, 자원발자국, 물발자국 등 총 7가지 환경성 정보를 표시하며, 그중 대표적인 것이 탄소발자국이다. 이는 제품과 서비스의 전 과정 동안 발생하는 온실가스 배출량을 이산화탄소 배출량으로 환산하여 소비자에게 공개함으로써 저탄소 소비문화 확산을 유도하는 시장 주도의 온실가스 감축 정책 중 하나이다. 국제적으로는 2013년 5월 국제표준인 ISO/TS 14067(Carbon foot-print of products)이 제정되어 전 세계가 동일한 방법론에 기초하여 제품의 온실가스 배출량을 산정하고 있다.

2023년 12월 기준 우리나라에서 환경성적표지 인증이 유효한 제품은 2,335개이며, 누적 인증제품은 6,927개에 이른다.

[그림 9-1] 환경표지(Type I)와 환경성적표지(Type III) 도안

(3) 환경성 자기주장 제도(Type II)

Type II는 제품을 생산하는 기업 스스로 자기 제품이 친환경적이라고 주장하는 것이다. Type I과 III가 정부의 엄격한 기준을 적용한 심사를 통과한 후에 공식적인 라벨을 부착할 수 있는 것과는 달리, Type II는 이러한 공적 심사 없이 기업이 일방적으로 환경성을 주장하는 것이다.

환경과 건강에 대한 소비자 인식이 높아지면서 제품의 환경성이 구매의 중요한 원인이 됨에 따라 기업이 환경성을 주장하는 경우가 늘고 있다. 그런데 이 과정에서 환경성 관련 부당 표시 · 광고가 증가하였다. 이로 인한 소비자와 제조업자의 피해를 방지하기 위하여, 친환경으로 위장한 제품을 근절하고 친환경 제품의 신뢰도를 제고할 필요성이 대두되었다. 이를 위해 환경성 표시 · 광고 제도가 2014년 3월 「환경기술 및 환경산업 지원법」에 법적 근거를 마련하고 2014년 9월부터 시행되었다. 이에 따라 부당한 이익을 목적으로 거짓 또는 사실과 다른 환경성 표시 · 광고를 하는 경우, 부당한 환경성 표시 · 광고에 해당되어 처벌을 받을 수 있도록 하였다. 또한 부당한 환경성 표시 · 광고를 사전에 방지하기 위해 제품의 환경성과 관련한 사항을 표시 · 광고하기 전에 그 표시 · 광고의 내용의 위반 여부를 검토하는 표시 · 광고의 사전검토 제도를 운영하고 있다. 기업들의 허위 · 과장된 환경성 자기주장으로부터 시민들을 보호하기 위한 제도를 마련한 것이다. 소비자들도 Type I이나 III과 같이 정부의 공식 인증 라벨이 아닌 것에는 주의를 기울일 필요가 있다.

3) 환경정보공개제도

환경정보공개제도는 기업 등이 자신들의 환경정보를 체계적으로 관리 · 공개하도록 함으로써 스스로 환경관리 현황을 진단하고 개선 방안을 도출할 수 있도록 유도하는 제도이다. 시민들은 공개된 환경정보를 통해 기업의 환경관리 수준에 대한 모니터링이 가능하며, 이는 기업 등의 환경관리 역량을 강화하도록 하는 효과도 거둘 수 있다.

〈표 9-4〉 환경정보공개 대상 기관 현황

(2023년 12월 정보 기준)

특성별		계	중앙행정 기관	지방자치 단체	공공 기관	국공립 대학	지방 공기업	지방 의료원	환경영향 큰 기업	녹색 기업	주권상장 법인	자발적 참여
	대표 사업장	1,864	39	245	285	49	148	24	798	21	242	13
	사업장	4,002	76	264	313	52	190	24	2,726	99	242	16

특성별		계	제조	공공행정	보건	교육 서비스	기타 서비스	기타 산업
	대표 사업장	1,864	667	531	51	70	400	145
	사업장	4,002	1,522	1,119	76	111	895	279

이와 같이 환경정보공개제도는 환경정보를 매개로 하여 친환경경영에 대한 기업의 자발적 추진의지를 제고하고, 국민과의 환경소통을 활성화하는 데 기여할 수 있다. 이를 통해 사회 전반의 친환경경영 기반을 조성하고 자율적 환경관리체계를 구축하고자 도입된 제도이다.

현재 환경정보공개제도의 대상은 중앙행정기관, 지방자치단체, 공공기관(일부), 국공립대학, 지방공사・공단(일부) 및 지방의료원(일부), 녹색기업, 환경영향이 큰 기업(온실가스 배출권 할당 대상 업체, 온실가스・에너지 목표관리업체), 주권상장법인(자산규모 2조원 이상) 등이다. 환경정보공개 대상 기관은 매년 6월 말까지 전년도 환경정보를 환경정보공개 검증시스템(www.env-info.kr)에 등록하고, 한국환경산업기술원의 서류평가와 현장 확인을 거쳐 12월에 국민에게 공개한다. 이때 환경정보공개 대상 기관임에도 불구하고 환경정보를 공개하지 아니하거나 수정 요청에도 불구하고 수정하지 아니하는 경우에는 과태료가 부과된다.

또 공개해야 하는 환경정보는 녹색경영시스템, 자원・에너지, 온실가스・환경오염, 녹색제품・서비스, 사회윤리적 책임 등으로 구분되어 있다. 이 중 온실가스・환경오염 항목으로 포함되어 있는 것은, 온실가스 저감투자 및 기술도입, 온실가스 관리 수준 및 배출량, 환경오염 저감투자 및 기술도입, 환경오염관리시설 및 모니터링 시스템 현황, 대기오염물질 배출량, 수질 오염물질 배출량, 폐기물 발생량, 재활용량, 유해화학물질 배출량, 토양・소음진동・악취 관리 현황 등이다.

누구든지 정보공개시스템에 접속하면 우리나라 주요 기관과 기업들의 오염물질 배출량을 비롯한 주요 환경 관련 정보를 확인할 수 있다. 이러한 정보공개는 해당 기관들에게는 상당한 부담으로 작용하게 될 것이며, 이는 결국 이들 기관의 자율적 환경관리 노력을 유도하게 될 것이다.

CHAPTER 10 환경갈등과 환경정책

제 1 절 환경행정과 시민 참여

1 환경행정의 시민 참여 의의

정책에 관심을 가지고 있는 시민들이 정책 과정에 참여해 정책에 영향력을 행사하는 것은 민주정치 체제에서 당연한 일이라고 할 수 있다. 여기에서는 환경정책 과정에서의 시민 참여를 "환경정책에 영향을 미치는 개인 또는 집단의 공식 · 비공식적인 모든 활동"이라고 넓게 정의하고자 한다. 시민들의 행정 참여가 갖는 의미는 다음과 같다.

1) 행정의 민주적 통제

시민 참여는 행정의 민주적 통제의 중요한 수단이 된다. 행정관료는 선거에 의해 선출되는 대통령, 국회의원, 자치단체장과 달리 자신들의 공직 유지가 시민의 직접적인 평가에 좌우되지 않으므로, 그들의 행동 준거를 상급자나 내부감사 · 평가기관의 요구에 둘 가능성이 크다. 따라서 시민 참여는 관료들이 시민들을 의식하지 않음으로써 발생할 수 있는 정책 과정상의 오류나 편견을 시정할 수 있는 관료통제 장치가 될 수 있다.

2) 이해관계의 통합

시민 참여를 통해 정책 내용 속에 다양한 이해관계를 통합시키는 것이 가능해진다. 관료의 독자적인 판단에 의해 마련되는 정책에는 관료들의 가치관이나 기대 수준만 반영되므로 정책 내용의 합리성이 저해되거나 전문성 면에서 한계가 있는 정책이 만들어질 가능성이 크다. 반면 관련 시민들이 참여하고, 토론과 검토를 거쳐 정책이 결정되는 경우에는 문제 해결에 필요한 다양한 의견과 지식이 통합됨으로써 이해관계를 포괄하는 정책이 마련될 가능성이 크다.

3) 정책의 효과성 제고

시민 참여는 정책의 효과성을 높여 준다. 정책의 효과성은 정책 대상 집단(policy target group)을 비롯한 정책 관련 집단들의 순응(compliance)에 좌우되는 경우가 많다. 시민 참여를 통해 정책에 시민들의 요구 사항을 적극적으로 반영하는 것은 물론 이들이 불응하게 되는 요인을 미리 파악해 이를 제거할 수 있는 방안을 마련한다면 정책 대상 집단의 순응 확보에 큰 도움이 될 것이다. 따라서 집행 과정에서 정책 대상 집단의 반대로 정책 추진이 좌절되거나 수정되는 경우 없이 당초에 정책이 의도한 효과가 집행 과정에서 그대로 나타날 가능성이 크다.

4) 환경정책의 실효성 제고

환경정책에서는 다음과 같은 점에서 시민 참여가 더욱더 중요한 의미를 가진다고 할 수 있다.

첫째, 환경정책의 실효성을 제고하기 위해서 시민 참여가 필요하다. 이는 다시 두 가지로 구분할 수 있는데, 먼저 환경 개선이라는 환경정책의 효과는 개인이나 집단의 직접적인 실천을 통해서 구현되는 것이므로 환경행정에의 시민 참여는 참여한 시민들의 순응 확보를 통해 시민들의 환경 보전 실천에 긍정적인 영향을 미치게 될 것이다. 또한 환경규제의 실효성을 제고하기 위해서는 오염행위에 대한 적발 가능성을 높여야 하는데, 정부의 행정 역량만으로 수많은 오염행위를 적발하는 것은 사실상 불가능하다. 따라서 환경행정에 대한 다수 시민들의 참여는 부족한 환경행정 능력을 보완하는 결과를 가져온다. 시민들이 환경행정에 대한 적극적인 참여를 통해 환경오염 행위의 감시자로 활동한다면 오염행위에 대한 적발 가능성이 높아질 것이며, 이는 결국 정부 환경규제의 효과성을 높이게 될 것이다.

둘째, 환경정책의 중요한 수단인 환경규제에서 피규제자인 환경오염 기업의 반대로 규제가 제대로 시행되지 못하는 경우가 많은데 이때 환경행정에 대한 시민 참여는 환경규제를 반대하는 환경오염 기업에 대한 중요한 견제 수단이 된다. 또한 시민 참여는 환경 행정기관에 대한 지원 및 감시를 통해, 피규제기업의 반대에 부딪쳐 강력한 환경규제를 시행하지 못하고 있는 행정기관으로 하여금 더욱 적극적인 환경행정의 집행을 하도록 압력을 행사한다. 지방자치 이후 자치단체에 의한 환경 파괴적 개발 행위를 견제하기 위해서도 환경행정에 대한 시민 참여가 필요하다고 할 수 있다.

2 환경행정의 시민 참여 방법

시민 참여가 이러한 의의를 가지고 있지만, 시민들이 환경정책 과정에 직접 참여하여 영향을 미치는 일은 물론 쉽지 않다. 그러나 선진국은 물론이고 우리의 경우도 수질·대기오염, 자연보호 등 다양한 환경정책 과정에 시민들이 적극적으로 참여하는 사례들이 괄목할 만한 추세로 나타나고 있다. 일반 시민들이 환경정책 과정에 참여해 영향을 미치는 방법은 매우 다양한데, 이를 정리하면 다음과 같이 구분할 수 있다.

1) 환경 문제에 대한 인식 표출

첫째는 전술한 바와 같이 환경정책의 대상으로서의 일반시민이 가지고 있는 환경 문제에 대한 인식과 태도이다. 사실 세계 각국 정부의 환경 문제에 대한 관심이 높아진 것은 정치지도자의 변경, 환경규제기관의 적극적인 노력, 기업의 환경 문제에 대한 인식 전환 등에 의한 것이 아니라, 환경 보호에서 오는 편익이 막대한 것이라는 인식 또는 신념이 일반 시민들에게 광범위하게 확산되었고, 이러한 분위기가 정부와 기업에 전달되었기 때문이다.

2) 피해보상 요구

특정 환경 문제에 대해 피해자로서 피해보상을 요구하는 적극적인 방법이다. 예컨대 기업의 부주의로 유독가스가 누출되어 인근 주민의 건강상의 피해가 발생하거나 농작물의 피해가 발생한 경우 해당 기업뿐만 아니라 관리감독을 제대로 하지 못한 정부에 대해 집단시위를 하는 것이 이에 해당한다. 이러한 시민 참여는 이른바 환경

민원의 형태로 나타나게 되며, 최근 정부가 해결해야 할 중요한 정책과제의 하나가 되고 있다.

3) 환경단체 가입

환경단체에 직접 가입해 환경단체의 구성원으로서 활동하거나 재정적 지원을 하는 것도 일반 시민의 중요한 역할이라고 할 수 있다. 환경정책 과정에서 집합적 행동(collective action)이 어려운 시민 전체의 직접적인 참여보다는 환경단체 중심의 참여가 일반적으로 나타나고 있고, 이들은 시민들의 지지가 없는 한 정책 과정에서 영향력을 발휘하기가 힘들기 때문이다.

4) 시민참여제도의 이용

시민들의 좀 더 공식적인 참여 형태로서 환경정책 과정에 마련된 시민 참여의 제도적인 장치를 이용하는 방법이다. 예를 들면 '시민환경위원회'를 비롯한 각종 위원회에 참여하거나 환경영향평가 시 주민 의견 제시를 통해 영향을 미치는 방법이 있다. 이러한 참여는 공식적인 제도적 틀을 통해 개입한다는 점에서 참여의 효과가 확실하게 나타난다고 할 수 있다.

5) 환경 보전의 실천

실천적인 시민 참여로서 정부의 환경 보전 또는 환경규제정책의 정책 대상집단(policy target group)으로서 정부가 요구하는 정책의 내용에 그대로 순응(compliance)하는 것도 시민 참여의 한 형태이다. 환경정책의 상당 부분은 일반 시민들의 행태 변화를 요구하고 있고 이러한 요구에 순응하는 것은 정책 성공의 관건이 되는 경우가 많다. 따라서 시민들이 정부가 제시한 정책 내용에 그대로 순응하는 것은 정책집행 과정에서 중요한 참여가 된다.

3 환경행정의 시민 참여 유형

우선 참여의 주체인 시민들의 주도적인 역할 여부에 따라 시민 주도형 참여와 정부 주도형 참여로 구분할 수 있다.

1) 시민 주도형 참여

시민 주도형은 시민들이 자신들의 필요에 의해서 이니셔티브를 쥐고 자신들의 의지에 따라 정부 정책 과정에 적극적으로 참여하는 형태이다. 이 시민 주도형 참여는 자치형 참여와 요구형 참여로 구분할 수 있다. 자치형 참여는 정부의 역할이 극히 제한되고 시민들이 주도하여 환경 문제를 스스로 해결해 나가는 것을 말한다. 자치형 참여의 경우는 정부의 개입 없이 시민들 스스로 지역의 환경 문제를 해결해 나가는 것으로서 주로 환경 보전을 스스로 실천해 나가는 시민 참여이다. 따라서 엄밀한 의미에서는 정부 정책 과정에서의 시민 참여로 보기 어려운 경우도 있다. 하지만 이들의 이러한 자발적인 활동이 결국에는 정부정책에 영향을 미치므로 이를 굳이 시민 참여 형태에서 배제할 이유는 없다고 하겠다. 요구형 참여는 정부의 환경정책에 대해 불만을 느끼는 시민들이 이를 시정하기 위해 정부에 자신들의 요구를 적극적으로 투입하는 것을 말한다. 이와 같이 요구형 참여는 시민들의 불만이 참여의 원인이 되는 경우가 많기 때문에 참여의 방식도 시위, 진정과 같은 행동지향적인 것이 주를 이루고, 이에 따라 참여 시민과 정부 간에 갈등 관계가 형성될 가능성이 크다.

2) 정부 주도형 참여

정부 주도형 참여는 정부의 필요에 의해서 정부가 시민들의 참여를 유도하거나 아니면 정부 정책의 부족한 점을 보완하기 위해 시민 참여를 제한적으로 보장함으로써 시민 참여가 이루어지는 것을 말한다. 이에는 홍보형 참여와 협력형 참여가 포함된다. 홍보형 참여는 정부의 필요에 의해 정부 정책의 정당성을 강화하기 위해 시민들의 참여를 유도하는 경우이다. 협력형 참여는 정부 주도의 정책 과정에 시민들이 참여하여 정부의 보조자 또는 협력자로서 부분적·제한적 역할을 하는 경우이다. 이와 같은 정부 주도적 참여에서는 정부 주도의 정책 과정에 시민들이 협력자로 참여하

〈표 10-1〉 환경행정의 시민 참여 유형 구분

참여 주도 주체		주요 역할	시민·정부 간 관계	주요 참여 방식
시민 주도형	자치형	시민	원만	환경 보전 실천
	요구형	시민	심한 갈등	시위, 진정
정부 주도형	홍보형	정부	원만	공식기구 참여
	협력형	정부, 시민	대체로 원만	공식·비공식 참여

는 것이므로 참여 시민과 정부 간의 관계가 원만하게 진행될 수 있다. 특히 홍보형 참여는 정부의 필요에 의해 시민 참여가 실현되고 참여 대상 시민의 결정도 정부 주도로 이루어지므로 참여 시민과 정부와의 관계가 매우 원만하다.

4 환경행정에서의 시민 참여 활성화 방향

1) 시민 참여에 대한 인식의 전환

시민 참여는 개인이나 시민집단이 관료 중심의 환경행정 체제에 참여해 환경정책의 결정과 집행에 영향을 미치는 것이므로, 시민 참여의 정도와 그 영향력의 크기는 기존의 환경행정의 중심에 있는 관료집단의 시민 참여에 대한 인식에 좌우된다. 아무리 시민들이 참여를 원하고 요구해도 관료집단이 이를 거부하거나 시민들을 교묘하게 따돌리면 사실 시민들로서는 뾰족한 대응 수단이 없는 것이 현실이다.

따라서 환경행정의 내실화를 위해서 가장 우선적으로 필요한 것은 관료들의 시민 참여에 대한 의식 전환이다. 즉 관료들이 시민 참여가 가지는 여러 가지의 장점과 순기능을 정확히 인식해 이를 환경정책 과정에서 최대한 수용하려는 태도를 가져야 한다. 그러나 이러한 인식의 전환이 관료들의 자발적인 노력으로 이루어지기를 기대하기는 어렵다. 왜냐하면 시민 참여의 정도가 높아질수록 상대적으로 관료들의 영향력과 재량은 그만큼 축소되기 때문이다. 따라서 가장 현실적인 방안은 최고 의사결정자 또는 기관장이 우선적으로 시민 참여의 필요성을 인식하고 이를 기관 내에 확산시키는 것이다. 한마디로 관료들의 의식 전환은 '위로부터의 변화' 전략을 사용할 수밖에 없다. 참여를 원하는 시민 또는 시민단체도 담당자나 중간관리자를 상대로 분산된 노력을 하기보다는 기관장을 상대로 집중하는 전략을 사용하는 것이 더욱 효과적이다. 특히 민선 자치단체장의 경우 '표'를 의식하지 않을 수 없기 때문에 이 전략은 최근 지역의 시민단체에 의해 자주 사용되고 있는 방법이기도 하다.

2) 시민 참여의 제도화

기관장이나 환경행정 관료의 의식 변화를 기다리는 것은 시민 참여의 지렛대를 행정기관에 넘기는 매우 소극적인 방법이다. 따라서 누가 담당자이건 또는 시장이건 상관 없이 또 어떤 의식을 가진 관료가 환경행정을 담당하는가와 상관 없이 일정한 자격을 갖춘 시민이라면 누구나 정해진 절차에 따라 환경행정에 참여할 수 있는 권리를 당연히 가질 수 있는 참여의 제도화를 시도하는 것이다. 사실 미국에서 환경규제의 도입기에 환경시민단체가 중점적으로 추진한 전략이 바로 이것이다. 환경행정에서 시민 참여의 제도화야말로 기존의 행정과 기업 중심의 행정 과정을 견제할 수 있는 중요한 수단으로 인식한 시민단체는 환경영향평가 시 주민들의 의사를 반영하도록 함으로써 환경정책 과정에서 시민들의 참여를 제도화했으며, 이 밖에 행정정보의 공개, 민주적인 행정절차법의 제정 등을 통해 시민들이 당연한 권리로 행정 과정에 참여할 수 있는 제도들을 마련했다.[1)]

3) 환경정보의 공개

시민들의 환경 의식과 환경행동, 즉 환경행정에의 참여 의지 간에는 괴리가 있다. 환경 보전의 필요성은 인식하지만 정작 이의 실천을 위한 참여의 정도는 낮은 것이다. 이는 시민 참여의 결과 본인이 얻을 수 있는 환경 보전의 효과가 불분명하기 때문이다. 즉 개인적으로 느끼는 환경 개선의 효과가 대단히 미미하기 때문에 대다수의 시민들은 무임승차(free ride)를 하려는 동기를 갖게 된다. 이때 일반 시민들이 무임승차 의식을 버리고 적극적인 참여자로 변화하는 데 가장 필요한 것은 지역의 환경정보를 정확하게 시민들에게 전달하는 것이다. 시민들이 현재 어느 수준의 환경오염에 의해 어느 정도의 피해를 보고 있고 이것이 개선될 경우 어느 정도의 편익을 얻게 되는지 정확히 알려 주면 시민들은 자신의 참여 효과를 인식하게 되고 이러한 인식은 참여의 중요한 동기로 작용하게 된다.

4) 시민단체와 환경행정기관의 파트너십 조성

시민단체와 환경행정기관 간의 관계는 다른 행정기관과 고객집단(client group) 간의 관계에 비해 상대적으로 '적대적'인 경향이 있다. 특히 경제 관련 행정기관과 기업 간의 관계가 매우 유기적이고 '우호적'인 것에 비교해 보면 그 정도가 두드러지게

1) 우리의 경우도 각종 법령과 조례의 제정 과정에 시민 참여를 제도화할 수 있는 여러 가지 장치가 설치되어 있다. 예컨대 「환경영향평가법」에서는 주민 참여를 촉진하기 위해 평가서 초안을 주민에게 공람하고 설명회를 개최하도록 하고 있으며, 일정 수 이상의 주민의 요구가 있을 때에는 공청회 등을 개최하도록 규정하고 있다(환경영향평가법 제12-13조). 또한 「폐기물 처리시설 촉진 및 주변지역 지원 등에 관한 법률」에서는 폐기물 처리시설 입지선정위원회에 주민대표를 참여시키고 있으며, 또 지역 주민들이 폐기물의 반입 · 처리과정 등을 감시할 수 있도록 하고 있다. 이러한 규정은 모두 정부가 추진하는 환경정책 과정을 공개하고 이를 토대로 시민들이 자신들의 의견을 투입할 수 있는 제도화된 시민 참여의 예라고 할 수 있다.

나타난다. 이것이 또한 환경행정에서 시민 참여를 어렵게 하는 요소가 되고 있다. 환경행정 관료들은 환경단체가 환경 문제에 대해 매우 경직된 시각을 가지고 있고, 기업을 적대시하며, 전문성도 갖추지 못한 것으로 생각한다. 반면 환경단체는 환경행정 관료들이 환경 보전 의식이 희박하며, 기업에 대해 지나치게 우호적이고 강력한 환경 정책을 통해 지역의 환경 문제를 해결하려는 의지도 부족하다고 평가한다. 이러한 상대방에 대한 인식은 환경행정에서 시민 참여의 큰 장애물이 되고 있다. 이를 타파하기 위해서는 시민단체와 환경행정기관 간에 서로를 필요로 하고 격려하며 상대방을 인정하는 파트너십이 조성되어야 한다. 그렇지 않아도 경제행정기관의 반대와 기업집단의 저항이 환경정책의 커다란 장애 요인이 되고 있는 현실에서 양자가 확고한 연합을 형성하지 않으면 환경 보전이라는 목표를 달성하기가 더욱 어려워진다는 현실을 정확히 인식해야 한다.

5) 환경오염 단속 활동에의 시민 참여 확대

환경정책의 실효성을 제고하고 집행 과정의 부조리도 감소시킬 수 있는 시민 참여로서 환경오염 행위를 단속하는 집행 현장에 시민을 참여시키는 제도를 마련한다. 이때 고려할 사항은 다음과 같다(정회성 · 김미숙, 2000).

첫째, 배출업소의 허가 및 지도 점검, 환경영향평가의 사후관리 과정, 폐기물 등의 민간 대행업소 지정, 환경기초시설의 입찰과 계약 같은 업무의 집행 과정에 민간 전문가나 지역 주민을 참여 또는 참관시킨다.

둘째, 폐수의 무단 방류 행위와 같은 불법 환경오염 행위에 대한 시민단체를 비롯한 일반 시민들의 고발 행위를 장려하기 위한 제도를 마련한다. 예를 들면 벌과금, 부과금 등이 부과되었을 경우 부과된 금액의 일정 부분을 포상하는 시민고발 포상제도를 마련한다.

6) 자치형 시민 참여의 활성화

참여 주체로서 시민들이 환경행정에 주도적으로 참여하기 위해서는 다음과 같은 점이 필요할 것이다. 우선 시민들 스스로 주변의 환경 문제를 해결하는 자치형 시민 참여를 활성화할 필요가 있다. 정부의 개입 없이 시민들 스스로 문제 해결을 시도해 성공하는 경우 이러한 활동은 정부로 하여금 환경 문제에 더 많은 관심을 기울이게 하는 간접적인 압력으로 작용할 것이다. 만일 시민들 스스로 문제 해결이 어려운 상황이 발생하는 경우에도 시민들 주도로 정부의 협력을 쉽게 이끌어 낼 수 있을 것이다. 다음으로 요구형 시민 참여의 경우에 일반적으로 개인적·집단적 이해관계에 따라 참여하게 되지만 이를 떠나서 공익적 차원에서 환경 보전을 요구하는 시민 참여도 활성화되어야 할 것이다. 이는 보통 환경단체와 같은 NGO들의 활동 영역이지만 이들의 활동이 일반 시민들과 분리되어서는 존재할 수 없으므로, 시민들 스스로 개인적 이해관계를 떠나 공익적 차원의 참여를 시도하거나 아니면 환경 NGO에 대한 지원 활동과 같은 공익적 성격의 요구형 참여를 확대해야 할 것이다. 마지막으로 정부가 주도하는 협력형 시민참여제도에 참여하는 시민들의 경우에도 개인적 이해관계나 참여를 요청한 정부의 의도를 따르기보다는 시민 전체의 입장에서 시민들의 의사를 정부 정책에 반영하려는 노력을 기울여야 할 것이다.

제 2 절 환경갈등과 환경정책

1 환경갈등의 영향

정부의 개발정책이 환경 보전 논리에 밀려 수정되거나 아니면 아예 취소되는 경우가 발생하고 있다. 수자원을 관리하기 위한 댐 건설, 공업단지 건설을 위한 토지 개발사업, 송전선 부설사업 등과 같이 주로 경제적 논리에 따라 수행되는 정부의 중요한 사업들이 환경 보전을 주장하는 집단의 반대 때문에 제대로 추진되지 못하는 경우가 발생한다. 최근에 전 국민의 관심사가 되고 있는 사회적 쟁점의 상당 부분이 바로 이와 같은 개발과 보전을 둘러싼 사회적 갈등이며, 갈등의 대부분은 개발정책에 대한 보전 주장 세력의 반대에서 비롯된다. 이제 개발과 보전 문제를 둘러싼 환경 갈등은 전 국민적인 관심사가 되었으며 이로 인한 사회적 갈등은 계층 또는 계급 간 갈등에 못지않게 사회 전반에 영향을 미치는 중요한 요소의 하나가 되고 있다.

이러한 현상을 '환경 보전'이라는 시각에서 보면 그동안 형성된 시민들의 환경 보전 의식이 정부의 환경 파괴적인 개발정책에 대한 반대나 저항으로 표출될 수 있을 만큼 우리 사회의 지배적인 이데올로기의 하나로 자리잡고 있음을 의미한다. 그러나 반대로 '경제 개발'이라는 관점에서 보면 국가적으로 중요한 경제적 이익을 가져올 수 있는 개발정책이 추상적이고 막연한 보전 논리 때문에 제대로 추진되지 못함으로써 국가 경제에 악영향을 미치고 있다고 볼 수 있다.

아무튼 환경 보전 주장은 이전까지 경제 논리 중심으로 구성되었던 정치적 의제를 변화시켰으며, 환경 보전을 주장하는 사회집단은 경제 개발이라는 경제적 이해에 대항하는 무시할 수 없는 중요한 정책 참여 세력이 되었다. 이에 따라 개발과 보전 관련 정책 과정에서 개발과 보전을 주장하는 두 사회 세력 간에 극심한 대립과 갈등이 빚어지고, 이제 이러한 갈등은 반드시 해결하지 않으면 안 될 중요한 사회적 과제의 하나가 되었다. 물론 정부의 특정 정책에 이해관계가 있다고 생각하는 당사자들이 정책 과정에 참여하여 자신들의 주장을 적극적으로 투입하는 활동을 하는 것은 민주정치 체제에서 당연한 것이며 오히려 바람직한 측면도 없지 않다.

그러나 두 세력 사이에 정상적인 요구 투입 방법이 아닌 집단시위, 폭력 행사 등과 같은 비정상적인 방법이 빈번하게 사용된다면, 이는 정부 정책 활동의 정당성을 저해할 뿐만 아니라 절차적 합리성을 중시하는 민주주의 원칙에도 위배되는 것이다. 또한 중요한 정부의 정책이 두 세력 간의 갈등으로 불필요하게 지연되거나 수정 또는 취소되는 상황도 바람직하지 않다. 어느 경우든지 경제 개발과 환경 보전을 둘러싼 지나친 갈등으로 인하여 사회구성원 모두가 부담하여야 할 사회적 비용은 엄청나게 크므로 갈등을 최소화할 수 있는 방안을 마련할 필요가 있다. 요컨대 개발과 보전이라는 두 가지의 목표 모두 우리 사회의 발전을 위해서 반드시 추구되어야 하지만 이 두 개의 목표는 정책 과정에서 필연적으로 서로 충돌하게 되므로 사전에 이를 최소화할 수 있는 방안을 강구해야 한다.

2 환경갈등의 요인

정부의 환경정책 결정과 집행 과정에서 갈등이 야기되는 이유는 무엇인가? 이는 여러 가지로 논의할 수 있지만 환경분쟁과 갈등의 요인은 다음과 같이 네 가지로 정리할 수 있다.

1) 지배적 이념의 변화 등 상황적 요인

우선 환경갈등의 요인으로 상황적 여건의 변화를 들 수 있다. 개인의 사회 현상에 대한 인식은 사회 전체의 가치 의식 또는 가치 체계에 영향을 받는다. 물론 개인들의 인식 변화가 사회적 가치 체계의 변화를 가져오기도 하지만 거꾸로 사회적 가치 의식의 변화도 개인의 인식 변화에 영향을 미친다. 특히 개인들의 환경 의식의 변화는 환경 가치를 새롭게 인식하는 사회적 가치관의 변화에 따라 도모되는 경향이 강하다. 이러한 점에서 그 사회를 지배하고 있는 지배적 이념(dominant ideology)이라는 상황적 요소가 환경갈등과 어떠한 연관을 갖는 것인가를 살펴볼 필요가 있다.

과거 1960년대 정부 주도의 경제개발계획이 추진된 이래 형성된 경제 개발 우선주의적인 지배적 이념은 적어도 1980년대 중반까지 정부의 거의 모든 정책에 강력한 영향을 미쳐 왔다. 이에 따라 이 시기에는 환경 보전 주장이 제기되기도 어려웠고 설사 제기되더라도 그 요구가 정책에 반영되기 힘들었다. 따라서 이 시기에는 개발 위주의 정책에 대한 반대 활동이 정책 과정에 등장할 수 없었으며 당연히 개발과 보전을 둘러싼 사회적 갈등도 존재하지 않았다.

그런데 1990년대 들어 경제 개발 우선주의적인 지배적 이념에 변화가 나타나기 시작하였다. 성장과 개발 위주의 지배적 이념에 반대하는 세력이 노동자, 농민집단 및 환경단체를 포함한 사회집단을 중심으로 형성되고, 정치 체제를 비롯한 사회 전반의 민주화, 환경오염의 악화에 따른 환경오염 사건의 발생 등 개발 위주의 지배적 이념의 변화를 요구하는 사회적 상황이 발생하여 개발 우선주의적인 지배적 이념에 균열이 나타나게 되었다. 이에 따라 환경 보전을 비롯하여 사회복지와 분배 문제 등 그동안 개발 위주의 이념에 억눌려 왔던 다양한 요구들이 봇물처럼 정책 과정에 밀려들기 시작하였다. 개발 우선주의적인 이념이 1990년대 들어 그 지배적인 위치를 상실함으로써 환경 보전 요구가 정책 과정에서 영향력을 발휘할 수 있는 상황이 조성된 것이다. 이에 따라 환경 보전을 주장하는 사회 세력의 영향력이 엄청나게 신장되었으며, 이들은 그동안 요구 투입에서 상대적으로 우월한 지위를 유지하였던 개발주의자와 대등한 입장에서 정책 과정에 참여할 수 있게 되었다.

2) 민주화와 분권화

정치 체제가 민주화되고, 지방자치의 실시에 따라 분권화도 이루어지면서 여러 사회집단의 정책 과정에 대한 요구 투입 통로가 다양해졌다. 이는 많은 사회집단들의 정책 과정에의 참여를 가능하게 하였고 자신들의 주장과 이해관계를 극대화하기 위한 적극적인 활동을 할 수 있게 촉진하였다. 그 결과 사회 문제의 해결이 정부나 일부 집단의 독단적인 결정에 의해서 좌우되는 것이 아니라 관련 당사자들의 참여하에 이들 간의 갈등과 타협으로 이루어지도록 하였다. 이에 따라 개발 또는 보전을 주장하는 세력 중 어느 한쪽이 정책 과정을 완전히 주도할 수 있는 가능성이 그만큼 줄어들었고, 두 세력은 대등한 참여자로서 갈등・타협의 과정을 밟게 되었다.

또한 과거 경제 성장 일변도의 권위주의 정부에서는 능률성, 경제 발전 등을 최고의 가치로 간주하였기 때문에 일부 지역과 계층의 희생을 무릅쓰고 사회 전체의 이익 증진이라는 명분으로 밀어붙이는 경우가 많았으며, 상당 부분의 정책이 수도권 중심으로 이루어져 다른 지역이 상대적으로 소외되는 경향이 있었다. 이러한 경험은 정부에 대한 불신과 피해의식을 유발하여 설사 정부 정책이 특정 집단에게만 집중적인 비용 부담을 안기는 것이 아니더라도 사회적 갈등으로 비화되는 배경이 되고 있다.

3) 환경단체의 활동 강화

환경 보전의 가치가 사회적으로 중시되는 경향이 나타나더라도 이를 정책 과정에 투입할 수 있는 사회집단이 존재하지 않으면 정책 과정에서 개발과 보전을 둘러싼 갈등이 발생하지 않을 것이다. 이러한 점에서 정책 과정에서 갈등이 야기되는 것은 환경 보전의 가치를 정책 과정에 투입하는 환경단체의 역할이 강화되었기 때문이다. 환경 보전의 가치 또는 편익은 특정 집단이 향유하는 것이 아니라 국민 모두에게 확산되는 성격을 갖는다. 그런데 일반 국민들은 이질적이고 다수여서 조직화가 어렵기 때문에 환경 보전의 수혜자임에도 불구하고 이를 적극적으로 요구하는 집합행동(collective action)을 하기는 어렵다. 이에 따라 조직화가 가능한 개발주의자들의 주장만이 정책 과정에 투입됨으로써 환경 보전의 가치가 정책에 제대로 반영되지 못하는 결과가 초래될 가능성이 높다. 이를 극복하기 위해서는 일반 시민들을 대신하여 환경 가치가 정책에 반영될 수 있도록 노력하는 환경단체 또는 환경보전주의자들의 '기업가적 활동'이 필요하다. 시민들이 아무리 높은 환경 보전 의식을 지녀도 이것이 정책에 반영되기 위해서는 공익집단으로서 환경단체의 활동이 활성화되어 있어야 하기 때문이다.

그런데 환경 가치를 정책에 반영하는 환경단체의 활동이 1990년대 이후 획기적으로 강화되고 있다. 환경운동 조직의 수가 양적으로 증가하였으며, 질적으로 전문화되었다. 전통적인 피해보상운동 외에 건강상의 피해대책 요구운동은 물론 피해를 전혀 입지 않은 일반 시민들이 중심이 되어 환경 보전 가치를 정책에 반영하려는 환경 보호운동, 실천적 환경운동 등이 등장하였다. 환경운동의 목표와 수단도 다양해졌다. 예컨대 녹색생명운동을 벌이는 운동에서부터 분배와 분산을 통한 사회 개혁으로 환경 보전을 달성하려는 운동까지 등장하였다. 환경단체의 활동 수단도 다양해졌는데, 시위 · 농성뿐만 아니라 전문적 연구 활동, 교육, 홍보 활동에 이르기까지 다양한 전략을 사용하고 있다. 환경운동이 제기하는 쟁점도 과거에 비하여 매우 다양해졌다. 소각장의 다이옥신 문제, 수질 오염 문제, 재활용 문제 등과 같이 일상 생활과 관련되는 환경 문제가 꾸준히 환경운동의 쟁점이 되어 왔다.

이와 같은 환경단체의 활성화로 환경단체의 활동이 정부정책에 미치는 직접적 영향력도 획기적으로 증가하게 되었다. 이에 따라 정부의 개발정책에서 고려되지 않았던 환경 가치가 새롭게 중요한 의미를 가지게 되었으며, 정책 과정에서 개발주의자들과의 충돌이 유발되었다.

4) 사업의 비용 · 편익 구조에 대한 인식의 변화

정부 정책에 대한 관련 집단의 갈등이 야기되는 원인은 근본적으로 정부의 정책 추진이 가져오는 비용과 편익 구조의 변화에 따라 관련 집단의 이해관계가 달라지기 때문이다. 개발 · 보전과 관련된 정책으로 인한 갈등도 결국은 관련 집단의 이해관계에 영향을 미치기 때문에 발생한다. 즉 개발에 의하여 나타나는 편익을 강조하는 집단은 개발을 지지하고, 반대로 보전이 가져오는 편익을 강조하는 집단은 개발이 오히려 더 많은 비용을 유발한다는 이유로 보전을 주장하는 것이다. 두 집단은 개발 또는 보전이 가져오는 비용 · 편익 구조의 변화에 대하여 전혀 다른 해석을 하고 있으므로 정책 과정에서 갈등이 발생한다.

개발과 보전을 둘러싼 갈등이 등장하고, 최근 들어 더욱 증폭되고 있는 주된 이유는 개발 또는 보전 정책으로 인하여 발생하는 비용과 편익에 대한 인식의 변화 때문이다. 환경 보전도 사회적으로 보호되어야 할 중요한 가치라는 의식이 발생한 것이다. 즉 과거에는 개발정책이 가져오는 직접적인 경제적 이익과 개발에 소요되는 직접 비용만을 감안하여 정책이 추진되었다. 개발이 아닌 보전이 가져오는 가치는 정부 정책의 비용과 편익 계산에서 고려 대상이 되지 못했던 것이다. 하지만 환경 의식의 성장으로 환경 보전 가치에 대한 새로운 사회적 인식이 생겨나게 되었다. 이에 따라 보전주의자들은 정부 정책의 비용 · 편익 계산에서 개발로 인하여 파괴되는 환경 가치를 비용으로 고려하거나 아니면 보전이 가져오는 환경 가치를 이익으로 고려할 것을 요구하게 되었다. 하지만 개발을 주장하는 사회집단은 이에 대하여 동의하지 않고 있으며, 이러한 상황은 개발과 보전을 둘러싼 사회적 갈등의 바탕을 구성하고 있다.

일반적으로 정책으로 인한 비용・편익 구조의 변화는 정책 과정에서 이해관계가 대립되는 관련 집단 간의 갈등을 야기하는 것이 보통인데, 개발과 보전을 둘러싼 갈등은 여기에 더해서 과연 환경 보전의 가치를 인정할 것인가, 보전이 가져오는 가치가 개발이 가져오는 가치보다 우월한가 등에 관한 논란이 추가되는 것이다. 따라서 다른 정책 과정에 비하여 관련 집단 간의 갈등의 정도도 더욱 커지게 된다.

3 환경갈등의 구조

정책 과정에서 발생하는 개발과 보전을 둘러싼 환경갈등은 이에 참여하는 관련 세력 간의 갈등으로 나타난다. 즉 정책 과정에서 보전 또는 개발을 주장하는 환경단체와 관련 정부부처, 기업들 간의 대립으로 나타나며, 이들 간의 상호 작용의 결과 개발과 보전 관련 정책의 내용이 좌우된다. 그런데 이들의 상호 작용에는 언론과 일반 시민들도 영향을 미친다. 왜냐하면 개발과 보전을 주장하는 두 집단의 대립은 결국 개발과 환경 보전 가치의 상대적 중요성에 대한 사회의 판단에 좌우되기 때문이다. 따라서 환경 갈등에는 일반 시민의 여론이 어떻게 형성되느냐가 큰 영향을 미치며, 언론은 바로 이 여론 형성에 결정적인 역할을 하므로 개발・보전과 관련된 사회집단 간의 갈등에 영향을 미치게 된다.

한편 개발과 보전을 주장하는 집단의 상호 작용도 일정한 상황적인 맥락 속에서 전개된다. 이것은 두 집단의 상호 작용이 각 집단이 가지고 있는 내부적인 자원의 크기에 따라 좌우되지만 두 집단을 둘러싸고 있는 상황적 요소의 변화에도 영향을 받는다는 것을 의미한다. 상황적 요소들은 두 집단 중 어느 한쪽에 유리하게 또는 불리하게 작용할 수 있고 이 요소들의 영향에 따라 두 집단의 상호 작용 또는 갈등의 양상이 달라질 수 있다. 이러한 상황적 요인들로는 전술한 지배적 이념, 환경오염 사건, 국제적인 환경 규제 동향 등을 들 수 있다.

이러한 논의를 요약하면 [그림 10-1]과 같으며, 이를 개발과 보전을 둘러싼 환경갈등 구조라고 부를 수 있다.

[그림 10-1] 개발과 보전을 둘러싼 환경 갈등 구조

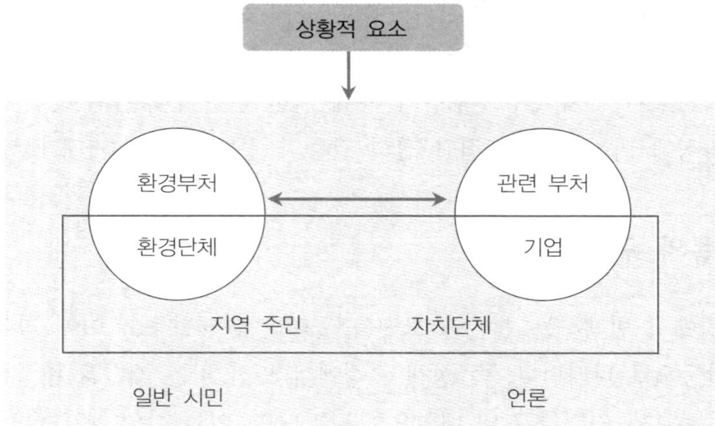

4 환경갈등의 유형

[그림 10-1]에 나타난 바와 같이 개발과 보전을 둘러싼 사회적 갈등의 유형을 갈등 당사자들을 중심으로 구분하면, ① 환경단체와 기업, ② 정부와 환경단체, ③ 정부 부처 간, ④ 지역 주민과 기업, ⑤ 지역 주민과 정부, ⑥ 지역 주민 간 등으로 유형화할 수 있다. 각 유형의 갈등 상황을 개략적으로 설명하면 다음과 같다.

1) 환경단체와 기업 간 갈등

환경단체와 기업 간의 갈등은 기업의 개발 행위나 환경오염 행위에 대하여 환경단체가 반대함으로써 야기된다. 기업의 공장 건설 또는 폐수 배출 행위에 대하여 환경단체가 반대 활동을 벌이는 것이 이에 해당한다. 그런데 기업의 폐수 배출과 같은 명시적인 환경오염 행위에 대해서는 기업이 수세적 입장에 서게 되므로 환경단체의 요구가 거의 일방적으로 받아들여져 두 집단 간의 갈등의 정도가 낮은 것이 보통이다. 그러나 공장 건설과 같이 구체적인 오염행위가 드러나지 않는 경우에는 지역 개발을 주장하는 기업과 환경 보전에 대한 잠재적인 위협을 강조하는 환경단체 간에 치열한 갈등이 발생하게 된다. 그런데 이 경우 두 집단 간 대립의 이면에는 기업의 개발 행위를 허가한 지방정부 또는 중앙의 경제부처가 개입하게 되며, 환경 보전의 주무 부처인 환경부처의 개입도 나타나게 된다.

2) 정부와 환경단체 간 갈등

개발의 주체가 정부인 경우에는 환경 파괴적인 개발을 저지하려는 환경단체와 정부 간에 갈등이 발생한다. 특히 환경단체는 개발을 주도하는 경제부처와 갈등이 발생하며, 지방자치 실시 이후에는 지역 개발을 강조하는 지방자치단체와의 갈등도 증가하고 있다. 환경단체가 환경부처의 미흡한 환경 규제 활동이나 미약한 환경정책을 이유로 환경부처와 대립하는 경우도 있으나 이는 개발을 주도하는 경제부처나 지방정부와의 갈등과는 그 성격 면에서 차이가 있다.

3) 정부 간 갈등

개발과 보전을 둘러싼 갈등은 정부 간에도 발생하는데, 주로 경제부처와 지방자치단체가 주도하는 개발에 대하여 환경부가 반대하는 형태의 갈등이나, 환경 문제와 관련된 지방자치단체 간 갈등이 나타난다. 한편 환경부가 환경 보전을 이유로 새로운 환경정책을 도입하거나 기존의 환경정책을 강화하는 경우에는 기업과 경제에 영향을 미친다는 이유로 경제부처가 반대하여 갈등이 발생하기도 한다. 그런데 정부부처 간의 갈등은 개발과 보전에 관련한 정부부처의 독자적인 정책 추진에 의해서 발생하기도 하지만 환경단체와 기업의 갈등에 각각을 고객집단(client group)으로 두고 있는 환경부와 경제부처가 개입함으로써 발생하기도 한다. 전자의 경우는 정부 내의 갈등으로 보통 부처 간의 의견 조정에 의해서 해결될 수 있지만 후자의 경우는 정부 바깥에 있는 사회 세력들이 참여하기 때문에 부처 간의 의견 조정만으로 쉽게 해결될 수 없는 경우가 대부분이다.

4) 지역 주민과 기업 간 갈등

기업의 개발 행위에 대해 환경 보전을 요구하는 지역 주민들이 반대함으로써 갈등이 야기될 수 있다. 물론 이 경우에 환경단체가 개입하게 되면 첫 번째 유형의 갈등과 유사해지지만 주된 갈등의 당사자가 지역 주민이라는 점에 차이가 있다. 지역 주민이 갈등의 당사자가 되는 경우에는 지방자치단체가 개입하게 되는데, 이때에는 자치단체가 지역 주민의 입장에서 보전을 주장하느냐, 아니면 기업의 입장에서 개발을 주장하느냐에 따라 갈등의 양상이 달라지게 된다.

5) 지역 주민과 정부 간 갈등

개발의 주체가 정부이고 이에 대하여 지역 주민들이 보전을 이유로 반대하게 되면 정부와 지역 주민 간에 갈등이 발생한다. 개발 주체가 자치단체인 경우에는 자치단체와 지역 주민 간에 갈등이 발생하며, 중앙정부에 의하여 개발이 추진되는 경우에도 자치단체가 개입하게 되는 경우가 대부분인데, 이때 자치단체는 중앙정부의 입장에서 개발을 지지하거나 아니면 주민의 입장에서 환경 보전을 주장할 수도 있다.

6) 지역 주민 간 갈등

개발과 보전을 둘러싸고 지역 주민 간에도 갈등이 발생한다. 이는 정부 또는 기업이 추진하는 개발에 대하여 지역 주민 간에 이해관계가 다르기 때문이다. 개발로 인하여 이익을 얻게 되는 주민들은 개발을 환영할 것이고 손해를 보게 되는 주민들은 개발에 반대할 것이다.

이와 같이 개발과 보전을 둘러싼 갈등의 유형을 갈등 당사자들을 중심으로 여섯 가지로 구분해 보았는데, 실제의 갈등 과정에서는 개발을 주장하는 경제부처 · 기업과, 보전을 주장하는 환경단체 · 환경부 간의 갈등이 복합적으로 나타난다. 지방정부와 지역 주민은 구체적인 사례에 따라 개발을 지지하기도 하고 보전을 지지하기도 하면서 이들 간의 갈등에 개입하게 된다. 즉 개발은 중앙정부(특히 경제부처), 지방정부에 의해서 주도되며, 이에 대하여 환경부, 환경단체, 지역 주민 등이 반대함으로써 갈등이 야기되는데, 경우에 따라 지방정부는 보전을 지지할 수도 있고, 지역 주민도 개발을 지지하는 경우도 있을 수 있다.

새만금 간척사업 갈등 사례

새만금 간척사업은 농림부가 총괄하였으며, 전라북도는 용지 매수 및 보상 업무를, 설계 및 공사는 농업기반공사가 담당하였다. 새만금사업은 1986년 김제, 옥구, 부안 지구를 통합한 종합개발계획을 구상하였고, 1991년 11월 28일 기공식과 함께 1호 방조제를 착공하였으며, 1992년 6월에는 제 2 · 3 · 4호 방조제를 착공하였다.

새만금 간척사업은 제1호 방조제 공사를 준공하였으나, 막대한 투자와 획기적인 수질 개선 대책이 선행되지 않으면 방조제 완공 후 새만금호의 수질 오염이 심각한 상태에 직면할 것이라는 우려가 제기되기 시작하였다. 그 후 1998년 하반기부터 해양환경 및 수질 오염, 갯벌 생태계 파괴 등 새만금사업의 환경영향 및 경제성에 대한 문제점이 본격적으로 제기되었다. 1998년 7월 시민단체, 교수, 민간연구기관 등이 공동으로 참여한 '새만금 전면 재검토를 위한 시민위원회'가 구성되고, 이들은 새만금사업의 전면 중단 또는 백지화를 요구하였다.

정부는 국무조정실 주재로 농림, 환경부 등 관계 부처 차관회의를 열어 '새만금사업 환경영향 민 · 관 공동조사계획안'을 확정하였다. 이에 따라 정부는 공무원, 대학교수, 민간 환경전문가 등 총 29명으로 민 · 관 합동조사반을 구성하였다. 합동조사반의 조사 결과에 따라 새만금사업의 계속 여부를 결정하기로 하고, 1조 200억여 원이 투입되어 공사의 약 60%가 진행된 새만금사업은 일단 중단되었다

공동조사단은 약 1년 4개월 동안의 조사 결과 새만금 간척사업은 환경 친화적인 사업으로 계속 시행하는 것이 타당하다고 결론지었다. 하지만 관련 단체 간에 치열한 논쟁이 계속되었다. 결국 새만금사업의 중단을 주장하던 환경단체 등은 2003년 6월 새만금사업 중단을 요청하는 소송을 제기하였고, 1심 판결에서 승소함으로써 일시적으로 공사가 중단되었다. 하지만 2005년 12월 2심과 2006년 3월 최종 대법원에서 원고가 패소함으로써 새만금 공사는 재개되었다.

제 4 편

환경 문제와 한국 사회

CHAPTER 11

환경사회이론과 환경 의식의 발생

제 1 절 환경, 사회, 그리고 인간

환경과 사회는 어떤 관계인가? 환경과 사회를 매개하는 변수는 바로 인간이다. 환경과 사회의 관계를 이해하려면 환경과 인간, 사회와 인간을 각각 떼어내어 고찰해 보는 것이 유익하다. [그림 11-1]과 같이 인간은 사회의 일부이면서 사회를 구성하고, 자연 속의 한 생명체이면서도 만물의 영장으로 자연을 지배하는 관계를 통해 환경과 사회의 관계에 접근하고 있다.

[그림 11-1] 인간, 사회, 환경의 관계

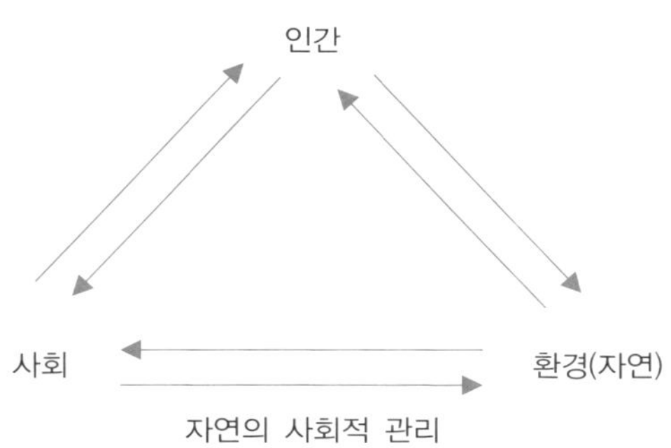

사회와 인간의 관계는 어떠한가? 사회과학은 인간이 사회를 구성하며 또 사회가 하나의 체계로서 인간생활에 또다시 영향을 미치는 측면을 강조한다. 즉 인간은 그 자체가 사람[人] 사이[間]의 사회적 존재로, 자연을 이용하면서 사회 체계를 만들어 생명 활동을 하고 있다.

다음으로 환경과 인간, 다시 말해 자연과 인간의 관계를 살펴보자. 인간은 동물로서 다른 동물, 식물, 미생물 등의 지구생명체와 함께 자연의 일부를 구성한다. 그러나 다른 동물과 달리 직립하여 불을 발견하고 도구를 사용할 수 있는 두뇌 능력은 특히 산업혁명 이후 인간을 자연의 지배자로 대두시켰다.

그렇다면 사회와 환경(자연)의 관계는 어떻게 유추될 수 있는가? 우선 삼단논법에 의거해 볼 때, 인간이 구성하는 사회는 인간이 자연의 일부인 이상 자연의 한 부분이 된다. 다시 말해 동물이 구성하는 군집이나 식물의 군락과 마찬가지로 인간이 만든 사회 역시 자연의 관점에서는 비슷한 생명 활동을 위한 체계라는 것이다.

환경과 사회를 위한 인간의 거버넌스에 중요한 다른 하나는 인간의 문명 활동으로 위기에 빠진 자연 환경을 결국 인간의 사회적 개입으로 개선·유지해야 한다는 자각이다. '결자해지(結者解之)'라는 말이 있듯이 산업혁명 이후부터 21세기까지 진행된 탄소 배출로 인한 기후위기, 도시 개발로 인한 동식물의 서식지 파괴 등을 '자연의 사회적 관리(social management of nature)' 차원에서 해결해 나갈 책임이 인간과 사회에 있다는 것이다.

제 2 절 시간, 공간과 환경 문제

환경과 사회의 관계를 인간과 시간, 공간이라는 세 가지 차원을 통해 좀 더 설명해 보자. 인간의 삶은 시간적 차원의 역사와 공간적 차원의 스케일(scale) 속에서 움직이며, 인간의 역사가 누적되고 인간 행동의 지리적 스케일이 확장됨에 따라 환경 문제는 더욱 심화된다. 이때 지리학의 개념인 스케일은 규모라는 단순한 의미보다 지방, 민족국가, 글로브(지구) 등 다양한 크기의 축척(縮尺)을 뜻한다. 울산대학교에서 공부하고 있을 때 당신은 무거동, 울산광역시, 대한민국, 동아시아, 지구, 더 나아가서는 행성(planet)이라는 다양한 스케일에 복합적으로 얽혀 있다([그림 11-2] 참조).

[그림 11-2] 시간, 공간과 환경 문제

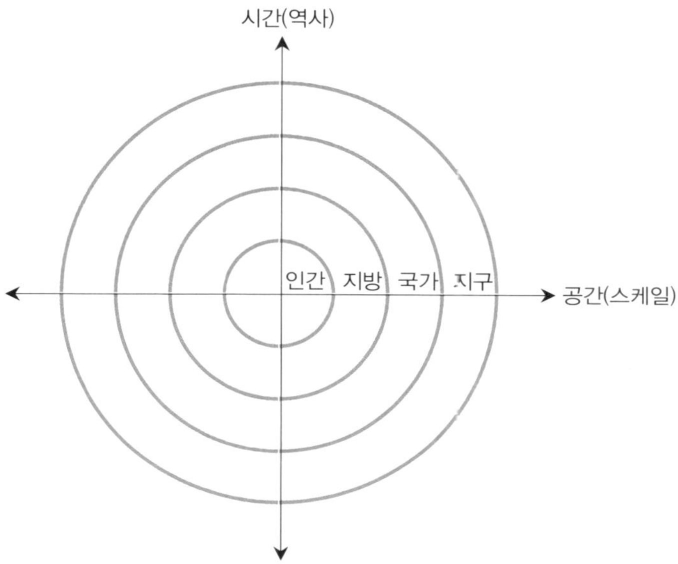

그런데 역사적 차원에서 볼 때 인간의 삶은 미래의 지속가능성 쟁점과 연결되고, 공간적 차원에서 볼 때 지방, 국가, 지구 등 모든 스케일의 쟁점은 공평성과 연결될 수 있다. 지속가능성과 공평성은 상호 모순적일 수 있으므로, 생태사회적 관점에서 적정한 목표 설정이 요구된다. 인간의 역사는 과거에 유럽 국가들이 촉발시킨 산업혁명, 근대 시민혁명 등으로 유럽을 제외한 전 지구가 서구 식민지를 경험하는 불공평한 과정이었다.

예컨대 현재의 기후위기 상황에서 과거 오랫동안 탄소를 배출해 온 서구 선진국에 비해 신생공업국의 탄소배출권을 좀 더 허용하는 것은 공평성 기준에 비추어 타당하다. 그러나 기후위기의 긴급성에 비추어 지속가능성 기준에 따른다면 신생공업국이라 할지라도 탄소배출의 상한을 설정하는 것이 필요할 것이다.

다른 한편으로 선진국들이 국가 스케일에서 지속가능한 환경 보전을 위해 노력하더라도 지구 스케일에서 후진국의 환경 파괴가 계속될 경우 기후위기나 종의 다양성 멸실을 해결하기 어렵다. 최근 코로나19 팬데믹 상황에서 선진국에서의 활발한 백신 접종에도 불구하고 아프리카 등 저개발국에 대한 백신 보급이 지체됨으로써 변이 바이러스가 확산된 것도 그 예이다. 즉 지속가능한 미래를 위해서는 지구 스케일이든 지방 스케일이든 공평성이라는 정의로운 원칙의 실행이 요청되는 것이다.

한국도 일제강점기를 겪으면서 해방 후 분단이라는 모순 가운데서도 서구화, 근대화, 산업화, 도시화 등을 추진해 왔다. 그에 따른 기후 변화, 미세먼지 발생, 종의 다양성 멸실, 플라스틱 쓰레기의 급증 등과 같은 환경문제의 대두는 제13장에서 다룰 지속가능 발전(sustainable development), 회복력(resilience), 포스트 성장(postgrowth) 등과 같은 대안을 모색케 하고 있다. 하지만 그러한 생태사회적 목표는 빈곤과 사회적 차별에 처해 있는 아프리카, 중남아메리카, 동남아시아 등에 대한 공평성의 인식 속에서 추진되어야 하겠다.

제 3 절 환경, 생태계, 자연의 개념

환경사회이론을 살피기에 앞서 이와 관련된 환경, 생태계, 자연이라는 용어를 한번 정의해 보자.

첫째, 영어의 환경(environment)은 말 그대로 생명체를 둘러싸고 있는(environ) 조건을 가리킨다. 한자의 환경(環境) 또한 고리 모양의 경계를 의미하는 것으로 영어의 의미와 일치한다. 따라서 생명체의 하나인 인간을 둘러싼 인류 환경이라는 말도 가능하고 또 다른 생명체인 개구리의 환경이라는 개념도 불가능한 것은 아니다. 그러나 환경이라고 이야기할 때 그것은 인간의 환경만을 지칭하는 제한적 개념으로 사용하는 것이 일반적이다.

이러한 관점에서 환경을 분류해 보면 자연 환경, 사회문화 환경, 인간화된 자연 환경, 조작된 환경 등의 용어를 생각해 낼 수 있다. 자연 환경이란 우리가 흔히 환경이라고 정의하는 것으로 야생적 산, 바다, 들, 동물들을 포함한다. 또한 사회문화 환경은 사회제도, 사상, 공산품 등 사회적 · 문화적으로 조성된 환경을 의미한다. 다음으로 인간화된(domesticated) 자연 환경이란 농토로 변한 벌판, 가축 등 주로 농업과 관련되어 개조된 자연 환경을 뜻한다. 마지막으로 조작된 환경이란 실내장치, 가옥, 공원, 도시, 조경 등 산업화 · 도시화에 따라 등장하는 인공 환경을 가리킨다. 그런데 환경이라는 개념은 생태계, 자연을 인간 중심적인 관점에서만 상대적으로 평가하는 문제를 지닌다고 볼 수 있다. 이러한 인간 중심적 환경 이해는 제12장에서 다루겠지만 서구 중심의 근대화 및 식민주의의 사고방식과 맥을 같이한다. 왜냐하면 자연 환경은 인간을 위한 삶의 조건일 뿐 아니라, 그 자체로 생명 활동을 수행하는 동물, 식물, 미생물 등으로 구성되기 때문이다.

둘째, 생태계(ecosystem)라는 개념은 인간과 모든 종의 생명이 서로 단절된 것이 아니라 끊을 수 없는 고리로 연결되어 있음을 강조한다. 환경과 생태계의 개념적 차이는 둘 다 생명과 관계되지만 전자의 경우 인간만을 뜻하는 데 비해 후자는 모든 종류의 생명체를 포함한다는 데에 있다. 즉 환경이 인간 중심적·문화적 개념으로 자연과 별도의 인간을 설정하는 이원론인 데 반해, 생태계는 생물 중심적 개념으로 모든 생명의 뗄 수 없는 상호 의존성을 강조하는 일원론이라고 할 수 있다. 그리고 환경이 삶의 조건을 뜻한다면, 생태계는 삶의 장소로서 거주지의 체계성을 뜻한다고 볼 수 있다. 또 환경이 구심적/원심적인 중심주의 세계관과 원자적/단편적 세계 인식을 반영하는 데 비해, 생태계는 관계적 세계관과 유기적/총체적 세계 인식을 나타낸다.

한편 여기에서 짚고 넘어갈 것은 생태와 경제가 에코(eco)라는 같은 어근을 공유한다는 점이다. 생태학(ecology)과 경제학(economy)의 어두에 있는 '에코'는 집, 또는 서식지라는 의미이다. 또한 두 단어의 어미인 'logy'와 'nomy'는 각각 '과학(science)', '관리(management)'라는 뜻을 갖는다(홍기빈, 2012). 이렇게 볼 때 경제학은 '인간의 집에 대한 관리'라는 전통적인 가계(家計), 나라살림 등과 관련하는 데 비해, 생태학은 인간과 동식물 등 생명체의 서식지 분포를 다룬다고 할 수 있다. 그러므로 21세기의 지평에서 경제학은 생태학의 대상인 동식물 서식지까지 포괄하는 생태경제학의 문제의식을 더욱 발전시켜야 할 것이다.

셋째, 자연(nature)의 개념을 정의하기에 앞서 자연과 인간의 관계를 보는 두 가지 서로 다른 입장에 관해 한번 살펴보자. 첫 번째, 자연과 인간은 존재론적·실천적 측면에서 대립하는 존재라는 생각이 있다. 다시 말해 자연은 인간에게 위협의 근거이자 불안의 요소이며, 인간에 의한 정복과 지배, 약탈의 대상이라는 것이다. 이와 같은 시각은 인간 중심적 세계관으로서 플라톤, 데카르트, 기독교, 근대 계몽주의적 진보사상에 입각해 있다. 두 번째, 자연은 인간을 포함한 모든 존재를 총괄적으로 지칭한다고 보는 동아시아 세계관의 입장이 있다. 두 번째 관점에서 볼 때 자연은 환경, 생태계보다 넓은 개념으로 이해될 수 있다. 즉 환경이란 생태계의 한 측면이며 생태계는 자연의 한 측면으로 볼 수 있는 것이다. 이렇게 보면 자연과 인간뿐만 아니라 자연과 문화의 구별도 의미가 없게 된다. 왜냐하면 자연과 대립된 문화/문명의 산물로 보았던 것들도 자연 질서의 작은 측면으로 설명될 수 있기 때문이다.

그렇다면 자연 개념을 러브록(Lovrock)의 '가이아의 가설'과 한국의 전통사상인 동학에 비추어 음미해 보자. 가이아(Gaia)는 그리스 로마 신화에 나오는 '땅의 여신'으로 지구를 의인화한 것이다. 이 가설은 지구 안에 존재하는 물, 기후, 돌, 바람 등의 무생물도 생물의 생명 활동과 연계되어 순환한다는 주장으로, 최근 기후위기가 탄소 배출에 의해 기상 조건이나 해수면을 변화시키고 이것이 다시 인간이나 생명체의 대응 활동을 야기하는 것이 그 예이다.

한편 동학사상은 1894년의 동학농민혁명을 이끈 한국의 탈식민 반봉건 이념으로서 최제우, 최시형 등이 창제하여 천도교로 발전되었다. 동학을 한국의 환경문제에 창의적으로 적용한 1986년의 한살림선언은 '무위이화(無爲而化)', '불연기연(不然其然)', '향아설위(向我設位)'라는 세 가지 주요 개념에 바탕을 두고 있다. 동학사상에 연원을 둔 이 개념들은 서구의 인간 중심적 자연관과는 다른 인간과 자연이 공존하는 생명사상의 특성을 잘 나타내고 있다. 한국의 경우 제2차 세계대전 이후 서구화, 근대화를 통해 환경 개념이 정립되어 왔지만, 식민 지배를 경험했기 때문에 서구와 제3세계를 잇는 중간 역할로서 동학사상 등에 바탕을 둔 한국형 탈식민문화(decolonial culture)를 창조해야 할 과제를 안고 있다고 하겠다.

동학사상의 주요 개념

1. **무위이화**: 우주와 인간이 협력하여 창조적 진화를 이룩하는 것을 의미한다. 생명은 연결되어 있고 관계 속에 존재하므로 협동이라는 본성을 지니게 됨을 뜻하기도 한다. 이러한 협동은 사람과 사람 사이를 넘어 자연과의 상호작용에까지 이르는 크고 넓은 범주이다.

2. **불연기연**: 그대로 해석하면 '아니다, 그렇다'인데, 이는 반대라고 여기는 것의 의미를 뒤집는 논리이다. 어느 한 시점에서만 바라볼 것이 아니라 변화·발전하는 시간과 공간, 관계 속에서 바라보면, 대립이나 반대의 시각, 또는 옳고 그름의 이분법이 아닌 '다름'의 관점에서 볼 수 있다는 뜻이다.

3. **향아설위**: 나를 위해 제사를 지낸다는 뜻으로, 나의 존재를 역사 속의 존재로 인식하고 나를 나의 삶의 주인으로 세우는 과정을 가리킨다. 이는 결사체의 토대가 되는 주체의 자유함을 강조하며, 내가 없이 우리가 될 수 없음을 설파한다.

제 4 절 인간중심주의, 심층생태주의, 의식중심주의의 비교

인간중심주의, 심층생태주의, 의식(意識)중심주의 등의 접근이 어떻게 서로 다른지 구별해 보도록 하자.

인간중심주의는 인간을 중심으로 한 생활조건인 환경이 오염됨에 따라 환경 문제의 해결 또한 인간을 중심으로 추구한다는 관점이다. 이는 강한 인간중심주의와 약한 인간중심주의로 나뉘는데 전자(前者)는 인간은 스마트하기 때문에 문명 발전의 과정에서 자연 환경이 오염되었다 해도 기술 개발과 행정 등으로 환경 문제를 잘 해결할 수 있다는 낙관적 가정을 가리킨다. 이에 반해 후자(後者)는 인간이 자연 환경을 오염시켜 동식물의 생존과 기후 변화의 위기를 초래했지만, 다른 생명체에게 맡길 수는 없는 환경 문제를 인간이 중심적으로 해결해야 한다는 결자해지의 입장이다. 이러한 후자의 관점은 앞서 제1절에서 서술한 '자연의 사회적 관리' 입장과 비슷하다고 할 수 있다.

한편 심층생태주의는 자연 환경을 오염시킨 인간에게 환경문제의 해결 주체 역할을 부여하는 것에 대해 회의적이다. 인간은 동식물, 미생물 등 지구의 다른 생명체와

인류세 개념의 기원과 용법

- 인류세(Anthropocene)라는 용어는 노벨화학상을 수상한 크뤼천(Paul Jozef Crutzen)이 2000년에 처음으로 제안했음.
- 인류세는 지질학 개념으로, 최근의 지질학적 시기인 홀로세(Holocene) 이후의 새로운 지질시대를 가리킴.
- 크뤼천은 인류세 시작점을 1784년 제임스 와트의 증기기관 발명에서 찾으면서, 산업혁명 이후 대기 중 탄소 농도가 급증하여 이전 지질시대와는 확연히 구분되는 해양 산성화, 생물종 감소, 질소순환 교란 등의 생태계 파괴가 이루어져 왔기 때문이라고 설명함.
- 인류세라는 말은 오늘날 인류가 자연에 필적할 지질학적 힘을 가지게 됨에 따라 지구 환경이 근본적으로 변화했다는 의미를 함축하며, 최근에는 인문사회과학에도 적용됨으로써 환경과 사회에 관련한 새로운 융합담론이 되고 있음.
- 인류세의 시작점은 서구 산업혁명이었지만, 많은 관련학자들이 1950년대부터 인류세적 증상이 강화되었다는 데 공감하고 있음.

동일한 지위를 갖기 때문에 더 이상의 문명 개입을 멈추고 자연의 순리에 적응하는 것이 바람직하다는 것이다. 최근의 인류세(anthropocene) 개념은 지구에 묻혀 있는 석탄, 석유를 인간이 채굴하여 새로운 지질시대를 열었다고 적시함으로써, 이러한 심층생태주의의 맥락에서 인간의 자연 개입을 비판하고 있다.

마지막으로 의식중심주의는 식물, 미생물 등 의식 활동이 불가능한 생명체에게 가치를 부여하는 것은 불가능하므로, 포유류 등 두뇌를 가진 고등동물에게 인간 수준에 비견할 만한 지위를 부여해야 한다고 본다. 최근에 발전되고 있는 동물권 운동, 동물복지 등의 개념은 의식중심주의에서 비롯된 것이라 할 수 있다.

제 5 절 환경 문제를 규정하는 용어들

앞서 보았던 환경을 가리키는 다양한 개념들과 관련해서, 환경 문제를 규정하는 용어들의 입장은 어떻게 차이가 나는가? 여기서는 환경오염, 공해, 생태계 파괴라는 세 가지 용어를 중심으로 살펴보자.

첫째, 환경오염이라는 용어로 환경 문제를 파악할 경우 앞서 보았듯이 환경은 인간과 자연을 분리시킨 것을 전제로 한 인간 외부의 자연을 의미하게 된다. 다시 말해 인간과 자연이 분리되어 있음을 전제함으로써, 환경 파괴를 일으키는 인간의 경제 활동이나 인간의 자연 지배를 정당화하는 세계관, 사회 체제를 문제시하지 않는다고 볼 수 있다. 이렇게 보면, 환경 문제의 원인은 사회 체제와는 무관한 인간의 환경 관리 소홀이나 과학 기술의 미발달로 파악되며, 환경 문제의 영역 역시 과학 기술과 법률, 행정의 문제로 국한되는 경향이 있다.

둘째, 공해(pollution)라는 용어가 있다. 공공경제학의 관점에서 이 개념은 시장실패에 의해 생겨난 마이너스 공공재화를 의미하기도 하고, '공공(公)의 해로움(害)'이라는 말뜻에 비추어서 보면 환경오염으로 인한 건강 및 웰빙의 피해를 가리키기도 한다. 어쨌든 공해라는 말은 일상적으로 인간의 사회 활동으로 인해 자연과 생활 환경이 침해되고 그것에 의해 인간의 건강장애와 생활 곤란이 일어나는 현상을 가리킨다.

이 용어는 환경 문제가 자연만의 문제가 아니라 인간사회의 문제임을 전제로 한다. 그런데 공해의 원인을 파악할 때, 자유주의 경제학자는 시장의 결함이나 외부불경제를 강조하는 반면 마르크스주의 경제학자는 자본주의의 모순으로 설명하는 차이를 발견할 수 있다. 한편 제6절에서 다룰 환경사회이론과 관련해 보면, 자유주의 경제학의 공해 개념은 시장환경주의와, 마르크스주의 공해 개념은 생태사회주의와 연결된다고 할 수 있다.

그러면 자유주의 경제학에서의 공해 개념을 [그림 11-3]에 의거해 설명해 보자. 이 그림에서 세로축은 가격, 가로축은 생산 및 소비의 수량을 가리키며, D는 수요(Demand)곡선을, S는 공급(Supply)곡선을 의미한다. 이때 수요곡선은 소비자의 효용에서, 공급곡선은 생산자의 비용에서 비롯되는 것인데, 공해라는 시장의 외부불경제는 추가적 비용을 발생시켜 공급곡선을 S에서 S_1으로 좌상향시키는 요인이 된다.

예를 들어 그러한 공급곡선의 이동은 공업용수를 이용하여 제품을 생산하는 제조업 생산자에게 수질 오염으로 인한 공업용수의 정화비용이 추가되는 경우에 해당한다. 그 결과 애초에 P_1, Q_1에서 결정되었던 가격과 수량은 P_2, Q_2로 옮겨짐으로써, 가격은 상승하고 수량은 감소하는 마이너스 효과를 낳는다는 것이다.

셋째, 생태계 파괴라는 용어에 대해 검토해 보자. 여기에서 생태계는 앞서 보았듯이 자연과 인간을 통일된 전체로 상정하는 개념이다. 따라서 환경 문제는 생태적 순환 고리가 근본적으로 변화될 수 있다는 데 있는 것으로 파악된다. 더욱이 그 원인은 생태계 파괴적인 과학 기술, 이를 가능하게 한 세계관, 정치·경제·문화 체제에 있음이 분명해진다. 생태계 파괴라는 용어는 최근에 행성적 경계(planetary boundary)

[그림 11-3] 자유주의 경제학에서의 공해의 설명

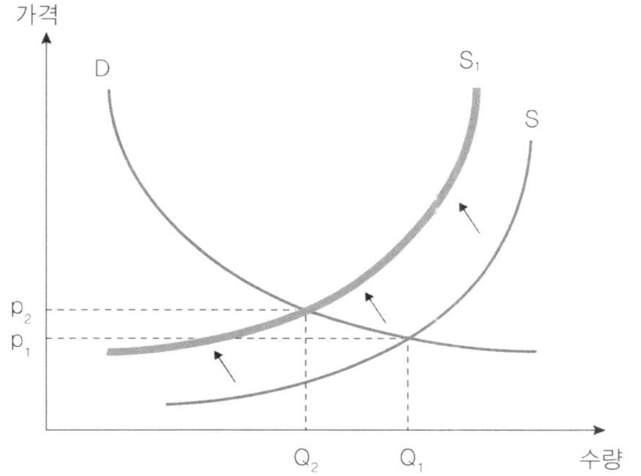

라는 개념과 관련하여 탄소중립 등의 기후 변화 대응이 미흡할 경우 지구가 갖고 있는 생물리적 한계에 봉착할 것임을 경고하고 있다.

행성적 경계의 유지에 관한 대표적 논의는 레이워스(Raworth, 2018)의 도넛경제라는 생태적 한계와 사회적 기초를 둘러싼 모델이다([그림 11-4] 참조). 그녀에 따르면, 도넛의 안쪽인 세계 체계의 사회적 기초는 식량, 물, 에너지, 보건, 주거, 교육, 각종 네트워크, 최소소득과 일자리, 성 평등, 사회적 공평, 정치적 발언권, 평화/정의의 기초 요소로 나뉘어 있다. 그리고 도넛의 바깥쪽인 지구 체계의 생태적 한계는 기후 변화, 해양 산성화, 화학적 오염, 질소/인 축적, 담수 고갈, 토지 개간, 생물다양성 손실, 대기오염, 오존층 파괴로 구별된다. 이렇게 볼 때 도넛은 인간의 사회적 기초를 충족하면서 지구의 생태적 한계를 파괴하지 않는 두 경계 사이의 최적 지점을 뜻하며, 생태사회적으로 '안전하고 정의로운 통로'를 상징한다.

[그림 11-4] 도넛경제의 생태적 한계와 사회적 기초

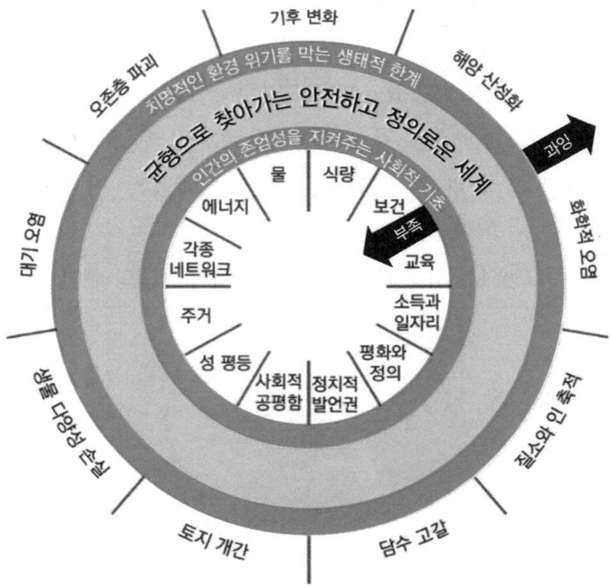

출처: 레이워스(2018), 『도넛 경제학』.

제 6 절 환경사회이론의 흐름

환경과 관련된 사회이론의 흐름을 환경관리주의와 생태근대화론, 생태사회주의라는 세 가지 유형으로 구별해서 살펴보기로 한다.

1 환경관리주의

환경관리주의는 현재 대부분의 환경 문제 접근 방법에서 취하고 있는 관점으로서, 좀 더 구체적으로는 시장환경주의와 연관된다고 볼 수 있다. 환경관리주의는 환경 문제의 원인을 도시화 및 산업화에 따른 정부의 규제 소홀, 기업의 부도덕성, 시민의 환경보호 부재 등에서 찾는다. 즉 현재의 생산 양식 및 소비 양식, 가치관을 근본적으로 변화시키지 않더라도 환경 문제를 해결할 수 있다고 보는 것이다. 이 관점에 따르면, 과학 기술로 인해 유발된 환경 문제는 더욱 발전된 과학 기술을 통해 해결될 수 있으며 경제 성장이 이루어져야 환경을 관리할 수 있는 경제적 잉여를 확보할 수 있다.

환경관리주의의 관점을 공공선택론 및 후생경제학의 측면에서 구체화시킨 것이 시장환경주의이다. 시장환경주의의 논점은 다음과 같다.

첫째, 직접적인 국가 개입으로부터의 탈규제, 환경 및 사회의 모든 측면에서 시장 관계의 확장이 필요하다. 둘째, 환경 문제는 자원의 잘못된 배분의 문제로서, 명확한 재산권의 결여 때문에 발생되는 것이다. 셋째, 공유자원 또는 사회적 소유의 자원에 재산권을 부여해 자연을 시장 영역으로 포섭하는 것이 환경 가치의 효율적 배분을 보장하고 자원 고갈과 생태계 파괴를 방지하는 유일한 길이다.

이러한 시장환경주의, 환경관리주의의 대표적 논리가 하딘(Hardin)의 '공유지의 비극' 우화라고 할 수 있다. 하딘은 양을 목축하는 마을에서 재산권 결여가 자원을 어떻게 고갈시키는가의 문제를 다루었다. 마을 주민들은 개인 목장을 갖고 있지만, 공동 소유의 마을 목장에 대해서는 주인이 없다고 생각하기 때문에 자신 소유의 양들이 우선적으로 공동 목장에서 풀을 먹게 한다. 그 결과 공동 목장의 목초지는 가장 빨리 초토화되므로, 마을 소유를 조속히 개인 소유로 재산권을 부여하는 것이 목장을 오랫동안 보전할 수 있는 방법이 된다는 것이다.

시장환경주의는 또한 국제 환경 문제에 대해 한편으로는 세계화된 시장기구의 현상 유지를 옹호하지만, 다른 한편으로 자연의 소비를 규제하는 시장가격 체계를 창출하기 위한 막대한 정치 변동의 필요성을 인정한다. 하지만 그러한 변동이 제도적인 것은 아니어서, 환경규제를 위한 새로운 강력한 국제기구의 건설에는 회의적인 견해를 표명하고 있다. 즉 환경 문제는 UN과 같은 국제정치기구를 강화시키기보다는 시장 기제를 통해 접근해야 한다는 것이다.

이러한 환경관리주의, 시장환경주의의 문제점을 살펴보면 다음과 같다.

첫째, 이들 시각에 의하면 현재 시점에서 환경의 상실보다 재화 및 서비스 생산에서의 이득이 더 크다면 생산 과정에서 환경을 사용하는 것이 적절하다고 보기 때문에, 미래 세대에 대한 배려가 전혀 없다. 둘째, 환경에 대한 가치를 측정하는 신뢰할 만한 척도가 없고, 그렇기 때문에 이때 정치적 조작이 가능하다. 셋째, 인간을 원자화된 자아로 파악함으로써, 개인이 사회 및 생태계의 일부라는 사실을 간과하게 된다.

2 생태근대화론

생태근대화론은 환경관리주의와 달리 족쇄 풀린 시장에 의해 생태계의 위험이 가중된다고 주장한다. 그러나 자본주의적 근대화에 환경 문제를 교정하는 잠재력이 있다고 보는 점에서 뒤에 다룰 생태사회주의와 구별된다. 이 관점은 환경 악화를 방지, 교정하기 위한 광범위한 사회적 · 제도적 변동을 강조하는 성찰적 근대화(reflexive modernization)론과 일맥상통한다. 생태근대화 논의의 효시(嚆矢)는 카슨(Carson, 1962)의 『침묵의 봄』인데, 이 책이 나온 지 60여 년이 지난 지금, 환경주의가 지향해 온 '시끄러운 봄'의 의미는 무엇일까? '시끄러움'은 새들의 지저귐을 포함하여 행성 운동에 조응해 부활하는 생명 활동에서 비롯된 부산스러움일 것이다.

그렇다면 생태근대화론, 성찰적 근대화론과 관련하여 벡(Beck)의 위험사회(risk society)론을 살펴보기로 한다. 벡은 과학이나 산업의 발전을 위험의 증가로 파악하며, 그러한 위험은 공간, 시간의 제한을 초월해 국경을 넘어 후세에게도 영향을 미친다고 본다. 벡에 의하면, 이와 같은 근대화의 왜곡된 효과는 이를 부정함으로써가 아니라 그러한 합리화를 급진화시킴으로써 해결할 수 있다. 즉 사회가 실제로 진화하려면 근대화가 반드시 성찰적이어야 한다는 것이다. 이렇게 볼 때 지금까지 근대성의 내용은 전근대성, 단순한 근대성, 성찰적 근대성으로 변화해 왔는데, 논리적으로 따지면 단순한 근대성은 산업사회에, 성찰적 근대성은 위험사회에 조응한다고 볼 수 있다.

생태근대화론은 서구 사회에서 경제 성장과 생태적 지속가능성이 조화를 이루기 위해 다음과 같은 세 가지 전략을 강조한다. 첫째 기술 개선을 통한 폐기물 및 오염의 감소와 같은 생산의 생태화이며, 둘째 생태적 우선순위를 반영하는 규제 틀의 확립, 셋째 사회적 가치 및 관행의 녹색화이다. 이렇게 볼 때 제13장에서 다룰 '지속가능 발전' 개념 역시 이와 같은 생태근대화론의 맥락 속에 있다고 볼 수 있다.

국제 환경 문제에 대한 생태근대화론의 입장을 좀 더 구체적으로 제시하면 다음과 같다. 첫째, 생태근대화론은 지구환경의 파국을 막기 위한 국제적 수준에서의 정치제도적 변동이 필요함을 인정한다. 둘째, 그러한 맥락에서 생태적으로 지속가능한 방식으로 자본주의 생산 체계의 조건을 마련하는 환경협약 및 국제환경규제기구와 같은 글로벌 제도 매커니즘의 필요성을 제기한다. 셋째, 더 나아가서는 불균등한 생태적 규제를 이용하는 자본의 능력을 인식하여, 지구적 수준을 포함한 모든 수준에서 과학 및 생산 체계의 민주화를 추구한다고 볼 수 있다.

마지막으로 지금까지 살핀 생태근대화론의 한계를 비판적으로 검토해 보자. 첫째, 이 이론은 서구 산업사회의 경험에 바탕을 둔 것으로 자원, 재화, 정보 및 쓰레기의 국제적 흐름을 제대로 포착하지 못하고 있다. 둘째, 선진국의 환경 개선은 에너지 다소비 및 오염산업을 저개발국에 이전시킨 결과라는 점 또한 간과되고 있다. 셋째, 자본주의 사회 내 갈등을 폭넓게 진단하지 못할 뿐만 아니라, 산업 생산과 결합된 남북간 불평등 문제에 대해 대안을 전혀 제시하지 못하고 있다. 요컨대 생태근대화론은 서구의 낭만주의 맥락에서 근대적 위험을 성찰한다는 점에서 환경관리주의보다는 좀 더 인문학적인 접근이라 할 수 있으나, 여전히 물질적 충족이 이루어진 부국에서만 환경에 대한 관심이 가능하다는 식민주의 발전론으로 왜곡될 위험이 잠재한다.

3 생태사회주의

생태사회주의의 관점은 환경관리주의와 생태적 근대화론이 자본주의의 구조적 문제를 지적하지 않음으로써 자본주의 체제 유지에 기여한다고 비판한다. 즉 환경 문제의 원인은 사회적 불평등을 낳는 자본주의, 제국주의, 국가주의 등의 사회구조라는 것이다. 더 나아가 생태사회주의에서는 사회적 불평등의 문제를 환경 파괴의 차별적 피해와 연결시켜 파악하는 경향이 있다. 다시 말해 환경 문제의 해결은 사회구조적 문제의 해결과 병행되어야 함을 강조하고 있는 것이다.

이러한 생태사회주의의 논점을 다시 정리해 보면 다음과 같다. 첫째, 자본주의 생산 양식을 현대 생태위기의 주요 원천으로 파악하고, 계급과 사회정의가 환경주의의 핵심적 개념축이 되어야 한다고 본다. 둘째, 사회와 자연의 관계를 변증법적으로 파악하며 생명중심주의와 기술중심주의가 아니라 인권 없이는 자연의 권리가 무의미하다는 인간중심주의를 주장한다. 셋째, 자본주의의 본질적인 반생태적 경향으로 자본주의 생산 관계에서 야기되는 사회적 빈곤화와 불평등, 그리고 시장사회 자체의 생산 논리를 지적한다. 화전민에 의한 벌목의 원인이 불공평한 토지 분배와 구조적 빈곤이듯이 물리적이고 사회적인 모든 환경 문제의 원인은 빈곤이며, 시장 확장의 논리는 자원 고갈을 악화시키고 폐기물을 확장시킬 수밖에 없다는 것이다.

생태사회주의에 가장 가까운 현실 형태: 쿠바의 사례

1959년 카스트로에 의한 사회주의 혁명이 성공한 후, 쿠바는 30년 동안 소련과 동맹 관계를 유지해 왔다. 그러나 1991년 소련과 동유럽의 붕괴로 육류, 석유 등을 형제국에서 값싸게 공급받아 왔던 쿠바 경제는 큰 위기에 직면한다. 이에 쿠바 정부는 부족한 육류를 도시텃밭 작물을 통한 채식으로 대체하고 자동차 운행을 제한하는 대신 자전거 타기를 권장하는 고육지책을 쓰게 된다. 이는 사회주의 계획경제 시스템에 의거하여 효과적으로 실행되었으며, 의도한 것은 아니지만 수도 아바나가 생태도시라는 명성을 얻게 되는 결과를 낳았다. 현존하는 사회주의 체제 중 쿠바는 관광 수입 등을 통해 공공의료나 도시농업의 모범국가로 존속되어 왔으나, 최근에는 코로나19로 인한 경제침체로 식량 배급의 위기에 직면하고 있기도 하다.

그렇다면 생태사회주의에서의 국제 환경 문제에 대한 설명은 어떠한가?

첫째, 이 관점은 경제적 세계화의 불균등한 생태적·사회적 과정에 초점을 맞추면서 국제 정치경제의 복합성에 주목한다. 즉 빈곤과 환경 악화를 포함하는 저개발이 국제 자본주의의 필요조건이라는 사실을 강조하는 것이다.

둘째, 세계화되는 자본주의의 정치경제적·정치제도적 틀 둘 다 심오한 변동이 필요하다고 본다. 즉 자본주의와 제국주의는 제3세계에 대한 식민주의와 궤를 같이하며, 그에 따른 환경 문제는 탈식민적 관점에서 인종차별주의, 성차별주의 등과 동시에 다루어져야 하는 것이다.

셋째, 최소한 생태사회주의는 벡의 강력한 생태적 근대화론을 반영하는데, 이것의 정치적 결과는 모든 정치적 규모에서의 더 강력한 생태적 규제 기제의 확보, 부국(富國)에서 빈국(貧國)으로의 부(富)의 재분배, 생산 및 기술적 변동의 민주적 통제가 된다.

넷째, 환경정의의 이념에 의해 지도되는 강력하고 민주적인 글로벌 기구의 확립이 필요하다고 파악한다.

끝으로 생태사회주의의 문제점을 살펴보면 다음과 같다.

첫째, 사회주의권의 붕괴, 중국의 자본주의 방식 채택에서 보듯이 환경 문제의 원인을 자본주의 논리에서만 찾는 것은 타당하지 않다. 더 나아가 현재 진행되고 있는 '시장의 승리'와 생태사회주의의 이상 간의 막대한 정치적 괴리를 어떻게 극복할 것인가가 남겨진 숙제라 할 수 있다.

둘째, 국가를 단순히 환경 파괴의 주범으로만 파악해, 정치인이나 관료가 다양한 정책적 입장을 가질 수 있다는 가능성을 보지 못하고 있다.

셋째, 자원 고갈, 폐수 방출 같은 단순한 문제가 아니라 지구 온난화, 생물 다양성의 감소와 같은 최근의 초국가적 문제에 대해서는 기업에게만 환경 파괴의 책임을 물을 수 없는데, 이 관점은 자본가에게 비난의 화살을 집중시킨다.

넷째, 환경 문제는 광범위한 경제적·사회적·정치적 이해관계, 이데올로기 및 갈등을 포괄하는 좀 더 다차원적인 접근을 필요로 한다.

제7절 환경 의식의 발생에 대한 이론

환경 의식의 발생에 관한 이론으로는 반영 가설, 탈물질주의 명제, 신중간 계급 명제, 환경정의 접근 등이 있다. 여기서는 각각의 내용에 대해 다루어 보고 문제점을 비판해 보자.

1 반영 가설

반영 가설(reflection hypothesis)은 서구에서의 환경 문제가 제2차 세계대전 이후 시작되었으며, 1960년대 후반에 정점에 달했다고 본다. 따라서 1970년대 이후의 환경 의식 및 관심이 급증한 이유는 이러한 환경 문제 상황의 직접적 반응이라고 파악한다. 던랩(Dunlap)과 스케어스(Scarce)는 1970~1980년대의 20년 동안 미국인의 의식 변화를 분석한 결과, 광범위한 환경 문제들이 개인의 건강과 전체적 환경의 질을 악화시킨다는 생각이 확산되고 있음을 발견했다.

유럽의 경우에도 젤리커(Jehlicka)에 의하면, 환경에 대한 관심이 생태 조건의 심각도에 직접 영향을 받는 것으로 밝혀졌다. 남부 독일, 벨기에, 룩셈부르크, 네덜란드, 북프랑스, 스위스 등은 생태계 파괴가 매우 심각해 환경에 대한 관심이 매우 발전한 반면, 영국과 스칸디나비아 국가들은 환경 문제가 덜 심각해 환경주의가 덜 발전했고 제도권 정치에 흡수되었다는 것이다. 즉 반영 가설은 환경 문제의 심각성을 반영해 환경 의식과 환경운동이 발전한다는 매우 상식적인 주장을 편다고 할 수 있다.

그렇다면 이와 같은 반영 가설의 이론은 어떻게 비판될 수 있을까?

첫째, 환경의 질이 20세기 동안 지속적으로 저하되어 왔지만, 대부분의 기간 동안 일반 시민은 이러한 사실을 무시해 왔다는 점이다. 예를 들어 환경 악화가 심했던 1960년에 미국의 환경보호 조직들이 깨끗한 공기를 위한 캠페인을 진행했을 때 대중은 관심이나 지지를 거의 보이지 않았다.

둘째, 비슷한 지적이지만 환경 문제에 대한 인식은 문제 그 자체의 심각도와는 별로 상관없다는 사실이다. 예컨대 미국에서 대기오염에 대한 관심은 1960년대 말에 발생되었는데, 이 시기는 많은 도시 지역에서 대기오염 수준이 감소된 때라고 할 수 있다.

셋째, 많은 환경 문제, 특히 최근의 산성비, 지구 온난화, 오존층 파괴 등은 매우 극단적인 경우를 제외하고는 가시적이지 않다는 것이다. 따라서 이들 비판은 환경 의식의 발생이 환경 문제의 심각도를 반영하기보다는 과학전문가, 환경운동가, 대중매체의 역할과 같은 다른 요인이 더 중요함을 강조한다고 볼 수 있다.

2 탈물질주의 명제

탈물질주의 명제(post-materialism thesis)는 환경에 대한 관심을 서구 사회 가치의 좀 더 포괄적인 변화라는 차원에서 설명한다. 대표적 학자인 잉글하트(Inglehart)는 대공황과 양차 대전으로 경제적 고통을 경험한 구세대와 달리, 전후 베이비 붐 세대는 경제적으로 안정되어 소속감이나 개인적 성취라는 비물질적 욕구가 강하다고 보았다. 즉 이들 신세대에게는 이념에 대한 관심, 개인적 성장의 추구, 의사 결정에서의 자율성, 물리적 환경의 질 개선과 같은 탈물질주의 가치가 중요하다는 것이다. 또한 이와 같은 탈물질주의는 시간이 흘러 전후 신세대가 정착하고 가정을 꾸리면 사라질 생애주기적 현상이 아니고, 지속적인 가치 변동의 일환으로 파악되었다.

잉글하트의 명제는 이후 컷그로브(Cotgrove)에 의해 환경주의와 연결되어 설명되었는데, 그는 환경주의자들이 좀 더 인간적인 사회로 진보하는 것과 같은 비물질적 목표에 높은 우선순위를 둔다고 주장한다. 컷그로브에 의하면, 환경운동단체에서 열심히 활동하는 사람들을 다른 사람들과 구별짓는 것은 단지 고조된 환경 의식뿐만 아니라 일련의 대안적인 탈물질주의적 가치에 대한 헌신이라고 한다. 더 나아가 그의 분석은 반경제적이고 반산업적인 가치와 태도가 환경에 대한 관심 고양의 핵심 지표라고 지적한다. 이러한 탈물질주의 명제가 반영 가설과 다른 점은 환경 의식 및 관심의 성장이 실제의 환경 악화 정도에 직접 관련되는 것이 아니라는 주장에 있다. 즉 오염과 환경 피해라는 '객관적 사실'은 인지적·윤리적 공백 상태에 존재하는 것이 아니라 선한 사회에 대한 도덕적 토론으로부터 발생한다는 것이다.

그러면 이와 같은 탈물질주의 명제를 비판해 보자. 첫째, 브레친(Brechin)과 켐프턴(Kempton)은 환경에 대한 공공의 관심이 선진 산업국가에 국한되는 것이 아니라 지구적 규모로 존재한다고 주장하면서, 두 가지 증거로서 풀뿌리 수준의 광범위한 환경행동주의와 국가 간 여론조사의 결과를 제시하였다. 그들의 조사 결과 인도, 멕시코, 우루과이 등의 제3세계 국가들은 일본, 핀란드 등 몇몇 선진국보다 환경 보호를 위해 더 높은 상품 가격과 세금을 지불할 의사가 있는 응답자가 더 많은 것으로 나타났다. 즉 환경주의는 탈물질적 가치 변동의 결과가 아니라 부국(富國), 빈국(貧國) 모두에서 다양한 원인들에 의해 발생하는 것이다.

둘째, 탈물질주의 가치가 어디에서 비롯되는지 명확하지 않다. 컷그로브는 단지 비물질적 가치에 대한 헌신이 사춘기 때 강화되고 부모가 탈물질적 가치를 포용하는 가정에서 더 많이 발생한다고만 지적한다. 그러나 이러한 과정은 경제적 이해관계에서 비롯될 수도 있다. 달리 말해, 기업주는 무성장 철학을 반대할 것이며 물질적으로 빈곤한 집단이 탈물질주의적 사회를 옹호할 수도 있다. 탈물질주의 명제는 환경운동에서 친경영적(pro-business) 가치를 강조하는 전통적 패러다임에 반대하는 신중간계급 분파의 주도성을 강조하면서, 서구 중심의 관점에서 물질적 충족이 이루어져야 환경 의식의 발생이 가능하다는 근대화론을 바탕으로 하고 있다.

3 환경정의 접근

환경정의 접근(environmental justice approach)은 깨끗한 환경을 향유할 기본권이 사회구조적 불평등에 의해 억압됨으로써 환경 피해가 사회적·공간적으로 차별화됨을 강조한다. 미국에서의 환경정의 접근은 환경정책 결정에서 나타나는 인종차별주의를 지칭하는 환경인종주의에 대한 반대에서 출발했다. 즉 흑인 인구의 60%가 유해폐기물 처리장 근처에 살고 있는 현실은 식민주의의 산물인 아프리카 출신 빈곤층의 불평등한 분배의 쟁점을 날카롭게 만드는 것이다. 그리하여 환경정의운동은 1970년대 후반 이후 미국에서 환경인종주의에 저항하는 흑인들에 의해 뚜렷한 정치 세력으로 대두되어 왔다. 그 결과 1991년에는 지방적으로 분산된 이들 운동집단이 공동으로 전국 유색인 환경지도자 회의를 개최하고 '환경정의에 관한 선언'을 채택하기도 했다.

이 선언에서의 환경정의에 대한 정의를 간추려 보면 다음과 같다. 첫째, 지구의 신성함, 생태적 통일성, 모든 종의 상호 의존성과 생태 파괴로부터 자유로울 수 있는 권리를 보장한다. 둘째, 인간과 다른 생물을 위한 지속가능한 지구라는 관점에서 토지와 재생 자원의 윤리적이고 균형 잡힌 책임 있는 사용권을 위임한다. 셋째, 모든 독성 물질, 유해 폐기물, 방사능 물질의 생산을 중단하고 과거 및 현재의 모든 생산자가 독성 제거와 생산 지점에서의 억제를 사람들에게 엄밀히 해명할 것을 요구한다. 넷째, 도시와 농촌의 생태정책이 모든 지역사회의 문화적 통전성을 존중하고 모두에게 충분한 범위의 자원에 대한 공정한 접근을 제공하면서, 도시 및 농촌 지역을 청결히 하며 자연과 균형을 이루도록 재건하는 것을 보장한다. 다섯째, 다국적 기업의 파괴적 운용과 토지, 사람, 문화 및 다른 생물 형태에 대한 군사적 점유, 억압 및 착취를 반대한다. 여섯째, 개인들이 지구 자원을 최소한으로 소비하고 폐기물을 가능한 한 적게 생산하는 선택을 하며, 현재와 미래의 세대를 위한 자연 세계의 건강을 보증하게끔 생활 양식의 우선순위를 다시 부여하는 의식적인 결정을 내리도록 요청한다.

이들에 따르면, 환경정의는 상품화와 사유재산으로 위협받는 자연자원에 대한 공동체적 접근과 지속가능한 생활양식을 위협하는 생태계 파괴에 대항하는 역동적인 운동에 의해서만 보장될 수 있다. 미국에서 발생한 환경정의 접근은 환경 문제와 관련된 인종, 성, 계급 등의 사회 불평등에 주목하며, 특히 지역사회에 근거를 두고 분배 쟁점을 둘러싼 장소의 정치를 추구한다고 볼 수 있다.

그러한 맥락에서 골드먼(Goldman)은 환경정의의 확보를 위한 운동의 과제로, 첫째 지방적 · 지역적 · 전국적 · 국제적 수준에서의 연대 확보, 둘째 실증주의적 기법이 아닌 질적 방법에 의해 지역사회가 주도하는 조사 연구, 셋째 오염물질의 감소 · 제거보다는 희소자원으로의 전환에 의한 오염 방지, 넷째 문제가 극심한 곳에 활동과 자원을 집중시켜 평등이 어떻게 모두에게 이익을 낳는가를 보여 주는 효율과 형평의 연계, 다섯째 주민들에게 단기적으로는 보람 있고 장기적으로는 지속가능한 교육, 고용, 여가 기회를 제공하는 지역사회 개발 등을 들고 있다.

한편 일본에서는 환경 피해가 사회적 · 생물학적 약자에게 집중되어 암 사망률, 식품 첨가물에 의한 피해율이 계급, 성별, 나이에 따라 불평등하다는 사실이 널리 조

〈표 11-1〉 환경 의식의 발생에 대한 이론들

	반영 가설	탈물질주의 명제	환경정의 접근
주요 논점	• 환경 의식의 발생이 실제의 환경 악화 정도와 직접 관련된다고 봄. • 1970년대 이후 서구에서의 환경운동의 급성장은 급격한 환경오염의 결과임.	• 환경 의식의 발생을 서구 가치관의 변동 차원에서 설명함. • 전후 신세대는 소속감, 개인적 성취 등 비물질적 욕구가 강해 환경주의와 친화적임.	• 환경 피해가 사회적 · 공간적으로 차별화됨을 강조함. • 환경 문제와 관련된 인종, 성, 계급 등 사회 불평등에 주목함. • 환경 친화적 행동의 주도 세력으로 하층계급을 부각시킴.
비판점	• 환경 악화 기간 동안 대부분의 시민들이 이를 무시할 정도로 환경 문제 인식은 그 자체 심각도와 상관없음. • 지구 온난화, 오존층 파괴 등 많은 환경 문제는 극단적 경우를 제외하고 가시적이지 않음.	• 탈물질주의의 원천이 무엇인지 불명확함. • 환경 관심도는 물질적으로 풍요한 서구뿐 아니라 제3세계에서도 발견됨.	• '스모그는 민주적'이라는 말과 같이 대기오염, 수질 오염 등의 문제는 계급을 뛰어넘는 모든 인간, 사회의 현안이라 할 수 있음.

사되었다. 그 가운데 토다 기요시(戶田淸)는 환경정의 사상에 대해 인간 활동 전체에서 환경에 주는 부담을 줄이는 동시에 지구적 차원에서 또 미래 세대를 배려하는 관점에 서서 환경에서 얻는 편익, 곧 환경자원의 향유와 환경 파괴의 피해에 공평 원칙을 적용함으로써 환경 보전과 사회정의를 동시에 달성하려는 사상으로 정의한다.

환경정의 접근은 제12장에서 다루겠지만 분배적 관점에서 출발하여 절차적, 승인적 쟁점으로 확대 · 발전해 왔다. 한편 지금까지 살핀 세 가지 이론들의 주요 논점과 비판점을 요약하면 〈표 11-1〉과 같다.

제 8 절 환경운동의 분류와 전망

1 환경 문제의 범주에 따른 구분

환경 의식의 발생은 환경운동의 활성화를 가져온다. 그렇다면 환경운동은 어떻게 분류될 수 있을까? 우선 환경 문제의 피해자 · 가해자가 특정 소수인가, 불특정 다수인가에 따라 환경운동의 유형을 구분해 보면 〈표 11-2〉와 같다. 이 표를 보면 가해자 · 피해자 모두 특정 소수인 경우, 가해자가 불특정 다수이고 피해자는 특정 소수인 경우, 가해자는 특정 소수이고 피해자가 불특정 다수인 경우, 가해자 · 피해자 모두 불특정 다수인 경우 등 네 가지 유형이 도출됨을 알 수 있다.

먼저 가해자, 피해자 모두 특정 소수인 1 유형의 환경운동은 환경운동의 주체와 대상이 분명하다는 특징이 있다. 그 예로는 기업체의 산업재해, 광부나 레이온 공장 노동자의 진폐증, 1980년대 초반 온산공단에서 발견된 괴질인 온산병 등을 들 수 있다. 이 경우 환경운동은 피해 보상을 중심으로 전개될 가능성이 높다.

한편 가해자는 불특정 다수이고 피해자가 특정 소수인 2 유형의 경우 운동 주체

〈표 11-2〉 환경 문제의 범주와 환경운동

피해자 \ 가해자	특정 소수	불특정 다수
특정 소수	1	2
불특정 다수	3	4

가 쟁점과 적대 집단을 어떻게 규정하는가가 중요한 관건이 된다. 여기에는 핵발전소, 쓰레기 매립장이나 핵폐기물 처리장과 같은 혐오시설 입지 반대운동 등이 속한다.

다음으로 가해자가 특정 소수이고 피해자가 불특정 다수인 3 유형의 환경운동은 불특정 피해자가 운동 주체로 형성되기 쉽지 않다는 특성을 지닌다. 이는 1991년에 ㄷ전자가 낙동강에 페놀을 유출시킨 사건의 예에서 잘 나타나며, 최근에 큰 사회 문제가 되었던 '가습기 살균제' 피해 사례도 이에 해당한다.

마지막으로 4 유형의 환경운동은 가해자, 피해자 모두 불특정 다수인 경우이다. 이 경우는 대기오염, 수질 오염, 지구 온난화, 오존층 파괴 등 일반적인 환경 문제가 대상이 되기 때문에, 피해자가 주체가 되는 환경운동으로 형성되기 어렵다고 볼 수 있다.

2 환경운동의 성격에 따른 구분

환경운동의 유형은 그 성격에 따라 환경 피해집단의 조직화를 통한 주민환경운동, 생태적인 생활 방식을 추구하는 생명공동체운동, 시민사회의 확장을 지향하는 전문환경운동이라는 세 가지로 구분될 수 있다. 우리나라는 서구에 비해 환경운동의 역사가 상대적으로 짧은 탓에, 지금까지 환경 문제를 둘러싼 이론과 실천 면에서 입장의 차이가 뚜렷이 드러나지는 않았다고 볼 수 있다. 환경운동의 발전을 위해서는 핵심 쟁점에 대한 토론이 분명히 필요하지만, 그 과정은 개별 운동의 대립이 아니라 환경정치에 대한 보편적 요구 아래 연대의 틀을 갖추는 결과를 낳도록 이끌어야 할 것이다.

먼저 환경 피해집단의 조직화를 통한 주민환경운동은 산업폐수에 의한 중금속 중독, 핵폐기물 처리장 설치에 저항하는 온산과 안면도의 주민운동에서 나타났듯이 사회적 파급력이 강력한 환경운동 형태이다. 이러한 주민환경운동은 환경 피해에 크게 노출되어 있는 집단이 도시 빈민, 농어민과 같은 하층계급이라는 점에서 환경정의운동으로 규정되기도 한다. 물론 주민환경운동은 한시적이고 방어적인 조직화의 한계를 안고 있는 것도 사실이다. 그러나 앞으로 기후위기 등이 더욱 위험해질 가능성이 높기 때문에, 이 운동 형태는 전 세계적으로도 유력한 정치 세력으로 등장할 수 있다.

다음으로 생명공동체운동은 생태적 가치 체계를 실현하는 대안공동체의 실험으로서, 생활협동조합운동이나 대안교육운동과 결합해 새로운 문화적 실천의 흐름을 이루고 있다. 이처럼 생명공동체운동이 지향하는 자율적 지역자치주의에 의한 정치와 생활의 통합 모형은 서구 중심의 환경운동을 넘어 인간과 자연의 공존을 향한 대안을 추구한다. 대표적으로 제11장에서 본 동학사상에 기초한 한살림 운동은 살림살이의 생명 가치를 모색하는 데 전략적 지위를 부여하고 있다. '한살림'이란 '살이'라는 소비생활이 생산자와 생태계의 '살림'을 가능케 하는 네트워크운동을 지향한다.

마지막으로 전문환경운동은 생태적 이해의 관심 속에서 환경 쟁점을 전문화시킨 집단에 의해 주도되는 운동을 가리킨다. 이 운동 형태는 새로운 사회운동의 전망 아래 전체 사회의 환경 문제를 포괄하는 상시적인 조직으로 가동되고 있다. 1990년대 들어 환경운동연합, 녹색연합 등 전문환경운동단체의 출범은 환경운동의 대중화에 전기를 마련한 것이었다. 이들 단체는 환경정책에 대한 비판이나 환경오염 기업에 대한 감시를 통해 시민사회의 환경 문제에 대한 인식을 높이는 데 이바지해 왔다. 특히 '지방의제 21'의 작성과 같은 환경정치에 대한 전문환경운동의 참여는 물론, 21세기 이후 '기후위기 비상행동'과 같은 시민단체와 전문환경운동의 결합이 지속적으로 활성화되어 왔다.

3 환경운동의 전망

21세기 한국 환경운동의 과제를 전망해 보자. 1997년 3월에 '의제에서 행동으로'라는 주제로 브라질의 리우데자네이루에서 열린 비정부기구(Non-Governmental Organization: NGO) 세계환경회의인 '리우+5' 포럼은 1992년 리우회담 이후의 성과를 중간 점검하고, 21세기의 새로운 실천 과제를 모색하기 위한 자리였다. 이 모임에서는 자본의 세계화에 의해 의제 21의 실천이 뒷전으로 밀리고 있음을 확인하면서, 비정부기구 역시 '아니오'만을 연발하는 반대 세력이 아니라 대안적 비전을 제시하는 새로운 정부기구(Neo-Governmental Organization: Neo-GO)의 역할을 해야 한다는 주장이 호응을 얻었다. 그렇다면 미래의 환경운동은 세계적・국내적・지방적 차원에서 어떻게 대안적인 환경정치 세력으로 거듭날 수 있을 것인가?

21세기 정보 기술의 발전은 기존의 '장소의 공간' 외에 자본과 정보가 순환하는 '흐름의 공간'을 형성시키고 있다. 글로벌라이제이션(globalization)은 대자본이 흐름의 공간을 이용해 생산, 관리의 유연한 분업을 전 세계로 확대하는 과정이다. 최근의 4차 산업혁명은 지방이라는 장소의 공간에 근거한 환경운동의 세계화에도 긍정적인 기회를 제공할 수 있다. 환경 문제는 지방적・국내적 수준에서 지속가능성을 추구하는 것만으로 해결될 수 없는, 본질적으로 지구적인 쟁점이다. 그러한 까닭에 21세기의 환경운동은 지역사회와 시민사회에 대한 환경정의의 목표를 세계적 수준에서도 확보할 수 있도록 '생각은 지구적으로, 행동은 국지적으로(Think globally, act locally)'가 아니라 '생각과 행동을 지구적 · 국지적으로(Think and act, globally and locally)'라는 원칙 아래 움직여야 할 것이다.

주민환경운동, 생명공동체운동, 전문환경운동 등은 인공지능 시대의 사회관계망서비스 등을 활용해 교류함으로써 환경정치의 전략을 효율적으로 공동 모색할 수 있다. 환경운동연합을 비롯한 많은 전문환경운동단체들은 지역 환경운동의 기반을 넓혀 나가는 동시에 국제 환경운동과의 유대를 더욱 강화시켜야 할 것이다. 또한 이를 바탕으로 환경정치의 대안을 시급히 마련하기 위해서는, 개별 운동 형태의 차이를 무시한 단일한 이념의 수립보다는 영역별 분업을 전제로 한 연대를 추구하는 것이 타당할 것으로 생각된다.

그리고 환경운동의 정치적 영향력을 강화하기 위해서는 녹색당과 같은 환경정당의 지지기반 확대가 중요하다. 한국의 경우 보수적 양당정치의 구조화에 따라 사회민주주의 정당은 물론 녹색정당의 중앙 및 지방정치 진입이 난항을 겪고 있다. 그런 가운데서도 환경운동단체와 시민사회는 사회복지 쟁점과 기후위기 등의 환경 문제를 결합하는 '생태복지(ecowelfare)'의 정책화에 주력할 필요가 있다. 최근 배달 라이더들의 기후실업급여 요구라든지 아일랜드 등에서 활성화되고 있는 '참여소득(participation income)' 등이 그 유력한 대안이다.

특히 참여소득제도는 보편적 기본소득과 더불어 증가되어 온 보편적 기본서비스 가운데 환경 문제 해결에 초점을 맞추어 일할 능력이 있는 고령자, 실직자, 장애인 등의 사회적 경제 참여에 방점을 두고 있다. 2024년 현재 울산과 부산에서 활동 중인 사회적기업인 '코끼리공장'은 페트병 수거사업을 노인 일자리 창출을 통한 자립과 연계하고 있는데, 여기에 참여하는 고령자들은 소득 보조 외에도 본인이 플라스틱 쓰레기를 줄이는 환경운동에 참여한다는 의식을 보이고 있다.

CHAPTER

12 환경정의의 유형과 한국 사례

제 1 절 환경사회이론의 서구 중심성에 대한 성찰

페르디낭(Ferdinand, 2022)은 2020년 1월 스위스 다보스 세계경제포럼에서 5명의 젊은 여성들이 지구 온난화의 긴급성을 경고하는 장면을 묘사했다. 그중 4명은 스웨덴의 툰베리를 비롯하여 모두 백인이었고 우간다에서 온 바네사 나카테만이 유일한 흑인이었다. 그런데 5명의 단체 사진을 찍은 사진사는 바네사 나카테를 삭제한 다음, 눈 덮인 스위스 산을 배경으로 네 명의 백인여성만 남긴 사진을 전 세계로 전송했다. 이러한 제거를 통해 이 흑인여성의 살 만한 세계를 위한 생태적 투쟁에 대한 목소리, 몸과 기여는 그녀가 그곳에 없었거나 발언을 하지 않았던 것처럼 무시되었다.

에피소드 같지만 이 사건은 서구 중심으로 발전해 온 환경사회이론의 역사와 관련해 더욱 깊은 의미를 전달한다. 실제로 나카테의 배제는 환경운동에서의 유색인종 목소리의 주변화라는 서구 자민족중심주의(ethnocentrism)의 또 다른 예일 뿐이다. 이처럼 백인이 아닌 몸의 사회적 배제는 유색인종에게 불비례적으로 영향을 미치는 다양한 오염과 도시 삶의 조건을 대변한다. 앞서 제11장에서 환경 의식의 발생에 대한 환경정의 접근이 유색인종에 대한 환경피해가 가중됨에 따른 '피해와 보상의 불평등'이라는 분배적 불의를 강조함을 배웠다. 눈 덮인 산 앞의 백인 몸은 환경 보전을 주도하는 서구 중심성에 비추어, 검은 몸보다 더욱 사진사의 구미에 맞는 구성이었던 것이다.

서구 중심의 환경사회이론에 대한 비판은 탈식민 생태주의(decolonial ecologism)로 모아지고 있는데, 우선 탈식민화를 둘러싼 관점은 다음 세 가지로 식별된다(Bresnihan et al., 2023).

첫째, 탈식민화는 비유에 그치는 것이 아니라 북미, 호주 등에서 제기되는 원주민 토지의 송환과 원주민 주권의 증진을 전제로 하는 현실 정치의 문제이다. 그러한 탈식민 정치의 내용에는 사회 투자 대신 유독성 산업을 원주민 토지 근처에 입지시키는 배제적 법·규제 체계에 저항하는 원주민 생계 보호, 그리고 원주민 토지를 불모지 – 예를 들어 재생에너지 용도의 – 나 야생적 보존지로 예정하는 환경정책에 대한 반대 등이 있다.

두 번째 관점은 제2차 세계대전 말에 시작되어 아직도 수행되고 있는 반제국주의 투쟁과 제3세계의 형성이라는 세계-역사적 맥락에 위치한다. 카리브해, 아프리카 및 동남아시아를 중심으로 한 이들 투쟁은 자본주의 서방이나 공산주의 동방의 비전과 구별되는 '제3세계'라는 유토피아적 지평을 열었다. 하지만 이러한 제3세계의 비전은 신흥독립국이 냉전의 무대에 서면서, 불평등한 (신)식민주의 경제 체계로부터 협공당해 왔다. 그럼에도 식민주의를 환경정치의 출발점으로 삼는 많은 환경학자 및 활동가는 오랜 역사에 걸친 불균등한 지리적 관계 내에 생태주의를 위치시켜 왔다.

세 번째 관점은 식민적 근대성에 저항하고 대안을 주조하기 위한 노력에서 탈식민화를 강조한다. 이러한 시각은 윈터(Wynter, 2003; Bresnihan et al., 2022에서 재인용)가 인간의 모습을 서양 남성으로만 이해하여 여성, 원주민, 동식물, 자연 등을 인간 너머의 존재로 떨쳐버렸던 것과 같은 근대적 인본주의를 능동적으로 해체시킨다. 생명 물질 및 비생명 물질을 창조적이고 신성한 야생성의 자원 이상인 어떤 것으로 관계 짓는 윤리 및 실천은 원주민의 맥락에서 오랜 역사를 갖고 있다.

브라질의 원주민 운동가인 크레나키(2024)는 문명인의 소집단인 유럽인과 아메리카 원주민이 처음으로 접촉하자마자 원주민 세계의 상당 부분이 사라져버렸다는 사실을 상기시킨다. 그리고 그것은 유럽 백인이 중남미 원주민을 제거하려는 의도적 행위 때문만은 아니었다는 사실도 지적한다. 수많은 원주민을 사멸시킨 원인은 계속되는 전염병이었는데, 15~16세기 스페인과 포르투갈의 정복자는 항로를 따라가며 열대 해변에 발을 디디자마자 원주민에게 죽음을 남겼다.

크레나키(2024)는 인간이 추상적 문명 안에서 지구로부터 분리된 글로벌 세계에서 살아 갈 수 있다는 서구 근대의 가정은 말도 안 되는 것이라 주장한다. 이런 생각은 다양성을 파괴하고 삶의 형태와 존재 양식의 다원성을 부정하는 것이다. 근대성의 연장선 위에 있는 서구 식민주의는 모든 사람에게 같은 음식과 같은 의복을, 가능하다면 같은 언어까지 권고하는 획일성의 문화이다. 이에 반해 아마존의 세계에서 인간은 존재에 대한 관점을 가진 유일하고 예외적인 존재자가 아니다. 인간은 그러한 관점을 수많은 비인간 존재자와 공유하고 그 결과 모든 존재는 끊임없이 자신들 사이의 관계를 신경쓰게 된다는 것이다.

페르디낭(Ferdinand, 2022)은 아프리카의 맥락에서, 노예적 삶에 대한 지배를 연장하는 '노아의 방주'에 연연하는 서구적 환경주의와 달리 탈식민 생태주의는 인간이 지구에 서식하기 위해 부유한 국가의 국민과 빈곤한 제3세계 주민이 함께 사는 지향이라 규정한다. 페르디낭에 의하면, 생태계 파괴에 대한 대응은 평등 및 실질적 자유의 요구와 긴밀히 연계되어 있다. 아프리카를 침탈했던 미국의 노예선을 상상해 보면, 탈식민 생태주의는 근대의 세계 장악에 대한 분노의 표출이다. 이론적 수준에서 탈식민 생태주의는 식민적·환경적 이중 균열로부터 발생된 사고이며 지구에 대한 진정한 힐링이다. 문화적·역사적·언어적 수준에서 탈식민 생태주의는 생태위기를 문제화하는 다른 방식을 보여주기 위해 백인 중심의 자본세(capitalocene)에 대한 저항 담론이라고 할 수 있다.

탈식민 생태주의는 세계에 생태적으로 도전해 온 역사적이면서도 현존하기도 하는 식민성 및 그 유산에 대한 혁신적 비판이다. 탈식민주의는 식민적 관계가 인간집단 간 관계로 환원될 수 없음을 승인하는 입장으로, 지구에 대한 식민적 거주를 통한 비인간화, 경관 및 토지에 대한 서구 중심적 발상을 극복하고자 한다(Ferdinand, 2022). 한편 환경사회이론의 서구 중심성에 대한 반성은 환경정의 유형을 분배 차원에서 나아가 절차, 승인 등의 새로운 쟁점으로 확대해 왔다. 이 장에서는 이러한 환경정의의 내용과 한국에서의 사례를 살피고자 하는데, 그에 앞서 환경 불의의 구조를 병리적 경로의존성이라는 개념에 의거하여 검토해 보자.

제2절 환경 불의의 구조에 대한 설명: 병리적 경로의존성

제도(institution)는 대개 '긴 시간에 걸친 높은 정도의 지속성'으로 정의된다. 제도 내에서는 안정적이고 순환하는 반복적인 패턴화된 행위의 성격이 발생된다. 인류세의 진입 이후, 강력한 지속성은 오히려 문제가 되며 이러한 과도한 강력한 지속성이 병리적 경로의존성(pathological path dependency)과 결합되는 경향이 있다. 드라이젝(Dryzek, 2019)은 병리적 경로의존성을 '지구 시스템(earth system)의 상태에 관한 정보를 체계적으로 억압하고 협소한 경제적 관심에 대한 우선순위를 체계적으로 앞세우는 환류 기제의 체현을 통한 지구 체계로부터의 인간 제도의 탈각'이라고 정의한다.

경로의존성은 넓은 의미에서 초기의 결정이나 결과가 이후의 것들을 제약하는 것을 의미하며, 제도가 그 스스로의 필연성을 재강화하는 환류를 발생시킬 때 생겨나는 것이다. 또한 이는 행위자들이 현존 제도에서 물질적 이해관계를 발전시킬 때에도 발생하게 된다. 따라서 경로의존성은 확립된 제도가 더 잘 작동할 수 있는 대안적 제도의 창출에 걸림돌이 되며, 그에 따라 변화한 조건 아래 명백히 실패한 제도조차 존속할 수 있게 된다. 그런데 경로의존성 개념은 과거의 선택이 현재를 결정한다는 주장과는 다르다. 따라서 어떤 조건은 경로의존성을 발생시키기에 다소 친화적이고, 경로의존성 자체도 제도적 선택이 가능한 범위가 얼마나 제약되어 있는가에 따라 더 강력할 수도 더 취약할 수도 있다.

그런데 경로의존성의 병리화에는 경제 성장에 최우선 순위를 두는 국가와 시장의 제도적 요인이 영향을 미친다. 17세기 이후 근대의 주요 정치 제도는 국가이며, 이때 인간 너머 존재로서의 자연은 여전히 전반적으로 무시되거나 억압되어 기껏해야 잠재적으로 생산적인 토지 및 자원으로 취급되었다. 이러한 병리적 경로의존성은 토지의 경제적 유용성을 위한 재산권 부착에서 비롯된 것이다. 이후 국가는 전형적으로 생태적 관심보다는 경제 성장에 우선순위를 부여하며, 지구적 집단행동을 저해하는 주권에 집착해 왔다. 자본주의 시장 또한 물질적 성장에 중독되어, 생태적 제약이 단지 정부규제와 같은 비시장적 힘에 의해 실행될 때에만 일반적으로 인정해 왔다.

서구 근대화 과정에서 17~19세기의 초기 국가는 국내 질서 유지, 잠재적 적대국가로부터의 위협에 대한 대응, 국내 질서 유지와 외부적 경쟁 양자에 필요한 화폐 확보 등을 주요 과업으로 수행했다. 이후 자본주의 국가는 조직화된 노동계급의 위협에 반응하여 복지국가를 만들었고, 미국은 1970년대 들어 닉슨 행정부 때 환경운동을 잠재적 불안 요소인 반문화로부터 끌어내어 주류 정치에 편입되도록 일련의 환경기구 및 제도를 고안했다고 볼 수 있다. 다른 한편으로 국가의 경로의존성 탈피 또한 모두 환영받은 것은 아닌데, 예컨대 미국의 트럼프 행정부는 많은 오염원에 대한 환경 기준을 완화시키는 차별적 실행조치를 취하고 예산 및 인력을 삭감하여 규제 이행 역량을 저해시킴으로써 환경 불의를 가중시키기도 했다.

제11장에서 보았듯이 1960년대 서구에서 시작된 탈물질주의에 기반을 둔 환경 의식의 발생은 경제 성장을 지지하는 번영 확대의 정도에 대한 경로의존성의 양호한 측면으로 파악될 수 있다. 하지만 뒤이어 살피겠지만 환경적 위험이 대부분 빈곤층과 주변 집단에 심각하게 작용하는 정도를 강조하는 환경정의에 대한 요구 또한 탈물질주의 명제를 뛰어넘어 확산되어 온 것이 사실이다. 1970년대 이후 많은 나라들에서 환경에 대한 관심이 커졌으나 반환경적 정부가 집권할 경우 후퇴도 발생하여 기후 변화와 같은 지구적 협상이 연기되는 경우도 있었다. 나아가 대부분의 국가들에서 생태적 관심은 경제, 안보 및 복지에 우선순위에서 밀려 부차적인 상태를 유지해 옴으로써, 오히려 국가 및 글로벌 수준에서는 환경정의 운동이 활성화되는 역설적 상황이 빚어지기도 했다.

제 3 절 환경정의의 개념

여기서는 제11장에서 살핀 환경정의 접근을 좀 더 구체적으로 알아보고, 환경운동 유형들과 공업도시 환경운동의 사례를 다루도록 한다. 우선 환경정의 개념을 정의하기에 앞서, 사회정의[1]의 모델을 분배적 정의, 절차적 정의, 승인적 정의라는 세 가지로 구분해 살펴보자.

1) 사회정의(social justice)는 “이익과 부담의 공평한 분배”로 정의된다. 그런데 이익과 부담을 규정하는 사회 규범은 역사적 · 사회구조적으로 다를 수 있으며, 공평한 분배의 방식에 대해서도 다양한 이견이 존재한다. 배리(Barry)는 정의에 대한 서로 다른 일곱 가지 잣대를 평등, 호혜성(reciprocity), 절차, 미덕, 복원, 처벌, 차별적 통합으로 제시한다(Fitzpatrick, 2003).

1 분배적, 절차적, 승인적 정의

우선 분배적 정의론은 정의가 자원이나 복지의 평등을 요구한다고 천명한다. 자원은 재능, 기능, 능력처럼 내부적일 수도 있고 소득, 부(富), 기회 등과 같이 외부적일 수도 있지만, 자원 평등주의는 선천적 불평등은 부차적으로 보고 외부적 자원의 평등화가 필요하다고 주장한다. 자원이 소유라고 한다면, 복지는 이런 맥락에서 소유가 가능케 하는 성취를 가리킨다. 국가사회주의이든 사회민주주의든, 노동정치로 대표되는 기존의 진보주의는 노동조합의 조직력을 바탕으로 이러한 자원 및 복지의 분배를 일관되게 강조해 왔다고 볼 수 있다.

다음으로 절차적 정의론은 분배 패턴 자체보다는 주어진 분배의 패턴을 만드는 수단에 관심이 있다. 그러므로 만약 일련의 교환에서 최초의 자원 취득을 포함하는 각 개인의 이전과 거래가 공정하여 어떤 사람의 권리도 침범하지 않는다면, 광범위한 불평등이 발생된다 하더라도 그러한 일련의 과정 또한 공정하다는 것이다. 비판적으로 보면, 극단적인 절차적 정의는 사회정의의 이상을 목표로 하는 모든 형태의 사회주의 및 복지주의 이상들에 대한 도전이 될 수도 있다. 하지만 시민사회 형성으로 다양한 이해 담지자의 조정이 점차로 중요해짐에 따라 숙의 과정(deliberative process)의 절차적 정의가 더욱 중시되어 왔다.

한편 승인적 정의는 인간, 비인간을 포함하는 자연의 잠재력 실현 및 전개에 필요한 것이다(Schlosberg, 2005). 승인적 정의는 탈근대 정의론에서 강조하는 타자성과 차이, 또는 하버마스가 제시한 인간 간 상호 승인적 관계에 내재하는 의사소통의 원칙을 인정하고 이를 인간과 자연 간의 관계에도 적용하는 것이라 할 수 있다. 영(Young, 1990; Schlosberg, 2007에서 재인용)에 의하면, 승인은 분배되는 사물이 아니며 사회적 실천에 뿌리내린 사회 규범으로서의 관계이다. 기회와 권리의 동등한 분배라는 측면에서 보더라도, 예컨대 과거에 투표권이나 언론자유가 없었던 사람에게 그 권리를 승인한다는 것은 소득이나 재화를 한 집단에서 다른 집단으로 재분배하는 것과 달리 물질적으로 제한되지는 않는다.

승인적 정의를 둘러싸고는 심리적 접근과 사회지위적 접근으로 대별되는데, 심리적 접근을 취하는 호네트(Honneth)의 경우 승인이 단순한 관용보다는 더 넓은 개념으로 개인의 물리적 위협으로부터의 완전한 자유, 동등한 정치적 권리, 비방으로부터 자유로운 문화적 전통의 보유 등을 특징으로 한다고 본다. 그는 불평등이라는 분배의 문제가 경제 구조에서 비롯되는 것이 아니라 그것의 토대가 되는 인정 질서에 뿌리를 둔다고 보아, 분배가 승인의 표현이라고 주장하는 심리적 일원론의 입장을 나타낸다.

다른 한편으로 사회지위적 접근을 취하는 프레이저(Fraser)는 지위 침해(status injury)를 가져오는 승인적 불의의 유형에 대해 문화적 지배, 잘못된 승인(안 보이는 것으로 버려 두는 것), 비존중(전형적인 공공적 · 문화적 표현에서 진부하게 비난되거나 멸시되는 것) 등 세 가지를 제시한다. 그리고 이를 극복하는 승인은 자연 스스로의 잠재적 능력, 진화 및 성장의 전개 과정을 인정하고 존중하는 생명중심주의를 요청한다고 볼 수 있다.

2 분배적 환경정의

각각의 유형을 환경 문제에 결부시켜 분배적 환경정의, 절차적 환경정의, 승인적 환경정의의 내용을 도출해 보자. 먼저 분배적 환경정의는 제11장에서 보았듯이 미국의 흑인 지역 중심으로 제기되었던 인종 및 계급 차별이라는 사회적 불의와 환경오염에 맞선 전통적 환경정의운동 형태의 배경이라 할 수 있다. 분배적 환경정의는 인종, 소득, 문화, 사회계급 등과 무관하게 환경위험으로부터 모든 사람들이 평등하게 보호받으며 모든 사회구성원이 환경오염과 건강위험을 균형 있게 부담하는 것을 뜻한다(박재묵, 2004). 미국에서 1980년대에 인종차별 반대와 연계되어 부상한 이 유형은 지방 환경운동이 경제적 생산 관계와 정치권력의 불평등에 따른 '환경위험과 비용의 차별적 부담'에 대한 정당한 저항으로 재해석될 수 있다.

한국의 경우에는 사회적으로 배제된 농어민 거주지에 입지하는 핵발전 관련 시설에 대한 반대가 대표적 사례라고 할 수 있다. 또한 울산, 여수 등 석유화학단지 주변에 거주하는 주민들은 국가와 기업의 경제적 이익을 위해 환경오염에 따른 건강 피해뿐만 아니라 이주에 따른 사회경제적 손실을 입어 분배적 환경 불의의 또 다른 예를 보여 준다. 제4절에서 삼척 핵발전소 반대운동 사례를 자세히 살필 것이지만, 1997년 7, 8월의 월성, 고리 핵발전소 주변 사례에 대한 조사 결과를 중심으로 분배적 환경정의 요구에 관해 검토해 보자.

이들 지역은 농촌이기 때문에, 응답자의 절반 가량은 농민이고 60대 이상 노인의 비율도 높은 편이다. 먼저 핵발전소 입지에 따른 피해 종류와 최근 논란이 된 기형 가축의 출산 여부를 알아보면 〈표 12-1〉과 같다. 전체적으로 건강의 피해를 호소한 비율이 절반 가량으로 가장 두드러지고, 경제적 손해보다는 마을 전통의 파괴라는 문화적 측면을 지적하는 응답이 좀 더 높다. 또한 기형 가축의 출산 정도는 실제로 문제가 되었던 월성 핵발전소 주변 지역이 상대적으로 큰 편이다.

그렇다면 핵발전소 입지에 따른 혜택에는 어떤 것들이 있을까? 우선 한국전력으로부터의 혜택 유무는 각각 49.6%, 50.4%로 비슷하게 나타난다. 그 다음 혜택의 내용은 전기요금 보조, 장학금 지급, 마을시설 건립의 순으로 많다. 이러한 혜택의 충분한 정도에 관해서는 미흡하다는 평가가 전체의 2/3를 넘고 있다(〈표 12-2〉 참조).

〈표 12-1〉 지역별 핵발전소 입지에 따른 피해와 기형 가축의 출산 여부

(단위: %)

		월성 주변	고리 주변	전체	χ^2
핵발전소 입지에 따른 피해	건강의 피해	51.1	30.8	46.6	9.2 (P<0.05)
	경제적 손해	12.2	7.7	11.2	
	마을 전통의 파괴	8.9	30.8	13.8	
	기타	27.8	30.8	28.4	
기형 가축 출산 여부	낳은 적 있음	14.7	5.4	12.1	21.7 (P<0.01)
	낳은 적 없음	73.7	45.9	65.9	
	가축 자체가 없음	11.6	48.6	22.0	

〈표 12-2〉 지역별 핵발전소 입지에 따른 혜택 내용과 혜택의 충분한 정도

(단위: %)

		월성 주변	고리 주변	전체	χ^2
한국전력으로부터의 혜택 종류	전기요금 보조	39.0	34.2	37.8	복수 응답을 합산한 결과임.
	장학금 지급	20.0	36.8	24.5	
	마을시설 건립	16.2	21.1	17.5	
	발전소 취업	8.6	2.6	7.0	
	기타	16.2	5.3	13.3	
혜택의 충분도 평가	아주 충분하다	0.0	18.2	5.6	12.9 (P<0.05)
	약간 충분하다	8.0	4.5	6.9	
	그저 그렇다	12.0	22.7	15.3	
	약간 미흡하다	26.0	27.3	26.4	
	매우 미흡하다	54.0	27.3	45.8	

다음 사례는 울산의 온산산업단지 주변에 거주하는 주민이 이주에 따른 경제적 손실은 물론, 고향의 상실이라는 문화적 피해를 입고 있음을 보여준다.

온산산업단지 주변 주민의 피해 사례

아무리 공해가 심하다고 하지만 온산의 고향, 옛날에 살던 곳이 그립다. 원래 온산은 울산공단의 배후지로 자연 환경이 수려한 농촌으로 보전했어야 하는데 국가의 경제 개발에 우리 주민이 희생한 꼴이 되었다. 공단만 없었으면 농사, 어업으로 이주민들은 경제적으로도 부유한 삶을 살았을 것이다. 지금도 언덕배기만 넘으면 옛날 고향인데, 코앞에 두고서도 실향민 신세가 되어 버렸다. 그래도 추석 같은 명절에 성묘 갔다가 그 옛날 고향에 가면 이미 펄프 공장으로 변해 버려 흔적을 찾을 수는 없지만 바닷물은 그대로 있어서 기분이 좋다. 8대째 살았던 고향을 잃어버린 이 망향의 심정을 겪어보지 못한 사람은 모를 것이다(당월에서 이주한 70대 주민 면접 결과).

이처럼 한국에서 분배적 환경정의의 추구는 '위험과 편익의 불공정한 분배'에 저항하는 보상 요구를 주축으로 해 왔다. 하지만 최근에는 사후적 보상보다는 위험 자체의 원인에 초점을 두는 사전예방적 정의 추구로 발전하는 경향이 있다. 이는 2010년대 중반에 발생한 밀양 송전탑 반대운동의 사례에서 뚜렷이 나타나는데, 이에 대해서는 제14장에서 지역사회의 환경 문제와 연결지어 다루기로 한다.

3 절차적 환경정의

절차적 환경정의는 작은 정부를 지향하는 최근의 환경정책에서 부각되고 있는 거버넌스, 숙의 과정 등의 참여적 의사 결정을 강조하는 입장이다. 이 담론은 자칫 잘못하면 2005년의 방폐장 입지 관련 주민투표의 예처럼 형식적 절차주의에 매몰된 무늬만 환경정의인 환경 불의의 이데올로기적 수단이 될 수도 있다. 그럼에도 절차적 환경정의보다 분배적 환경정의에 더 우선적 가치를 부여하는 것은 바람직하지 못하다. 시민단체와 주민의 참여가 공정하게 보장되기만 한다면, 절차적 환경정의는 지방, 국가, 글로벌 수준의 여러 환경 쟁점을 둘러싼 이해집단 간 갈등을 해결하면서 이해당사자의 생태 의식도 제고하는 유력한 방도로 활용될 수 있기 때문이다.

특히 거버넌스는 통치(government)가 아닌 협치를 의미하기도, 기업의 투명한 지배구조를 뜻하기도 한다. 최근의 트렌드인 기업 사회 거버넌스(Environmental Social Governance: ESG)는 기후위기 시대의 기업 지배구조가 비용절감 및 기술개발이라는 단일한 이윤추구 목표에 좌우되는 것이 아니라 정부, 시민환경단체 등 복합적인 이해당사자와의 협치에 의거해야 함을 가리킨다. 이처럼 탄소중립을 위한 기업 활동의 규제는 시장논리를 뛰어넘어, 국제협약과 시민사회의 감시 대상이 되고 있다. 한편 이러한 거버넌스에 입각한 절차적 환경정의의 주요 도구는 파트너십(partnership)이라 할 수 있다.

파트너십은 특정 목표를 달성하려는 둘 이상 조직 간의 비교적 공식화된 합의로 정의된다. 따라서 거버넌스의 작동 원리는 숙의민주주의(deliberative democracy)이며 절차에 대한 합의라 할 수 있다. 절차적 환경정의가 국가 정책으로 수용된 예는 2017년 신고리 5, 6호기 공사 재개를 위한 공론화 사례에서 찾을 수 있다. 제11장에서 다룬 '자연의 사회적 관리'의 예를 들면, 기업, 정부 및 지방자치단체, 주민, 시민환경단체 등 다양한 이해당사자 간 숙의 과정에 의한 민주적 의사결정이 절차적 환경정의의 핵심이라 하겠다. 울산광역시의 경우 2021년에 도시공원 일몰제에 따라 공원부지에서 해제되는 '야음근린공원' 부지에 대한 LH 공영개발 여부를 둘러싸고 갈등영향평가 후 민관협치 공론화를 진행한 바 있다.

1999년에 헌법재판소는 '장기미집행 도시계획 시설에 대한 헌법불합치 판결'을 통해 공원 등 도시계획시설로 결정된 후 10년 이상 사업이 미루어지는 경우 사적 토지이용에 대한 과도한 제한이라고 판단했다. 그 결과 2000년에 도시계획시설 결정 고시일로부터 20년 동안 사업이 시행되지 않을 때에는 결정효력이 상실된다는 일몰제가 도입되었다. 그 과정에서 국토교통부는 2019년 일몰제에 따른 난개발 방지를 위해 장기미집행 공원 10곳을 LH 공급촉진지구로 지정했다. 이는 지방자치단체의 계획에 의해 장기미집행 공원을 공원으로 재지정하게끔 유도하는 기존 입장을 바꾼 데 따른 것이었다(한국행정연구원, 2021).

2019년 7월 LH는 울산 석유화학공단에 인접하여 공해 차단의 기능을 수행해 온 야음근린공원에 4,300세대의 공영임대주택 건설을 발표했으며, 1년 후 일몰제 시행으로 해당 부지가 도시계획시설에서 해제되었다. 당시 울산의 실효 대상 근린공원은 전체 40곳 가운데 36곳, 1,641만m^2의 면적이었는데, 지방자치단체는 예산이 없어 사유재산권 행사가 가능해진 도시공원 토지를 매입하기 어렵다고 밝혔다. 이 사례는 도시녹지가 (공)기업의 자본 논리에 의해 약탈당할 것인가, 제3섹터, 파트너 지방자치단체에 의해 방어될 것인가라는 쟁점을 부각시켰다.

일몰제 이후 야음근린공원의 문제에 처음 관심을 둔 조직은 당시 더불어민주당 지방정부의 미래비전위원회 녹색안전분과라는 거버넌스 조직이었다. 이 조직은 2018년 12월 출범 당시 지방자치단체 국장 1명, 대학교수 2명, 노조 관계자 1명, 녹색당 관계자 1명, 관계 전문가 2명, 비정부조직 대표 2명 등의 구성으로 파트너 지방정부와의 명실상부한 협치를 목표로 했으며, 매달 1회의 정기회의와 주요 현안에 대한 시민토론회를 개최하기도 했다. 2020년 10월에 개최된 야음근린공원 시민대토론회에서 야음공원대책위원회 주민(이영호, 2020)은 "중화학공단의 공해와 유해물질의 차단 역할을 해 온 야음공원을 대신해서 서민 · 청년 · 신혼부부 그리고 아이들이 공해와 유해물질을 코로 마셔서 차단 역할을 하라는 것입니까? 인권유린, 아동학대, 환경 파괴, 신분차별 분야에서도 세계 1위를 노리는 것입니까?"라고 반대의 이유를 밝혔다(한상진, 2024: 117-118).

그 직후 2020년 11월에 진보당 울산시당은 50년간 공해차단녹지로 허파 기능을 수행해 온 이곳을 공원부지로 존치시켜야 한다고 요구했다(조민주, 2020). 그런데 야음근린공원의 공영주택 개발 논란에서 주목할 것은 LH의 개입에 힘을 실어 준 울산광역시장이 '더불어민주당' 소속이었다는 점을 감안하더라도 더 보수적인 정당인 '국민의힘'이 진보정당과 비슷한 입장에서 커머너연합에 호의적이었다는 점이다.[2] 2021년 1월 울산 출신의 해당 정당 국회의원은 LH에 야음근린공원 주택 개발 철회 및 공원 조성의 검토를 요청했다. 그리고 한 달 후 LH가 기존 계획에서 세대 수를 축소하고 녹지 비율을 높이는 수정계획안을 제시했는데도, 개발 계획 백지화와 공원 존치를 주장하는 입장을 고수했다. 그런 가운데 2021년 3월 지역사회 커머너연합에 해당하는 협의체인 '울산기후위기비상행동'이 공해 차단 녹지 보전을 위한 범시민 서명운동을 실시하기 시작했다(김상아, 2021).

야음근린공원의 공영주택단지화 구상은 해당 부지를 공유지(公有地)로 매입할 능력이 없는 더불어민주당 지방자치단체의 지지를 받았다. 그런데 이후 LH 사업의 중단이 사유재산권 행사와 공원부지 난개발에 대한 근본적 저지를 의미하지는 않으나, 상대적 보수정당인 국민의힘이 도시공원 숲을 둘러싸고 생태사회적 배제집단, 비정부조직, 진보정당 등과 함께 협치에 나선 이례적 사례라고 할 수 있다. 물론 해당 정당

2) 2020년 11월 울산 CBS의 토론 프로그램에서 더불어민주당 시의원은 LH의 계획이 없었더라면 일몰제 해제 직후 사유재산권 발동을 위한 개발 신청이 들어왔을 것이라고 주장했다. 이에 반해 국민의힘 시의원은 도시 숲이 공기정화, 여름철 온도저감, 공해물질 차단, 도시경관적 측면의 정서 안정 등을 가져온다고 보면서, 돈 없는 서민을 위한다는 공공임대아파트를 공해 최전방에 지어 선택의 여지가 없이 들어가 살라는 것은 윤리적 문제라고 지적한다. 고호근 등(2020) 참조.

은 '영남알프스 케이블카'라는 환경부 지방청이 부동의해 온 숲 파괴 시설의 개발에 대해서는 적극 찬성하는 이중성을 드러낸 바 있다.[3)]

4 승인적 환경정의

승인(recognition)적 환경정의 담론은 분배적 환경 불의가 창출・지속되는 문화적 과정을 강조하기 위해 등장했다(Walker, 2010). 승인적 환경정의는 인간과 다른 생물 종과의 관계를 둘러싼 '생태적 정의'로서, 현재의 인간과 아직 태어나지 않은 후손 간에도 적용될 수 있는 환경정의의 유형이다. 이러한 인간, 자연 간 정의로운 관계는 한편으로 자연과 인간의 관계를 매개할 뿐만 아니라 인간 주체들 간의 관계도 매개하는 노동, 그리고 다른 한편으로는 매개 대상물 간의 상호 승인, 즉 자연에 대한 인간의 애정 어린 배려와 인간 상호간 존경과 신뢰 등을 전제로 한다.

지구에서 동물의 등장은 단일세포 유기체가 화학적 집적, 빛, 산소 등을 활용하여 그들의 작은 몸을 이동시키는 힘 있는 동작을 발전시키면서 가능해졌다(Clark et al., 2021). 인간 몸의 동작 또한 근본적으로 동물 에너지혁명에서 도출되는 것인데, 그런 이유에서 버거(Berger)는 인간과 동물의 삶은 평행관계이며 죽음으로만 잠시 교차했다가 다시 평행 관계로 복귀한다고 지적한다(김산하, 2021). 클라크 등(Clark et al., 2021)에 의하면, 인간 너머 존재는 일종의 '움직이는 고체(mobile solid)'로 이들 중 낮은 저항 환경으로 이동할 수 있는 고래, 어류, 조류 등이 최대의 모빌리티(mobility) 능력을 나타낸다. 특히 조류는 잠재적으로 위험한 동물의 접근을 주시하고 있다가 그 동물이 특정 거리 내로 접근하면 경계의 수위를 상향 조정한다(김산하, 2021).

최명애(2022)에 의하면, 사육동물의 고통을 주로 다루어 온 한국의 동물 논의는 동물을 정치적 주체로 하는 법과 정책의 영역으로 초점이 이동하고 있다. 이러한 변화는 동물연구 및 동물운동이 '동물윤리'에서 '동물정치'로 확장되는 세계적 추세와 무관치 않고, 이에 따라 동물은 공동체의 일원으로서 여성, 외국인 등과 마찬가지로 평등하고 정의로운 대우를 받아야 할 정치적 소수자 집단이라고 이해되어 왔다. 나아가 최명애(2023)는 곤충 호텔을 만들어 야생동물을 유인하는 등의 '도시재야생화'가 갖는

3) 울산 울주군 출신의 국회의원은 울주군수, 울주군의회 의장과 함께 2023년 5월 말 환경부 장관을 만나 영남알프스 케이블카의 조속 추진을 요구했고 장관은 '오랫동안 준비하고 설계를 충실히 한 만큼 실무진에서 잘 검토하겠다'는 반응을 보였다. 유재형(2023) 참조.

의의를 탐색하고 있다.

여기서는 새만금사업 이후의 '수라갯벌' 사례를 통해 승인적 환경정의의 관점이 어떻게 공항개발 반대운동으로 연계되는지 다루도록 한다. 1987년 대통령선거 과정에서 노태우 후보가 공약하여 1991년에 시작된 새만금개발 사업은 노무현 대통령이 당선된 직후인 2003년에 재검토 과정을 거쳤다. 그 즈음에 새만금사업 이후 농지로 쓰려면 토양에 염분이 빠질 때까지 20년 이상 기다려야 하고 산업용지로 쓰려 해도 복토비용이 2조 원이나 드니 경제성이 없다는 주장 또한 제기되었다(이정우, 2023).

김규일(2023)은 새만금개발사업이 인간의 이익을 위해 지구의 다른 생명들과 공존하지 않아도 된다는 무지는 물론, 쓸모를 고려하지 않고 무턱대고 세계 최대로 만들겠다는 오만함을 드러냈다고 비판한다. 이후 2018년에 설립된 새만금개발공사는 2019년 1월 새만금국제공항 건설을 예비타당성 면제사업으로 승인받아, 수라갯벌을 기존 군산공항 부지의 확장예정지로 지정했다. 그런데 방조제 완공 이후 새만금호 수질이 지속적으로 악화됨으로써, 2020년 12월에는 담수호의 수질 개선을 위해 야간에도 해수를 유통하기로 결정하게 된다(김재우, 2022).

영화 '수라'는 새만금 간척으로 바닷물이 들어오지 않아 갯벌이 말라가던 때, 비가 내리자 수많은 백합조개들이 일제히 입을 벌린 채 죽는 현장을 포착한다. 2022년 11월 '새만금신공항 백지화 공동행동'이 진행한 '수라갯벌에 들기' 행사는 "방조제 때문에 조수 간만의 차가 없어 갯벌 기능을 잃었다"는 전라북도의 입장과 달리 남수라마을 인근이 해수 재유통 이후 멸종위기 야생생물의 거주지로 회복되어 간다는 사실을 알리는 계기가 되었다. 또 2023년 7월에는 수라갯벌에 설치된 새만금신공항 부지 지질조사용 중장비 틈새에서 멸종위기 야생생물 2급인 흰발농게가 발견되었다. 그 밖에도 이 갯벌에는 멸종위기 1급인 저어새와 붉은어깨도요, 알락꼬리마도요 등 42종 이상의 조류가 서식하는 것으로 파악된다.

10여 년에 걸친 방조제 간척으로 사라진 것처럼 보였던 새만금 갯벌에서는 해수 유입에 따른 생물학적 · 지질학적 상호작용으로 비인간 생명체가 되살아났다. 간척사업으로 갯벌이 육지화될 위험에 처한 가운데 부분적 해수 재유통으로도 생명체들은 부활한 것이다. 새만금신공항 백지화 공동행동(2023)은 아직까지 새만금 관리수위가 −1.5m로 제한되어 있어 한 달의 10일은 해수가 유통되지 않으므로 게, 조류 등의 회복 정도가 2014년 수준일 뿐이라고 지적한다. 그리하여 공동행동은 새만금 수위의 인위적 제한을 없애고, 남아 있는 새만금 원형갯벌의 보존을 요구하고 있다.

그럼에도 국토교통부는 2022년 6월 새만금국제공항 개발사업을 재확인하여, 8천억 원을 투입해 활주로, 여객·화물터미널, 계류장 등을 2028년까지 건설할 것이라고 발표했다(강한들, 2022). 인간 너머 존재의 거주 가능성을 확인시키면서 살아남은 수라갯벌이 다시 공항의 콘크리트로 뒤덮여져야 하는 상황은 “신공항이 완공되면 먼 데서 오는 새들은 착륙할 수 없고 거짓 새인 비행기들만이 날아들 것”(고병권, 2023)이라는 인간 중심 개발의 이중성을 여실히 보여준다. 더욱이 2023년 여름의 잼버리대회가 파행으로 끝나고 새만금신공항이 맹목적이라는 여론의 질타를 받은 후 2024년의 관련 예산이 삭감되었는데도, 일부 정당과 정치인은 새만금사업 예산을 복구하려는 움직임을 보이고 있다(김나희, 2023).

제 4 절 한국에서의 환경정의: 먹거리 정의와 삼척 사례

1 먹거리 안전의 요소들

여기서는 환경정의와 관련한 한국의 사례들을 먹거리 정의(food justice)와 삼척에서의 핵발전소 반대운동을 통해 살피기로 한다. 먼저 먹거리[4)]는 인간과 동물의 성장에 기여하는 것이다. 인간, 동물의 사멸은 지구의 토양과 물, 에너지로 순환되어 새로운 식물과 동물 및 인간의 먹거리로 통합된다. 먹거리 체계는 “씨앗에서 식탁까지 다양한 먹거리 경로를 구성하는 모든 활동과 관계의 집합으로 어떻게 왜 무엇을 먹는가에 영향을 미치는 것”으로 정의된다(Gottlieb et al., 2013). 먹거리 체계가 생태사회적으로 지속되려면, 이러한 과정이 역동적이되 반드시 회복력을 가져야 한다. 다시 말해 먹거리를 자본주의 시장제도에 대한 병리적 경로의존성에서 탈출시키려면 먹거리 정의의 지향과 결합될 수밖에 없다(한상진, 2024).

먹거리 안전은 일반적으로 ‘모든 사람들이 모든 순간에 활동적이고 건강한 삶을 위한 영양적 욕구와 먹거리 선호에 부응할 수 있는 충분하고 안전하며 영양가 있는 먹거리에 대한 물리적·경제적 접근을 가질 때’ 가능하다(한상진, 2021). 먹거리 체계

4) 먹거리는 2011년부터 표준어로 인정되고 있는데, 사람이 먹을 수 있는 음식재료라는 의미의 ‘먹을 거리’와는 달리 사람이 먹는 온갖 것을 통틀어 이르는 말로 정의된다. 다음 국어사전 참조.

와 먹거리 안전 간 연계는 먹거리의 생산 · 가공 · 소비가 이루어지는 사회 체계와 그것을 떠받치는 생태계 간, 양자 내 역동적 상호 작용 등으로 복잡하게 이루어진다. 먹거리 안전의 요소로는 먹거리의 가용성, 접근성, 안정성 및 먹거리 활용이라는 네 가지(Ziervogel, 2009)를 꼽을 수 있다.

첫째, 먹거리 가용성은 식품의 생산, 분배 및 교환에 의존하며, 적절한 곡물, 가축, 어류 등의 생산뿐 아니라 야생 먹거리의 수집, 이민 및 원주민 공동체를 위한 자원까지 포함한다. 먹거리 가용성을 위해서는 생태계의 건강이 우선적이지만 국내 생산, 신뢰할 만한 수입 역량, 먹거리 재고의 존재, 먹거리 원조에 대한 접근성 등도 먹거리 공급의 보증 요소가 된다.

둘째, 먹거리 접근성은 사람들이 스스로의 기아를 수요로 효과적으로 전환하는 충분성, 배분 및 선호를 가리킨다. 빈곤과 취약성은 가구 및 개인의 구매력은 물론, 먹거리 접근성을 지배하는 사회동학에 관계되는 변수이다. 도시화는 소득 및 사회적 연계망을 더욱 강조하게 만들어, 먹거리 분배 체계의 영향력을 제고한다. 사회복지제도와 같은 국가의 경제적 보장 또한 적절한 먹거리 수송 장소와 시장 하부 구조의 존재에서 반영되듯이 접근성의 요소이다.

셋째, 먹거리 안정성은 도시에서의 먹거리 공급 및 접근의 연속성에 관련된다. 먹거리 안정에 영향을 미치는 요소로는 기후가변성, 가격유동성과 정치경제적 요소에 의해 영향을 받는 먹거리 공급, 소득의 계절적 변이 등이 있다.

넷째, 먹거리 활용은 한 사람이 섭취하는 먹거리의 질뿐만 아니라 나이, 건강, 질병 등에 의존하는 식품 및 영양분을 어떻게 활용할 수 있는가에 해당한다. 취약한 건강, 불량한 위생 및 부적절한 안전 기준이 만연한 나라들에서는 만성 질병이 사람들의 소화를 조절하며 섭취하는 영양분을 침해할 수 있기 때문이다.

2 먹거리 정의의 사례

고틀리에프 등(Gottlieb et al., 2013)은 먹거리 정의를 두 가지 방식으로 식별하는데, 하나는 단순한 정의로서 어떤 먹거리가 어디서 어떻게 자라고 생산, 운송, 분배, 접근, 소비되는가의 이득과 위험을 확증하는 것이다. 다른 하나는 먹거리 불의가 어떻게 경험, 도전받고 극복되는가에 대해서도 조명함으로써 먹거리 정의의 의미를 명료하게 하는 것이다. 우선 먹거리 체계를 둘러싼 분배적 정의의 접근은 무엇보다 정부, 기업의 먹거리 관련 시장 논리와 차별화되는 협동조합의 생산자, 소비자, 노동자 간 평등에 대한 추구, 도시텃밭운동 등으로 대표된다.

전자의 사례로, 이해진(2019)은 DDT 검출이라는 먹거리 위험 파동에 대응하여 대안적 먹거리 체계를 지향하는 협동조합이 어떻게 회복력을 구축했는지 분석했다. 그에 따르면, 기업과 정부는 먹거리 위험을 생산자가 책임지게 하는 위험권력인 반면 협동조합은 생산자, 소비자 등 주체 간 권력관계를 민주적 · 공동체적 방식으로 평등하게 조정함으로써 먹거리 회복력을 발휘할 수 있었다. 한편 도시텃밭운동은 여유롭고 건강한 먹거리 접근, 지역사회 자기결정, 경제적 불평등을 다루는 먹거리 정의를 향한 투쟁의 유력한 전략으로 옹호되어 왔다(Alkon et al., 2017).

다음으로 절차적 먹거리 정의의 접근은 거시적, 미시적 차원으로 구분해 볼 수 있다. 그중 거시적 차원의 사례로는 병리적 경로의존성으로부터 먹거리 정책을 탈피시키려는 시도, 먹거리 재난을 준비하는 도시 스케일의 대응 등을 들 수 있다. 그런데 먹거리 체계를 둘러싸고 스케일 긴장(scalar tension)이 발생할 수 있는데, 이는 개별 협동조합 스케일에서는 생산자, 소비자, 노동자 간 평등이 어느 정도 실현된다 해도 지구적 · 국가적 스케일에서 관철되는 병리적 경로의존성이 분배적 먹거리 정의를 침해할 수 있음을 나타낸다.

한편 미시적 차원의 절차적 정의에 대해서는 먹거리 정의의 발전 과정에서 일반 시민이 정책 대상으로 국한되는가, 아니면 먹거리 거버넌스를 주도하는가라는 쟁점이 제기될 수 있다. 예컨대 농림축산식품부 · 식생활교육국민네트워크(2012)에 의하면, 국가 식생활 교육 기본계획은 2010년 처음 마련된 이후 2015년, 2020년까지 3차에 걸쳐 5년 주기로 진화되어 왔다. '2020~2024 국가 식생활교육 기본계획'은 지역 단위의 식생활교육 활성화, 식생활교육 체험 기회 확대 및 바른 먹거리 접근성 향상, 그리고 관련 부처 연계협력 및 민관 거버넌스 강화라는 세 가지 목표를 설정해, 1차 기본계획에 비해 시민단체와 중앙정부 및 지방자치단체 간의 네트워킹을 좀 더 강조하였다.

마지막으로 승인적 먹거리 정의의 접근 사례는 산업적 축산에 대한 저항이 대표적이다. 최근 코로나19로부터 위협받은 보건 체계는 동물 축산에서의 항생제 오용과 연결된 항생제 저항의 감염 위기에 의해서도 꾸준히 도전받아 왔다. 그러므로 먹거리 체계가 회복력 궤적에 있는가의 여부를 살피기 위해서는 사회적 · 경제적 결정인자뿐 아니라 사회생태계의 생물리적 동학에 대한 초점도 요청된다. 수많은 작물 및 동물 체계는 소비 가능하거나 시장화될 수 있는 상품의 생산이라는 단일한 생태계 서비스를 위해 관리된다(Chapin III et al., 2009).

3 삼척 핵발전소 반대운동에서의 환경정의

우리나라에서 핵발전소가 환경 문제 차원의 사회적 쟁점이 되기 시작한 것은 1980년대 후반부터이다. 이는 1986년에 일어난 체르노빌 사고와 같은 원자력 발전의 가시적 위험이 반영된 결과인 동시에, 1987년의 민주화 운동으로 정치적 기회 구조가 확장되어 국민의 반대 의사 표출이 어느 정도 자유롭게 된 것도 영향을 미쳤다. 그런데 핵발전소 주변 주민과 일반 시민의 탈핵 의식을 이끄는 핵심은 무엇보다 사고나 일상적인 방사능 누출, 원자력 폐기물 처분 등에 따른 안전성에 대한 위협이라고 할 것이다.

2010년대에 이명박 정부는 신규 핵발전소 후보지로 삼척과 영덕을 염두에 두었다. 그러나 두 지역 모두에서 주민 반대에 의해 유치가 무산되었다. 여기서는 2010년대 초반에 활발히 진행된 삼척 핵발전소 반대운동을 통해 한국의 환경정의 사례를 살펴보기로 한다. 이 시기 중앙정부에 의한 핵발전소 후보지역 공동체의 상대적 약화는 신자유주의화에 따른 도시 레짐(urban regime)의 형성과 방사성 폐기물 처분장(이하 방폐장) 관련 지방자치단체 간 주민투표 이후 관행이 된 원자력 관련 시설 입지 결정에 대한 국가에서 도시로의 리스케일링(rescaling)의 결과로 볼 수 있다.[5] 한편 이 시

[그림 12-1] 삼척 핵발전소 반대운동에서의 환경정의 틀

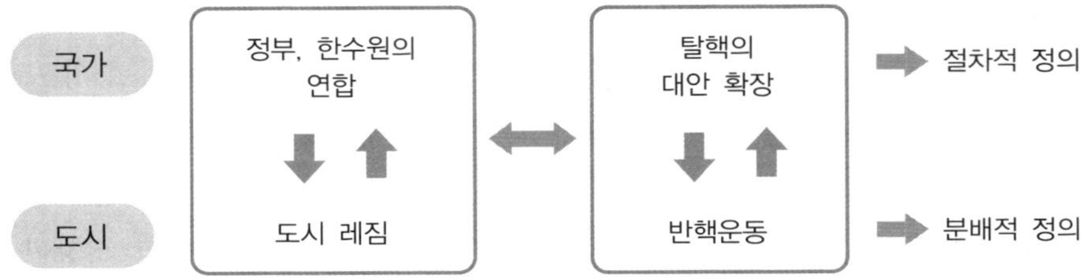

5) 한국에서 핵발전소 유치에 의해 지역 개발 및 경제 성장을 지향하는 도시 레짐은 1997년의 울산 울주군에서 처음 형성되었다고 할 수 있으나, 국가가 이를 적극 활용하게 된 것은 2005년 실시된 방폐장 유치를 위한 지방자치단체 간 주민투표 이후로 볼 수 있다. 지방자치단체 간 경쟁에 의한 방폐장 입지 결정의 성공은 '분권'이라는 진보적 수사로 포장되기도 하지만, 신자유주의적 스케일 하향의 전형을 명백히 보여준다.

기에는 후쿠시마 핵사고 이후 신재생 에너지로의 전환을 추구하는 탈핵의 대안이 전세계적으로 부상하면서, 도시에 한정되었던 반핵운동의 스케일이 전국으로 확장되고 있음에도 주목해야 한다(한상진, 2018).

[그림 12-1]은 삼척 핵발전소 반대운동에서의 환경정의의 사례를 분석하는 틀을 보여준다. 여기서는 분배적 환경정의와 관련하여, '대상 지역, 대상 부근 지역, 시내 기타 지역별로 삼척 주민의 핵발전소 유치에 대한 태도가 어떻게 다른가?', 그리고 절차적 환경정의와 관련하여, '반핵운동은 유치 찬반을 묻는 주민투표에 대한 요구를 둘러싸고 지자체장 주민소환제도와 지방의회 선거를 어떻게 활용하는가?'라는 두 가지 질문을 중심으로 다루고자 한다.

우선 분배적 환경정의를 환경 피해와 편익, 보상 간 공평한 분배로 정의한다면, 삼척의 경우 핵발전소 예정지 부근에 거주하는 주민이 직접적 보상 없이 최근접 거리에서 환경 위험에 노출될 것이므로 원전 유치 반대가 더욱 강력하리라 가정할 수 있다.

〈표 12-3〉은 거주지별 핵발전소 유치에 대한 찬반 입장을 보여주는데, 기타 삼척시 내의 찬성 비율이 상대적으로 높은 반면에 예정 지역 부근에서 반대가 가장 크기는 하나 예정 지역과는 별로 차이가 없음을 알 수 있다. 이는 예정지 편입으로 토지 보상이 예상되는 곳에서도 반대 주민이 많은 데 따른 것으로, 예정 지역 부근에서만 분배적 환경정의의 요구가 두드러지지는 않았음을 가리킨다.

핵발전소 대상 지역의 주민들 사이에서는 〈표 12-3〉에서 보듯이 반대 입장이 훨씬 우세하지만, 소수이기는 하나 보상에 따른 사적 이익에 입각한 찬성 견해도 잠복되어 있는 것으로 관찰된다. 다음으로 핵발전소 반대의 이유를 보면, 1982년 이후 계

〈표 12-3〉 거주지별 핵발전소 유치에 대한 찬반 입장

단위: 명(%)

	예정 지역	예정 지역 부근	기타 삼척시 내	전체
삼척 유치 찬성	11(22.0)	8(16.0)	26(43.3)	45(28.1)
삼척 반대, 타 지역 찬성	3(6.0)	5(10.0)	5(8.3)	13(8.1)
어떤 곳도 유치 반대	33(66.0)	37(74.0)	26(43.3)	96(60.0)
기타	3(6.0)	0(0.0)	3(5.0)	6(3.8)
계	50(100)	50(100)	60(100)	160(100)

주: $X^2=16.2(p<0.05)$.

속된 정부와 한수원의 원전 유치 시도에 대한 피해의식과 관광업, 친환경농업 등 대안적 지역발전의 추구가 확인된다. 1993년 삼척 부근 덕산에서의 핵발전소 유치 반대 때부터 참여한 삼척 핵발전소 백지화 투쟁위(이하 백투위) 사무국장은 다음과 같이 언급한다.

> "핵 문제로 워낙 오래 싸웠다.(…) 주민들이 격렬하게 반대하고 나면 '재검토하겠다'는 발표가 나온다. 그 사이에 생활은 엉망이 되고 만다. 크게 보면 1993년 원전 반대투쟁, 2005년 핵폐기장 반대투쟁, 2010년 원전 반대투쟁 등 세 차례다. 하지만 그 사이 핵 문제와 관련된 이런저런 소문이 10여 차례 돌아 주민들을 긴장하게 만들었다.(…) 이게 한수원의 전략이다."

이와 함께 근덕면 출신의 백투위 공동대표는 "삼척은 많은 해수욕장과 천연 동굴이 즐비해 연간 관광객이 800만 명을 넘어서고 있으며 시장이 친환경농산물 생산의 본고장으로 만들겠다고 공약하고서 이제 와서 원전을 유치하는 것은 자기모순에 빠지는 것"이라고 지적했다(한국농어민신문, 2012.3.26). 이와 같은 반대 입장은 토지보상이라는 개인적 편익보다 핵발전소에 의한 환경 위험 자체를 중요시하는 것으로, 특히 30년이라는 반핵운동의 역사성이 개인적 이해타산을 억제시키고 있음을 암시한다.

이에 반해 근덕면 대진리 어민과 면접한 결과(2012.7.13), "국가가 하는 일이라 반대해도 어쩔 수 없고, 농어업으로는 워낙 먹고 살기 어렵기 때문에 보상금 받고 이주하는 것이 낫다"는 찬성 논리 또한 찾을 수 있다. 그리고 근덕투위 공동위원장(탈핵신문, 2013.3.12)의 주민소환운동 과정의 어려움에 대한 다음과 같은 발언에서도 부(富)와 권력의 불균등이라는 분배적 불의를 이용한 도시 레짐의 전략이 강제된 찬성 입장을 부추겨 왔음을 시사한다.

> "금전과 권력의 힘이 막강했다. 지역의 젊은이들에게 계약직을 정규직으로 만들어 준다고 하니까 힘을 못 썼다. 게다가 삼척 공무원 중에서 근덕면 출신이 제일 많아 공무원의 친지들 때문에 투표를 선뜻 못했다."

그러면 삼척 사례에서의 절차적 환경정의의 측면을 살펴보도록 하자. 핵발전소를 유치하기 위한 도시 레짐에 대한 리스케일링이 중앙정부, 한수원, 지방자치단체 간

제도적 절차를 통해 이루어지기 때문에, 지방 반핵운동은 전국 스케일에서 규정되는 절차적 정의를 핵발전소 반대운동의 수단으로 적극 수용할 가능성이 높다. 삼척시장은 2010년 11월 한 방송에서 핵발전소 유치 신청에 주민 의견 수렴이 필요하다면 주민투표를 실시하겠다고 언급했으나, 12월 초에는 여론조사로 대체하겠다고 했다. 하지만 그해 12월 14일 시의회의 주민투표 시행 요구를 시장이 받아들임으로써, 시의원 전원은 '원전 유치에 관한 주민투표 찬성 서명부'에 서명한 후 핵발전소 유치 동의안을 만장일치로 가결시켰다.[6] 그런데 그 후 2011년 3월에 시장은 다시 주민투표 실시에 대해 시의회와 약속한 사실이 없으며, 법적으로 그럴 수도 없다고 공표했다.

이에 삼척 핵발전소 반대 투쟁위(이하 핵반투위)는 2012년 6월 원전 유치의 강행, 풀뿌리 민주주의의 왜곡과 억압, 주민투표 약속의 미이행 등을 근거로 삼척시장에 대한 주민소환을 청구하게 된다. 한편 핵발전소 유치 도시 레짐 측은 즉각 '삼척시장 주민소환 반대 대책위원회(이하 소환반대위)'를 구성하고 7월 초에는 '주민소환 서명 부정행위 감시단'[7]도 조직하여 맞대응함으로써, 그해 10월 말까지 도시 레짐과 지방 반핵운동 간 갈등이 첨예화되었다. 그 과정을 보면, 8월 1일에 유효서명인 수 8,983명을 초과한 11,000여 명의 수임인이 참여한 주민소환 투표청구 서명부가 삼척시 선거관리위원회에 제출[8]되었으며 8월 11일에는 소환반대위가 대필, 동일필적, 허위기재 등의 사유로 6,475건에 대한 이의신청을 접수시켰다. 이후 9월 6일에 수임인 9,524명으로 확정된 서명부의 보정 접수가 이루어졌고, 9월 17일에는 삼척시장 본인이 선관위를 상대로 '주민소환 투표청구 수리처분 집행정지 신청'을 강릉지원에 제출했다. 그러나 10월 5일 법원에서 집행정지 신청이 기각되어 결국 10월 31일에 소환 투표가 시행되었는데, 투표율이 요건인 1/3에 미달하는 25.9%에 그침으로써 시장에 대한 주민소환은 실현되지 못했다.

---

6) 당시 삼척시의회 의장은 "향후 주민수용성 조사 시 주민투표를 하는 것을 원칙으로 설정했으며 원전 부지 유치 신청이 끝나는 2011년 2월 이후에 주민투표가 실시될 것"이라고 밝혔다. 또 삼척시는 2011년 1월에 "2010년 말을 기준으로 주민투표 유권자는 총 59,151명에 달한다"고 고지하기도 했다. 김영희(2012) 참조.

7) '부정행위 감시단 운영계획서'에 의하면, 소환반대위는 통장, 이장을 비롯해 새마을단체, 자유총연맹, 자율방재단, 의용소방대, 자율방범대 등의 회원을 감시단으로 모집할 계획으로 나타났다. 오마이뉴스(2012.7.14) 참조.

8) 수임인의 서명 과정에서 관권 개입이 빈번한 것으로 나타났는데 예컨대 사회복지과 공무원이 식당을 돌면서 주인에게 현명하게 판단하라고 하거나 삼척시 사업소의 강사가 수임인인 경우 당장 해지하겠다는 등의 압력이 행사되었다고 한다(오마이뉴스, 2012.7.3).

핵반투위 사무국장은 주민소환 과정에서 공무원의 선거 개입 관련 처벌 규정이 약해 주민의 자유투표 행위가 보장되지 않았고 소환운동 대표가 없으면 방송 차량 사용이나 투표 권유가 불가능하게 되어 있는 등 관련법의 개정이 시급하다고 평가했다.9) 그런데 주민소환의 좌절에도 불구하고 삼척의 반핵운동은 대통령선거와 동시에 진행된 시의원 보궐선거에서 핵반투위 기획홍보실장을 당선시킴으로써 수세적 국면의 전환에 성공하게 된다. 12월 19일의 삼척시의원 나 선거구(교동 · 정라동 · 근덕면 · 노곡면 · 원덕읍 · 가곡면) 보궐선거에 출마한 탈핵후보는 전체 투표 수 2만 1,942표 중 36.7%의 득표율로 나머지 7명의 후보를 제치고 당선되었다.

녹색당(2012.12.26)에 따르면, 대선의 경우 새누리당 후보가 65.3%의 압도적 지지를 받은 삼척에서 반핵후보의 지방의회 진출은 '탈핵'의 내용에 대한 지지를 의미함과 동시에 역으로 주민소환 당시 관에서 조직적 투표 방해가 있었음을 방증하는 것이다. 해당 시의원은 당선되자마자 2013년 1월 말의 삼척시의회 임시회 5분 자유발언에서 "삼척의 화합과 소통은 원전 문제를 해결하지 않고는 어려운 만큼 지역의 분열과 갈등을 해소하는 유일한 대안은 주민투표 약속을 지키는 것"이라고 재차 주장했다(시사주간 강원리뷰, 2013.2.4). 전체적으로 삼척시 반핵운동 과정에서 가장 강조된 절차적 환경정의는 언론 보도를 통한 전국 스케일에서의 쟁점화와 아울러 도시 스케일 내부의 탈핵 여론 확산에도 효과적으로 활용되었다고 평가된다.

전반적으로 평가해 보면, 삼척의 사례는 도시 스케일 내부에서 위험과 보상의 평등을 지향하는 분배적 환경정의에 비해 글로벌 및 전국 스케일의 탈핵 대안을 추구하는 지향을 좀 더 뚜렷하게 나타내고 있다. 또한 전국 스케일에서의 탈핵운동 및 언론과의 접점 확보가 용이한 절차적 환경정의가 반핵운동의 전 과정에 걸쳐 적극적으로 활용되었다고 하겠다.

9) 그 밖에 현행 투표방식에서는 투표 참여만으로 찬반 여부가 드러나는 부담이 있어, 지역사회에서 맺은 인연을 빌미로 투표 불참을 강요하는 일이 가능해진다고 하겠다. 삼척의 경우 원전 유치에 대한 반대여론 때문에 제주지사 11%, 과천시장 17.8% 등 과거의 주민소환 투표 사례에 비해 꽤 높은 25.9%의 투표율을 나타냈지만, 현행 방식으로는 아무리 소환의 여론이 높아도 가결되기가 어려운 구조임을 보여준다. 뉴스민(2012.11.1) 참조.

CHAPTER 13 지속가능 발전, 회복력의 개념과 사례

이 장에서는 21세기 한국 사회의 주요 환경담론을 '지속가능 발전, 회복력'의 두 개념을 통해 알아본다. 그리고 숲 가꾸기 사례를 통해 지속가능한 생태적, 사회경제적, 심리적 회복력의 대안을 모색하도록 한다.

제1절 지속가능 발전

1 지속가능 발전의 개념

UN과 한국 정부, 지방자치단체 등은 현재 지속가능성 담론을 구체화한 지속가능 발전을 목표로 하여 그 실행에 대해 평가하고 있다. 세계자연보전연맹(the International Union for the Conservation of Nature: IUCN)은 지속가능 발전 개념의 연원을 1972년의 유엔 인간환경회의(스톡홀름)에서 찾고 있다. 또한 브룬트란트위원회로 알려져 있는 '환경과 발전에 관한 세계위원회'의 1987년 보고서 「우리 공동의 미래(Our Common Future)」는 지속가능 발전이 처음으로 국제적 협치의 목표가 되는 데 기여했다.

「우리 공동의 미래」는 지속가능 발전 개념에 대해 "미래 세대가 자신의 필요를 충족시킬 능력을 훼손하지 않으면서 현재의 필요를 충족시키는 발전"이라고 정의한다. 나아가 지속가능 발전 목표는 1992년 '지구정상회담', 특히 아젠다 21에서 측정 가능한 목표로 정립되기에 이르렀고, 2000년에는 지속가능 발전 자체가 유엔의 새 천년 8대 발전 목표의 하나가 되었다. 지속가능 발전 교과서의 저자 엘리어트(Elliott)는 "지속가능 발전은 말 그대로 발전을 장기간 지속시키는 것을 말한다. 그러나 문제가 되는 것은 지속가능 발전을 추구하는 사람들이 인간과 환경 사이의 관계에 관해 상이한 가정을 하고 있다는 점이다."라고 지적하고 있다.

그런데 2014년 '기후 변화에 관한 정부 간 협의체(Intergovernmental Panel on Climate Change: IPCC)'는 기후 변화가 지속가능 발전의 목표를 해칠 수도 있다고 언급했다. 구체적으로 IPCC는 "요즘 기후 변화는 현재의 지속가능 발전에 대해 중간 정도의 위협이지만, 미래의 지속가능 발전에 대해서는 심각한 위협"이라고 결론 내리고 있다. 이제 지속가능 발전의 지지자조차 기후위기가 지속가능 발전의 기획 전체를 무위로 돌릴 수 있다는 것을 점차 인지하기 시작했다. 예컨대 삭스(Sachs, 2015)는 "도시의 위치, 재배하는 작물, 산업을 가동시키는 기술 등 우리 문명의 모든 것은 지구에서 곧 사라질 기후 패턴에 기반을 두고 있다."라고 강조하면서 기후위기가 지속가능 발전을 압박하고 있음을 인정한다.

2 지속가능 발전의 세 가지 모델

1) 세 개의 기둥 모델

지속가능 발전에 대한 세 가지 서로 다른 모델에 대해 살펴보면 다음과 같다. 먼저 '세 개의 기둥 모델'은 경제, 사회, 환경을 별개의 영역으로 설정하여 각각의 지표 및 목표를 추구하는 주류 모델로서 한국의 중앙정부, 지방자치단체에서도 지배적인 접근이다. 세 개의 기둥 모델([그림 13-1] 참조)은 지속가능 발전을 달성하기 위해 "경제, 환경, 사회라는 주요 축을 동등하게 고려할 필요가 있음"을 강조하지만, 세 체계 사이의 연관 관계를 명확하게 설명하지 않는다. 이 모델은 기둥 간 연관 관계를 무시하는 가운데, 환경을 거의 항상 가운데 기둥에 위치시킨다.

먼저 '세 개의 기둥 모델'은 경제, 사회, 환경을 별개의 영역으로 간주한다. 이는 환경이 제거된다고 해도 지속가능 발전이 경제와 사회라는 나머지 두 기둥에 의해 지탱될 수 있다는 것을 암시한다. 세 개의 기둥 모델은 지속가능 발전 전반은 물론, 경제 발전과 사회복지가 재화 및 서비스를 지속적으로 전달할 수 있는 올바르게 기능하

[그림 13-1] 지속가능 발전에 대한 세 개의 기둥 모델

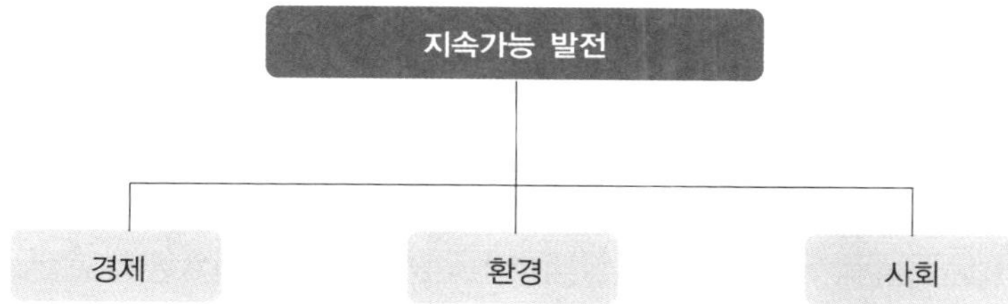

는 생태계에 의존한다는 점을 간과하고 있다. 다시 말해 이 모델은 사회 체계와 경제 체계가 환경과는 별개로 존재하고 작동할 수 있다는 담론을 영구화한다. 세 개의 기둥 모델은 모든 사회 체계와 경제 체계가 환경에 의존한다는 매우 현실적이고 중요한 사실을 의도하지는 않았더라도 지극히 교묘한 방법으로 훼손하는 발상을 담고 있다 (Benson et al., 2017).

2) 중첩된 원 모델

중첩된 원 모델([그림 13-2])은 '전통적 규율상 경계와 기존 정책결정 부서를 가로지르며 지속가능 발전의 사고와 행동이 통합될 필요'에 초점을 맞춘다. 이 경우 3중 중첩 영역은 경제, 사회, 환경의 목표가 최대화되는 영역에서 상호 지지적 이득이 동시에 발생할 가능성을 나타낸다. 전체 영역에 비해 중첩된 영역이 작다는 것은 많은 활동의 지속 불가능성을 보여주지만, 발상을 바꾸면 중첩 영역이 확대될 잠재력을 의미하기도 한다. 중첩된 원 모델은 "일자리는 창출하고 녹색환경도 보전한다."는 녹색

[그림 13-2] 지속가능 발전에 대한 중첩된 원 모델

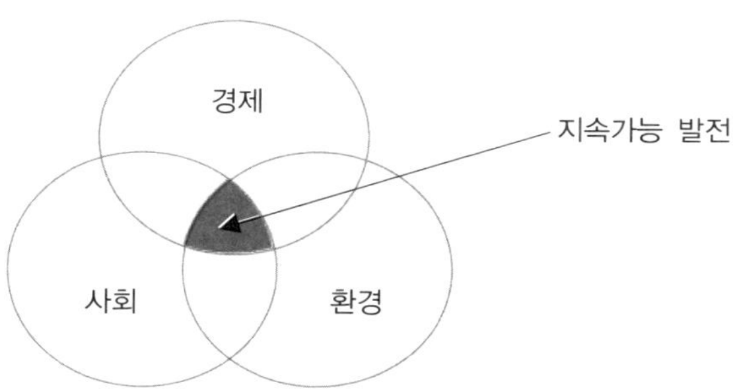

성장 담론이나 그린뉴딜(Green New Deal) 정책의 기본 토대라고 할 수 있다.

이 모델 또한 사회, 경제, 환경을 동등한 잣대로 측정할 수 있다고 개념화함으로써, 한 영역(경제)에서의 발전을 다른 영역(환경)에서의 악화와 바꾸는 인간 능력에는 한계가 없다고 파악하고 있다. 그 결과 중첩된 원 모델은 세 개의 기둥 모델과 마찬가지로 인간 존재의 환경 '최저선'을 훼손하는 '약한 지속가능성 접근'을 교묘하게 지지하게 된다(Benson, 2017). 그런데 실제로 IUCN은 2005~2008년의 프로그램에서 경제, 사회, 환경이라는 세 영역이 더욱 긴밀하게 통합되어야 할 필요가 있음을 입증하기 위해 중첩된 원 모델을 채택하여, 지속가능 발전의 여러 차원 간에 균형을 회복하는 조치를 취한 바 있다.

3) 내포된 영역 모델

내포된 영역 모델([그림 13-3])에서는 환경이라는 큰 원이 경제를 나타내는 원과 사회를 나타내는 원을 포함한다. 이러한 그림의 밑바탕에는 환경적 한계가 지속가능 사회와 경제를 추구할 때의 경계선을 정한다는 인식이 깔려 있다. 이 모델은 "지구 체계의 작동에 해를 끼치는 활동은 궁극적으로 인간 존재 자체의 토대를 약화시킨다."는 점을 드러낸다. 내포된 영역 모델은 지속가능 발전의 사회적 · 경제적 목표가 궁극적으로는 적어도 중요한 자연자본, 더 넓게는 생태계 재화와 서비스를 제공하는, 풍부하고 잘 작동하는 환경에 좌우된다는 사실을 인정한다. 경제성장론자들조차 기후

[그림 13-3] 지속가능 발전에 대한 내포된 영역 모델

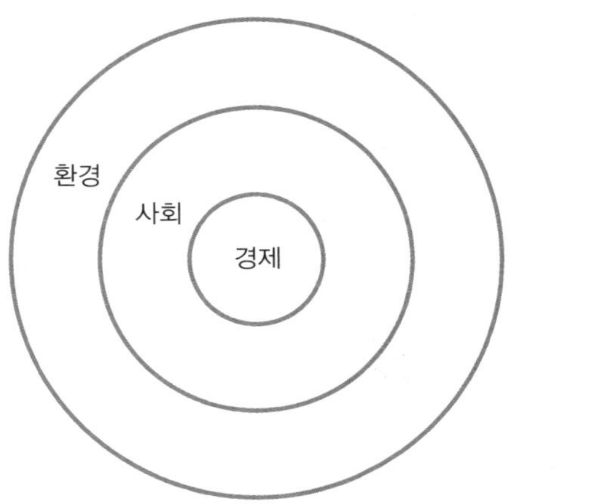

위기가 지속가능 발전의 기획 전체를 무효화시킬 수 있다는 점을 알아차리고 있기 때문이다.

사람들은 이제 경제 활동과 사회 활동의 지주 역할을 하고 잘 작동하는 환경을 유지해야 최상의 경제적 · 사회적 성과를 거둘 수 있다고 생각한다. 그러나 내포된 영역 모델은 발전의 한계 앞에서 지속가능 발전목표를 어떻게 추구해야 하는지, 또 생태적 한계로 인해 바람직한 성과(지속적 발전, 빈곤 완화, 번영의 증진, 환경 보호와 회복 등)를 동시에 달성하기가 불가능할 때 목표의 우선순위를 어떻게 정해야 하는지 설명하지 못한다. 지속가능 발전에 대한 내포된 영역 모델은 환경적 제약 가운데 경제 및 사회의 지속 필요성을 포괄한다는 점에서 뒤에서 다룰, 체계의 외부 교란에 대한 지지 역량에 주목하는 회복력 모델과 일맥상통한다.

제2절 회복력

1 지구위험 한계

지속가능 발전 개념 외에 발전의 생태적 한계를 평가하는 또 하나의 접근으로 '지구위험 한계'라는 범주가 있다. 스톡홀름 회복력 센터(Stockholm Resilience Center)의 연구자는 9가지 핵심적인 지구 시스템 기능을 정량화한 뒤 시스템의 한계를 돌이킬 수 없을 정도로 넘어설 위험의 측면에서 인류가 어디에 있는지 평가하려고 했다. 그 결과 이 센터는 "인류 역사 최초로 지구를 되돌아올 수 없는 지점까지 몰아붙인 것 같다."고 우려하고 있다. 지구위험 한계 프로젝트의 핵심 연구자인 록스트룀(Rock-stöm)과 클룸(Klum)은 '안정된 지구에서 인류를 위해 안전하게 작동하는 공간'을 밝혀내는 과정에서 지구 시스템 전체를 위험에 몰아넣을 수 있는 급변점을 알아내고자 했다. [그림 13-4]는 2014년에 스톡홀름 회복력 센터가 제안한 9가지 지구위험 한계를 나타낸다.

[그림 13-4] 9가지 지구위험 한계

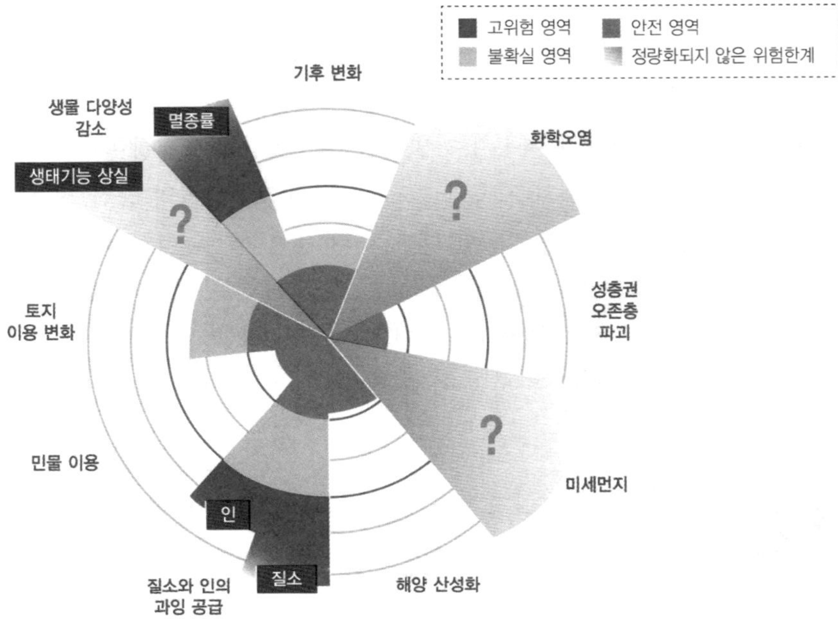

출처: 스톡홀름 회복력 센터.

9가지 지구위험 한계는 기후 변화, 생물 다양성 감소, 미세먼지, 성층권 오존층의 파괴, 해양 산성화, 인과 질소 순환의 붕괴, 토지 이용 변화, 신선한 민물 악화, 대기 중 에어로졸 적재 등이다. 이 센터는 9가지 지구위험 한계 중에서 특히 생물 다양성 감소, 인과 질소 순환의 붕괴를 핵심적인 위험 한계로 보고 있다. 연구팀은 2014년 현재 인류가 생물 다양성, 인과 질소 순환의 붕괴의 경우에는 고위험 영역을 넘어섰고 기후 변화, 토지 이용 변화의 경우 불확실성 영역을 넘어섰다고 결론 내리고 있다.

2 회복력의 차원들

회복력(resilience) 개념은 기후위기에 대응하는 사회생태계가 기계론적인 정상 상태(steady-state) 모델을 뛰어넘어 기능하기 위한 하나의 도구이다. 현재의 성장주의에 기초한 시장경제 모델은 환경관리주의나 생태적 근대화의 노력으로 모든 반생태적 영향들을 역전시킬 수 있고 모든 손상된 생태계가 회복될 수 있다는 지나치게 단순화된 자연 체계에 대한 관점에 근거해 있다. 상자 글과 같이 암초와 부딪친 배로 비유되는 지구의 상황은 효율성보다는 회복력이 더욱 요구되는 시점이다.

효율성과 회복력의 차이

고요한 바다의 배 위에 있는 당신이 선장에게 급하게 수프 한 접시를 갖다 줄 것을 요청받았다고 상상해 보자. 임무는 단순한 것이어서, 유일한 문제는 수프를 쏟지 않고 어떻게 빨리 걷는가가 될 것이다. 이제 그 배가 거대한 물결로 기우뚱대는 상황에서 똑같이 수프 한 접시를 들고 있다고 상상해 보자. 걷는 속도는 더 이상 문제가 안 된다. 그 대신 당신은 다음 물결이 치는 것을 지켜보면서 무릎을 꿇은 채 신경을 곤두세워 견고한 손잡이를 찾게 될 것이다.

여기서 첫 번째 상황은 효율성 문제임에 비해, 두 번째는 회복력의 문제이다. 개인과 기업, 국가는 모든 종류의 충격에 대응해 일정 수준의 회복력을 정기적으로 제공한다. 우리는 주택보험, 건강보험을 구매하고 안전띠를 매고 돈을 금고에 넣으며, 우리 삶의 옵션을 늘이기 위해 교육을 받는다. 이런 조치들은 시간과 돈이 들긴 하지만, 보통 우리는 그 투자를 가치 있는 것 이상으로 인식한다. 걱정하는 것보다는 안심하는 것이 낫기 때문이다.

출처: 한상진(2021)

옥스퍼드 영어사전(Bonss, 2016에서 재인용)은 회복력을 두 가지 방식으로 정의한다. 하나는 '내용이나 대상이 형태를 갖추게 되튀는 능력, 즉 탄력성'이다. 이는 원료의 탄력성을 가리키는 좀 더 과학적으로 정향된 정의이다. 다른 한편 회복력은 '어려움으로부터 신속하게 회복하는 역량으로서의 불굴성'으로 정의되기도 한다. 그러므로 회복력은 종류에 상관없는 교란에 직면할 때 굴복하지 않는 기술 체계, 사회 체계의 능력으로 이해된다. 이처럼 회복력에 대한 정의는 브편적으로 알려진 '불굴성'이라는 핵심어와 함께, 실제로는 용어의 거의 모든 가능한 다양성을 포괄한다.

회복력의 차원들은 심리적, 생태적, 경제적 측면으로 구분될 수 있다. 우선 회복력에 대한 가장 오래된 변형은 워너(Warner)가 확립한 심리학적 연구에서 발견된다. 발달심리학자인 그녀는 1950년대에 출생한 698명의 아동에 대해 10년에 걸친 장기연구를 수행했다. 또 한국에서의 심리적 회복력에 대한 접근은 '회복력은 시련을 행운으로 바꾸는 마음근력의 힘'이라는 김주환(2011)의 논의가 대표적이다. 그는 심리적 회복력의 요소로 자기조절 능력과 대인관계 능력을 강조하는데, 전자는 생태적 회복력과 상승작용을 일으킬 수 있으며 후자는 호혜성의 경제적 회복력 증진에 좀 더 유의미하다고 볼 수 있다.

다음으로 또 다른 차원은 생태적 회복력 담론이다. 그중 홀링(Holling)은 생태적 회복력 논의의 원조이다.[1] 그에 따르면, 생태적 회복력은 '정태적 변수, 추동 변수 및 상수의 변동을 흡수하고 여전히 지속될 수 있는 체계의 능력'으로 주로 정의된다. 즉 생태적 회복력은 본질적으로 동일한 기능, 구조, 정체성 및 피드백을 보유하기 위해 변동을 경험하는 동안 흡수하고 재조직하는 생태계의 능력이라 말할 수 있다.

끝으로 경제학에서의 회복력 개념은 시장을 중시하는 주류 경제학부터 사회적 경제 모델에 이르기까지 다양한 용법으로 사용되어 왔다. 전자의 관점에서 거시경제 회복력이란 코로나19처럼 경제에 충격을 주는 사건이 발생했을 때 소득이나 자산 손실을 최소화할 수 있는 능력으로 규정되고는 한다. 즉 경제적 회복력은 시장경제 모델에서 보면 시장가치 측면의 회복력으로 이해될 수 있지만, 마을 기반 사회적경제 모델에 의거할 경우 일자리 창출이나 주민 간 공정한 분배 등 사회적 가치와 연관되는 것이다. 경제적 회복력은 루이스 등(2015: 521)이 주장하는 '민주적·분권적이며 다양성을 촉진하고 부를 분배하는 해결책'이라는 맥락에서 정의된다.

루이스 등(2015)에 의하면, (경제적) 회복력이란 소유권을 다양화하고 분권화하는 것, 즉 외부 충격에 자체 대응할 수 있는 모듈을 늘리는 것이다. 그들은 인간의 존재 양식과 생태적 한계를 매개하는 차원에서 회복력 지상주의를 주장한다. 이때 사회적 자본과 실험, 혁신들은 평등한 소유권의 공유 및 기업 지배구조에 대한 민주적 참여를 통해 경제적 회복력의 중추가 되도록 하고 있다. 달리 말해 경제적 회복력은 시장경제보다는 더욱 포괄적인 사회적·생태적 가치와 맥락이 닿아 있는 것이다. 이처럼 회복력은 경제를 시장에서 끌어내어 있어야 할 자리로 인도하고 인간의 사회적, 생태적, 경제적 존재 양태 사이에 피드백 루프를 촘촘하게 조직화하는 것을 뜻한다.

---

1) 홀링은 '회복력과 생태계의 안정성'에 관한 기념비적 논문을 1973년에 출판했다. 이러한 초기 저작에 이어 '적응적 환경평가 및 관리'에 대한 책이 출간되었고 이후 파나키(panarchy) 개념 및 '생태적 회복력의 기초'에 관한 전집이 출판되었다. Bonss(2016) 참조.

3 회복력의 사례: 울산 울주군의 산림경영을 중심으로

목재 부족을 해소하기 위한 벌목의 감시와 통제에 주안점을 두던 임업행정은 숲을 인간에게 유용하도록 길들이는 '경영' 대상으로 간주하면서 산림경영으로 전환되어 왔다(고유경, 2020). 이렇게 산림경영에 대한 자각운동이 일어나면서 "어떻게 하면 지속가능하게 산림을 발전시킬 것인가?"에 답하고자 19세기 초 '법정림(法正林) 모델', 20세기 초 '항속림 사상(恒續林思想, Dauerwald-Gedanke)' 등이 출현했다.

이때 법정림이란 이상적인 산림축적을 갖추고 숲의 나이를 일정한 단위로 구분, 배치하여 지속적인 생산이 가능하게 하며, 연간 생장량이 일정해 국가에서 필요한 목재를 일정하게 공급할 수 있게 조성된 숲을 의미한다(마상규 외, 2017). 또 항속림 사상이란 산림을 단순히 목재 생산 측면에서만 볼 것이 아니라 자연생태계와 조화를 이루는 차원에서 다루어야 함을 제기하고 있다(우종춘, 2021). 이는 UN 지속가능 발전의 원형이 되었을 뿐만 아니라, 기후위기에 대응하는 '탄소흡수림 조성'이라는 새로운 과제에 부응하는 산림경영의 역할에 시사하는 바가 크다.

지속가능 발전 모델에 입각한 산림경영의 한국 최초 사례는 1974년부터 10년간 울산 울주군 일대에서 진행된 한독산림경영사업이다. 이 사업은 다음 상자 글에 요약되어 있듯이 독일 정부의 지원에 의해 사유림이 대다수인 한국의 산림 상황에 맞게

사유림 경영 개선을 위한 한독산림경영사업의 성과

1. 산주 모임인 산림경영 협업체를 조직하되 가입과 탈퇴가 자유의사이며 그 운영이 민주적으로 실시되도록 했다.
2. 임업 전문 교육을 받은 임업지도원(산림경영 담당자)을 현지에 파견, 협업체에 배속케 하여 협업체의 육성을 지원하고 산주의 기술자문에 응하는 수평적 임업지도를 담당케 했다.
3. 과학적이며 현실적인 협업 영림계획서를 작성하여 지역 내 산림사업을 계획성 있게 경영, 관리함으로써 경영 규모 확대의 효과를 기대할 수 있었다.
4. 전문 임업기술 훈련을 이수한 임업노동자로 구성한 산림개발작업단을 조직하여 지역 내 산림사업에 필요한 노동력을 공동으로 공급했다.
5. 효과적인 산림사업에 요구되는 정부재정 보조금이나 임업금융을 적극 지원했다.

출처: 한상진(2024)

협동조합 방식의 산림경영을 최초로 실험했다. 뿐만 아니라 한독산림경영사업은 사업이 종료된 이후에도 울산의 숲 가꾸기를 통한 회복력 제고에 선도적 모범이 되어 왔다. 그러면 최근 울산 울주군에서의 산림경영 사례를 중심으로, 앞서 다룬 회복력의 차원들을 살펴보기로 한다.

2018년에 발족한 울산 '산촌임업희망단 사회적 협동조합(이하 산촌희망)'은 울산의 조선업 생산직 퇴직자를 비롯한 15명의 베이비부머가 모여 결성한 사회적 경제 조직이다. 2019년에는 산촌희망의 조합원 8명이 산림청의 선도산림경영단지 공동영림단에 참여하여 현장기능을 습득했으며, 2020년에는 '도시 숲 포함 숲길 조성 관리·활용 교육훈련 및 취·창업 지원'을 수행하기도 했다. 해당 교육훈련을 수료한 퇴직자 중에는 2021년에 도시정원사로 취업한 경우도 있어, 산촌희망이 영림기능 습득의 중간노동시장 일자리로 기능할 수 있음을 보여준다.

2013년에 ㅎ 중공업 노조 지부장을 역임하고 퇴직 이후 산촌희망을 이끌고 있는 정○○ 씨와의 면담 결과, '철수(鐵手)'라는 용접 등 조선업 생산직에 종사했던 퇴직자가 '목수'는 아니지만 솎아베기와 같은 생태사회적 경제 활동에 종사하게 된 반응은 다음과 같다. 우선 숲속의 맑은 공기 등 작업조건에 대해서는 심리적 만족도가 높으나, 간벌 과정이 실제로 노동력을 많이 소진하게 하여 하루에 4시간 노동을 원하는 경우가 많다. 그러나 임금 수준을 고려하여 하루 6시간 노동 수준을 지향하고 있는데, 상대적으로 고임금을 경험한 대기업 생산직 퇴직자는 산촌희망에서의 노동력의 대가가 상대적으로 적다고 느끼는 경향이 있다. 그 결과 몇 명은 산촌희망에서 퇴사하기도 했다.

울산 울주군에 있는 사회적 경제 조직은 2020년 현재 사회적기업 21개, 예비 사회적기업 20개, 마을기업 16개, 사회적 협동조합 5개 등 모두 62개이다(울산광역시 울주군, 2020). 여기서는 목재 완·교구를 생산하는 사회적경제기업 ○○ 기업의 대표를 면접, 조사한 결과를 소개한다. 이 기업은 2015년에 고용노동부 인증을 받아 현재 18명의 일자리를 창출하고 있는 장난감 자원순환 사회적기업으로, 플라스틱 완구소재의 대체재로 목재 활용에 관심을 갖고 있다.

해당 기업의 대표인 이○○ 씨와의 면담 결과, 장난감 자원순환 비즈니스에서 사회적 경제 조직이 갖는 차별적 이점은 취약계층을 고용하여 사기업이 참여하기 꺼리는 어렵고 힘든 업무를 감당하는 데에 있다고 한다. 이 기업은 배출원이 돈 내고 버려야 하는 중고완구를 무상으로 수거, 세척하여 시장가치를 창출하는 비즈니스로부터 시작하여, 현재 상대적으로 고가 상품인 목재장난감의 개발에까지 관심을 갖고 있다.

○○ 기업은 자원순환의 가치 창출 방식에 의거, 2021년 울산시설공단이 유료로 폐기하는 가로수를 재이용하도록 해당 기관에 제안하여, 후술할 △△ 기업, 백년숲 등과 공동으로 가로수를 활용한 목재완구 소재 개발을 수행하고 있다.

한편 울주군 산림경영 사례의 경우 대기업 ESG 및 화이트 바이오[2] 기술 개발을 중심으로 대-중소-사회적기업 상생까지 모색할 수 있다. 이 가운데 후자와 관련해서는 목재・펄프 기반 바이오신소재를 개발하는 ㅎ 자동차, 목재・플라스틱 결합 신소재 기술력을 갖춘 ㅁ P&P 등의 대기업, 자동차 내장용 경량 바이오신소재 개발부품업체・신소재건축재업체・3D프린팅가구업체 등의 중소기업, 그리고 플라스틱 재활용목재기반 신소재 완・교구를 제작하는 사회적경제기업까지 망라하는 목재산업 네트워크 클러스터가 설계되고 있다. 이는 탄소중립을 목표로 생태적 시장 확대를 꾀하는 그린뉴딜 거버넌스의 구축 과정이라 평가된다.

그러면 위의 산림경영 사례가 심리적, 경제적, 생태적 회복력에 어떤 함의를 갖는지 정리해 보자. 우선 심리적 회복력의 측면에서 볼 때, 산촌희망에 종사하는 퇴직자들은 과거의 용접 일 등에 비해 공기 좋은 숲에서의 동료들과의 협력노동에 비교적 만족감을 느끼고 있다. 한편 경제적 회복력과 관련하여, 시장경제 가치 및 마을기반 경제의 가치 각각의 측면에서 서로 다른 평가가 내려질 수 있다. 산촌희망의 경우 심리적 회복력이 증진되고 솎아베기의 결과 산림의 생태적 회복력에도 어느 정도 긍정적이나, 대기업 생산직에서 퇴직한 조합원의 경우 경제적 회복력에 요구되는 노동력의 시장가치가 기대 이하라고 느끼는 것으로 나타난다.

반면에 버려지는 나무장난감, 가지치기된 가로수 등의 자원순환으로 목재 완・교구를 생산, 유통하는 사회적 경제 활동은 GDP 방식의 시장가치에는 부정적일 수 있다. 그러나 다른 관점에서 보면, 마을공동체 내 활발한 목재순환으로 외부의 경제 충격에 대응함으로써 경제적 회복력의 증진에 명백히 기여한다. 이와 함께 대-중소기업 연계에 의한 화이트 바이오 신소재 개발은 플라스틱 폐기물을 획기적으로 감소시켜 시장가치를 제고하고 생태적 회복력을 뚜렷이 증진하는 잠재력이 있다. 기후재난의 상황에서 경제적・심리적 회복력보다 생태적 회복력에 우선적 가치를 부여할 경우, 이러한 기술 중심의 기획은 크게 환영받을 만하다.

---

2) 화이트 바이오란 식물 등 재생가능한 자원, 즉 미생물이나 효소 등을 사용해 기존 화학소재를 바이오 기반으로 대체하는 것을 의미한다. 옥수수, 콩, 사탕수수 등의 식물 외에도 산림경영에 의해 배출되는 목재류는 생분해되는 화학제품이나 바이오 연료의 주요 원료가 될 수 있다.

CHAPTER

14 지역사회의 환경 문제

제1절 울산 지역사회의 특성

울산의 중심부에 우뚝 서 있는 공업탑에는 “공업 생산의 검은 연기가 대기 속으로 뻗어나가는 그날엔 국가의 희망과 발전이 눈앞에 도래했음을 알 수 있을 것”이라고 새겨져 있다. 또한 5 · 16 쿠데타가 성공한 직후인 1962년에 울산공단의 첫삽을 뜨면서 박정희 당시 국가재건최고회의 의장은 울산공업도시의 건설을 “신라의 영성을 재현하려는 것이며 민족 재흥의 터전을 닦는 것이며 국가 백년대계의 보고를 마련하려는 것이니 자손 만대의 번영을 약속하는 것”이라고 규정했다. 이처럼 ‘산업화의 1번지’인 울산은 검은 연기와 썩은 물을 도외시한 채 저돌적인 중화학공업화의 전초기지로서 우리나라의 경제 개발을 이끌어 왔다.

하지만 그 결과 국가의 희망과 발전이 도래했음을 알 겨를도 없이 울산은 ‘공해 1번지’라는 오명 아래 주민의 삶의 질을 위협하는 화약고가 되어가고 있다. 수출 주도 성장 전략이 한 세대를 경과한 이제, 자손 만대의 번영을 약속하는 것은 더 이상 공업 생산의 검은 연기일 수 없다. 우리가 울산의 환경 문제에 눈길을 돌리는 이유는 그것이 한 지역만의 문제가 아니라 다른 지역의 멀지 않은 미래 문제이기 때문이다. 지금까지 울산 지역이 산업화의 숙제를 앞장서서 해결해 온 것처럼 앞으로 이곳에서 생태적으로 건전하고 지속가능한 발전을 실현시킨다면 그것은 환경 친화적 사회를 만들어 나가는 신호가 될 것이다.

1960년대 초반 울산이 특정 공업지구로 지정된 이래 울산국가공단은 울산석유화학단지, 여천지구, 매암지구, 용연지구, 미포지구, 효문지구 등 6개 지구에 걸쳐 형성되어 왔다. 한편 울산국가공단 남쪽에 자리 잡은 온산국가공단은 1973년의 중화학공업화 정책 선언에 따라 비철금속업의 유치를 목적으로 건설되었다. 그런데 울산시에서 환경 문제와 더욱 밀접하게 관련되는 지역은 자동차·조선 중심의 미포지구와 효문지구보다는 석유화학업체와 금속제련업체가 몰려 있는 나머지 4개 지구라고 할 수 있다.

울산공단의 조성은 한국 경제가 국제 분업구조에 편입되는 본격적인 계기가 되었다. 제2차 세계대전 이후 대량 생산, 대량 소비의 포드주의 생산 방식 아래 호황을 누렸던 서구 선진국들은 1960년대 중반에 들어서자 대규모 생산의 경직성, 석유 등 원자재의 가격 상승 때문에 경기 둔화를 경험하였다. 그러한 위기를 선진국들은 생산 방식의 유연화, 신기술의 개발 등으로 극복하는 한편, 에너지 다소비 산업이나 공해업종을 개발도상국으로 이전시켜 왔다.

이러한 맥락에서 자원이 부족한 한국의 산업화 전략은 석유나 광물을 수입해 정제·처리하는 중화학공업에 비중을 두게 되었으며, 그 돌파구를 울산에서 찾았던 것이다. 특히 온산공단의 비철금속 공장 가운데 많은 수는 자국의 환경오염 때문에 밀려난 미국, 일본 등의 다국적 기업들로 이루어져 있다.

여기서는 울산 지역의 환경 문제를 가져온 직접적 원인과 구조적 원인을 구별해 보고 그에 따른 사회적 결과를 경제 활동의 피해, 주민의 건강 문제라는 측면에서 밝히도록 하겠다. 그런 다음 21세기 들어서의 울산 주민의 환경 의식 변화에 대해 1999년과 2018년의 설문조사 결과를 비교하여 파악하고자 한다. 또한 이를 바탕으로 울산의 지속가능 발전을 위해 요청되는 제도적 대안과 과제를 전망하도록 한다.

제2절 울산 지역 환경 문제의 원인

1 직접적 원인

울산, 포항, 여천 등 공단 지역에 대한 조사 결과에 의하면, 공단 주변 주민들은 환경 문제의 원인으로 공장 가동에 따른 어쩔 수 없는 현상, 환경오염 방지시설의 미비, 행정기관의 관리·감독 소홀 등을 손꼽는 것으로 나타났다. 이들 요인은 쉽게 눈에 띄는 환경 문제의 직접적 원인이라고 말할 수 있다. 무엇보다도 울산에는 중구, 동구, 남구 등 도심 지역에만도 전체의 23%를 차지하는 면적에 자리 잡은 600개가 넘는 제조업체들이 1년에 250만 톤의 연료를 사용하며, 하루에 22만 톤의 폐수를 방류하고 있다. 울산 지역의 수많은 석유화학, 비철금속 공장에서는 아황산가스, 황화수소, 벤젠 등 각종 유해물질들이 방출되어 대기를 오염시키고 악취를 발생시키고 있으며, 공장 폐수에 섞인 구리, 납, 비소 등의 중금속 성분이 수질 또한 악화시키고 있다.

한편 오염방지시설의 미비와 행정적 감독의 소홀이라는 원인은 업종의 특성상 필연적일 수밖에 없는 울산 지역의 환경 문제에 대해 기업과 정부가 사전적·사후적으로 적절히 대처하지 못하는 결과를 낳았다. 울산 지역 업체들의 환경시설 투자는 1994년의 8백억 원에서 1995년에는 3천억 원으로 점차 규모가 늘고는 있지만, 대부분 대기업을 중심으로 이루어지고 있다는 데 문제가 있다. 많은 중소 공장들의 경우 가스배출관, 화염방지기 등이 노후화되거나 아예 설치되어 있지 않아, 오염을 가중시키는 것은 물론 안전마저 위협하고 있다. 또한 무계획적인 공단 건설의 결과이기도 하지만 공해를 차단하는 녹지가 제대로 조성되어 있지 않은 점도 울산 지역 환경 문제의 직접적 원인 가운데 하나이다. 특히 온산공단의 녹지 면적은 전체의 0.01%에 그쳐, 전체 면적의 32%를 녹지로 확보하고 있는 반월공단과 뚜렷이 대비된다.

다음으로 행정적 감독과 관련해 문제가 되는 것은 환경오염을 규제하는 정책 수단의 미흡과 이를 실행하는 단속 공무원의 부족이라고 할 수 있다. 1996년 7월 전국에서 처음으로 울산 지역에서 실시하기로 했던 오염물질 총량 규제는 기업체와의 마찰과 부작용이 예상된다는 환경부의 발표로 사실상 백지화되었다. 게다가 석유화학단지의 안전점검 업무는 낙동강 환경관리청과 노동부, 입주 업체 협의회 등 8개 기관으로 분산되어 있어, 전문적인 안전관리가 이루어지지 않고 있다.

2 구조적 원인

그렇다면 울산 지역의 환경을 악화시키는 직접적 원인의 배후에 있는 구조적인 요인들은 무엇일까? 여기서는 울산 지역의 입지, 생산 방식, 도시 형성이 갖고 있는 특성에 초점을 맞추어 살펴보도록 하겠다.

먼저 생산 입지 면에서 석유, 광물 등 자연자원을 수입, 가공하여 수출하는 공업단지로서 울산의 항만 지형이 적합하다는 점을 지적할 수 있다. 울산만은 조수 간만의 차가 0.85m이고 수심이 깊을 뿐더러 장생포와 방어진이 자연적인 방파제 역할을 하고 있어 어느 항만보다도 수출입과 연관된 중화학공업의 생산에 유리한 조건을 갖추고 있다. 하지만 환경 문제와 관련해 볼 때, 울산의 지리적 여건은 석유화학단지로 매우 부적합하기도 하다. 1970년대 초 중화학공업기획단이 1931~1960년이라는 30년 동안의 기상 상태를 분석한 결과, 바람이 불지 않는 날의 비율은 울산이 22.8%로서 인천 4.3%, 부산 7.5%, 목포 6.4%보다 매우 높은 것으로 나타났다.

이렇게 바람이 불지 않는 날이 많으면 오염물질이 정체되어 대기오염의 악화를 가중시키게 된다. 결국 울산 지역이 중화학공업의 입지로 결정된 데에는 생산과 환경 측면의 상반된 특성 가운데 환경오염의 가능성보다는 수출입에 유리한 생산 조건이 우선적으로 고려되었다고 볼 수 있다. 그 밖에 대단위 설비가 요구되는 석유화학, 금속제련 등 장치산업의 경우 한 번 입지한 뒤에는 생산시설의 공간적 이전이 상대적으로 어렵다는 점도 울산 지역 환경 문제의 구조적 원인으로 작용하고 있다.

다음으로 대량 생산, 대량 소비의 포드주의 생산 방식에서 비롯된 본사 기능과 생산 기능의 공간적 분리에 주목할 필요가 있다. 우리나라 최초로 포드주의를 적용하여 조성된 울산 지역의 중화학업체들은 거의 모두가 서울에 본사를 두고 있는 분공장(分公場)들이다. 이처럼 기획관리·연구개발 기능과는 분리되어 단순 실행 기능으로 특화된 까닭에 울산 지역은 업종의 다양화나 친환경적인 유연한 생산 방식으로의 전환에 한계를 지닐 수밖에 없다. 더욱이 본사의 구상 아래 더 많은 생산을 수행하여 부가가치를 다시 본사가 입지한 지역으로 보내는 분공장은 주변 지역의 환경 문제로 인한 생태계 피해나 공동체 파괴에는 거의 관심을 기울이지 않는다. 특히 석유화학업 등은 지역사회에 대한 고용 효과와 최종 소비재의 생산 비율이 적기 때문에, 주민과 소비자의 생활 환경을 배려할 여지가 별로 없다고 할 수 있다.

이와 함께 울산 지역 환경 문제의 구조적 원인으로 들 수 있는 것은 울산의 도시 형성이 갖고 있는 기형성이다. 1960년대 초반의 울산공단 조성은 배후도시 입지에 관한 계획 없이 오로지 공장 유치만을 목적으로 이루어졌다. 정부는 이 과정에서 입주 희망 업체가 필요로 할 때 부지를 사서 공장을 짓도록 하는 방식으로 일관함으로써, 공장 바로 옆에 주거지와 농경지가 무질서하게 혼재하는 결과를 빚었다. 이후 30년이 넘는 울산의 산업화 과정에서도 환경오염으로 폐허가 된 농경지가 아파트 단지로 전용된다든지 오염 피해로 철거된 주거지에 공장이 들어서는 등의 무계획적 토지 이용이 되풀이되어 왔다. 이와 함께 문제가 되는 것은 공단 조성 초기에 3만 명에 지나지 않았던 울산의 인구가 오늘날 110만 명으로 증가함에 따라, 울산시민 가운데 외지인의 비율이 매우 높다는 사실이다. 이는 지역사회에 대한 애착을 저해함으로써 주민들의 결집된 환경 개선 노력을 어렵게 하는 요인이라 할 수 있다.

제3절 울산 지역 환경 문제의 실태

1 경제적 손실

환경오염은 생태계 파괴를 통해 자연의 일부인 사회에 막대한 영향을 미친다. 그러한 사회적 결과에는 경제 활동의 피해, 주민의 건강 문제라는 직접적 차원뿐만 아니라 공동체의 파괴라는 문화적 차원 또한 포함된다고 볼 수 있다. 우선 울산 지역의 환경오염은 울산 지역의 전통적 산업이었던 농업, 어업의 기반을 침식함은 물론, 원인 제공자인 제조업 활동 자체도 위축시키는 이른바 '환경 부메랑' 효과를 발생시켜 왔다.

울산공단이 본격 가동된 1960년대 중반 이후 경남의 곡창지대였던 100만 평에 이르는 삼산평야에는 농작물 피해가 나타나기 시작했다. 이 지역에서의 농업 수확량 감소는 주변 석유화학 공장에서 내뿜는 아황산가스, 불화수소 등 대기오염 물질에서 비롯된 것이었다. 1978년은 모내기철 때 가뭄과 모래 채취로 인한 태화강의 염해까지 겹쳐 더욱 피해가 심했는데, 삼산·달동평야는 전체 벼농사 면적의 91.6%가 볍씨조차 건질 수 없는 형편이었다. 1979년부터는 농업 피해의 원인이 울산공단의 유독성 가스 때문인 것이 공식적으로 밝혀짐으로써, 54개 공장들이 분담해 배상하게 되었다. 결국 환경오염으로 더 이상 농사를 지을 수 없는 땅이 된 이 지역은 1990년대 들어 대규모 아파트 단지로 탈바꿈해 농작물이 아닌 인간을 새로운 피해 당사자로 만들고 있다.

한편 어업의 피해는 금속제련, 제지 등 수질 악화를 유발하는 공장들이 밀집해 있는 온산공단에서 상대적으로 더욱 심하다. 1983년의 조사에 의하면, 온산면에서 어업에 종사하는 인구는 전체의 73%에 달했다. 이들이 생산하는 수산물은 미역, 전복, 성게 등으로 선박을 이용한 어로 작업보다는 주로 양식, 채집에 의한 것이었다. 그런데 공단의 가동 이후 중금속 성분의 폐수가 방류됨과 동시에 북항 방파제 때문에 내해의 순환이 어렵게 됨으로써, 이들 정착성 수산물은 거의 자취를 감추게 되었다. 수산물의 피해는 온산공단에서 생산이 시작된 직후인 1978년부터 나타났는데, 이를 둘러싸고는 1984년까지 16건에 13억 6천만 원의 보상이 이루어졌다. 온산의 어민들은 '온산병'을 계기로 죽음의 바다가 알려진 이후에는 환경오염지구 이주사업에 의해 아예 생업의 터전을 등질 수밖에 없었다.

울산 지역의 환경오염에 따른 또 다른 경제적 피해는 다름 아닌 제조업체 환경비용의 부담 가중에서 찾을 수 있다. 앞서 보았듯이 울산 지역 업체들의 환경시설 투자는 해마다 늘어나고 있어, 생산비 가운데 무시 못할 비중이 되어 감을 알 수 있다. 또 환경오염은 공단업체에 이러한 구조적 손실 말고도 직접적 피해를 낳기도 하는데, 수질 악화로 인한 공업용수의 부족이 그 예이다. 울산의 석유화학 공장들은 최근 들어 가뭄과 수질 오염으로 정수 처리를 제대로 하지 못해 생산에 어려움을 겪어 왔다. 이들 공장에서는 공업용수의 원천인 낙동강물이 4급수 이하로 떨어져 이온 등 불순물이 많아지자, 정수처리비가 급증하는 것은 물론 어쩔 수 없이 가동을 중단시키는 경우마저 생기고 있다.

2 건강의 피해

지금까지 살핀 경제 활동의 피해, 그 가운데서도 농어업의 기반인 생태계의 파괴는 필연적으로 그것을 먹고 사는 주민들의 건강을 위협하기 마련이다. 울산 지역의 대표적인 건강 피해로는 산업주의로 치달아 온 사회에 환경 문제를 처음으로 부각시킨 온산병을 들 수 있다. 온산병은 1982년경부터 온산 주민 약 1천 명이 앓아온 전신 신경통, 수족 마비, 피부병 등의 괴질을 가리킨다. 이 괴질은 주민들이 먹는 어패류에 온산공단에서 흘러나온 중금속 오염 폐수가 농축됨으로써 생긴 중금속 축적에 의한 공해병으로 판명되었다. 그러나 정부는 온산병을 아직까지도 공식적으로 인정하지 않고 있어, 온산병 환자들은 신체적 불편에다가 경제적 부담과 사회적 냉대까지 떠안아야 하는 3중의 고통에 시달리고 있다. 일본의 경우 신일본질소회사 공장의 폐수로 발생한 미나마타병을 공해병으로 인정하기까지 16년이 걸렸지만, 그 이후에는 공해피해 건강보상법 등을 통해 환자에 대한 각종 보상이 이루어졌다.

온산병이 아니더라도 울산 지역의 환경오염은 일상적으로 시민의 건강에 영향을 미쳐 왔다. 여름철에 특히 심한 울산의 광화학 스모그 현상은 길게는 사나흘 동안 지속되어, 호흡기 질환의 원인이 되고 있다. 한편 울산 지역에서 눈여겨보아야 할 것은 석유화학, 금속, 제지 등의 공장이 배출하는 황화수소, 메르캅탄류, 아민류 등에서 비롯된 각종 악취의 피해이다. 악취는 인체에 정신적 · 생리적 스트레스뿐만 아니라 메스꺼움, 두통, 식욕 감퇴, 호흡 곤란, 알레르기 등을 유발시킨다. 더 나아가 주민들의 삶의 욕구를 상실케 함으로써 사회적 행동의 변화를 초래한다는 주장도 제기되고 있다.

제 4 절 1999~2018년 기간의 울산시민 환경 의식의 변화

2018년 10월의 설문조사는 울산시민 중 연령, 성별, 거주지 등을 고려하여 200사례를 표집한 데 반해, 1999년 5월 조사의 경우 1,103사례라는 대규모 표본을 대상으로 한 것이다. 후자의 자료는 특히 울산의 5개 구 · 군 인구 규모에 의거해 추출된 1,003사례와 환경오염이주지역 100사례의 유의표본을 통합한 특징이 있다(김재홍 외, 1999: 3). 두 조사 모두 응답 내용은 환경 문제에 대한 관심 및 태도, 일상적 친환경 행동의 정도에 관한 것이며, 2018년 조사에서는 산악, 하천, 재생에너지 등 울산 지역

〈표 14-1〉 1999년, 2018년 조사 자료의 사회인구학적 특성 비교

응답 연도		성별	연령	가구 유형	주택 유형	주택 크기	거주 연수
1999	평균	.5014	39.0997	.6002	.3472	27.8187	20.6301
	N	1103	1103	1103	1103	1103	1103
2018	평균	.5000	43.9750	.7400	.5200	32.3450	22.6350
	N	200	200	200	200	200	200
전체	평균	.5012	39.8480	.6216	.3738	28.5134	20.9378
	N	1303	1303	1303	1303	1303	1303
F값		0.01	26.8**	14.2**	21.8**	10.0**	3.2

주: ** $p<0.01$
평균값은 성별의 경우 1. 남성, 0. 여성으로, 가구유형은 1. 자가, 0. 기타로, 주택 유형은 1. 아파트, 0. 기타로 계산된 것임.

의 환경 현안에 대한 문항이 추가되었다.

두 자료의 성별, 연령, 학력, 주택보유 상황, 주택 평수 등을 비교해 보면 〈표 14-1〉과 같다.[1] 여기서는 두 조사의 자료를 통합하여 시계열 비교를 시도하거나 2018년의 설문 결과를 사회인구학적 특성에 따라 교차하여 분석하도록 한다. 〈표 14-2〉부터 〈표 14-7〉까지는 1999년과 2018년의 조사 자료를 비교하여 울산시민의 19년 사이 환경 의식 변화를 추적한 결과이다. 주1)에서 언급한 표본의 편의성(偏倚性)

〈표 14-2〉 지역사회에서 가장 불편한 사항

	응답 연도		전체
	1999	2018	
비싼 물가	346	90	436
	31.5%	45.0%	33.6%
교통 불편	96	36	132
	8.7%	18.0%	10.2%
나쁜 교육여건	80	4	84
	7.3%	2.0%	6.5%
심각한 환경오염	327	20	347
	29.8%	10.0%	26.7%
나쁜 주택여건	8	6	14
	0.7%	3.0%	1.1%
문화시설 부족	155	32	187
	14.1%	16.0%	14.4%
복지시설 부족	47	12	59
	4.3%	6.0%	4.5%
편의시설 부족	23	0	23
	2.1%	0.0%	1.8%
기타	17	0	17
	1.5%	0.0%	1.3%
전체	1099	200	1299
	100.0%	100.0%	100.0%

주: $X^2=72.4(p<0.01)$.

1) 〈표 14-1〉을 보면 1999년에 비해 2018년 조사의 결과가 고연령층, 자가소유자, 넓은 평수 주택규모의 표본에 좀 더 치우쳤음을 알 수 있다. 이러한 차이는 19년 사이 환경에 대한 태도 및 일상행동의 변화 추이를 해석할 때에도 고려해야 할 변수이다.

뿐 아니라 자료 크기 면에서도 2018년 조사는 표본오차가 상대적으로 크다는 점이 눈에 띈다.

특히 〈표 14-2〉를 보면, 지역사회의 불편 사항 중 환경오염을 거론하는 비율은 1999년에 30%였다가 2018년에 10%로 감소되고 있다. 그 대신 19년 사이 물가, 교통 등 경제적 일상생활의 고통에 대한 불편 의식은 증가하고 있다. 이는 울산의 심각한 환경오염 자체가 경감된 데서 비롯된 것일 수도 있으나, 2018년 하반기 동구 지역에서의 조선해양업의 고용 감소 등 지역경제 위기에 따른 특수 상황을 반영한 것으로 풀이된다.

한편 두 해 모두 환경 문제로 인한 건강상 피해가 제일 크다는 응답이 가장 많지만, 그 다음으로 공해 지역 이미지를 손꼽는 비율이 상대적으로 높았던 19년 전 결과와 달리 2018년 결과에서는 마을 전통의 파괴, 재산가치의 하락 등 사회경제적 이유의 비율이 높아졌다(〈표 14-3〉 참조).

〈표 14-3〉 환경문제로부터의 가장 큰 피해

	응답 연도		전체
	1999	2018	
건강상의 피해	527	94	621
	47.9%	47.0%	47.8%
재산가치의 하락	32	22	54
	2.9%	11.0%	4.2%
농수산물 피해	47	4	51
	4.3%	2.0%	3.9%
마을 전통의 파괴	24	29	53
	2.2%	14.5%	4.1%
공해 지역에 살고 있다는 나쁜 이미지	266	2	268
	24.2%	1.0%	20.6%
피해받은 것 없음	191	49	240
	17.4%	24.5%	18.5%
기타	13	0	13
	1.2%	0.0%	1.0%
전체	1100	200	1300
	100.0%	100.0%	100.0%

주: $X^2=143.1(p<0.01)$.

더욱이 〈표 14-4〉에 따르면, 핵발전소(이하 원전) 유치 의사에 대해 1999년에는 58.2%였던 반대 비율이 2018년에는 26.5%로 크게 주는 데 반해, 오히려 경제적 이유로 유치해도 무방하다는 의견이 48%로 늘어났다. 이는 1999년의 경우 당시 울주군수에 의한 울산 내 최초의 원전 유치에 대해 반대여론이 높았던 반면에, 2018년의 경우 한 해 전인 2017년에 신고리 5, 6호기 공론화위원회가 '원전의 계속 건설'을 권고한 데다가 지역경제의 악화까지 영향을 미친 결과라고 할 수 있다.

이러한 반핵(反核)의 후퇴 현상은 〈표 14-5〉에서 원전이 깨끗한 방식이라는 응답의 평균값이 1999년보다 2018년에 증가한 것과도 관련된다. 그 밖에 환경 문제의 여러 측면에 대한 집단별 평균분석의 결과(〈표 14-5〉 참조), '기술이 발달하면 환경 문제가 해결된다'는 의식은 1999년, 2018년 둘 다 비슷하게 긍정되고 있는 데 비해, '농약의 안전성', '환경오염 피해의 계급적 차이', '탈성장에 대한 지지 정도'는 모두 2018년에 저하되었다. 하지만 이와 같은 조사 결과는 19년 사이 울산시민의 반환경적 태도가 강화되었다기보다는, 산업도시로서 과거에 겪었던 환경오염의 집중 현상이 전국화・세계화되는 가운데 지역경제 침체라는 특수상황이 울산시민의 환경의

〈표 14-4〉 울주군 원전 유치에 대한 찬반 이유

	응답 연도		전체
	1999	2018	
지역경제 활성화를 위해 적극 유치	65	37	102
	5.9%	18.5%	7.8%
지역경제에 도움이 된다면 유치해도 무방	242	59	301
	22.0%	29.5%	23.1%
별로 관심없음	138	51	189
	12.5%	25.5%	14.5%
환경 보전, 안전, 경제적 손실로 인해 유치 반대	470	49	519
	42.7%	24.5%	39.9%
어느 지역에도 건설 반대	171	4	175
	15.5%	2.0%	13.5%
기타	15	0	15
	1.4%	0.0%	1.2%
전체	1101	200	1301
	100.0%	100.0%	100.0%

주: X^2=97.8(p < 0.01).

〈표 14-5〉 환경 문제의 여러 측면에 대한 의식(집단별 평균분석 결과)

응답 연도		내가 먹는 채소는 농약 때문에 불안하다	못사는 사람이 잘사는 사람보다 환경오염으로 더 많은 피해를 본다	환경 문제 해결을 위해 경제 성장을 늦출 수 있다	기술이 발달하면 환경 문제는 해결될 수 있다	원자력발전은 오염 발생이 없는 깨끗한 전력생산 방식이다
1999	평균	1.9038	1.9157	2.1418	2.3739	2.8803
	N	1102	1103	1100	1102	1103
2018	평균	2.1550	2.4550	2.6700	2.3600	2.3950
	N	200	200	200	200	200
전체	평균	1.9424	1.9985	2.2231	2.3717	2.8058
	N	1302	1303	1300	1302	1303
F값		25.2**	84.1**	77.4**	0.05	60.5**

주: ** $p < 0.01$
평균값은 1.매우 찬성, 2.찬성, 3.반대, 4.매우 반대의 계산 결과로서, 값이 작을수록 상대적으로 긍정적인 것임.

식 발현을 억제시키고 있는 것이라 해석될 수 있다. 그럼에도 불구하고 환경문제를 둘러싼 시민의 입장은 환경관리주의, 또는 생태근대화 관점에 기울어져 있는 것이 분명하다.

한편 〈표 14-6〉부터 〈표 14-9〉까지는 1999년과 2018년의 조사 자료를 비교하여 울산시민의 19년 사이 일상적 환경행동의 변화 추이를 나타낸 것이다. 〈표 14-6〉에서 재활용 분리수거라는 환경행동은 19년 전보다 아주 철저히 참여하는 비율이 꽤

〈표 14-6〉 재활용 분리수거에 대한 참여 정도

	응답 연도		전체
	1999	2018	
아주 철저히 참여	533	147	680
	48.5%	73.5%	52.3%
대충 참여	489	45	534
	44.5%	22.5%	41.1%
참여 안 함	77	8	85
	7.0%	4.0%	6.5%
전체	1099	200	1299
	100.0%	100.0%	100.0%

늘었는데, 이는 친환경적 일상행동의 증가라기보다는 분리수거제도의 철저한 시행에 더 영향을 받은 것으로 추정된다.

이와 같은 결과는 1999년에 비해 2018년에 도적의식적 친환경 일상행동 의지가 감소하고 있음을 시사하는 것으로, 〈표 14-7〉, 〈표 14-8〉에서 재활용 제품이나 무공해 농산물의 구입 경험은 19년 사이 오히려 줄어든 것으로도 확인된다. 또 〈표 14-9〉를 살펴보면, 19년 사이 생활협동조합의 수가 꽤 증가한 것이 분명한데도, 2018년의 결과는 앞으로도 가입의사가 없다는 비중이 반을 넘고 있어 대조적이다.

〈표 14-7〉 재활용 제품 구입 경험

	응답 연도		전체
	1999	2018	
자주 구입	132	1	133
	12.0%	0.5%	10.2%
가끔 구입	617	78	695
	56.1%	39.0%	53.5%
구입한 적 없음	351	121	472
	31.9%	60.5%	36.3%
전체	1100	200	1300
	100.0%	100.0%	100.0%

〈표 14-8〉 무공해 농산물 구입 정도

	응답 연도		전체
	1999	2018	
항상 그렇다	99	14	113
	9.0%	7.0%	8.7%
그런 편이다	595	82	677
	54.1%	41.0%	52.1%
그렇지 않은 편이다	319	90	409
	29.0%	45.0%	31.5%
항상 그렇지 않다	87	14	101
	7.9%	7.0%	7.8%
전체	1100	200	1300
	100.0%	100.0%	100.0%

〈표 14-9〉 협동조합 가입 후 무공해 농산물 구입 의향

	응답 연도		전체
	1999	2018	
현재 그러한 협동조합에 가입	61	11	72
	5.6%	5.5%	5.5%
앞으로 그러한 협동조합에 가입	838	83	921
	76.3%	41.5%	71.0%
앞으로도 가입의사 없음	199	106	305
	18.1%	53.0%	23.5%
전체	1098	200	1298
	100.0%	100.0%	100.0%

그러면 2018년 표본을 대상으로 미래세대의 발언권 강화라는 승인적 환경정의(environmental justice of recognition), 기후 변화 대응을 위한 탈성장의 필요성 등 지역사회 지속가능성을 둘러싼 시민 의식을 살펴보자. 승인적 환경정의의 개념은 미래세대나 동식물 생명체의 권리 인정이라는 차원에서 기성세대와 젊은 세대의 공평한 참여가 보장되어야 함을 가리킨다. 2017년 10월의 신고리 5, 6호기 공론화위원회처럼 환경문제를 둘러싼 숙의 절차에 젊은 세대의 참여비율을 높이는 것에 대한 의식 분포는 〈표 14-10〉과 같다.

〈표 14-10〉 젊은 세대의 환경 관련 공론화위 참여비율 증가에 대한 찬반 정도

		사례수	찬성하는 편 (%)	반대하는 편 (%)	계 (%)
전체		200	64.5	35.5	100
연령별	20대	43	86	14	100
	30대	48	77.1	22.9	100
	40대	30	40	60	100
	50대	42	59.5	40.5	100
	60대	37	48.6	51.4	100
가구 소유 형태	자가	148	65.5	34.5	100
	전세	52	61.5	38.5	100
주택 크기	20평 미만	9	22.2	77.8	100
	20평~25평 미만	19	57.9	42.1	100

	25평~30평 미만	67	71.6	28.4	100
	30평~35평 미만	52	71.2	28.8	100
	35평 이상	53	58.5	41.5	100
월평균 소득	199만 원 이하	17	64.7	35.3	100
	200만 원~299만 원	21	47.6	52.4	100
	300만 원~399만 원	77	63.6	36.4	100
	400만 원~499만 원	63	68.3	31.7	100
	500만 원 이상	22	72.7	27.3	100
학력	중학교 졸업 이하	24	50	50	100
	고등학교 중퇴/졸업	70	47.1	52.9	100
	전문대 재학/중퇴/졸업	27	74.1	25.9	100
	대학 재학/중퇴	32	78.1	21.9	100
	대학 졸업 이상	47	83	17	100

전반적으로 찬성하는 편이 2/3 정도로 나타나, 환경 보전보다 현재의 경제적 이해관계를 중시하는 울산시민 중에도 미래 주역인 젊은 세대의 환경 발언권에 대해서는 긍정적인 경우가 많음을 암시한다. 사회인구학적 특성별로는 20~30대, 25~35평의 거주 면적, 월 500만 원 소득 이상, 전문대 재학 이상의 학력일수록 승인적 환경 정의에 더욱 친화적인 태도를 나타내고 있다.

또한 '경제 성장보다 이산화탄소 감소가 시급하다'는 명제에 대한 찬반 정도는 전체적으로 찬성이 2/3에 가깝다(〈표 14-11〉 참조). 찬반의 강도까지 고려한 4점 척도의 평균값에 의거해 사회인구학적 독립변수별 분포를 검토해 보면, 〈표 14-10〉의 결과와는 대조적으로 60대 이상의 고연령층에서 이산화탄소 감소의 시급성에 대한 동의 강도가 센 편이다. 가구 소유 형태나 거주 면적, 교육 수준에 따라서는 뚜렷한 경향이 없지만, 소득 수준별로는 300만 원 미만의 상대적 저소득층에서 해당 명제에 대한 찬성 정도가 강함을 알 수 있다.

〈표 14-11〉 '경제 성장을 늦추더라도 CO_2가 감소되어야 한다'의 찬반 정도

		적극 찬성 (%)	찬성하는 편 (%)	반대하는 편 (%)	적극 반대 (%)	계 (%)	평균값
전체		11.5	53	34.5	1	100	2.75
연령별	20대	4.7	69.8	25.6	0	100	2.79
	30대	14.6	33.3	50	2.1	100	2.6
	40대	3.3	50	46.7	0	100	2.57
	50대	9.5	52.4	35.7	2.4	100	2.69
	60대	24.3	62.2	13.5	0	100	3.11
가구 소유 형태	자가	11.5	57.4	30.4	0.7	100	2.8
	전세	11.5	40.4	46.2	1.9	100	2.62
주택 크기	20평 미만	11.1	55.6	33.3	0	100	2.78
	20평~25평 미만	15.8	26.3	57.9	0	100	2.58
	25평~30평 미만	13.4	50.7	34.3	1.5	100	2.76
	30평~35평 미만	5.8	53.8	40.4	0	100	2.65
	35평 이상	13.2	64.2	20.8	1.9	100	2.89
월평균 소득	199만 원 이하	11.8	70.6	17.6	0	100	2.94
	200만 원~299만 원	23.8	66.7	9.5	0	100	3.14
	300만 원~399만 원	11.7	37.7	49.4	1.3	100	2.6
	400만 원~499만 원	6.3	57.1	34.9	1.6	100	2.68
	500만 원 이상	13.6	68.2	18.2	0	100	2.95
학력	중학교 졸업 이하	20.8	58.3	20.8	0	100	3
	고등학교 중퇴/졸업	14.3	55.7	28.6	1.4	100	2.83
	전문대 재/중퇴/졸업	11.1	40.7	48.1	0	100	2.63
	대학 재학/중퇴	9.4	65.6	25	0	100	2.84
	대학 졸업 이상	4.3	44.7	48.9	2.1	100	2.51

주: 평균값은 1.매우 반대, 2.반대, 3.찬성, 4.매우 찬성의 계산 결과로, 값이 클수록 상대적으로 긍정적임.

제5절 생태도시 만들기의 대안과 과제

1 제도적 대안

울산의 석유화학공단, 온산공단과 같은 대기특별대책지역에 대해서는 환경오염방지사업을 의무적으로 시행하게 하고 철거이주지역을 녹지로 확보하도록 만드는 법제도적 개정이 요구된다. 다시 말해 공단 주변 환경오염 지역의 문제 해결을 위해서는 환경 개선과 생활 편의 증진을 위한 투자가 요청된다고 말할 수 있다. 그러나 현재와 같은 중앙정부 중심의 경직된 환경 관련 재원배분 구조 아래서는 이를 위한 재원 마련조차 쉽지 않을 것이다. 따라서 여기서는 환경오염 지역에 대한 환경 투자 및 생활 편의시설 설립을 위한 자금 조성의 방안에 관한 나름의 정책 대안을 제시하도록 한다.

환경정책의 수단에는 직접 규제(인허가 및 각종 기준의 설정)와 경제적 수단(부과금, 조세 등), 자발적 행동(기업의 자발적 환경 투자) 등이 있다. 그 가운데 경제적 유인제도로 우리나라에서는 1983년에 대기 및 수질 배출부과금제도, 1992년에 건물 및 경유 자동차에 대한 환경개선부담금제도를 도입해 시행 중에 있다. 그러면 이러한 두 가지 경제적 수단을 중심으로 온산공단 주변 지역의 환경 개선을 위한 재원 조성 방안을 논의해 보자(김재홍 외, 1999).

1997년 현재 우리나라 전체의 대기 배출부과금 중 울산·양산 지역에서 발생되는 금액은 10%인데, 울산 및 온산공단의 부과금이 대부분을 차지하고 있다. 또한 1997년 현재 전국의 환경개선부담금 가운데 울산에서 발생되는 금액은 1.5%로 배출부과금에 비해서는 낮은 비율이라고 할 수 있다. 그 이유는 당연한 것이지만 전국의 대기오염 배출량에서 울산이 차지하는 비율이 일반 건물이나 경유 자동차의 전국 대비 비율보다 크기 때문이다. 그런데 주목해야 할 것은 현행 법제도 아래서도 「환경개선비용 부담법」 제11~14조를 보면 국가, 지방자치단체, 환경관리공단 등은 환경오염이 심화되어 있는 경우 녹지 조성, 주민 이주 등을 위해 환경오염방지사업을 시행할 수 있고, 이를 위해 환경오염방지사업 비용부담금을 징수할 수 있도록 규정되어 있다는 점이다.

이제 앞서 살펴본 대기 배출부과금과 환경개선부담금제도의 문제점을 진단하고 앞으로의 개선 방향을 검토하도록 한다. 환경개선부담금의 발생 지역에 대한 징수 교부 논리와 마찬가지로, 오염물질이 배출된 지역에서 징수된 배출부과금은 해당 지역의 오염 개선을 위해 재투자되는 것이 논리적으로 타당하다. 즉 '부과금 발생 지역 환경 개선 우선 원칙'을 적용해 환경개선 특별회계법을 개정함으로써, 대기 배출부과금의 일정 비율을 오염이 발생되는 공단 주변 주민에 대한 환경 개선 투자와 생활편의시설 건립에 사용하도록 해야 할 것이다.

더욱 근본적으로는 「환경정책기본법」 제5조와 제7조에 규정되어 있는 사업자의 책무와 오염 원인자의 비용 부담 책임을 더욱 강화시켜, 기업에 대한 환경정책의 경제적 수단을 재정비해야 할 것이다. 울산·온산공단의 환경오염 지역 이주사업에서 원인 제공자인 기업의 부담은 너무 소규모이다. 그러므로 환경오염 민원 지역에 대한 투자 재원은 배출부과금제도의 개선을 통해서뿐만 아니라, 생산성을 지나치게 저해하지 않는 선에서 주변 업체들로부터 추가로 마련될 수 있도록 법제도적 보완이 뒤따라야 할 것이다.

현재 울산·온산공단은 「환경정책기본법」 제22조에 의한 대기특별대책지역으로 관리되고 있다. 그러나 특별대책지역의 관리가 공단업체에 대한 규제에 치중되어 있을 뿐, 오염 지역 주민을 고려한 환경 개선이나 녹지 형성의 대책은 전혀 없는 형편이다. 따라서 특별대책지역의 경우 「환경개선비용 부담법」에 규정된 환경오염방지사업을 의무적으로 시행하도록 제도를 개선해야 할 것이다. 왜냐하면 가장 단순히 말해 온산공단 주변의 덕신과 같은 지역의 문제, 더 나아가 울산, 여수 등 공업도시의 전반적 환경 문제가 우리나라 전체의 성장을 위한 중앙정부의 공업화 정책에 따른 부산물이기 때문이다.

마지막으로, 이러한 현행 법체계의 개선과 아울러, 더욱 근본적인 차원에서는 환경정책이 지금처럼 오염물질별 업체 단속과 규제에 그치는 것이 아니라 주민의 삶의 질 확보라는 틀에서 재조정되어야 할 것이다. 그런 흐름에서 환경민원을 조정하고 환경정책 집행의 실효성을 확보하기 위해 일본에서 시행되고 있는 '환경피해보상법'이 우리나라에서도 시급히 제정될 필요가 있다. 그리하여 온산공단 주변 지역의 환경 개선 투자나 온산병을 앓고 있는 피해 주민에 대한 보상 또한 더 늦기 전에 이 법에서 체계적으로 규정되어야 할 것이다.

2 과제

1995년 이래 민선 지방정부의 등장은 개발과 보전 가운데 어떤 것이 우선되어야 하는가라는 문제를 지역사회의 중요한 쟁점으로 부각시켜 왔다. 어쨌든 주민의 표를 의식할 수밖에 없는 지방자치단체들은 앞다투어 환경조례, 시민환경헌장, 지방의제 21 등을 제정하면서 환경 보전에 관심을 나타내고 있다. 그러나 전국 대부분의 민선 단체장들은 임기 내에 가시적인 성과를 올리기 위해 민간자본을 경쟁적으로 끌어들여 지역을 개발하는 데 앞장서고 있으며, 그에 따라 환경을 보전하기 위한 실질적 노력은 뒷전으로 밀리는 경향이 있는 것이 사실이다.

1997년에 광역시로 승격된 울산은 지역사회의 지속가능 발전이라는 차원에서 한 세대를 끌어온 울산 지역의 환경 문제에 근본적으로 대응하도록 요청받고 있다. 이를 위해서는 지방정부의 환경 친화적 혁신이 절실한 과제로 보인다. 울산광역시는 이제라도 공단 조성만을 위해 계획 없이 형성된 도시구조를 재편하여 사람이 편히 숨쉴 수 있는 생태공간을 확보해야 한다. 우선 철거 이주되는 공단 주변의 거주지는 확충된 재정을 이용해 녹지로 조성해야 할 것이다. 또한 신규 공장의 입주는 최대한 억제하되, 친환경적 업종이 기존의 환경오염 업종을 대체하도록 울산공단의 재구조화를 장려해야 한다. 이에 덧붙여 장기적으로 금융, 연구, 관리 등의 생산적 서비스 기능을 강화함으로써, 주민들이 지역사회를 일터로서만이 아니라 뿌리내리고 살아야 할 삶의 터전으로 인식하도록 유도할 필요가 있다.

그렇다면 시민들은 지속가능한 지역사회의 발전을 위해 어떻게 행동해야 할 것인가? 울산시민은 울산 지역의 환경오염에 따른 최대의 피해자임에도 불구하고, 이를 개선하려는 노력이 기업이나 지방정부에 비해 오히려 미미한 것처럼 보인다. 그 이유는 앞서 지적한 것처럼 주민 가운데 외지 출신이 많아서이기도 하지만, 그들의 생업이 울산공단과 직·간접적으로 연관되어 있어 근본적인 문제 해결을 시도하기에는 경제적 부담이 너무 큰 탓도 있을 것이다.

그러므로 울산의 환경 보전을 위한 조직화는 시민 전체를 무차별한 대상으로 하기보다는 노동자, 주부, 학생 등 계층별 주요 관심사를 반영해 이루어질 필요가 있다. 노동자의 경우 작업장에서의 건강 문제가, 주부의 경우에는 소비자운동 차원의 환경 감시가 주요 쟁점이 될 수 있을 것이다. 특히 1960년대 이후 울산에서 태어난 새로운 세대는 지역사회에 대한 애착이 상대적으로 크기 때문에, 울산시가 공해도시라는 명예스럽지 못한 낙인으로부터 벗어나게 하는 데 가장 중요한 역할을 할 수 있다. 경제적 논리가 아닌 공동체적 생활 원리의 정착이 울산 지역의 환경 문제를 해결할 수 있는 유일한 대안이라고 볼 때, 미래의 주인인 이들이 환경 친화적 가치를 내면화하고 공동의 행동에 나서는 것이 강하게 요청된다고 할 것이다.

참고문헌

[국내 문헌]

강만옥 외(1999). 『환경규제가 경쟁력에 미치는 영향 연구』, 한국환경정책 · 평가연구원.

강은숙 · 김종석(2022). 『기후변화시대 환경정책의 이해』, 윤성사.

강한들(2022). "죽었다던 '수라갯벌', 멸종위기 동물과 염생식물 생명의 숨소리," 『경향신문』, 12월 2일.

고병권(2023). "거짓 새들의 둥지," 『경향신문』, 5월 26일.

고유경(2020). "'지속가능한 숲' 개념과 독일 근대 임학의 탄생," 『독일연구』, 44: 95-131.

고호근 외(2020). "울산시청, 야음근린공원 갈등불씨 20년간 방치," 『노컷뉴스』, 11월 27일.

구도완(1999). 『한국 환경운동의 사회학』, 문학과지성사.

구연창(1989). "한국 환경행정 기능의 배분상의 문제점과 그 개선 방안," 경희대 행정대학원, 『경희행정논총』, 4(1).

권원태(2006). "한반도 기후 변화와 전망," 불편한 진실과 함께 하는 기후 변화 세미나 발표 논문, 『푸른 울산 21』, 11월 29일.

김경동 · 홍두승(1992). 『원자력과 지역 이해』, 서울대학교출판부.

김규일(2023). "우리가 모르는 새만금의 비밀, 알면서도 외면하는 새만금의 진실 5가지," 새만금신공항 백지화 공동행동, 『새만금 뽀개기 특강 자료 1』.

김기은 · 김정곤 · 김태형 · 문태훈 · 박순애 · 박창석 · 변병설 · 윤순진 · 이건원 · 이병욱 · 정영근 · 최정석 · 최희선 · 한택환(2023). 『탄소중립시대의 환경정책』, 박영사.

김나희(2023). "새만금 파괴 예산 되살리지 말고, 새만금 갯벌 되살려라," 『오마이뉴스』, 11월 28일.

김동환 · 김병완 · 윤견수 · 이하형 · 홍민기(1995). "분산된 행정기능이 정책집행에 미치는 영향: 시뮬레이션을 통한 환경관리체계의 평가," 『한국행정학보』, 29(1): 143-166.

김두식(1995). "환경문제와 환경 보호에 대한 시민들의 태도 조사연구," 『한국사회학』, 29집 봄호, 한국사회학회.

김렬(1995). "자치시대의 환경정책: 참여와 협상을 통한 규칙 제정," 『한국행정학보』, 29(4): 1153-1170.

김렬・고재경(1996). “환경정책 결정과정에서의 정치적 합리성: 주민 참여 형태와 정부 대응방식을 중심으로,” 『한국행정학보』, 30(4): 91-104.

김번웅・오영석(1997). 『환경행정론』, 대영문화사.

김병완(1993). “한국행정부 내의 관료정치: 환경정책에 관한 개발부처와 보전부처의 관계 분석,” 『한국행정학보』, 27(1).

김산하(2021). “야생의 거리와 공존의 생태계,” 인간-동물 연구네트워크 편, 『관계와 경계』, 포도밭.

김상아(2021). “울산 기후위기비상행동, 야음근린부지 보전 위한 범시민 서명운동 전개,” 『울산매일』, 3월 21일.

김연규・김성진・김진수・류하늬・박희원・소바쿨, 벤저민・안상욱・이상훈・임은정・정하윤・조정원・한희진(2018). 『글로벌 기후변화 거버넌스와 한국의 전략』, 한울엠플러스.

김영평・신신우(1991). “한국 관료제의 기관갈등과 정책조정,” 『한국행정학회보』, 25(1): 307-324.

김영희(2015). “핵발전소 주변에 산다는 의미,” 가톨릭뉴스 지금 여기, http://www.catholicnews.co.kr/news/articleView.html?idxno=15242, 9.1. 15 : 46 : 38 승인.

김용웅・차미숙(1998). “정부-주민 간 국토개발 분쟁의 발생 유형과 해결 방안,” 『지방자치』, 115호.

김용준(1995). 산성 강수 피해 현황과 저감 대책.

김일태(1996). “지속 가능한 사회 건설을 위한 참여행정 전략,” 녹색서울시민회, 환경행정에 대한 시민참여 방안 연구사업.

김재우(2022). “갯벌이 살아야 사람이 산다. 수라갯벌 탐사기,” 『오마이뉴스』, 12월 4일.

김재홍・정준금・한상진(1999). 『울산지역 환경정책 결정과정에서의 시민의사 반영과 환경민원 해결을 위한 정책대안 연구』, 울산지역환경기술개발센터, 1차년도 연구사업과제 결과보고서.

김주환(2011). 『회복탄력성』, 위즈덤하우스.

김환석(1993). “기술경제 패러다임의 변화와 환경문제,” 한국공간환경연구회 편, 『공간과 사회』, 제3호, 한울.

녹색당(2012). “삼척시민들, 탈핵에 투표했다! 어두운 정치의 계절에 피어난 녹색희망,” 12월 26일.

녹색서울시민위원회(1996). 환경행정에 대한 시민참여 방안 연구사업.

농림축산식품부・식생활교육국민네트워크(2012). 『식생활 교육백서』.

대외경제정책연구원(2021). “2021년 유엔기후변화협약 당사국총회(COP26) 논의 및 시사점,” 『KIEP 오늘의 세계경제』, 21(21): 1-17.

대한무역투자진흥공사(2005). “주요국의 환경규제 현황 및 대응 사례,” 통상전략팀.

레이워스, 케이트(2018). 『도넛 경제학』, 학고재.

루이스, 마이클 · 코너티, 팻 (2015). 『전환의 키워드, 회복력』, 따비.

리틀, 리차드(2015). "국제레짐," 베일리스 외, 『세계정치론』, 을유문화사.

마상규, 이강오(2017). 『숲 경영, 산림 경영』, 푸른숲.

맥닐, J. R.(2008). 『20세기 환경의 역사』, 에코리브르.

문흥호(1998). "중국의 환경 실태와 정책," 한국국제정치학회 춘계학술발표회 발표 논문.

박미옥 · 강민아 · 김창수 · 박용성 · 윤순진 · 최준호 · 홍준형, 환경행정연구회 엮음(2022). 『환경정책론』, 윤성사.

박순애 · 김성배 · 나태준 · 문성진 · 문태훈 · 문현주 · 윤순진 · 정회성 · 조용성(2015). 『환경정책의 역사적 변동과 전망』, 문우사.

박재묵(2004). "사회적 불평등과 환경," 『우리 눈으로 보는 환경사회학』, 창비.

백진현(1998). "과학기술과 환경외교," 『국제지역연구』, 7권 2호(여름).

베일리스, 존 · 스미스, 스티브 · 오언스, 퍼트리샤(2006). 『세계정치론』, 을유문화사.

보글러, 존(2015). "환경 이슈," 베일리스 외, 『세계정치론』, 을유문화사.

브라운, 레스터(2003). 『에코 이코노미』, 도요새.

_____________(2004). 『플랜 B』, 도요새.

사두르니, 로베르(2006). 『기후가 미친걸까?』, 민음사.

사득환(1999). "민선시대의 환경갈등과 정책조정," 『한국정책학회보』, 8(1): 249-272.

서창록(2008). 『국제기구: 글로벌 거버넌스의 정치학』, 다산.

신연성(2011). "칸쿤 기후변화협약 당사국 총회 결과 및 향후 협상 전망," 『외교』, 96호.

신연재(1996). "환경 문제와 신세계질서: 대안 개발 전략으로서의 '지속 가능한 개발'의 타당성과 한계," 유종선 외, 『신국제질서의 도전과 대응』, 울산대학교 출판부.

______(2001). "세계질서의 변화와 안보 범주의 확대-환경안보를 중심으로," 『안보학술논집』, 12집 1호, 국방대학교 안보문제연구소.

______(2006). "물 문제와 국제하천 분쟁," 『국제정치연구』, 9(1): 169-202.

______(2023). 『환경 문제와 국제관계』, 울산대학교 출판부.

신연재 · 유종선 · 정준금(1999). 『동북아 환경문제와 지역환경협력의 모색』, 집문당.

안형기 · 최병대 · 강인호(1999). "친환경 정치행동화: 사회심리적 접근과 합리적 선택의 관점," 『한국행정학보』, 33(4): 393-409.

양종회(1992). "우리 나라 국민들의 환경문제에 대한 의식의 변화 및 사회적 기반," 『한국사회학』, 26집 겨울호, 한국사회학회.

오진규(1997). 『기후 변화 협약 대응을 위한 정책 과제』, 에너지경제연구원.

______(2018). 『기후 변화 대응 파리협정 협상 경과 및 시사점 연구』, 에너지경제연구원.

외교통상부 국제경제국(1998). 『환경외교편람』.

우종춘(2021). "코로나19 팬데믹 시대에 있어서 생태 숲의 역할-산림경영의 역사적 변천 과정에 대한 고찰," 『광장』, 221: 65-79.

울산광역시 울주군(2020). 『산림 사회적 경제를 활용한 노사상생형 일자리 모델』, 미발간 자료.
울산광역시,『시정백서』,『환경백서』.
월드워치연구소(2006).『지구환경보고서』.
유엔환경계획 한국위원회(2002a).『기후 변화 협약』, 유넵프레스.
______________________(2002b).『교토 의정서』, 유넵프레스.
______________________(2002c).『몬트리올 의정서』, 유넵프레스.
유재형(2023). "서○○의원, 영남알프스케이블카사업 조속한 추진 요청,"『뉴시스』, 5월 31일.
윤경준(2024).『환경정책론』, 대영문화사.
이득연(1992). "주민환경운동의 전개과정과 의미 구성: 반핵발전운동을 중심으로," 연세대학교 사회학과 박사논문.
이봉형 · 권희재 · 최은봉(1995). "환경혐오시설 설치에 따른 지역이기주의 극복 방안,"『한국행정학보』, 29(3): 1115-1127.
이산화탄소 저감 및 처리기술 개발사업단(2004).『더워지는 지구, 그 원인과 대책』, 한국에너지기술연구원.
이상헌(2003).『세상을 움직이는 물』, 이매진.
이시경(1996). "환경규제 정책수단 선택의 쟁점과 기준,"『한국행정학보』, 30(1): 1113-1127.
이시재(1992). "환경협정체제와 민간환경운동," 한국환경사회정책연구소 창립기념세미나 발표 논문.
이영호(2020). "토론문," 울산광역시 미래비전위원회, 야음근린공원 시민대토론회 자료집.
이은호(1998). "동북아 환경 문제에 관한 지역협력," 한국국제정치학회 춘계학술발표회 발표논문.
이정우(2023). "온 나라 극명하게 대립한 '단군 이래 최대 역사', 새만금사업,"『한겨레신문』, 9월 4일.
이정전(1995). "지역개발과 환경보전,"『환경과 사회』, 8.
이창우(1995). "지방의제 21 작성을 위한 시민, 기업의 참여 방안,"『환경과 사회』, 8.
이필렬(1996). "원자력 발전과 에너지 대안," 울산환경운동연합.『핵에너지, 과연 미래의 대안인가』, 초청토론회 자료집.
이해진(2019). "협동조합 먹거리체계의 지속가능성과 회복력: 한살림협동조합을 중심으로,"『농촌사회』, 29(2): 77-128.
임종수 · 류수진(1997). "지구환경 보존을 위한 정책 방향," 한국환경정책평가연구원.
정구연(2013). "국제기구의 정의와 상충하는 시각," 최동주, 조동준, 정우탁,『국제기구의 과거 · 현재 · 미래』, 오름.
정일섭(2000). "지방자치단체의 환경협정: 인천광역시와 한국전력공사 간의 환경협정을 중심으로,"『한국행정학보』, 34(3): 371-387.
정준금(1991). "환경규제정책 결정과정의 갈등에 관한 연구: 정부부처 간 갈등,"『현대사회』, 39: 36-52.

______(1994). "집단민원에 대한 지방정부의 대응," 『한국사회와 행정연구』, 6(1).

______(1995). "사회적 위기에 대한 정책대응 과정 분석: 낙동강 페놀오염사건을 중심으로," 『한국행정학보』, 29(1): 23-46.

______(1999). "자율적 환경규제의 유형과 한계," 『사회과학논집』, 9(1): 19-38, 울산대학교.

______(2002). "1990년대 이후 한국의 환경정책연구 동향분석," 『한국사회와 행정연구』, 12(4): 77-95.

______(2007). 『환경정책론』, 대영문화사.

정준금 · 김재홍 · 한상진(2000). "울산지역 환경에 대한 시민의식조사," 울산지역 환경기술개발센터.

정준금 · 신연재 · 한상진(2002). 『국제 · 국가 · 지역 환경규제의 연계에 관한 연구』, 집문당.

정회성 · 김미숙(2000). "환경정책 과정에의 주민참여 유형화와 촉진 방안," 『환경정책』, 8(2): 159-180, 한국환경정책학회.

정회성 · 변병설(2019). 『환경정책론』, 박영사.

정희정(2023). "지금 새만금에는 무슨 일이?-새만금 사업의 역사와 현황," 새만금신공항백지화 공동행동. 『새만금 뽀개기 특강 자료 2』.

조경근(1993). "국제환경정치의 소망과 현실: 국제환경협력의 가능성," 『국제정치논총』, 33(2): 81-103.

조명래(1996a). "자원 이용 및 환경오염의 지역간 격차와 그 해소 방안," 『환경과 사회』, 제9호.

______(1996b). "환경행정에 대한 주민 참여에 관한 연구: NGO활동을 중심으로," 녹색서울시민위원회 주최 세미나 발표 논문.

조민주(2020). "진보당 울산시당, 공단환경세 10% 확보해 야음근린공원 지켜내야," 『머니투데이』, 11월 25일.

지구환경대책기획단(1992). 『21세기 지구환경 실천 강령-리우 지구환경회의 문서 국문본』, 경제기획원.

최명애(2022). "비인간 동물을 정치에 어떻게 포함시킬 것인가," 김수진 외, 『전환의 정치, 열 개의 시선』. 풀씨.

______(2023). "도시 녹지공간과 인간 너머의 커먼즈," 숲과나눔 환경학술포럼 자료집.

최병선(1992). 『정부규제론』, 법문사.

최석영(1990). "세계 환경전략의 현황과 전망," 『외교』, 13.

케글리, 찰스 W.(2010). 『세계정치론: 경향과 변환』, 한티미디어.

크레나키, 아이우통(2024). 『세계의 종말을 늦추기 위한 목소리』, 오월의 봄.

폰팅, 클라이브(1996). 『녹색 세계사』 Ⅰ, Ⅱ, 심지.

한국전자통신연구소(1996). "그린시대의 정보통신."

한국지방행정연구원(1996). "지방자치시대의 갈등사례."

한국행정연구원(2021), "울산 야음지구 갈등영향분석," 미간행보고서.

한국환경정책 · 평가연구원(2004). "2004 국제환경협약 편람."

한상진(2018).『한국형 제3의 길을 통한 생태복지국가의 탐색』, 한국문화사.
______(2000). "공단 주변 주민의 환경태도와 환경운동: 울산과 여수에서의 이주 요구를 중심으로," 울산대 사회과학연구소,『사회과학연구』, 10(1): 265-281.
______(2021).『먹거리 안전의 생태사회학』, 울산대학교 출판부.
______(2024).『생태복지사회로 가는 길』, 한국문화사.
한택환(1994). "의제 21과 우리나라의 지속 가능한 개발전략," 대외경제정책연구원.
호네트, 악셀(2011).『인정투쟁』, 사월의 책.
호네트, 악셀 · 프레이저, 낸시(2014).『분배냐, 인정이냐』, 사월의 책.
홍기빈(2012).『살림/살이의 경제학을 위하여』, 지식의 날개.
환경과 공해연구회(1991).『공해문제와 공해대책』, 한길사.
환경부(2003a).『환경경제 통합계정 개발 및 녹색 GDP 작성 Ⅰ』.
______(2003b).『WSSD 이행계획 환경 분야 영향분석 및 대응방안 연구』.
______(2004a).『21세기 OECD 환경전략 이행사항 평가 연구』.
______(2004b).『WTO 도하개발어젠다 환경협상 대응방안 연구』.
______(2004c).『국내 온실가스 배출권 거래제도 시범사업 시행방안 연구』.
______(2004d).『중장기 환경산업 육성 및 해외진출 촉진 방안』.
______(2004e).『환경 관련 부담금제도 개편 및 환경세 도입방안 연구』.
______(2004f).『환경경제 통합계정 개발 및 녹색 GDP 작성 Ⅱ』.
______(2006).『친환경상품 무역자유화협상 추진전략 연구』.
______(2023a).『환경백서』.
______(2023b). 2022 전국 폐기물 발생 및 처리현황.
______ http://www.me.go.kr
______.『환경연감』, 각년도.
______.『대기환경연보』, 각년도.
황석준 외(2004).『환경정책과 고용 Ⅰ』, 한국환경정책 · 평가연구원.
Chasek, P. S., Downie, D. L.. & Brown, J. W.(2017).『글로벌 환경정치와 정책』, 명인문화사.
KOICA ODA 교육원(2017).『국제개발협력-심화편』, SIGONGmedia.

뉴스민(2012). 11월 1일.
시사주간 강원리뷰(2012). 2월 4일.
오마이뉴스(2012). 7월 14일.
탈핵신문(2013). 3월 12일.
한겨레신문(2006). 12월 15일.
한국농어민신문(2012). 3월 26일.

[국외 문헌]

Alkon, A. H. & J. Guthman(2017). *The New Food Activism: Opposition, Cooperation, and Collective Action*, Oakland, CA: University of California Press.

Allen, R.(1980). *How to Save the World: Strategy for World Conservation*, Totowa, NJ: Barnes & Noble.

Allenby, B. & D. Richards(eds.)(1994). *The Greening of Industrial Ecosystems*, Washington, DC: National Academy Press.

Annan, K.(2000). "We the Peoples: The Role of the United Nations in the 21st Century," *Environment*, 42(8).

Andrews, R. N. L.(1998). "Environmental Regulation and Business 'Self-Regulation'," *Policy Science*, 32(4).

Asaka, J. O., D. W. Argomedo, & N. P. Jones(2024). "Global water crisis is driven by climate change, water theft, overuse, wastage, pollution, poor governance, and population growth," *Water Policy*, Vol. 26, Issue 4, April.

Baram, M. S.(1982). *Alternatives to Regulation*, Lexington, Mass: Lexington Books.

Barbier, E. B.(1987). "Concept of Sustainable Economic Development," *Environmental Conservation*, Vol. 14, No. 2, Summer.

Baumol, W. J. & W. E. Oates(1988). *The Theory of Environmental Policy*, Cambridge, MA: Cambridge Univ. Press.

Beckerman, W., & J. Pasek(2001). *Justice, Posterity and Environment*, Oxford: Oxford University Press.

Beer, S. H.(1973). "The Modernization of American Federalism," *Publius: The Journal of Federalism*, 3.

Beeson, M.(2021). *Environmental anarchy? Security in the 21st century*, Bristol: Bristol University Press.

Benedick, E.(1998). *Ozone Diplomacy: New in Safeguarding the Planet*, Cambridge, MA: Harvard University Press.

Benson, M. H. & R. K. Craig(2017). *The End of Sustainability*, Lawrence, KS: University Press of Kansas.

Bernstein, S.(2002). "Freshwater and Human Population: A Global Perspective," In K. Krchnak(ed.), *Human Population and Freshwater Resources*, New Haven, CT: Yale University Press.

Boberg, J.(2005). *Liquid Assets: How Demographic Changes and Water Management Policies Affect Freshwater Resources*, RAND Corporation..

Bodansky, D.(2010). "The International Climate Change Regime: The Road from Copenhagen,"

Viewpoints, Harvard Projects on International Climate Agreements.

Bonss, W.(2016). "The Notion of Resilience," In A. Maurer(ed.), *New Perspectives on Resilience in Socio–economic Sphere*(pp. 9-24), Wiesbaden: Springer VS.

Booth, K.(1991). "War, Security, and Strategy: Towards a Doctrine for Stable Peace," In K. Booth(ed.), *New Thinking about Strategy and International Security*, London: Harper and Collins.

Borowy, I.(2014). "(Re-)Thinking Environment and Development: The Organization for Economic Cooperation and Development of Sustainable Development," In K. Wolfram & J. Meyer(eds.)(2014), *International Organizations and Environmental Protection: Conservation and Globalization in the Twentieth Century*, New York: Berghahn Books.

Boxil, I.(1994). "Globalization, Sustainable Development, and Postmodernism," *Humanity and Society*, Vol. 18, No. 4.

Brenton, T.(1994). *The Greening of Machiavelli: The Evolution of International Environmental Politics*, London: Earthscan.

Bresnihan, P. & N. Millner(2023). *All We Want is the Earth: Land, Labour and Movements Beyond Environmentalism*, Bristol: Bristol University Press.

Brock, L.(1991). "Peace Through Parks: The Environment on the Peace Research Agenda," *Journal of Peace Research*, Vol. 28, No. 4.

Brown, L. R., C. Flavin, & S. Postei(1991). "From Growth to Sustainable Development," In R. Goodland et al.(eds.), *Environmentally Sustainable Economic Development: Building on Brundtland*, Paris: UNESCO.

Brundtland, G. H.(1987). "Our Common Future: Call for Action," *Environmental Conservation*, Vol. 14, No. 4, Winter.

Bryant, B.(1995). *Environmental Justice*, Berkeley, CA: University of California Press.

Bulloch, J. & A. Darwish(1993). *Water Wars: Coming Conflicts in the Middle East*, London: Victor Gollancz.

Busby, J. W.(2022). *States and nature: the effects of climate change on security*, Cambridge: Cambridge University Press.

Buzan, B.(1991). "New Patterns of Global Security in the Twenty-First Century," *International Affairs*, Vol. 67, No. 3.

Caldwell, L. K., L. R. Hayes, & I. M. MacWhirter(1976). *Citizens and Environment: Cases in Popular Action*, Bloomington: Indiana University Press.

Caldwell, L. K.(1984). "Political Aspects of Ecologically Sustainable Development," *Environmental Conservation*, Vol. 11, No. 4, Winter.

Callan, S. & J. M. Thomas(1996). *Environmental Economics and Management: Theory and*

Applications, Chicago, IL: Irwin.

Carson, R.(1962). *Silent Spring 1907~1964*, Boston, MA: Houghton Mifflin.

Chapin III, F. S., G. P. Kofinas, & C. Folke(eds.)(2009). *Principles of Ecosystem Stewardship*, New York: Springer.

Choucri, N.(1993). "Political Economy and the Global Environment," *International Political Science Review*, Vol. 14, No. 1.

Chowdhry, K.(1989). "Poverty, Environment, Development," *Daedalus*, Vol. 118, No. 1, Winter.

Christoff, P.(2006). "Post-Kyoto?: Post-Bush? Toward an Effective Climate Coalition of the Willing," *International Affairs*, Vol. 82, Issue 5.

Ciplet, D. J., R. Timmons, & M. R. Khan(2015). *Power in a Warming World: The New Global Politics of Climate Change and the Remaking of Environmental Inequality*, Cambridge, MA: MIT Press.

Clark, H.(2017). "What Will it Take to Achieve the Sustainable Development Goals?" *Journal of International Affairs*, Vol. 70, Special Issue.

Clark, N. & B. Szerszynski(2021). *Planetary Social Thought*, Cambridge: Polity Press.

Cobb, R. W. & C. D. Elder(1972). *Participation in American Politics: The Dynamics of Agenda-Building*, Boston, MA: Allyn and Bacon, Inc.

Cook, M. E. & R. H. Davidson(1985). "Deferral Politics: Congressional Decisionmaking on Environmental Issues in the 1980s," In H. M. Ingram & R. K. Goldwin(eds.), *Public Policy and the National Environment*, Greenwich, CT: JAI Press.

Cooley, J. K.(1984). "The War over Water," *Foreign Policy*, 54.

CSIS & Sandia National Laboratories(2005). Global Water Futures: Addressing Our Global Water Future, CSIS.

Dalal-Clayton, B.(1999). *Getting a Grips with Green Plans: National Experiences in Industrial Countries*, London: Earthscan, 1996.

Dalby, S.(2022). *Rethinking environmental security*, Cheltenham: Edward Elgar Publishing.

Dante, B.(ed.)(1994). *Environmental Policy in Search of New Instruments*, Dordrecht: Kluwer Academic Publishers.

Darmstadter, J.(1986). "Energy Patterns-in Retrospect and Prospect," In W. C. Clark & R. E. Munn(eds.), *Sustainable Development of the Biosphere*, Cambridge: Cambridge University Press.

De Bernady, M., P. Boisgontier, & G. Goyet(1993). "The Ecology of Innovation: The Cultural Substratum and Sustainable Development," *International Social Science Journal*, 135(1).

De La Court, T.(1990). *Beyond Brundtland: Green Development in the 1990s*, London: Zed

Books.

Department of Economic and Social Affairs, UN(2019). *World Urbanizaton Prospects 2018: Highlights*, New York: United Nations.

Desai, D. & Schomerus, M.(2018). "'There Was A Third Man': Tales from a Global Policy Consultation on Indicators for the Sustainable Development Goals," *Development and Change*, Vol. 49, Issue 1, January.

Dougherty, J. & Pfaltzgraff Jr., R.(2001). *Contending Theories of International Relations*, New York: Pearson.

Dovers, S. R. & Handmer, J. W.(1992). "Uncertainty, Sustainability and Change," *Global Environmental Change*, Vol. 2, No. 4, December.

Dryzek, J. S., & J. Pickrig(2019). *The Politics of the Anthropocene*, Oxford: Oxford University Press.

Duerk, J. A., E. B. Carvalho, & A. C. Clune(2021). *Environmental Philosophy, Politics, and Policy*, Lexington Books.

Dunlap, R. E.(1989). "Public Opinion and Environmental Policy," In J. P. Lester(ed.), *Environmental Politics and Policy: Theories and Evidences*, Dueham, N.C.: Duke University Press.

Dupont, A.(1998). *The Environment and Security in Pacific Asia*, New York: Oxford University Press.

EBI(2000). The U.S. Environmental Industry & Global Market, EBI Report 2000.

EBI(2003). Global Environmental Market, Appendix.

Eden, S. E.(1994). "Using Sustainable Development: The Business Case," *Global Environmental Change*, Vol. 4, No. 2.

Enloe, C. H.(1975). *The Politics of Pollution in A Comparative Perspectives: Ecology and Power in Four Nations*, NY: David McKay Co.

Esty, D. C.(1994). *Greening the GATT: Trade, Environment, and the Future*, *Washington*, D.C.: Institute for International Economics.

Falkner, R.(2016). "The Paris Agreement and the new logic of international climate politics," *International Affairs*, Vol. 92, Issue 5.

Feiock, R., & C. K. Rowland(1991). "Environmental Regulation and Economic Development: The Movement of Chemical Production Among States," *Western Political Quarterly*, 43(Sept.).

Ferdinand, M.(2022). "Decolonial Ecology," In L. Pellizzoni, E. Leonardi, & V. Asara(eds.), *Handbook of Critical Environmental Politics*, MA: Edward Elgar Publishing.

Fiorino, D. J.(1995). *Making Environmental Policy*, Berkeley, CA: University of California Press.

Fitzpatrick, T.(2003). *After the New Social Democracy*, Manchester: Manchester University Press.

Fortin, E. L.(1995). "The Bible Made Me Do It: Christianity, Science, and the Environment," *Review of Politics*, Spring.

Fritsch, B.(1995). "On the Way to Ecologically Sustainable Economic Growth," *International Political Science Review*, Vol. 16, No. 4.

Fujisaki, S.(1993). "Environmental Issues in Developing Countries and the Role of ODA," *Japan Review of International Affairs*, Vol. 7, No. 1, Winter.

Gamman, J. K.(1994). *Overcoming Obstacles in Environmental Policymaking*, Albany, N.Y.: SUNY Press.

Garretson, A. H., R. D. Hayton, & C. J. Olmstead(eds.)(1967). *The Law of International Drainage Basins*, New York: Oceana Publications.

Gills, M. & J. R. Vincent(2000). "National Self-Interest in the Pursuit of Sustainable Development," In J. Schmandt et al.(ed.), *Sustainable Development: The Challenge of Transition*, Cambridge: Cambridge University Press.

Gilpin, R.(1987). *The Political Economy of International Relations*, Princeton, NJ: Princeton University.

Goldman, M.(2002). "Notes from the World Summit in Johannesburg: History in the Making," *Capitalism, Nature, Socialism*, Vol. 13, No. 4.

Goldstein, J. S.(2016). "Climate Change as a Global Security Issue," *Journal of Global Security Studies*, Vol. 1, Issue 1, February.

Gottlieb, R. & A. Joshi(2013), *Food Justice*, Boston: The MIT Press.

Haas, P. M.(1989). "Do Regimes Matter? Epistemic Communities and Mediterranean Pollution Control," *International Organization*, Vol. 43.

___________(2008). "Climate Change Governance After Bali," *Global Environmental Politics*, Vol. 8, Issue 3.

Haas, P. M., R. O. Keohane, & M. Levy(1993). *Institutions for the Earth: Sources of Effective International Environmental Protection*, Cambridge, MA: MIT Press.

Haefele, E. T.(1973). *Representative Government & Environmental Management*, Baltimore, MD: The Johns Hopkins University Press.

Haggard, S. & B. A. Simmons(1997). "Theories of International Regime," *International Organization*, Vol. 41, No. 3, Summer.

Hale, T.(2020). "Catalytic Cooperation," *Global Environmental Politics*, Vol. 20, Issue 4, November.

Halliday, C., S. Schmidheiny, & P. Watts(2002). *Walking the Talk: The Business Case for Sustainable Development*, London: Earthscan.

Hanrahan, D., D. Wheeler, M. Keene, & D. Sham(1998). "Developing Partnerships for Effective Pollution Management," *Environment Matters*, Annual Review.

Hao, Y.(1992). "Environmental Protection in Chinese Foreign Policy," *Journal of Northeast Asian Studies*, Vol. XI, No. 3, Fall.

Haque, S.(1999). "The Fate of Sustainable Development Under Neo-Liberal Regimes in Developing Countries," *International Political Science Review*, Vol. 20, No. 2.

Hardin, G.(1968). "The Tragedy of the Commons," *Science*, 162.

Harrison, P.(1992). *The Third Revolution*, London: Penguin.

Hassaniyan, A.(2024). "Iran's water policy: Environmental injustice and peripheral marginalisation," *Progress in physical geography*, Vol. 48, Issue 3.

Hejnowicz, A. P. & J. P. R. Thorn(2022). "Environmental Policy Design and Implementation: Toward Sustainable Society", *Sustainability*, Vol. 14, No. 6.

Homer-Dixon, T. F.(1991). "On the Threshold: Environmental Change as Causes of Acute Conflict," *International Security*, Vol. 16, No. 2, Fall.

Houghton, J. T., & G. J. Jenkins, & J. J. Ephraums(eds.)(1990). *Climate Change, The IPCC Scientific Assessment: Report Prepared for IPCC by Working Group I*, Cambridge: Cambridge University Press.

Ide, T. & A. Detges(2018). "International Water Cooperation and Environmental Peacemaking," *Global Environmental Politics*, Vol. 18, Issue 4, November.

Ingram, H. M. & M. Dean(1989). "Interest Groups and Environmental Policy," In J. P. Lester(ed.), *Environmental Politics and Policy: Theory and Evidence*, Durham, N.C.: Duke University Press.

IPCC(2014). *Climate Change 2014: Synthesis Report*, Geneva: IPCC.

IPCC(2023). *Climate Change 2023: Synthesis Report*, Geneva: IPCC.

Jacob, M.(1994). "Toward a Methodological Critique of Sustainable Development," *Journal of Developing Areas*, Vol. 28, No. 2, January.

Jacoby, H. D. & D. M. Reiner(2001). "Getting Climate Policy on the Track After the Hague," *International Affairs*, Vol. 77, No. 2.

Jasanoff, S.(1993). "India at the Crossroads in Global Environmental Policy," *Global Environmental Change*, Vol. 3, No. 1, March.

Kamieniecki S., R. O'Brien, & M. Clarke(eds.)(1986). *Controversies in Environmental Policy*, Albany: SUNY Press.

Kanie, N. & F. Biermann(eds.)(2017). *Governing through goals: Sustainable Development Goals as governance innovation*, Cambridge, MA: MIT Press.

Kates, R. W., T. M. Parris, & A. A. Leiserowitz(2005). "What is Sustainable Development," *Environment*, Vol. 47, Issue 3, April.

Kensky, H. C. & H. Ingram(1986). "The Reagan Administration and Environmental Regulation: The Constraint of Political Market," In S. Kamieniechi et al.(eds.), *Controversies in Environmental Policy*, Albany: SUNY Press.

Keohane, R. & J. Nye Jr.(1977). *Power and Interdependence: World Politics in Transition*, Boston: Little, Brown.

Keohane, R. O.(2015). "The Global Politics of Climate Change: Challenge for Political Science," *PS: Political Science & Politics*, Vol. 48, Issue 1.

Kibaroglu, A. & R. C. Sayan(2021). "Water and 'imperfect peace' in the Euphrates-Tigris river basin," *International Affairs*, Vol. 97, Issue 1, January.

King, A. & B. Schneider(1991). *First Global Revolution*, New York: Pantheon.

Korten, D. C.(1991/1992). "Sustainable Development," *World Policy Journal*, Vol. IX, No. 1, Winter.

Lafferty, W. M.(1999). "Introduction: The Pursuit of Sustainable Development," *International Political Science Review*, Vol. 20, No. 2.

Larrue, C.(1995). "The Political Unfeasibility of Environmental Economic Instruments," In B. Dante(ed.), *Environmental Policy in Search of New Instruments*, Dordrecht: Kluwer Academic Publishers.

Le Billon, P.(2013). *Fuelling war: natural resources and armed conflict*, Abingdon: Routledge.

Lesser, J. A., D. E. Dodds, & R. O. Zerbe(1997). *Environmental Economics and Policy*, Reading, MA: Addison-Wesley.

Lester, J. P.(ed.)(1989). *Environmental Politics and Policy: Theories and Evidences*, Durham, NC: Duke University Press.

Lewis, J.(2007~2008). "China's Strategic Priorities in International Climate Change Negotiations," *Washington Quarterly*, Vol. 31, Issue 1.

Lietzmann, K. M. & G. D. Vest(2000). Environment and Security in an International Context, Report 232, *Brussels: Committee on the Challenges of Modern Society*, NATO.

Lipschutz, R. D. & J. P. Holdren(1990). "Crossing Borders: Resource Flows, the Global Environment and International Security," *Bulletin of Peace Proposals*, Vol. 21, No. 2.

Lowi, M. & B. Shaw(eds.)(2000). *Environment and Security: Discourses and Practices*, New York: St. Martin's.

MacIntyre, A.(1985). "Administrative Initiative and the Theories of Implementation, In H. M. Ingram & R. K. Goldwin(eds.), *Public Policy and the National Environment*, Greenwich, CT: JAI Press.

MacNeil, J.(1988). "The Change of 'Our Common Future'," In A. Davidson & M. Dence (eds.), *The Brundtland Challenge and the Cost of Inaction*, Halifax, Nova Scotia: Institute for Research Public Policy.

Mani, M. & D. Wheeler(1998). *Foreign Direct Investment and the Environment from Pollution Haven to Sustainable Development*, WWF, UK: Surrey.

Mann, G. & J. Wainwright(2018). *Climate Leviathan: a political theory of our planetary future*, London: Verso Books.

Marburger, J. H.(2005). "The U.S. Climate Change Vision," *Global Issues*, June.

Marcus, A.(1980). "Environmental Protection Agency," In J. Q. Wilson(1980), *The Politics of Regulation*, New York: Basic Books.

Maslin, M.(2014). *Climate Change: A Very Short Introduction*, Oxford: Oxford University Press.

Matthew, R. A. & A. Hammill(2009). "Sustainable development and climate change," *International Affairs*, Vol. 85, Issue 6.

Meadowcroft, J. & D. J. Fiorino(eds.)(2017). *Conceptual innovation in environmental policy*, Cambridge, MA: The MIT Press.

Meadowcroft, J.(1999). "The Politics of Sustainable Development: Emergent Areas and Challenges for Political Science," *International Political Science Review*, Vol. 20, No. 2.

Meier, K. J.(1985). *Regulation: Politics, Bureaucracy and Economics*, New York: St. Martin's Press.

Mianabadi, H., S. Alioghli, & S. Morid(2020). "International Environmental Conflict Management in Transboundary River Basins," *Water Resources Management*, Vol. 34, Issue 11.

Mirumachi, N.(2015). *Transboundary water politics in the developing world*, New York: Routledge.

Molvaer, R. K.(1990). "Environmental Cooperation in the Horn of Africa: A UNEP Perspective," *Bulletin of Peace Proposals*, Vol. 21, No. 2.

Montgomery, J. D.(2006). "Asia-Pacific as an Environmental Region," *Journal of Developing Areas*, 28, October.

Morell, D.(1987). "Siting and the Politics of Equity," In R. W. Lake(ed.), *Resolving Locational Conflict*, New Brunswick: The Center for Urban Policy Research.

Moss, R. H.(2005). "Understanding Climate and Global Change," *Global Issues*, June.

Myers, N.(1989). "Environmental Security: The Case of Southeast Asia," *International Environmental Affairs*, Vol. 1, No. 2, Spring.

Nagheeby, M. & J. Amezagab(2023). "Decolonising water diplomacy and conflict transformation: from security-peace to equity-identity," *Water Policy*, Vol. 25, No. 8.

Nelson, P.(1997). "Deliberation, Leverage or Coercion? The World, NGOs, and Global Environmental Politics," *Journal of Peace Research*, Vol. 34, No. 4, November.

Norgaard, R. B.(1994). *Development Betrayed: The End of Progress and a Coevolutionary Revisioning of the Future*, London: Routledge.

Nyman, J.(2018). *The energy security paradox: rethinking energy (in)security in the United States*, Oxford: Oxford University Press.

O'Hare, M., L. Bacow, & D. Sanderson(1983). *Facility Siting and Public Opinion*, New York: Van Nostrand.

OECD(1997). *Economic Globalization and the Environment*, Paris: OECD.

OECD(1999). *The Environmental Good & Service Industry Manual for Data Collection and Analysis*. Paris: OECD.

Olson, R.(2018). *Integrating Sustainable Agriculture, Ecology, and Environmental Policy*, Abingdon: Routledge.

Oluf, L.(1999). "Sustainable Development: Exploring the Ethics of Our Common Future," *International Political Science Review*, Vol. 20, No. 2.

Ophuls, W.(1977). *Ecology and the Politics of Scarcity*, San Francisco: W. H. Freeman.

Opschoor, J. B., A. F. de Savornin Lohman, & H. B. Vos(1994). *Managing the Environment: The Role of Economic Instruments*, Paris: OECD.

Orr, R. C.(2017). "Moving Climate From the Crosshairs to the Crossroads," *Journal of International Affairs*, Vol. 70, Special Issue.

Ovodenko, A. & R. O. Keohane(2012). "Institutional diffusion in international environmental affairs," *International Affairs*, Vol. 88, Issue 3, May.

Payne, R. A.(1996). "Deliberating Global Environmental Politics," *Journal of Peace Research*, Vol. 33, No. 2, May.

Peterson, P. F.(1981). *City Limits*, Boston: Little, Brown and Co.

Popper, F. J.(1987). "The Environmentalist and the LULU," In R. W. Lake(ed.), *Resolving Locational Conflict*, New Brunswick: The Center for Urban Policy Research.

Population Division, UN(2001). *World Population Prospects 1950~2050*, United Nations.

____________________(2015). *World Population Prospects: The 2015 Revision*, New York: United Nations.

____________________(2019). *World Urbanizaton Prospects 2018*, New York: United Nations.

____________________(2022). *World Population Prospects 2022: Summary of Results*, New York: United Nations.

Population Reference Bureau(2001). *2001 World Population Data Sheet*, Wall chart, Washington, D.C.

Porter, M. & C. van der Linde(1995). "Toward a New Conception of the Environment Competitiveness Relationships," *Journal of Economic Perspectives*, 9(4).

Porter, M.(1990). *The Competitive Advantage of Nations*, New York: Free Press.

Postel, S. L.(2000). *Pillar of Sand*, New York: W. W. Norton.

__________(2001) "Dehydrating Conflict," *Foreign Policy*, 126.

Redclift, M.(1992). "Sustainable Development and Global Environmental Change," *Global Environmental Change*, Vol. 2, No. 1, March.

__________(2018). "Sustainable Development in the Age of Contradictions," *Development and Change*, Vol. 49, Issue 3, May.

Renner, M.(2010). "Climate Warming Demands Fresh Thinking About Security Policy," *World Watch*, Vol. 23, Issue 1, January/February.

Rosenau, J. N.(1990). *Turbulence in World Politics: The Theory of Change and Continuity*, Princeton, NJ: Princeton University Press.

Rosenbaum, W. A.(2022). *Environmental Politics and Policy*, Revised edition, CQ Press

Rothwell, R. & W. Zegveld(1981). Industrial Innovation and Public Policy: Preparing for the 1980s and 1990s, Westport, CT.: Greenwood Press.

Rowland C. K. & M. Roger(1982). "Gresham's Law: The Regulatory Analogy," *Policy Studies Review*, 1.

Rowlands, I.(1992). "Environmental Issues in World Politics," In J. Baylis & N. J. Rengger (eds.), *Dilemmas of World Politics: International Issues in a Changing World*, Oxford: Clarendon Press.

Sabatier, P. A.(1988). "An Advocacy Coalition Framework of Policy Change and the Role of Policy-Oriented Learning Therein," Policy Sciences, vol. 21.

Sachs, I.(1999). "Social Sustainability and Whole Development: Exploring the Dimensions of Sustainable Development," In E. Becker et al.(eds), *Sustainability and the Social Sciences*, Zed Books.

Sachs, J. D.(2004) "Sustainable Development," *SCIENCE*, Vol. 304, Issue 5671, 30 APRIL, in http://science.sciencemag.org(검색일: 2021.3.20).

Salman, S. M. A. & K. Uprety(2002). *Conflict and Cooperation on South Asia's International Rivers*, Washington, D.C.: World Bank.

Sarokin, D. J., W. Muir, & C. Miller, & S. Sperber(1985). *Cutting Chemical Wastes*, New York: INFORM.

Schlosberg, D.(2005). "Environmental and Ecological Justice: Theory and Practice in the United States", In J. Barry & R. Eckersley(eds.), *The State and the Global Ecological Crisis*, Cambridge, MA: the MIT Press.

Schmandt, J. & C. H. Ward(2000). "Challenge and Response," In J. Schmandt et al.(eds.), *Sustainable Development: The Challenge of Transition*, Cambridge: Cambridge University Press.

Secretary-General, UN General Assembly(2015). "Keeping the promise: a forward-looking review to promote an agreed action agenda to achieve the Millennium Development Goals by 2015", in https://undocs.org/en/A/64/665(검색일: 2012.5.12).

Seelkopf, L. & I. A. Bastiaens(2020). "Achieving Sustainable Development Goal 17? An Empirical Investigation of the Effectiveness of Aid Given to Boost Developing Countries, Tax Revenue and Capacity," *International Studies Quarterly*, Vol. 64, Issue 4.

Segars, A. H.(2018). "Seven technologies remaking the world: An MIT SMR executive guide," *MIT Sloan Management Review*.

Selcer, P.(2018). *The postwar origins of the global environment: how the United Nations built spaceship Earth*, New York: Columbia University Press.

Sengupta, S.(2023). Climate change, international justice and global order, *International Affairs*, Vol. 99, Issue 1, January.

Siegel, K. M.(2017). *Regional environmental cooperation in South America: processes, drivers and constraints*, London: Palgrave Macmillan.

Simon, D.(1989). "Sustainable Development: Theoretical Construct or Attainable Goal?," *Environmental Conservation*, Vol. 16, No. 1, Spring.

Sloan, W. M.(1993). "Site Selection for New Hazardous Waste Management Facilities," *WHO European Publications*, European Series, No.46.

Smart, B.(1992). *Beyond Compliance: A New Industry View of the Environment*, Washington, DC: World Resources Institute.

Smith, Z. A.(2022). *The environmental policy paradox*, New York: London, England Routledge.

Spangenberg, J.(2001). "Toward Sustainability," In Gleeson, Brendon & Nicholas Low(eds.), *Governing for the Environment: Global Problems, Ethics and Democracy*, New York: Palgrave Publishers.

Starr, J. R.(1991). "Water Wars," *Foreign Policy*, 82.

Tarlock, A. D.(1984). "Siting New or Expanded Treatment, Storage or Disposal Facilities: The Pigs in the Parlors of the 1980s," *Natural Resources Lawyers*, 9.

Tehranian, M.(2002). "Globalization and Governance: An Overview," In E. Aksu & J. A. Camilleri(eds.), *Democratizing Global Governance*, New York, NY: Palgrave Macmillan.

Thompson, F. J. & M. J. Scicchitano(1986). "OSHA, the States, and Gresham's Law: From Carter to Reagan," In E. Benton & D. R. Morgan(eds.), *International Relations and Public Policy*, New York: Greenwood.

______________________________(1987). "State Implementation and Federal Enforcement Priorities: Safety versus Health in OSHA and the State," *Administration and Society*, 19(1).

Tilmant, A. & W. Kinzelbach(2012). "The Cost of Noncooperation in International River Basins," *Water Resources Research*, Vol. 48, Issue 1, January.

Tisdell, C. A.(1988). "Sustainable Development: Differing Perspectives of Ecologists and

Economists and Relevance to LDCs," *World Development*, Vol. 16, No. 3.

Tolba, M. K.(1987). *Sustainable Development: Constraints and Opportunities*, London: Butterworths.

Torney, D.(2015). *European climate leadership in question: policies toward China and India*, Cambridge, MA: MIT Press.

Tsakalidou, I.(2013). "The Great Anatolia Project: Is Water Management a Panacea or Crisis Multiplier for Turkey's Kurds?" *New Security Beat*, August 5 in www.newsecuritybeat.org/2013/08/great-anatolian-project-water-management-panacea-crisis-multiplier-turkeys-kurds(검색일: 2021.2.22).

UNFCCC(2015). Adoption of the Paris Agreement, FCCC/CP/2015/L.9/Rev.1, December.

UNEP(1992). *UNEP, Two Decades of Achievement and Challenge: 20 Years*, New York: UN.

______(1999). *Global Environmental Outlook-2000*, London: Earthscan.

______(2002). *Global Environment Outlook-3*, London: Earthscan.

______(2012). *GEO 5: Global Environmental Outlook*, Nairobi: UNEP.

______(2019). *GEO 5: Global Environmental Outlook*, Cambridge: Cambridge University Press.

______(2021). *Global Environmental Outlook 6*, Cambridge: Cambridge University Press.

van der Ven, H.(2016). "Power and Authority in Global Climate Governance," *Global Environmental Politics*, Vol. 16, Issue 4, November.

van der Zwaan, B. & A. Petersen(eds.)(2003). *Sharing the Planet: Population-Consumption-Species*, Delft: Eburon.

Vezirgiannidou, S.(2008). "The Kyoto Agreement and Pursuit of Relative Gains," *Environmental Politics*, Vol. 17, No. 1.

Victor, D. G.(2006). "Recovering Sustainable Development," *Foreign Affairs*, January/February.

Vogler, J.(2016). *Climate change in world politics*, Basingstoke: Palgrave Macmillan.

Walker, G.(2010). "Beyond Distribution and Proximity: Exploring the Multiple Spatialities of Environmental Justice," In R. Holifield et al.(eds.), *Spaces of Environmental Justice* (pp. 24-46), Chichester: Wiley Blackwell.

Walker, T., S. Goubran, & N. Sprung-Much(2020). *Environmental Policy*, Wiley-Blackwell.

Walsh, B.(2006). "The Impact of Asian Giants," *Time*, April 3.

Wapner, P.(1995). "Politics Beyond the State: Environmental Activism and the World Civic Politics," *World Politics*, Vol. 47, No. 3, April.

WCED(1987). *Our Common Future*, Oxford: Oxford University Press.

WDI(2007). *World Development Indicators*, Washington, D.C.: World Bank.

Weidenbaum, M. L.(1979). *The Future of Business Regulation*, New York: American Management Association.

Williams, B. A. & A. R. Matheny(1984). "Testing Theories of Social Regulation: Hazardous

Waste Regulation in the American States," *The Journal of Politics*, Vol. 46.

Wilson, J. Q.(1980). *The Politics of Regulation*, New York: Basic Books.

Wolf, A. T.(1998). "Conflict and Cooperation along International Waterways," *Water Policy*, Vol. 1, No. 2.

Wolf, A. T. & J. H. Hamner(2000). "Trends in Transboundary Water Disputes and Dispute Resolution," In M. Lowi & B. R. Shaw(eds.), *Environment and Security: Discourses and Practices*, London: Macmillan.

Wong, K.(1988). "Economic Constraint and Political Choice in Urban Policymaking," *American Journal of Political Science*, 32.

World Bank(1992). "International Trade and the Environment," In P. Low(ed.), *Discussion Paper*, No. 159.

WTO(1996). Report of the WTO Committee on Trade and Environment.

Yeldezian-Dufau, N.(1992). "Development and Environment," *Journal of International Studies*, Vol. 34, No. 2, Summer.

Yetim, M.(2023). "Domestic institutions and international collective action problems: International water rights conflicts," *Water Policy*, Vol. 25, Issue 4.

Youfou, X.(1995). "Study on China's Control Measures to the Transfer of Foreign Wastes and Pollution Intensive Industries Through Trade and Investment," Winnipeg, Canada.

Ziervogel, G.(2009). "Climate Change and Food Security in Western Cape," unpublished paper.

Zoellick, R. B.(2010). "The End of the Third World? Modernizing Multilateralism for a Multipolar World," Woodrow Wilson Center for International Scholars, April 14.

Zurn, M.(2018). *A theory of global governance: authority, legitimacy, and contestation*, Oxford: Oxford University Press.

population.un.org/wup/Publications/Files/WUP2018-Highlights.pdf

sdgs.un.org/topics/finance

thedocs.worldbank.org/en/doc/770351529080670295-0340022018/original/WorldBankInvestorNewsletter.pdf

unfccc.int/process/bodies/supreme-bodies/conference-of-the-parties-cop

unfccc.int/process-and-meetings/the-paris-agreement/the-glasgow-climate-pact-key-outcomes-from-cop26

wmo.int/news/media-centre/global-temperature-likely-exceed-15degc-above-pre-industrial-level-temporarily-next-5-years

worldwaterforum.org/milestone

worldwaterforum.org/overview

www.epa.gov/airnow/
www.epa.gov/empact/
www.epa.gov/tri/
www.gwp.org
www.ipbes.net
www.ipcc.ch/cc95/synt.htm
www.joongang.co.kr/article/25254536
www.oecd-ilibrary.org/development/data/oecd-international-development-statistics/official-bilateral-commitments-by-sector_data-00073-en
www.un.org/en/academic-impact/page/sustainable-development-goals
www.un.org/en/chronicle/article/cop21-new-urban-agenda
www.un.org/en/conferences/environment/rio1992
www.un.org/sustainabledevelopment/
www.unep.or.kr.
www.unep.or.kr/bbs/bbs/board.php?bo_table=hq_01&wr_id=21
www.unep.org/about-un-environment/why-does-un-environment-matter
www.unep.org/dpdl/water/
www.unep.org/resources/global-environment-outlook-6
www.un-redd.org
www.water.or.kr
www.worldwatch.org
www.worldwatch.org.

찾아보기

ㄱ

ㅊ

ㅋ

ㅌ

기타

저자 소개

정준금(丁俊錦)

서울대학교 사회교육학과 졸
서울대학교 행정대학원 졸(행정학 석사, 박사)
시카고대학교 정책대학원 방문교수
플로리다 주립대학교 행정대학원 방문교수
현재 울산대학교 사회과학대학 행정학과 교수
저서: 『정책학원론』(공저), 『새로운 패러다임 행정학』(공저)
『환경정책론』 등

신연재(愼連縡)

서울대학교 외교학과 졸
서울대학교 대학원 외교학과 졸(정치학 석사, 박사)
스탠퍼드대학교 후버연구소 방문교수
노스캐롤라이나 주립대학교 방문교수
울산대학교 사회과학대학 국제관계학과 교수
현재 울산대학교 사회과학대학 국제관계학과 명예교수
저서: 『동북아 환경 문제와 지역환경 협력의 모색』(공저)
『환경 문제와 국제관계』 등

한상진(韓相津)

서울대학교 경제학과 졸
서울대학교 대학원 사회학과 졸(사회학 석사, 박사)
버밍엄대학교 응용사회연구소 방문교수
델라웨어대학교 에너지환경정책연구소 방문교수
현재 울산대학교 사회·복지학과 교수
저서: 『한국형 제3의 길을 통한 생태복지국가의 탐색』,
『생태복지사회로 가는 길』 등

[제3판]

환경과 사회

펴낸날 제1판 제1쇄 1999년 8월 30일
제2판 제1쇄 2007년 2월 10일
제3판 제1쇄 2024년 9월 6일

지은이 정준금 · 신연재 · 한상진

펴낸이 임춘환

펴낸곳 도서출판 대영문화사

주소 (본사) 사무실: 경기도 고양시 일산서구 주화로 70
우신프라자 307호 (우) 10387)
(본사) 물류센터: 경기도 고양시 일산서구 덕산로
107번길 68-50 (우) 10205)

등록 1975년 12월 26일 제3-16호

전화 (031) 913-3062, (031) 914-3884~5

팩스 (031) 913-3839

홈페이지 http://www.dymbook.co.kr

ISBN 978-89-7644-958-0

값 25,000원